Zu diesem Buch

Es ist wohl keine Übertreibung zu sagen, daß Lucien Febvre der einflußreichste Historiker dieses Jahrhunderts war. Bereits 1929 gründete er zusammen mit seinem Freund Marc Bloch die unterdessen berühmte Zeitschrift der *Annales*, aus der die gesamte ›Neue Geschichte‹ in Frankreich hervorgegangen ist – ein Projekt, das endgültig aufräumte mit der Vergötzung der ›großen‹ Individuen und der politischen Ereignisgeschichte.
Hier wird zum ersten Mal in deutscher Sprache eine repräsentative Auswahl aus Febvres Essays, Reden und Artikeln geboten, die zeigt, wie wichtig der große Anreger Febvre nach wie vor ist. Vor uns liegt die Baustelle, auf der der engagierte Humanist die Fundamente legt für das, was später ›Historische Anthropologie‹ oder ›Zivilisationsgeschichte‹ heißen und Unternehmen wie die ›Mentalitätengeschichte‹ und Werke wie dasjenige Foucaults umfassen sollte.
Den Band begleitet eine ausführliche, auf neueste Forschungen gestützte Darstellung von Leben und Werk Lucien Febvres.

Der Autor

Lucien Febvre (1878–1956) war Professor für Geschichte in Straßburg und Paris. Wichtige Werke: *Philippe II et la Franche-Comté, étude d'histoire politique, religieuse et sociale* (1912); *La terre et l'évolution humaine, introduction géographique à l'histoire* (1922); *Un destin, Martin Luther* (1928, dtsch. 1976); *Le problème de l'incroyance au XVI*[e] *siècle, la religion de Rabelais* (1942).

Der Herausgeber

Ulrich Raulff (geb. 1950) lebt als Übersetzer, Lektor und Publizist in Berlin.

LUCIEN FEBVRE

Das Gewissen des Historikers

Herausgegeben und
aus dem Französischen übersetzt
von Ulrich Raulff

FISCHER TASCHENBUCH VERLAG

FISCHER WISSENSCHAFT

Ungekürzte Ausgabe
Veröffentlicht im Fischer Taschenbuch Verlag GmbH,
Frankfurt am Main, November 1990

Lizenzausgabe mit freundlicher Genehmigung des
Klaus Wagenbach Verlags, Berlin

Umschlaggestaltung: Buchholz/Hinsch/Hensinger
Druck und Bindung: Wagner GmbH, Nördlingen
Printed in Germany
ISBN 3-596-10332-0

INHALT

VORBEMERKUNG

DIESE AUSWAHL AUS DEN SCHRIFTEN LUCIEN FEBVRES möchte einen Autor, der zu den Begründern der Historischen Anthropologie und zu den fruchtbarsten historischen Schriftstellern in diesem Jahrhundert gehört, einem weiteren Leserkreis zugänglich machen.

Henri Febvre, der Sohn des Historikers, und Anne Nesterhoff vom Verlag Armand Colin haben dieses Vorhaben in liebenswürdigster Weise unterstützt. Besonderer Dank gilt auch Mme. M.-L. Dufour von den Editions de l'École des Hautes Études en Sciences Sociales. Horst Günther leistete mir Beistand in Übersetzungsfragen. Dem Ministère de la Culture und dem DAAD in Paris danke ich für vielfältige, nicht zuletzt finanzielle Hilfen.

U.R.

EIN HISTORIKER PRÜFT SEIN GEWISSEN

Antrittsvorlesung am Collège de France 1933

MEIN VORTRAG SOLL WEDER EIN RÜCKBLICK auf die Vergangenheit noch einer auf mich selbst sein. Und auch das »Domine non sum dignus«, das sich jedem aufdrängt, der zum erstenmal in diesem Collège, umringt und belauert von so vielen unsichtbar Gegenwärtigen, seiner ganzen Schwäche inne wird, will ich Ihnen ersparen. Zuhörer und Kollegen eines Neugewählten erwarten von diesem keinen Herzenserguß, sondern einzig das Versprechen, sich einzusetzen und anzustrengen. Doch wofür? Um das zu klären, greife ich als Historiker zu Daten.

1892: mit dem Tode von Alfred Maury schafft das Collège de France den Lehrstuhl für Allgemeine Geschichte und angewandte historische Methode ab, den es über ein Jahrhundert lang besaß. Von dem Lehrstuhl für Geschichte und Moral aus, um ihn bei seinem alten Namen zu nennen, hatten nacheinander der Klassiker Daunou und der Romantiker Michelet als glanzvolle Erneuerer gewirkt.

1933: vierzig Jahre später erwirkt das Collège die Einrichtung eines Lehrstuhls für Allgemeine Geschichte und angewandte historische Methode der Neuzeit: so die persönliche und freie Übersetzung der Formel (Geschichte der neuzeitlichen Zivilisation), die künftig im Aushang des Collège stehen wird.

1892, 1933 – zwei Daten, ein Problem, und ebendieses muß ich Ihnen jetzt hier vortragen. Und wenn ich zu diesem Zweck eine schonungslose Prüfung der Vorstellungen, mit denen meine Generation aufwuchs, und der Methoden, die man uns lehrte, vornehmen muß, so fassen Sie das nicht als Anmaßung auf, sondern als Ausdruck meines Wunsches, einen Weg zu erhellen, den wir, Sie und ich, von nun an gemeinsam gehen werden.

I

Als das Collège im Jahre 1892 den Lehrstuhl für Geschichte und Moral abschaffte, befolgte es seine eigenen Grundsätze. Es ist nicht dazu da, Siege zu feiern, sondern Schlachten zu schlagen. Im Jahre 1892 aber hatte die Geschichte, so wie man sie damals auffaßte, ihr Spiel gespielt und gewonnen. Die höheren Schulen waren gesegnet mit Geschichtslehrern, die Universitäten mit den Lehrstühlen des Faches, spezielle Schulen dienten ihrem Kult. Von da aus griff sie auf die Schulleitungen, die Rektorate, alle wichtigen Posten des Unterrichtswesens über. Ihrer weltlichen Macht entsprach ein stolzes Selbstbewußtsein. Nur im Theoretischen war sie ein bißchen schläfrig.

Ihre Philosophie war mehr schlecht als recht aus Formeln von Auguste Comte, Taine und Claude Bernard schülerhaft zusammengezimmert, und wo sie Löcher und Ungereimtheiten aufwies, war gleich das bequeme Ruhekissen des Evolutionismus zur Hand, diese zu verbergen. Die Geschichte fühlte sich geborgen im Strom dieser schlichten Weisheit; ich habe es oft zu hören bekommen, daß die Historiker keine sonderlich großen philosophischen Bedürfnisse haben. Und erinnern wir uns der spöttischen Bemerkungen Péguys in einem seiner feurigsten *Cahiers de la quinzaine*[1]: »Die Historiker treiben gewöhnlich Geschichte, ohne über die Grenzen und die Bedingungen der Geschichte nachzudenken. Gewiß haben sie recht. Es ist besser, wenn jeder seinem Beruf nachgeht – genauer gesagt, es ist besser, wenn ein Historiker damit beginnt, Geschichte zu treiben, als erst lang und breit nach ihr zu suchen. Sonst käme er am Ende nie zu etwas ...« Immer wenn ich diese scheinbar wohlwollenden Sätze las, fürchtete ich, viele Historiker von ehedem hätten zustimmend das Haupt gewiegt und den Stachel der Bosheit nicht gespürt ...

So sah die Sache von außen aus. Drinnen ergaben sich die Dinge wie von selbst.

Zu definieren gab es nichts: Geschichte war Geschichte ... Machte man sich dann doch die Mühe, sie zu definieren, so geschah das, wunderlich genug, nicht von ihrem Gegenstand, sondern von ihrem Material her – ich will sagen: bloß von einem Teil ihres reichen Materials her.

»Die Geschichte geht von Texten aus.« Eine berühmte Formel, deren – mit Sicherheit großer – Wert bis heute nicht erschöpft ist. Den guten Arbeitern, die zurecht auf ihr Gelehrtenethos stolz waren und die schlechten und schludrigen Werke bekämpften, diente sie als Losungswort. Eine gefährliche Formel, wenn man genau achtgibt, die sich dem gemeinsamen, eng verbundenen Fortgang der Humanwissenschaften brutal zu widersetzen schien.

Sie band die Geschichte eng an die Schrift – und das zu einer Zeit, da die seltsam treffend benannte *Vorgeschichte* eben daran ging, *ohne Texte* das längste Kapitel der Menschengeschichte zu schreiben. Eine Wirtschaftsgeschichte trat auf, die in erster Linie die Geschichte der menschlichen Arbeit sein wollte; aber wie sollte man diese Geschichte der Arbeit, deren Voraussetzungen François Simiand hier vor einem Jahr entwickelt hat, bloß mit Papieren und Pergamenten und ohne Kenntnis der Techniken machen? Eine Humangeographie trat auf und zog die Aufmerksamkeit der jungen Leute auf sich, die rasch für reale und konkrete Studien gewonnen waren, für Studien, die in das graue Einerlei der Hörsäle den Himmel und die Wasser, die Dörfer und die Wälder, die ganze lebende Natur einströmen ließen. »Die Geschichte geht von Texten aus«: und schlagartig schien es aus zu sein mit der aufmerksamen Erkundung der Siedlungsstätten, der Erkenntnis der nahen und fernen geographischen Beziehungen, der Prüfung jener Spuren, die die zähe Arbeit der Generationen auf der vermenschlichten Erde hinterlassen hatte, seitdem die Menschen des Neolithikums, ausgehend von dem, was Wald bleiben oder Ackerland werden sollte, die ersten historisch bekannten Typen grundlegender Einrichtungen der Menschheit schufen.

Freilich vermochten auch die Erforscher der antiken Gesellschaften mit einer solchen Verengungs- und Verstümmelungsformel nichts anzufangen. Ihre Studien, die sich durch Ausgrabungen, durch Funde von Monumenten und Gerätschaften beständig belebten und erneuerten und die dergestalt in Berührung mit substantiellen Realitäten blieben: einer Metallaxt, einem Gefäß aus rohem oder gebranntem Ton, einer Waage und ihren Gewichten, alles Dingen, die man anfassen und in der Hand halten kann, deren Widerständigkeit man prüfen und aus deren Formen man hundert konkrete Hinweise auf das Leben der Menschen und Gesellschaften ziehen kann – ihre Studien, die sich genau nach dem Gelände richten und von topographischen Ahnungen zu geographischen Einsichten gelangen mußten, unterwarfen sich dieser strengen Gesetzesvorschrift nicht.

Im Bereich der neueren Studien dagegen wechselten die jungen Leute, die von einer ausschließlich auf Texten, Textstudien, Textauslegungen beruhenden Kultur geprägt waren, bruchlos von den Gymnasien, wo einzig und allein ihre Fähigkeiten im Umgang mit Texten zählten, zur École Normale, zur Sorbonne über, wo dieselbe Arbeit des Textstudiums und der Auslegung sie erwartete. Eine sitzende Tätigkeit, am Schreibtisch und hinter Papier, bei geschlossenen und verhängten Fenstern. Von daher jene Bauern, die statt fetter Böden nur alte Kapitulare zu beackern schienen. Von daher jene Besitzer von Grundherrschaften, bei denen niemand danach fragte, was sie mit ihren überschüssigen Erzeugnissen machten und was ihre Ländereien zu verschiedenen Zeiten an Diensten oder in Naturalien, an Gefolgstreue oder in barer Münze für sie darstellten. Die Geschichte spielte große Dame; die gemeine ökonomische Wirklichkeit trat ihr nur im Sonntagsrock unter die Augen. Man lebte ohne Geld und Zinsen. Man praktizierte Landwirtschaft, Industrie und Handel *in abstracto*. Auf diese Weise unterstrich die Geschichte noch ihre Teilhabe an Würde und Anstand, an der vollkommenen, aristokratischen Interesselosigkeit der literarischen und philosophischen Studien. Sie genoß die Hochschätzung, die diesen Studien in Frankreich seit der Renaissance zukommt. Wenn im Jahre 1933 die Universität immer noch unbeirrt von ihren Examenskandidaten in Geschichte vier französische Aufsätze und vier möglichst brillante Vorträge über historische Themen verlangt; wenn sie die, denen es obliegen soll, die Gesellschaften der Vergangenheit, ihr gesamtes materielles und geistiges, politisches, ökonomisches und soziales Leben wiederauferstehen zu lassen, nicht fragt, ob sie eine Statistik lesen, aufstellen oder zumindest kritisieren können, noch ob sie die Grundbegriffe des Rechts und seiner Entwicklung kennen, noch ob sie, wenn sie schon nicht die einander widersprechenden Theoretiker der Politischen Ökonomie gehört haben, wenigstens genau erklären können, wie eine Börse im Alltagsbetrieb funktioniert, wofür der Wechselkurs steht, was sich hinter der Fassade einer Effektenbörse oder hinter den Schaltern einer Depositenbank wirklich abspielt; wenn sie schließlich, und das ist der Gipfel der Paradoxie, von ihnen nicht verlangt, einen Text kritisch auszulegen, sondern sich so gut wie ganz mit Wörtern, Daten, Orts- und Personennamen zufriedengibt – dann erinnern wir uns an die Formel: »Die Geschichte geht von Texten aus«. Und jetzt wissen wir, was gemeint ist.

Gelangte man denn durch die Texte zu den Tatsachen? So jedenfalls behauptete man: Geschichte hieß, die Tatsachen feststellen und sie dann ins Werk setzen. So war es richtig, und so war es klar, zumal da die Geschichte fast ausschließlich aus Ereignissen fabriziert war. Jener König war da und da in dem und dem Jahr geboren? An jenem Ort hatte er einen entscheidenden Sieg über seine Nachbarn errungen? Also hieß es, alle Texte durchgehen, in denen diese Geburt und diese Schlacht erwähnt werden, sodann die auswählen, die Glauben verdienen, mit den besten einen exakten und präzisen Bericht verfassen – geht das nicht alles mühelos?

Daß aber über die Jahrhunderte hinweg das tourische Pfund stetig an Wert verloren hat, daß im Verlauf etlicher Jahre die Löhne gesunken oder die Lebenskosten gestiegen sind? Auch das sind zweifellos historische Tatsachen, und in unseren Augen sind sie wichtiger als der Tod eines Herrschers oder der Abschluß eines unbedeutenden Vertrages. Lassen sich diese Tatsachen direkt ablesen? Keineswegs: geduldige, planvoll zusammenwirkende Arbeiter stellen sie langsam mit Hilfe von Tausenden klug ausgewerteter Beobachtungen und Zahlenangaben zusammen, die mühsam aus verschiedenartigen Dokumenten gewonnen wurden, die diese von sich aus nie hergegeben hätten. Man sage nicht, dies seien Datenmassen, keine wirklichen Tatsachen. Woher soll man sie denn nehmen, die Tatsache an sich, das vermeintliche Atom der Geschichte? Die Ermordung Heinrichs IV. durch Ravaillac – wäre das eine Tatsache? So analysiere man sie doch, zerlege sie in ihre Elemente, von denen die einen stofflich, die anderen geistig sind, eine Resultante allgemeiner Gesetze, besonderer Zeit- und Ortsumstände, eigentümlicher Umstände für jeden der bekannten oder unbekannten Beteiligten, die eine Rolle in der Tragödie gespielt haben: nur zu bald wird man ein verwickeltes Knäuel aufgehen und auseinanderfallen sehen ... Gegeben? Nein, vom Historiker gemacht, und weiß Gott wie oft umgemodelt. Erfunden und erzeugt, mit Hilfe von Hypothesen und Vermutungen, in einer heiklen und spannenden Arbeit.

Von daher rührt, am Rande bemerkt, die starke Anziehung, die von den Ursprungszeiten auf die Historiker ausgeht: hier, wo es von Mysterien wimmelt, muß man Licht schaffen, und von hier müssen die Wiederbelebungen ausgehen. Endlose Wüsten, wo es sich lohnt, nach Wasser zu graben – sofern man es kann – und durch hartnäckiges Forschen endlich Oasen neuer Kenntnisse entstehen zu lassen.

Und damit gerät bereits die nächste, ehedem so verbreitete Doktrin ins Wanken: »Der Historiker trifft keine Wahl zwischen den Tatsachen. Mit welchem Recht, kraft welchen Prinzips sollte er wählen? Beim Wählen hört die Wissenschaft auf ...« Aber jede Geschichte ist Wahl.

Sie ist es schon wegen des Zufalls, der die Spuren der Vergangenheit hier zerstört und dort bewahrt hat. Sie ist es wegen des Menschen: sobald es reichlich Dokumente gibt, verkürzt er, vereinfacht er, betont dies und verwischt das. Sie ist es vor allem deswegen, weil der Historiker seine Stoffe erschafft oder, wenn man will, neuerschafft: der Historiker, der nicht auf gut Glück wie ein Lumpensammler die Vergangenheit durchstreift, sondern mit einer präzisen Absicht, einem Problem, das es zu lösen, einer Hypothese, die es zu überprüfen gilt. Zu sagen, dies sei »keine wissenschaftliche Einstellung« – bekundet das nicht, daß man von der Wissenschaft, von ihren Bedingungen und ihren Methoden keine große Ahnung hat? Hat etwa der Histologe, der das Auge ans Okular seines Mikroskops legt, einen direkten Zugriff auf *facta bruta*? Das Wesentliche seiner Arbeit besteht doch darin, die Objekte seiner Beobachtung sozusagen zu erzeugen, manchmal mit erheblichem technischen Aufwand, und erst dann, wenn die Objekte ›stehen‹, seine Schnitte und Präparate zu ›lesen‹. Eine äußerst verzwickte Aufgabe; beschreiben, was man sieht, geht ja noch an; sehen, was man beschreiben muß, da liegt die Schwierigkeit.

Die Tatsachen feststellen und sie dann ins Werk setzen ... Gewiß doch, nur hüte man sich, eine verhängnisvolle Arbeitsteilung, eine gefährliche Hierarchie herzustellen. Man ermutige nicht die, die dem Anschein nach bescheiden und mißtrauisch, in Wirklichkeit passiv und blindlings Tatsachen anhäufen und dann mit verschränkten Armen ewig darauf warten, daß der Mann komme, der sie zusammenzufügen weiß. Die Felder der Geschichte liegen voller Steine, die von wackeren Steinmetzen geklopft wurden und dann nutzlos liegenblieben... Träte irgendwann der Architekt auf, auf den sie samt und sonders warten – ich denke, er würde diese von Brocken übersäten Ebenen fliehen, um auf freiem Grund zu bauen. Manipulationen, Erfindungen, hier die Handlanger, dort die Baumeister: nein. Erfindung braucht es überall, damit nichts an menschlicher Mühe verloren gehe. Eine Tatsache konstatieren heißt konstruieren. Wenn man will: auf eine Frage eine Antwort liefern. Und wenn es keine Frage gibt, dann gibt es überhaupt nichts.

Wahrheiten, die zu oft zu vielen Historikern entgingen. Diese lehrten ihre Zöglinge die heilige Furcht vor der Hypothese, die sie (die im übrigen gern große Reden über Methode und wissenschaftliche Wahrheit schwangen) für eine Todsünde hielten wider das, was sie *Wissenschaft* nannten. Am Giebel ihrer Geschichte stand in flammenden Lettern ein gebieterisches *Hypotheses non fingo.* Und für die Klassierung der Tatsachen gab es einen einzigen Grundsatz: sich streng an die chronologische Ordnung halten... Streng? Michelet sagte: fein. Aber bekanntlich hatten ja Michelet und die Geschichte nichts miteinander zu tun. Chronologische Ordnung: war das nicht Betrug? Die Geschichte, die man uns lehrte, die Geschichte, zu der man uns anhielt, war in Wirklichkeit nur eine Vergottung der Gegenwart mit Hilfe der Vergangenheit. Aber sie weigerte sich, das zu sehen – und zu sagen.

Nehmen Sie die Geschichte Frankreichs. Vom römischen Gallien, wie Caesar es zu Beginn der *Commentarii* definierte, bis zum Frankreich von 1933 in seinen heutigen Grenzen folgte sie dem Lauf der Zeit, ohne sich je zu verlieren oder zu verirren. Weder scheiterte sie an verborgenen Klippen noch sank sie in den Schnellen, und am Ende ihrer Reise schloß sie: »So bin ich, ausgehend von Gallien, ungehindert ins Frankreich von heute gelangt: wunderbare Kontinuität einer nationalen Geschichte!« Das stimmte zwar, doch der Historiker war, ausgehend vom Jahre 1933, stromaufwärts geschritten, hatte alle Nebenflüsse erkundet und die toten Arme (d. h. alle, die nicht geradewegs zu Caesar führten) ausgeschieden. Und diesen majestätischen Strom verzauberte er, indem er eine lebendige, aus Katastrophen, Tragödien, unbeständigen Abtrennungen und Anfügungen gemachte Geschichte in eine weißgott künstliche, ja leichenhafte Starre versetzte.

Werfen wir einen unbefangenen Blick in einen Geschichtsatlas und verschaffen uns eine Anschauung von all den erstaunlich verschiedenen Umrissen des Landes, das wir Frankreich nennen und das sich selbst seit Jahrhunderten ununterbrochen so genannt hat; befreien wir uns vom Zwang dessen, »was ist«, und lassen diese, uns paradox anmutende Folge von Formationen an uns vorbeiziehen: wäre es bei einer von ihnen geblieben, so hätte die Geschichte, seien wir gewiß, rückschreitend deren

Vorfahren aufgefunden: in dieser Verbindung von Frankreich und Spanien, in jener mit dem Rheinland, in derjenigen Frankreichs und Englands oder Frankreichs und Italiens, Frankreichs und der Niederlande ... Ich fahre fort: wieviel an Leben und Interesse büßt eine Geschichte ein, die all die Zufälle, Anbrüche, Novationen übergeht? Und welche Gefahr könnte von ihr ausgehen, würde ich von dieser Stelle aus anders denn wissenschaftlich reden?

Ich denke an die Geschichte des Rheins[2]. Man schreibt sie unbefangen, ausgehend von der Illusion, man folge stromabwärts dem Lauf der Ereignisse, während man in Wirklichkeit dabei ist, an ihm aufwärts zu schreiten. Man geht davon aus, was der Rhein für uns ist – ein von nationalen Haßgefühlen beladener Rhein, ein Grenzfluß, mit dem sich manche Kriegstreiberei verbunden hat. Und Schritt für Schritt nähert man sich dem berühmten Text der *Commentarii,* der verkündet: »Der Rhein, Scheidelinie Galliens und Germaniens ...« Sodann steigt man wieder hinab. In aller Unschuld, wohlverstanden. Und aller Freiheit natürlich. Doch in der Hand hält man während der ganzen Reise die beiden Enden der Kette fieberhaft umklammert. Ungewollt hat man die heiße Gegenwart auf kältere Jahrhunderte übertragen. Dort findet man sie dann prompt wieder. Eine regressive Methode, auch wenn man das nicht wahrhaben will. Daß ein Wilhelm II. es unlängst noch verkündete, daß seinem Beispiel folgend es jene verkünden, die sich für den Endzweck der Welt halten und meinen, die Vergangenheit sei überhaupt nur Vorspiel und Rechtfertigung dessen, was sie sind und planen – sei's drum. Aber wo soll in alledem die Wissenschaft stecken?

So also hielt man es, und die Geschichte triumphierte. Der Außenstehende beneidete sie um ihre Kraft. Und doch verlor sie nach und nach an wirklicher Substanz. Die Geschichte, so sagte man, war keine eigenständige Disziplin mit präzise definiertem Inhalt. Sie war eine »Methode«: eine Methode, die eben dabei war, im Bereich der Humanwissenschaften zur quasi universalen zu werden. Aber was sollte diese Methode, die ein bekannter Text als »die Methode, Geschichte zu schreiben« definierte, schon anderes sein als eine der von allen Wissenschaften praktizierten Methoden, nämlich die des indirekten Erkennens? Die Geschichte hatte ihren Schatten nicht verloren. Aber um eines Schattens willen verzichtete sie auf ihren Körper. Und die ihr das sagten, vor allem diejenigen, die sich um Henri Berr und die *Revue de Synthèse Historique* sammelten, jenen Henri Berr, der bereits 1911 im Vorwort seiner kritisch-theoretischen Abhandlung *La synthèse en histoire* den Mut und die Klarsicht besaß zu schreiben: »Es heißt, der Geschichte fehle die Berührung mit dem Leben, weil sie zu wissenschaftlich sei; ich hingegen meine, daß dem so ist, weil sie es zu wenig ist« – diejenigen läuteten zwar ihre Zukunft ein, aber die Gegenwart beherrschten sie nicht.

II

Dann kam das Erwachen, jäh und böse. Inmitten der Krise, inmitten von Zweifeln.

Die Zweifel hatte der Krieg gesät. Es waren die Zweifel derer, die ihren Zivilberuf wieder aufnahmen, aber die Vorstellung nicht loswurden, daß sie allesamt nicht nur ihre individuelle Aufgabe erfüllen müßten, wie sie es getan hätten, wäre nicht der Sturm über die Welt hereingebrochen – sondern daß sie obendrein auch noch deren Werk zu verrichten hätten, die nicht mehr da waren, jener zwei grausam gelichteten Generationen, von denen nur Überreste geblieben waren, so wie von jenen geisterhaften Wäldern, in die man bisweilen an der Front unversehens geriet ... »Geschichte treiben. Geschichte lehren. In Aschen stochern, von denen die einen längst erkaltet, die anderen noch warm sind – aber Asche allemal, erloschener Rest verzehrter Existenzen. Verlangten nicht andere, dringendere, und um das entscheidende Wort auszusprechen: *nützlichere* Aufgaben unsere verbliebenen Kräfte?«[3]

Es waren auch die Zweifel derer, die über »die Pleite der Geschichte« spotteten, aber die fielen weniger ins Gewicht. Ihr vorwerfen, sie hätte nichts vorausgesehen noch -gesagt, sich über das Versagen von »Gesetzen« amüsieren, die man zimmerte, um ihre Nutzlosigkeit zu erweisen; jenem »ökonomischen Spiritualismus«, den ein Frédéric Rauh unlängst im Gewande des »historischen Materialismus« ausmachen wollte[4], die Reserven einer moralischen Energie, deren Möglichkeit niemand leugnet, entgegenhalten; denen, die von der Umwelt und ihren Zwängen redeten, scherzhaft mit Bernhard Shaw antworten: »Der vernünftige Mensch paßt sich der Welt an; der unvernünftige besteht auf dem Versuch, die Welt sich anzupassen. Deshalb hängt aller Fortschritt vom unvernünftigen Menschen ab« – daran ist wenig Überraschendes, nichts was die Historiker interessieren könnte. Denn sie wußten ja: es gibt – stets säuberlich getrennt – den Bereich des Erkennens und den des Handelns, den Bereich des Wissens und den der Eingebung, den Bereich der Dinge, die bereits da sind, und den des schöpferischen Entspringens. Könnten historisch vollkommen feststehende Gesetze jemals die Menschen binden? Und wer kann behaupten, daß es nicht eines autonomen schöpferischen Impulses bedarf, um in einer bestimmten Umwelt wider die Last der Tradition, wider die Trägheit der Institutionen zu handeln – wo doch in einem zukünftigen Rückblick auch die autonome Leistung der Erneuerer noch unter die Folgen jener Ordnung fallen wird, die sie bekämpfen?

Schlimmer war die Krise in jenen Bereichen des geistigen Lebens, die der Geschichte benachbart waren. Und hiermit hatte der Krieg nichts mehr zu tun. Diese moderne Welt, auf die wir stolz waren, und die unseren Aktivitäten einen Rückhalt an überkommenen Gewißheiten bot, diese Welt, beherrscht vom streng mathematischen Geist einer Physik, die wie eine Geometrie der Welt betrieben wurde, welche die Materie jeglicher Qualität beraubte und nichts als ihre pure Ausdehnung übrigließ; diese Wissenschaft von den Naturphänomenen, die mit aller Kraft nach Objektivität strebte – einer Objektivität ohne die Einflüsse des Ich, auf Quantität, nicht Qualität orientiert; und schließlich, uns näher, jene Wissenschaft der Menschentatsachen, die dergestalt zustande kam, daß Methoden, die bisher im Bereich streng determinierter Materie angewandt worden waren, auf den menschlichen Bereich übertragen wurden – all das zerbrach unter dem wiederholten Anstoß der neuen Ideen in große Schollen, eine jener tiefgehenden Erschütterungen, die die Jahrhundertschichten der Physik verschoben.

Ein Scheitern der alten Ideen, der alten Lehren, die von den Neuankömmlingen hinabgestoßen wurden? Aber woher denn. Kein geologisches Meer, das nicht eine Stufe hinterließe, die von seiner Mächtigkeit zeugt. Eine Krise des Ideals, die notwendige Rückkehr zu einem schlichten oder subtilen Mystizismus? Noch weniger. Eine Bereicherung, gewiß, und eine Erweiterung. Und zwar genau in der Sache, um die es uns geht, in der Ahnung nämlich, daß neue Verbindungen und Erkenntnisbeziehungen zwischen zwei Bereichen möglich sind, die zuvor ein Abgrund trennte, dem objektiven Bereich der Natur und dem subjektiven Bereich des Geistes.

Wir können hier nicht darauf eingehen, in welcher Weise, in welchem Maß und in welchen Punkten die eben erst in den allgemeinen Gang der Wissenschaften eingetretene Geschichte von diesem großen Vorstellungswandel betroffen sein mag; das ergäbe eine Vorlesung, wenn nicht ein Buch. Belassen wir es bei einer schlichten Feststellung: wie sollte angesichts derartiger Umwälzungen die Geschichte ungerührt bei ihren alten Gewohnheiten bleiben? Wie sollten wir nicht die Notwendigkeit verspüren, unsere Vorstellungen und unsere Methoden mit anderen abzustimmen, wie nicht neu bauen, da überall die Wände rissig werden?

Neu bauen, aber auf welchem Fundament? Schweifen wir nicht in die Ferne: auf dem soliden Fundament dessen, was man die Menschheit nennen muß.

Geschichte als Wissenschaft vom Menschen, Wissenschaft von der menschlichen Vergangenheit. Und nicht Wissenschaft von den Sachen oder den Begriffen. Die Ideen ohne die Menschen, die sie verkünden? Die Ideen, bloße Elemente unter anderen in jenem geistigen Gepäck aus Einflüssen, Erinnerungen, Lektüren und Gesprächen, das jeder von uns mit sich herumträgt? Die Institutionen, gesondert von jenen, die sie machen, und die sie, bei allem Respekt, doch ohne Unterlaß verändern? Nein. Es gibt keine Geschichte als die des Menschen, und zwar Geschichte im weitesten Sinne. Mit welchem Nachdruck hat nicht Michel Bréal hier, in diesem Collège, die Illusion angegriffen, der James Darmester aufsaß, als er in *La vie des mots* die Sprache zum Helden der Geschichte machte?

Geschichte als Wissenschaft vom Menschen, und nun die ›*Tatsachen*‹, gewiß – aber es sind menschliche Tatsachen. Die Aufgabe des Historikers ist es, die Menschen wiederzufinden, die sie durchlebt haben, sodann diejenigen, die sich viel später mit ihren Ideen in ihnen eingenistet haben, um sie zu deuten.

Die *Texte,* gewiß – aber es sind *menschliche* Texte. Und selbst noch die Worte, die sie bilden, sind gestopft mit menschlicher Substanz. Und alle haben ihre Geschichte, klingen anders zu anderen Zeiten, und selbst wo sie auf materielle Gegenstände verweisen, bezeichnen sie nur selten dieselben Realitäten, gleiche oder gleichwertige Eigenschaften.

Die Texte, gewiß – aber *alle Texte.* Und nicht nur jene Archivdokumente, denen man das Privileg einräumt, wie einmal jemand sagte[5], Namen, Orte, Daten zu liefern; denn auf Daten, Namen, Orten, so fuhr er fort, ruht das ganze positive Wissen eines Historikers, der sich nicht um das Wirkliche schert. Für uns dagegen sind Gedichte, Bilder, Dramen ebensowohl Zeugnisse einer lebendigen, menschlichen, mit Gedanken und Taten gesättigten Geschichte.

Die Texte, freilich – aber *nicht nur die Texte.* Auch die Dokumente, welcher Art auch immer; diejenigen, die man seit langem benutzt, aber vor allem diejenigen, die wir den Leistungen neuer Disziplinen verdanken: der Statistik, der Demographie, die die Genealogie ersetzt, im selben Maße wie Demos auf den Thron der Könige und Fürsten rückt; der Linguistik, die mit Meillet verkündet, daß jede sprachliche Tatsache eine Tatsache der Zivilisation zum Ausdruck bringt; der Psychologie, die vom Studium der Individuen zu dem der Gruppen und der Massen übergeht – und noch manch anderer. In die Schlammseen des Nordens ist vor Jahrtausenden der Pollen der Waldbäume gefallen. Gradmann, der ihn heute mikroskopisch untersucht, gewinnt daraus erstaunliche Erkenntnisse über die Urbevölkerung, wie sie die herkömmliche Siedlungskunde so nicht hätte erbringen können, auch nicht, wenn sie neben den Textdaten noch Ortsnamen oder archäologische Funde berücksichtigt hätte. Dieser jahrtausendealte Pollen ist ein historisches Dokument. Die Geschichte macht ihren Honig daraus. Die Geschichte, die ausnahmslos alles, was menschlicher Erfindungsgeist zustande bringt, zu nutzen weiß, um über das Schweigen der Texte, die Wüstungen des Vergessens hinwegzukommen …

Zwischen einander nahen oder fernen Disziplinen beständig neue Bündnisse aushandeln, auf einen Gegenstand das Licht mehrerer heterogener Wissenschaften bündeln: das ist die vorrangige, die wohl dringendste und fruchtbarste der Aufgaben, die sich einer mit den Grenzziehungen und Abschließungen unzufriedenen Geschichte heute stellen.

Übernahme von Begriffen? Manchmal. Vor allem aber Übernahme von Methoden und Denkweisen. Ein Geschäft von isolierten Forschern, die Hilfe bei den Nachbarn suchen? Heute ist das die Regel. Morgen vermutlich wird es betrieben von anders geschulten Arbeitern, die sich zu Teams verbinden, um mit vereinten Kräften weiterzukommen: ein Physiker, so stelle ich mir vor, der das Problem aufwirft, ein Mathematiker, der die wissenschaftliche Sprache virtuos beherrscht, ein Astronom schließlich, der im immensen Feld des Alls die Sterne bezeichnet, die zu beobachten und zu kontrollieren sind. Das ist eine Formel für die Zukunft. Gewiß wird sie der Arbeit viel von ihrer Intimität nehmen. Sie wird nicht mehr so von Grund auf die Sache und der Ausdruck eines Menschen sein. Doch was sie an Persönlichkeit verliert, wird sie an Effizienz dazugewinnen. Die Zeiten des Handwerks versinken, ob wir wollen oder nicht, langsam unter unserem Horizont. Und wie so viele andere wird auch der kleine wissenschaftliche Handwerker, den wir alle abgeben und den wir lieben mit all seinen Mängeln und Manien, der kleine Wissenschaftshandwerker, der alles selber macht, werden sein Werkzeug, sein Experimentierfeld, seine Forschungsprogramme bald zu den Schönheiten der Vergangenheit gehören. Doch eine neue Schönheit zeichnet sich bereits ab.

Sie liegt in der Zusammenarbeit der Menschen, der Konkordanz der Methoden, der Analogie der Entwicklungen. Aus einem Teilbereich der Philologie, der vergleichenden Sprachwissenschaft, die ihrerseits aus der Entdeckung des Sanskrit im 18. Jahrhundert hervorgegangen ist, hat sich eine neue Wissenschaft herausentwickelt, die Linguistik. Bevor sie sich nun der Untersuchung statischer Sprachtatsachen zuwandte und von der Geschichte der Sprachen abstrahierte, widmete sie sich fast ausschließlich dieser. Eine Entwicklung, die vermutlich – ganz grob gesprochen – eines Tages auch die Geschichte durchmachen wird, wenn sie von der globalen Erforschung historischer Großeinheiten – etwa Völkern und Nationen – in einer Form, die sich vorab nicht bestimmen läßt (weil sie weitgehend von künftigen Fortschritten anderer Nachbarwissenschaften abhängen wird) zur Untersuchung statischer Geschichtstatsachen übergehen wird... Begnügen wir uns einstweilen damit, ihr die Aufgabe zuzuweisen, menschliche Probleme zu stellen. Tun wir das um des Humanismus willen, und aus der Ahnung, was eines Tages die Geschichte wird sein können: die Wissenschaft der Geschichtstatsachen.

Eine Wissenschaft mit Gesetzen? Vielleicht. Es kommt ganz darauf an, was man Gesetz nennt. Ein großes, von manchmal widersprüchlichen Bedeutungen schweres Wort. Gesetze, die zu einem bestimmten Handeln verpflichten – nein, wie gesagt, das nicht. Erdrücken wir nicht das menschliche Streben unter der Last der Vergangenheit. Wiederholen wir es laut als Historiker und gerade weil wir Historiker sind, daß die Geschichte niemanden bindet. Also ist sie vergangen, weiter nichts? Machen wir uns keine Illusionen. Der Mensch erinnert sich nicht der Geschichte; er rekonstruiert sie stets. Der isolierte Mensch ist eine Abstraktion. Der Mensch in der Gruppe ist eine Realität. Und der bewahrt nicht die Vergangenheit in seinem Gedächtnis wie das Eis des Nordens die Mammuts aus der Steinzeit bewahrt. Er geht von der Gegenwart aus – und durch sie hindurch erkennt er, deutet er stets die Vergangenheit.

Bedarf es noch eines prägnanten Beispiels? Nehmen wir das der mittelalterlichen Gewohnheit, das kürzlich erst Marc Bloch geltend machte. Etliche Jahrhunderte lang galten ein Rechtssatz als gültig, ein Grundzins als berechtigt einzig aus dem Grunde, daß diese Regel oder dieser Zins *seit alters her* bestanden. Und der gewissenhafte Richter wandte sich, auf der Suche nach Rechtswahrheit, der Vergangenheit zu: »Wie hat man es früher gehalten? Welches ist also die Gewohnheit?« Demnach hätte das Recht festen Bestand haben müssen? Es hat sich unablässig entwickelt, und zwar rasch. Genauso wie sich zwischen dem Kirchenfrieden und der Reformation das Christentum entwickelt hat ...

Das sind vitale Notwendigkeiten, instinktive Abwehrreaktionen gegen die ungeheure Masse überkommener Tatsachen, Ideen, Gewohnheiten. Die Tradition mit Gegenwart zu durchdringen, ist ein Hauptmittel, ihr zu widerstehen. Gewiß ist das nicht die Reaktion der objektiven Geschichte. Indem sie sich von den Deutungen löst, versucht sie, in einer heroischen und direkten Anstrengung die aufeinander folgenden Systeme von Ideen und Institutionen in ihrem Urzustand wiederherzustellen. Doch weiß sie auch um die Schwierigkeiten einer solchen Aufgabe. Sie weiß, daß sie nie den unauffindbaren Apparat in Gang setzen wird, von dem, aufgezeichnet für eine Ewigkeit, die echte, nach einem jahrhundertelangen Schlaf erwachte Stimme der Vergangenheit erklänge. Sie deutet. Sie legt zurecht. Sie erstellt wieder und ergänzt die Antworten. Sie schafft sich die Vergangenheit, die sie braucht. Und darin liegt kein Skandal, kein Anschlag auf die vermeintliche Majestät der Wissenschaft. Die Wissenschaft entsteht nicht im Elfenbeinturm. Sie entsteht mitten im Leben und als das Werk von Lebenden, die mitten in der Welt, mitten im Jahrhundert stehen. Tausend subtile und komplizierte Bande verbinden sie mit den verschiedensten Tätigkeiten der Menschen. Bisweilen unterliegt sie sogar dem Einfluß der Moden. Wie sollte sie, da ihre Umwelt dieselbe ist wie die aller anderen menschlichen Disziplinen, deren Besorgnissen entgehen – diese Wissenschaft, von der Poincaré sagte, sie weissage die Vergangenheit? Geben wir also zu, daß sie mit ihrem Stab immer nur einzelne Teile berührt, die wiederauferstehen sollen, und zwar immer nur diejenigen, die ihrem Ideal nach und solange dieses Ideal besteht, es wert scheinen ... Und nun komme ich auf meine Frage von vorhin zurück.

Gesetze? Wenn damit jene gemeinschaftlichen Formeln gemeint sind, die bislang getrennte Tatsachen zusammenfassen und zu Reihen ordnen – warum nicht? Auf diese Weise wird die Geschichte einmal mehr die lebendige Einheit der Wissenschaft verspüren; auf diese Weise wird sie sich den anderen Wissenschaften verschwistert fühlen, all jenen, deren Hauptproblem heute darin besteht, das Logische mit dem Wirklichen in Einklang zu bringen – so wie es für die Geschichte darin besteht, das Institutionelle mit dem Kontingenten in Einklang zu bringen.

Eine schwierige Aufgabe. Allenthalben, in allen Wissenschaften zeigen sich heutzutage nur Gegensätze, Konflikte, Antinomien. Hier, in diesem Hause, scheren wir uns nicht um die, die unser Unvermögen bespötteln. Sie vergessen eines: am Ursprung jeder wissenschaftlichen Errungenschaft steht der Nonkonformismus. Die Fortschritte der Wissenschaft entspringen aus der Zwietracht. So wie die Religionen aus der Ketzerei erwachsen. *Opportet haereses esse.*

Natürlich wußte ich schon zu Beginn dieses Vortrags, daß es mir nicht möglich sein würde, diese Ideen wirklich auszuführen. Verzeihen Sie mir, daß ich Schwierigkeiten, um die ich wußte, übergangen habe. Es ging mir nicht darum, ein System zu errichten, sondern Ihnen einen Menschen vorzustellen, seine Absichten, seine Voreingenommenheiten und Schwächen, aber auch seinen guten Willen.

In der schönen Festschrift, die das Collège de France aus Anlaß seines vierhundertjährigen Bestehens herausgegeben hat, findet sich, beigefügt von Paul Hazard, ein anrührendes Dokument. Es ist eine Seite mit handschriftlichen Aufzeichnungen von Michelet – in seiner feinen Schrift aufs Papier geworfene Notizen vor einer seiner letzten Vorlesungen, die er hier gehalten hat. Auf diesem Blatt, das bereits die Kadenzen des großen Poeten der romantischen Geschichte spüren läßt, steht:

»Ich habe keine Partei ... Warum? Weil ich in der Geschichte die Geschichte gesehen habe, nichts weiter ...

Ich habe keine Schule ... Warum? Weil ich die Bedeutung der Formeln nicht überschätzt habe, weil ich nicht die Geister knechten, sondern im Gegenteil sie befreien wollte, ihnen die lebendige Kraft geben wollte, die einen befähigt, zu finden und zu urteilen.«

Ich wünschte, eines nahen oder fernen Tages, am Ende des Unterrichts, den ich heute aufnehme, hätte ich verdient, daß man von mir sagte: »In der Geschichte hat er nur die Geschichte gesehen, nicht mehr ... In seinem Unterricht hat er nicht die Geister geknechtet, weil er keine Systeme hatte – jene Systeme, von denen selbst Claude Bernard sagte, sie neigten dazu, den menschlichen Geist zu knechten –, sondern weil es ihm um Ideen ging und um Theorien; Ideen, weil die Wissenschaften nur durch die schöpferische und originäre Macht des Denkens vorankommen, und Theorien, weil wir zwar wissen, daß Theorien nie die unendliche Komplexität der Naturphänomene einholen und dennoch Stufen sind, welche die Wissenschaft in ihrem unstillbaren Verlangen, den Horizont des menschlichen Denkens zu erweitern, erklimmt – mit der großartigen Gewißheit, niemals den Gipfel aller Gipfel zu erreichen, jene Spitze, von der aus man sähe, wie aus der Dämmerung die Morgenröte steigt.«

1 *De la situation faite à l'histoire et à la sociologie dans les temps modernes*, 3. Heft, 8. Serie, S. 28.

2 Vgl. L. Febvre, *Le problème historique du Rhin*, in L. Febvre und A. Demangeon, *Le Rhin*, Straßburg 1930.

3 Lucien Febvre, *L'histoire dans le monde en ruines*, Lecon d'ouverture du cours d'histoire moderne à l'université de Strasbourg, in *Revue de Synthèse Historique*, Bd. XXX, 1, Nr. 88, Februar 1920, S. 1 ff.

4 *Etudes de morale*, Paris 1911, S. 64 f.

5 Der Physiker Boisse.

WÖRTER UND DINGE IN DER WIRTSCHAFTSGESCHICHTE

WELCHEN BEIDERSEITIGEN NUTZEN Historiker und Sprachwissenschaftler aus einer Zusammenarbeit, ja schon aus einer Verständigung über ihre jeweiligen Bedürfnisse erzielen können, welche Bedeutung große Synthesen wie diejenige, die Ferdinand Brunot unverzagt erstrebt, für die Geschichte besitzen, das alles ist bekannt; mir ist es seit langem bekannt, und ich habe nach Kräften darauf hingewiesen[1]. Aber das sind allgemeine Dinge, die nicht direkt unsere *Annales,* ihre spezielle Ausrichtung und ihre Leserschaft betreffen.

Eine andere Sache hingegen geht sie unmittelbar an, nämlich die wachsende Aufmerksamkeit, mit der sich die Sprachwissenschaftler des Vokabulars annehmen – eine so nachhaltige Aufmerksamkeit, daß unlängst ein Fachmann, Joseph Vendryes, schreiben konnte: »Innerhalb der Sprachwissenschaft erscheint heute die Etymologie als der meistversprechende Bereich.« Aber was, so wird man fragen, soll die Etymologie zur historischen Forschung und speziell zur Wirtschaftsgeschichte beitragen?

Gar nichts – sofern man an die altbekannte formale Etymologie denkt. Nun sind aber die Sprachwissenschaftler schon seit etlichen Jahren zu der Einsicht gelangt, daß es unsinnig wäre, die Wörter getrennt von den Dingen, die sie bezeichnen, zu untersuchen. Im Jahre 1906 erklärte Antoine Meillet in seiner Antrittsvorlesung am Collège de France[2]: »Die Erforschung der Wörter läßt sich nicht trennen von der Erforschung der mit diesen Wörtern bezeichneten Dinge.« Und bereits 1905 brachten Gilliéron und Mongin in ihrer sprachgeographischen Abhandlung *Scier dans la Gaule romane du Sud et de l'Est*[3] in eigentümlicher Weise die Geschichte zweier Wörter mit einer Veränderung bei den Werkzeugen, der Ersetzung der glatten durch die gezackte Sichel, in Verbindung. Wenig später (1909) entstand in Deutschland eine Zeitschrift mit programmatischem Titel: *Wörter und Sachen*[4], initiiert von R. Meringer, der die Ansicht vertrat, man müsse, um die Wortschatzbildung zu verstehen, das Leben vergangener Zivilisationen rekonstruieren, und um die Entwicklung der Wörter zu verfolgen, sich auf die Technographie, die Geschichte des menschlichen Werkzeuggebrauchs, stützen. Man lese etwa im ersten

Band von *Wörter und Sachen* Meringers Artikel über die Wörter, die in den indoeuropäischen Sprachen die *Brücke* bezeichneten. Ohne Zögern wird man anerkennen, daß die so begriffene Etymologie oder richtiger: Wortgeschichte von starkem Interesse nicht bloß für den Sprachwissenschaftler, sondern auch für den Historiker im üblichen Sinne ist. Insbesondere für Epochen, in denen die schriftlichen Zeugnisse spärlich sind und selbst das archäologische Material mangelt, besitzen Monographien über wichtige Wörter und die Sachverhalte, die sie bezeichnen sollten, größte Bedeutung[5].

Man ist nicht stehengeblieben bei den Forschungen der Gründer von *Wörter und Sachen,* so nützlich sie auch waren. Mit wenigen Ausnahmen[6] studierten diese nur die Geschichte materieller Objekte, indem sie sprachliche und technologische Tatsachen zusammenbrachten: ein interessantes, aber gleichwohl begrenztes Programm. Maurice Cahen, ein hervorragender Gelehrter, den ein Schicksalsschlag unzeitig hinraffte, übernahm es, die begonnene Revolution auszuweiten und die Wissenschaft von den Wörtern nach Methode und Ergebnissen vollkommen umzuwälzen. In seinem bedeutenden Buch *La libation, étude sur le vocabulaire religieux du vieux scandinave*[7] verband er die Untersuchung von Wörtern – und zwar von »Zivilisationswörtern« – eng mit der der gesellschaftlichen Tatsachen, von denen sie naturgemäß abhängen. In diesem unendlich weiten und fruchtbaren Gebiet war er zugleich Vorläufer und Meister.

Doch handelt es sich dabei stets um weit zurückliegende Tatsachen, langfristige Entwicklungen und Forschungen, die sich zumindest teilweise auf Zivilisationen richten, die von der unsrigen weit entfernt sind. Ist an der Geschichte der modernen Wörter, der gestern oder vorgestern geborenen Wörter, die unserem Munde kaum entflohen sind, etwas, was die Gelehrten zu beschäftigen und die Historiker zu interessieren vermag? Allerdings. Die Sprache der Ökonomie ist, allgemein gesehen, eine ganz junge Sprache. Sie ist gestern geboren. Und bereits ihre Geburt und ihre Ausbildung werfen interessante Probleme für uns auf. Sämtliche Wörter, die sie bilden, sind weder neueren noch bestimmten Datums. Die meisten unter ihnen sind Wörter, die bereits in der Sprache vorkamen, aber von einem bestimmten Augenblick an einen neuen Sinn annahmen. Von welchem Augenblick an genau? Eben das ist interessant festzustellen. Interessant für uns Historiker, und zwar für die präzise Erkenntnis von Gesellschaften und Mentalitäten, die sich im übrigen stark verändert und entwickelt haben seit der Zeit, da sie das eine oder andere Wort mit einem noch unbekannten Sinn ausstatteten. Sollte es etwa unergiebig sein, das genaue sprachliche Geburtsdatum des *Proletariers,* des *Kapitalisten* oder des *Ingenieurs* auszumachen – um nur auf gut Glück drei Namen herauszugreifen? Sollte es belanglos sein, aufmerksam die Sinnentwicklung solcher Wörter zu verfolgen und im einzelnen nachzuzeichnen – ergäbe das nicht ein Stück echter Sozialgeschichte?

Freilich wäre das gar nicht so leicht zustande zu bringen. Geben wir es zu: beim gegenwärtigen Stand der Nichtorganisation derartiger Forschungen läßt sich die Geschichte der modernen Wörter, auch wenn man sich auf eine einzige Sprache beschränkt (bloß wie soll man das anstellen? Denn was ist reisefreudiger, was empfänglicher für Einflüsse von außen als ein Wort?) – läßt sich selbst die Geschichte der zuhauf mit historischem und menschlichem Wert beladenen Wörter unmöglich erkennen und rekonstruieren, es sei denn mit unverhältnismäßigem Aufwand. Ich habe es erst kürzlich erfahren, als ich versuchte[8], die historischen und semantischen Etappen nachzuzeichnen, die innerhalb Frankreichs ein Wort, nämlich *civilisation,* durchlaufen hat, ein Wort, das keineswegs zu den unauffälligen gehört, und dessen bloßes Aufkommen bereits bezeugt, daß eine intellektuelle und moralische Revolution geschehen ist ... Und? Keine zuverlässigen und vollständigen Wörterbücher, keine Sprachübersichten für eine bestimmte Epoche, keine Schriftsteller- geschweige denn Gelehrtenvokabulare. Ungeheure Arbeiten? Gewiß, weil man sich darauf versteift, sie schlecht anzulegen, Vollständigkeit anzustreben, die gesamte Masse einer Sprache verzetteln zu wollen – statt einfach innerhalb einer festgelegten Periode und bei möglichst vielen Autoren dieser Zeit den Spuren einer Anzahl wichtiger Wörter – die vorab festgelegt werden, und zwar nicht nur von Grammatikern oder Sprachwissenschaftlern – nachzugehen[9]. Man denke an die ungeheure Menge von Wörtern – und zwar immer noch lebendigen Wörtern, fast hätte ich gesagt: lebendigsten Wörtern unserer heutigen Sprache –, man denke an all das, was an wichtigen Wörtern in Frankreich zwischen der Mitte des 18. und der Mitte des 19. Jahrhunderts aufgekommen ist. Worüber verfügen wir, um ihre Geburt, ihre Bildung, ihre Entwicklung festzustellen? Die schon alte Abhandlung von F. Gohin, *Les transformations de la langue française pendant la deuxième moitié du XVIIIe siècle* (1740-1789), erschienen 1903, oder die Studie von M. Frey, *Les transformations du vocabulaire français à l'époque de la Révolution* (1789-1800), erschienen 1925: zwei Bücher von bescheidener Ausbeute, denn die von den beiden Genannten untersuchten Autoren haben vor allem die politische und die philosophische Sprache bearbeitet und aktiv bereichert. Die Wirtschaftssprache erfährt ihre wirkliche Ausbildung vor allem im Lauf des 19. Jahrhunderts mit dem Entstehen der Großindustrie: und darüber gibt es nichts, keine Zeile, weder Gesamtdarstellungen noch Monographien. Obgleich ihr Nutzen auf der Hand liegt. Die *Annales* halten es dementsprechend für sinnvoll, die Aufmerksamkeit auf diese heiklen Probleme der geschichtlichen und semantischen Entwicklung der Wörter des neuzeitlichen Vokabulars zu lenken, was aber nicht ausschließt, daß wir gelegentlich Untersuchungen aufnehmen werden, die sich auf frühere Epochen richten, wenn diese in wirtschaftlicher und sozialer Hinsicht besonders aufschlußreich erscheinen.

1 In der *Revue de synthèse historique,* und zwar seit 1906; vgl. »Histoire et dialectologie« (Bd. XII, 1906); »Histoire et linguistique« (Bd. XXIII, 1911); »Le développement des langues et l'histoire« (Bd. XXVIII, 1913); »Langue et nationalité en France au XVIIIe siècle« (Bd. XLII, 1926); »Le français sous la Révolution d'après Mr. F. Brunot« (Bd. XLV, 1928).

2 *L'état actuel des études de linguistique générale,* Antrittsvorlesung über Vergleichende Grammatik am 13. Februar 1906, Paris 1906, S. 12.

3 Paris 1905; vgl. L. Febvre, »Histoire et dialectologie«, *loc. cit.*, S. 8 f.

4 *Kulturhistorische Zeitschrift für Sprach- und Sachforschung,* hrsg. von R. Meringer, W. Meyer-Lübke, J. J. Mikkola, R. Much und M. Murko, Heidelberg ab 1909.

5 Vgl. als Beispiel dafür im Band IV derselben Zeitschrift den Artikel von Hjalmar Falk über Ausdrücke der Seefahrt im alten Skandinavien (»Altnordisches Seewesen«). Er zeigt deutlich, daß die Skandinavier in diesem Bereich großen Einfluß auf die Kelten ausgeübt haben, was sich in zahlreichen Lehnwörtern ausdrückt.

6 Eine solche Ausnahme ist etwa die Studie von M. Murko, »Das Grab als Tisch«, in *Wörter und Sachen,* Bd. II, S. 79, die noch andere Dinge als den Werkzeugwandel anführt.

7 Paris 1921.

8 Anläßlich der Diskussionen bei der ersten *Semaine de Synthèse,* die das *Centre International de Synthèse* im Mai 1929 organisiert hat (vgl. darüber *Annales,* Bd. II, 1930, S. 81). Vgl in diesem Band S. 39 ff., »Zur Entwicklung des Wortes und der Vorstellungen von ›Civilisation‹«.

9 Es scheint, als komme in einem anderen, uns ferner liegenden Bereich, nämlich dem der scholastischen Philosophie und der moralischen und theologischen Vorstellungen des Mittelalters, eine Untersuchung in der von uns hier vorgeschlagenen Weise zustande.

»FRONTIÈRE« – WORT UND BEDEUTUNG

DAS WORT *frontière* stellt die weibliche Form eines von *front* abgeleiteten Adjektivs dar, zu dem die Wörterbücher keine männliche Form *(frontier)* nachweisen[1]. Ziemlich früh bereits wurde dieses Adjektiv als Substantiv gebraucht. Als solches besaß es in der Sprache des Mittelalters mindestens zwei verschiedene Bedeutungen. Die eine war architektonischer Art: eine *frontière* ist im 13. und 14. Jahrhundert die Fassade einer Kirche, eines Hauses, eines Gebäudes. Die andere war militärischer Art: zur selben Zeit war eine *frontière* auch die Frontlinie einer dem Feinde gegenüber zur Schlacht aufgestellten Truppe. So findet man etwa im *Dictionnaire de l'ancienne langue française* von Godefroy jenen Text von Guiart (von Anfang des 14. Jahrhunderts): »Li navré vuident les frontières.« Was bedeutet, daß die Verwundeten die Frontlinie, die Linie des Zusammenstoßes, verlassen, um sich nach hinten abzusetzen.

Wollte man hingegen das benennen, was wir *frontières,* also Grenzen nennen, so bediente man sich im Lateinischen des klassischen Wortes *fines* und im Französischen des Substantivs *fins. Confins* war noch nicht mehr als die männliche Mehrzahl eines Adjektivs, das ebensowohl in der Einzahl und in weiblicher Form *(une terre confine)* gebräuchlich war. Das Wort *fins* rief nun vor allem die Vorstellung eines Geländestreifens, der Randzone eines Landes hervor. Um die Scheidelinie zu bezeichnen, welche die *fins* zweier aneinanderstoßender Länder trennte, gebrauchte man Worte wie *mètes* (lat. *metoe*), *bornes, termes* oder *limitacions,* was sich dem *Dictionnaire* von Godefroy entnehmen läßt, abgesehen von dem, was das *Glossarium* von Du Cange und für spätere Zeiten das *Dictionnaire de la langue française du XVIe siècle* von Huguet bieten. All diese Worte finden sich häufig miteinander und mit dem Wort *fins* verbunden. Doch die Bedeutung des letzteren entwickelte sich mehr und mehr in Richtung von *finage,* Bezirk, während *limitacions* ungebräuchlich wurde und das nach dem Lateinischen kopierte *limites* aufkam: Mehrzahl männlich zuerst, dann (17. Jh.) Mehrzahl weiblich, endlich (19. Jh.) Einzahl weiblich. Dieses Wort war bald das meistgebrauchte und trug wesentlich dazu bei, zu Anfang des 16. Jahrhunderts die Vorstellung von Grenzen geläufig zu machen. Man lese beispielsweise die von H. Stein und L. Le Grand in ihrem Werk *La Frontière d'Argonne*[2] publizierten

Quellentexte: da geht es nur um »limites du royaume« oder um dessen »fins, limites et bornes« oder seine »bornes, lisières et limites«.

An zwei Stellen aber stößt man innerhalb dieser mehr als hundert Seiten umfassenden Menge von Texten auf einen Wortgebrauch von *frontières* im 16. Jahrhundert, der bereits dessen künftigen Werdegang ahnen läßt. In Plädoyers von 1538, in denen es fortwährend um »Grenzen und Säume«, um »Ränder und Grenzen« des Königreichs geht, schreibt der Advokat, der für den Herzog von Lothringen plädiert: »Zwischen der Burggrafschaft von Saincte-Manehoul, welche die Front zum Königreiche bildet *(qui fait frontière du royaume),* und dem Lande oder Amtsbezirk von Clermont gibt es einen Wasserlauf, genannt Biesme, welcher die Länder Frankreichs und die des Reiches scheidet.«[3] Kurz danach finden sich wichtige Remonstrationen von 1539 unter der Überschrift: »Vorstellungen betreffend den Rechtsstreit zwischen Lothringen und Barrois über die Grenzen *(frontières)* der Champagne.«[4] Die Grenze, *frontière,* ist hier immer noch eine Front, aber die eines Landes und nicht mehr die einer Armee. Sie bietet den Diplomaten die ruhmredige und machtbewußte Übersetzung des friedlichen und merkantilen Wortes *lisières.*

Auf welche Weise hat sich das Wort *frontière,* das eine Baufassade, sodann eine Truppenfront bezeichnete, im Boden einer Provinz bzw. eines Landes verwurzelt und verfestigt? Offenbar durch Vermittlung der Worte *ville* oder Platz. Gleich einer Truppe im Felde trotzt ein befestigter Platz, eine mauernbewehrte Stadt dem Feind. *Elle fait frontière,* sie bietet die Stirn, sie macht Front – dieses Bild ist im 15. Jahrhundert bereits gang und gäbe. In einem Brief von 1419, den Godefroy zitiert, schreibt Karl VII., Orléans liege »als Übergang und Feste *(frontière)* am Loirefluß«. Ein Text von 1444, der von der Rechnungskammer in Dijon stammt[5], zählt mehrere Plätze in der Franche-Comté auf, die »Front machen gegen die Schinderbanden«. Monstrelet spricht in seiner *Chronique* vom Herzog von Burgund, der sich in der Stadt Saint-Denis einnistet, um »dieselbe zur Bastei und Feste *(frontière)*« gegen Paris zu machen.

Offensichtlich nähern wir uns der gegenwärtigen Bedeutung. In seinem *Dictionnaire François Latin*[6] reiht Robert Estienne bereits diese Beispiele auf: »les frontières d'ung pais, *orœ, extremitates regionis;* les frontières de l'Empire, *imperii margines*«. Zehn Jahre später, am 2. März 1558, kurz vor dem Frieden von Cateau-Cambrésis, schreibt der französische Gesandte in Konstantinopel, Herr de la Vigne, seinem Kollegen in Venedig einen sehr merkwürdigen Brief über die italienische Politik seines Königs: »Ach!« ruft er, »wie sehr verblendet sind wir doch bisher gewesen, daß wir nicht erkannt haben, daß das wahre und gewisseste Mittel, sich zu vergrößern und in Ruhe und Frieden im Königreiche zu leben, darin besteht, *immer die Grenzen* (frontières) *so weit als man kann nach vorn zu rücken* und den Feind immer vor sich her zu treiben!«

Der Text ist merkwürdig, weil er zeigt, daß *frontières* kraft seiner Vergangenheit immer noch eine Vorstellung von Bewegung, Vorrücken, Zusammenstoß oder Zurückdrängen hervorruft; aber er belegt auch, daß die Verwurzelung, die – wenn man so sagen darf – »Erdung« des Wortes schon weit gediehen ist. Ein Jahrhundert später wird Furetière in seinem *Dictionnaire Universel*[7] definieren: »*Frontière,* Adj. und Subst. fem. – Äußerstes Ende eines Königreiches oder einer Provinz, dem sich die Feinde gegenübersehen, wenn sie darin einfallen wollen.« Er ergänzt: »Das Wort kommt von *frontaria,* denn dies ist gleichsam die den Feinden gebotene Stirn.«

Zu diesem Zeitpunkt ist *fins* schon nicht mehr im Spiel. Das *Dictionnaire de l'Académie française* in seiner ersten Auflage von 1694 erwähnt es nicht mehr. *Confins* hat es ersetzt. *Limites* dagegen ist noch in Gebrauch. Es ist männlich geworden, ein friedliches Juristenwort zur Behandlung von Abmarkungsfragen. *Frontières,* das sind die *limites* aus der Sicht von Eroberern, von Herrschern, von Gesandten. Bald schon bezieht sich das Wort auf die Verteidigungs- und Angriffsanlagen, die Linien der befestigten Plätze, welche die Ingenieure ersinnen und bauen, ohne dabei dem genauen territorialen Grenzverlauf zu folgen. Eine ausgezeichnete analytische Definition der so verstandenen *frontière* findet sich in etlichen von Vaubans Denkschriften, insbesondere seinem *Mémoire des places frontières de Flandres*[8] von 1678, in dem er den König darauf hinweist, daß die Grenze zu den Niederlanden »offen und ungeordnet« sei durch den Frieden von Nijmwegen: »Es ist gewiß erforderlich«, schreibt er, »eine neue einzurichten und sie so wohl zu befestigen, daß sie dem Feinde den Einfall in unser Land verwehren und uns denjenigen in das seine erleichtern wird; daß die Plätze, aus denen sie sich zusammensetzen wird, uns den Übergang über Flüsse und die Verbindung von einer Herrschaft zur anderen gewährleisten, und daß sie zudem in der Lage sind, nicht nur alle nötige Munition zu ihrer Verteidigung bereitzuhalten, sondern auch die, deren man zu eventuellen Angriffen auf den Feind bedürfen wird.« Und weiter: »Die Grenze wäre sehr wohlbefestigt, wenn man sie *nach dem Muster der Schlachtreihen* auf zwei Reihen fester Plätze beschränkte.« Ein sehr interessanter Satz, weil hier die beiden Bedeutungen des Wortes, die alte und die neue, einander angenähert und zur wechselseitigen Erklärung herangezogen werden.

Ohnehin kommen *limites* und *frontières* einander immer näher. Die beiden Worte reagieren aufeinander. Man sagte, was logisch war, »étendre, reculer les frontières«. Das *Dictionnaire de l'Académie* sagt: »étendre, reculer les limites«. Eine lange Entwicklung beginnt, die erst in unseren Tagen zu Ende geht. Schon als in der zweiten Hälfte des 19. Jahrhunderts Littrés *Supplément* (1877) den Triumph eines Neologismus sanktioniert (dessen Erfindung Pater Clément dem Pater Berthold

1773 in einem Brief zuschreibt), läßt der Gebrauch des Ausdrucks *délimiter une frontière* die beiden Begriffe fast verschmelzen, doch bewahren sie da noch entsprechend ihrer Vergangenheit unterschiedliche Bedeutungen. Liest man dann aber im *Traité de Droit Public International* von Mérignhac[9], das Staatsgebiet sei »limité par les frontières«, so zweifelt man nicht mehr daran, daß heute *frontières* und *limites* zwei austauschbare Wörter geworden sind – oder vielmehr, daß *frontières* zusätzlich zu seinem Eigenwert noch die Substanz von *limites* aufgesaugt hat.

Die so skizzierte Wortgeschichte ist zugleich die Geschichte der Vorstellungen, für die diese Wörter stehen. Doch diese zweite Skizze kann sich nur auf Zeiten beziehen, zu denen die fraglichen Wörter existierten. Es gab aber Grenzen – *frontières* – lange bevor man sie mit diesem Namen belegte. Kann man ihre Entwicklung von den ältesten Zeiten bis zu uns nachzeichnen? Man hat es oft versucht und hat sich dabei im großen und ganzen an folgendes Schema gehalten.

In der antiken Welt, aber auch späterhin, jedesmal wenn die ›antiken‹ Bedingungen eintreten, d. h. wenn die menschliche Bevölkerung dünn genug gesät ist, damit die Menschengruppen, die sich auf geeigneten Territorien niedergelassen haben, nicht zu dicht an ihre Nachbargruppen reichen, zeigt sich, daß um jene Lichtungen von Menschen herum, die untereinander in engen Beziehungen stehen, isolierende Zonen, Trennmarken existieren, die bald natürlichen Ursprungs (Sümpfe, Dickichte, Steppen- und Heideland), bald mit Hilfe von Axt und Feuer angelegt sein können, Werke des Menschen also, der sich vor seinesgleichen schützen will. Caesar schildert uns die Städte Germaniens, die breite Streifen des unmittelbar an ihr Territorium grenzenden Landes verwüsten: *civitatibus maxima laus est quam latissime circum se vastatis finibus solitudinem habere.*[10] Die Historiker unserer Tage bestätigen Caesars Behauptung und verallgemeinern sie. Sie zeigen uns beispielsweise, wie die gallischen Stämme ihren Bereich von dem der Nachbarn entweder durch Sümpfe, ödes Heideland oder – meistens – durch Waldstreifen schieden, die Sperriegel zwischen Völker legten. Die Geographen suchen gern am Boden die Spuren dieser alten Isolierzonen auf, sowohl dort, wo sie, wie in Frankreich, bloß noch eine Erinnerung sind, als auch dort, wo sie lebendige Wirklichkeit bleiben: etwa in Zentralafrika, wo der Mensch inmitten des endlosen Urwalddickichts gern »in der Lichtung« siedelt.

Als Staaten spielen sie noch kaum eine Rolle. Grenzen anderer Art treten auf, als sich die größeren und komplizierteren Staaten gebildet haben und mit Bevölkerungen in Berührung kommen, welche die Ordnung, den Frieden, die materielle oder moralische Zivilisation, die sie verkörpern, brechen. Alsdann umgibt sich sehr häufig der große Staat mit einer Verteidigungslinie: sei es eine Mauer, ein Graben vor einem

Palisadenwall, eine Linie vereinzelter, aber durch eine Straße verbundener Festungswerke, sei es die Mauer des Fürsten, von der ein Bericht aus der Zeit der zwölften ägyptischen Dynastie handelt, der römische *limes* oder die Große Mauer, die China vor den Nomadenvölkern schützt.

Als sich aber die allgemeinen Existenzbedingungen der Staaten ändern, als anstelle der großen Herrschaftsbereiche die kleinen, aus ihnen hervorgegangenen Staaten treten und außerdem die Fortschritte der Besiedlung und Bewirtschaftung den Wert des Bodens steigern, da verschwinden die trennenden Marken, die Schutzwälle, die Gräben und die befestigten Linien. Nicht mehr an den Rändern seiner Herrschaft richtet der Souverän, ob Individuum oder Kollektiv, seine Verteidigung ein, sondern oft genug geschieht es im Mittelpunkt, in seiner Hauptstadt bzw. – ohne Rücksicht auf Zentrum und Außenrand – an dafür besonders günstigen Stellen. Die Enden, *fins,* der Territorien werden, wenn überhaupt, wie Privatgelände durch Steine oder Pfähle markiert; aber sie stehen weit offen für feindliche Einfälle. Nach und nach kompliziert und vervollkommnet sich dieses System. Während die *limite,* die Demarkationslinie zwischen in verschiedener Hand befindlichen Ländereien, dazu tendiert, sowohl präziser als auch einfacher zu werden, indem sie die Vielfalt der »Enklaven« und »Exklaven«, die ihrer Regelmäßigkeit abträglich sind, beseitigt, nimmt die *frontière* ihren eigenen Verlauf, der sich meist nur grob mit demjenigen der territorialen Demarkationslinie deckt. Als im modernen Europa am Vorabend der großen Krise, welche die Französische Revolution hervorruft, die verschiedenen Länder danach streben, sich innerhalb von immer strenger definierten Grenzen wirklich und nachhaltig zusammenzuschließen, verschwindet das alte System der »Enklaven« und »Exklaven«, und an seine Stelle tritt die durchgezogene Demarkationslinie, die präzis festgelegte lineare *frontière*: sie ist nichts anderes als der auf die Erde projizierte Außenumriß einer ihrer selbst völlig bewußten Nation, die ihre Ehre, ihre Würde, all ihre Kraft und Macht darein setzt, den Schutz eines homogenen natürlichen Territoriums zu gewährleisten, also praktisch jeder äußeren Macht zu verwehren, »ihre Grenze zu verletzen«.

So sieht das Bild aus, das man üblicherweise von der Entwicklung der Grenzen gibt[11]: vom breiten, wüsten und leeren Trennstreifen zur einfachen Demarkationslinie ohne räumliche Ausdehnung, von der Unbestimmtheit eines häufig abweichenden Verlaufs zur strengen Bestimmung eines mathematisch definierten Umrisses. Gewiß ist diese Darstellung weder uninteressant noch wertlos. Doch sie birgt einige Gefahren, vor denen man sich in acht nehmen muß. Sollte man nicht vor allem viel gründlicher als bisher sowohl den Begriff als auch die reale Ausbildung der Staatsgrenzen in den verschiedenen Zivilisationen der antiken Welt erforschen? Stimmt es, daß auch die für uns mit dem Begriff der Grenze *(frontière)* verbundene Vorstellung von einer Trennlinie relativ jungen Datums ist? Läßt nicht das ganze schöne Bild den Geist ein wenig träge werden? Treibt es einen nicht dazu, den Tatsachen nur eine einzige, der Ausgangshypothese entsprechende Erklärung zu unterlegen? In seiner *Politischen Geographie* erklärt Ratzel die Entwicklung der Grenze vom weiten wüsten Raum zur raumlosen Linie mit dem Wunsch nach möglichst umfassender Nutzung eines Bodens, dessen man zunehmend mehr bedurfte. Eine gut auf die Tatsachen, so wie Ratzel sie hier selbst ausbreitet, abgestimmte Erklärung. Doch widerlegt sie nicht der Eifer, mit dem sich die modernen Nationen ebenso streng in Wüstenstrichen, Morästen oder steinigen Öden voneinander abzugrenzen suchen wie auf den reichsten und begehrtesten Ackerböden?

Nicht von der Grenze, der *frontière* selbst also muß man ausgehen, um sie zu erforschen, sondern vom Staat. Ein bestimmter Staat hat eine bestimmte Grenze *(limite)* – und gegebenenfalls eine bestimmte Grenze *(frontière)* im militärischen und politischen Sinn des Wortes.

Die soeben skizzierte Geschichte der verschiedenen Begriffe, die im Französischen darum streiten, die jeweiligen Vorstellungen von Territorien am Außenrand eines Landes wiederzugeben – Demarkationslinie, die ein Land von den angrenzenden Ländern trennt, bzw. Schranke wider mögliche Einfälle und Angriffe der Anrainer –, diese Geschichte geht nicht in dem bloßen Wunsch, »Boden zu sparen«, auf. Entscheidend ist vielmehr die Tatsache, daß seit dem 15. Jahrhundert die Schreiber und Rechtskundigen Westeuropas eine schärfere Auffassung von der Souveränität des Staats entwickeln.

Das Mittelalter unterschied den Staat kaum oder gar nicht von den anderen Formen menschlicher Gesellschaft. Er fand seinen gehörigen Platz in der Reihe der *universitates,* von denen die einen *largae,* die anderen *minus largae,* die letzten *minimae* waren, und die ebenso ein mächtiges Königreich wie eine schlichte Grundherrschaft, eine Stadtgemeinde wie eine studentische »Nation« umfaßten. Zwischen diesen verschiedenen Gruppierungen bestand kein spezifischer Unterschied; staatliche Angelegenheiten unterschieden sich nicht grundsätzlich von denen der Privatleute, und das Territorium des Staates erheischte – etwa um Grenzen zu bezeichnen, die Privatgrenzen gleichkamen – keinerlei eigene, von der der Abteien oder der Städte unterschiedene Terminologie. Resultierte doch dieser Staat aus der Addition, aus der Agglomeration von mehr oder weniger zahlreichen Grundherrschaften. Diese Grundherrschaften aber waren nicht in erster Linie Territorien, sondern Rechtsgebilde. Zudem war der Begriff von territorialer Souveränität noch kaum entwickelt. Häufig besaß ein und dasselbe Territorium mehrere Souveräne. Die Ausbildung des Begriffs der Souveränität im 15. und 16. Jahrhundert, die zunehmende Ausbreitung eines Gefühls nationaler Zugehörigkeit bei den Untertanen der sich stärker organisierenden Staaten, der wachsende Machtanspruch der Fürsten, die sich immer mehr Armeen, Artillerien und Kriegsgerät zulegen: darin gründen letzten Endes sowohl der Bedeutungswechsel des Wortes *frontières* als auch seine parallel zu der des Wortes *limites* verlaufende Entwicklung in der Sprache des 16. und 17. Jahrhunderts. All das dauert bis zur Revolution an. Dann tritt eine neue Krise ein, eine schöpferische Zeit. Aus einer Ansammlung von Untertanen, Vasallen, Mitgliedern eingeschränkter Gemeinschaften macht die Revolution die Körperschaft der Bürger eines Staates. Sie schafft die internen Schranken zwischen ihnen ab, um sie machtvoll zusammenzuschließen und zu einer kohärenten Masse mit klar umrissenen Kanten zu formen. Zuvor setzte man seinen Fuß über die *limite;* Aristokraten, Gebildete, Händler übertraten sie ohne Aufhebens. Die *frontière* existierte nur für die Militärs und die Fürsten, und auch das nur in Kriegszeiten. Nach der Revolution ging man nicht nur daran, die Demarkationslinie, die zwischen Frankreich und den Nachbarländern verlief, so gut es ging zu regulieren, sondern verzichtete auch bei der militärischen Grenze *(frontière),* der Entwicklung folgend, auf die Festungen auf fremdem Boden, die man über die Ränder des zu verteidigenden, wenn nicht zu vergrößernden Landes hinausgeschoben hatte. Die Linie der Grenzen *(limites)* wird zu einer Art Graben zwischen deutlich geschiedenen Nationalitäten. Obendrein wird sie zu einer moralischen Grenze *(frontière),* die sich rasch mit allem Haß, aller Rachsucht und allen Schrecken belud, die in Frankreich und im Ausland von der Französischen Revolution hervorgerufen wurden. Daß aber endlich *frontière* unter Beibehaltung seiner alten militärischen Bedeutung synonym mit *limite* geworden ist, daß wir dies heute bevorzugen, um die mit Grenzsteinen und -pfählen abgesteckte Außenkante des Landes zu bezeichnen – beruhen nicht diese neuesten Veränderungen darauf, daß man eine ständige, allgemeine Wehrpflicht eingerichtet und die Nation völlig militarisiert hat? Man kann die großen Verträge, die Ludwig XIV. geschlossen hat, von vorne bis hinten lesen, man wird nie das Wort *frontières* noch das Wort *limites* finden. Es sind keine Territorien, die da annektiert werden. Es sind Lehen, die man von der einen Krone löst, um sie einer anderen anzuheften, sie, ihre zugehörigen Gebiete und abhängigen Herrschaften, die sich nicht unbedingt in einer Hand befinden. Heute? Zwanzig Mann in Waffen überschreiten eine Grenze *(frontière).* Die Diplomaten geraten in Aufruhr. Unter Umständen kann dies der *casus belli* sein.

Einen Begriff haben wir bisher unerwähnt gelassen, der, nachdem er eine große Rolle in den alten Geographieabhandlungen gespielt hatte, bei den Diplomaten und Juristen[12] Zuflucht fand: den alten, traditionellen Begriff der natürlichen Grenzen.

Allerdings hat er im Gebrauch der heutigen Juristen viel von seinem früheren Glanz eingebüßt. Wenn sie sagen (und das tun sie alle), daß der Staat von Grenzen *(frontières)* umgeben ist, die entweder natürlich oder künstlich sind, so beschränken sie sich darauf, eine Tatsache zu konstatieren. Bisweilen verlaufen die Demarkationslinien über plattes Land von einem Pfahl zum nächsten. Bisweilen auch folgen sie einem Bach, einem Fluß, einer Meeresküste. Einer natürlichen Grenze mithin – im Gegensatz zu künstlichen Grenzen. Bloß fügen diejenigen, die sie so bezeichnen, sogleich hinzu, daß weder Flüsse noch Küsten oder Gebirge von sich aus eine Staatentrennung bewirken. Dazu bedarf es einer oder mehrerer Konventionen. Nehmen wir einen ganz einfachen Fall: wo verläuft die Grenze entlang einer Meeresküste? Die einen sagen: in Kanonenschußweite. Die anderen: drei, vier oder sechs Seemeilen zu 1852 m vor dieser Küste. Die Küstengrenze hat offenkundig weder mit Geographie noch mit Natur zu tun. Sie ist konventioneller Art, ebenso wie etwa die Flußgrenze, die weder dem Ufer folgt noch der Mitte des Bettes, sondern der Achse des Talwegs, d. h. der Fahrrinne, die die Schiffer auf der Talfahrt bei Niedrigwasser nehmen . . .

Verläßt man nun das heikle Gelände des Völkerrechts, um sich in die alten Gefilde der Geschichte zu flüchten, so bemerkt man bald, daß es dort ehedem mit den *frontières naturelles* eine noch viel schlimmere Bewandtnis gehabt hat[13]. Wenn im Frankreich des Ancien Régime Publizisten oder Staatsmänner unter Berufung auf Caesar und den berühmten Text der *Commentarii* erklärten, der Ozean, die Pyrenäen, die Alpen und der Rhein bildeten die natürlichen Grenzen Frankreichs; wenn die Männer der Revolution, so Danton in seiner berühmten Rede vom 31. Januar 1793, im Namen der jungen Republik die jahrhundertealte Doktrin formulierten: »Ihre Grenzen hat die Natur gesteckt; wir brauchen nur den vier Seiten des Horizonts zu folgen, vom Rhein her, vom Ozean her, von den Alpen her« – so war das keine Tatsache, die diese Männer anführten, sondern ein Naturrecht, das sie beanspruchten. Oder wenn man will: einer schmucklosen Realität setzten sie einen verführerischen Mythos entgegen, der zwar mehrfach seine Bestandteile gewechselt hatte, aber nach wie vor als schöne Vision am Horizont der Franzosen stand . . .

Muß man noch länger darauf herumreiten, daß diese Fluß- oder Küstengrenzen nichts »Natürliches« haben, oder allgemeiner, daß der Geograph mit der Vorstellung von natürlichen Grenzen nichts anfangen kann, daß es nichts von der Natur für den Menschen »fertig Gegebenes« gibt, nichts was die Geographie der Politik aufgezwungen hätte? Diesen schon oft erfolgreich geführten Beweis noch einmal zu führen, erübrigt sich um so mehr, als in der Formel »Ihre Grenzen hat die Natur gesteckt« die Natur nur eine Maske ist: die Maske einer alten historischen und politischen Realität, deren sich die Menschen nach Jahrhunderten noch erinnerten. Denn was sind der Rhein, die Alpen, die Pyrenäen anderes als die Grenzen Galliens? Natürliche Grenzen? Nein. Historische Grenzen, fast möchte man sagen römische Grenzen, denn sind nicht alle Länder Europas, die mit einem ähnlichen Mythos zu tun haben, allesamt »römische« Länder: Italien, Spanien, Griechenland? Übertreiben wir nur nicht; erwecken wir nicht den Eindruck, in Frankreich sei der Mythos der natürlichen Grenzen stets derselbe geblieben. So war es nämlich nicht. Und diese Seite der Angelegenheit ist nicht uninteressant[14].

Der Rhein und die Alpen: so lautet die Formel des 17., des 18., des 19. Jahrhunderts. Die Vier Ströme: Rhône, Saône, Maas, Schelde – das wiederum ging nicht auf die Erinnerung an das alte Gallien zurück, sondern (angeblich) auf den Vertrag von Verdun und lieferte die Formel des 15. und 16. Jahrhunderts. Auch ein Mythos, den zudem die Wirklichkeit widerlegte. Zu der Zeit nämlich, als die königlichen Rechtsgelehrten, gestützt auf die Vier-Ströme-These, die Maas als Grenze forderten, hielt die öffentliche Meinung in den Randgebieten von Champagne und Clermontois immer noch daran fest, die wahre Grenze zwischen Frankreich und dem Kaiserreich sei der Fluß Biesme. Und die Behauptung war nur unter Vorbehalt näherer Prüfung akzeptabel, denn die Wirklichkeit war, wie gesagt, unendlich kompliziert. Aber auf eben dieser Kompliziertheit beruht, wenigstens teilweise, der Erfolg dieser Mythen. Die Grenzen, die sie den Ländern zuschrieben, waren einfach, leicht auszusprechen und leicht auf Karten darzustellen. Sie waren klar und eindeutig – zu einer Zeit, da die wirkliche Grenze, die der Lehnsfolgen, unscharf und schwer erkennbar war. Das ist es, was ihre Popularität ausmacht, und nicht Angriffslust, Beutegier und Herrschaftsdrang der damaligen Franzosen. Zu der Zeit, als die Vier-Ströme-These in Blüte stand, auch später noch, als man dem Königreich die Grenzen Galliens zuschrieb, gab es innerhalb und außerhalb Europas noch keine aggressiven, einander bedrohenden Nationalitäten. Europa kannte zwar Kriege um des Ruhmes oder um dynastischer Ansprüche willen. Nationale Kriege kannte es nicht. So wenig wie nationalen Boden, wie nationale Grenzen. Zu einer Gefahr wurden die Mythen erst, als mit dem Aufkommen des Nationalbewußtseins Antagonismen zwischen den Völkern auftraten und noch der geringste Streifen nationalen Bodens einen Wert erhielt, wie er ihn nie zuvor besessen hatte. Hinzu kam das neue Verlangen nach strenger Genauigkeit bei den Demarkationen. Im 16. oder 17. Jahrhundert hingegen gab sich ein Mensch gern mit der Vorstellung zufrieden, die Grenze des Königreiches sei die Maas oder der Rhein, auch wenn die Grenze in Wirklichkeit weder dem einen noch dem anderen dieser Wasserläufe folgte.

Welches sind nun die Äquivalente des Wortes *frontières* in den wichtigsten Kultursprachen? In Wahrheit gibt es ja nicht nur ein Wort, sondern mehrere, die Vorstellungen bezeichnen, welche wir parallel zueinander erforscht haben, und an die vorab noch einmal erinnert sei.

a) Da ist zunächst die Vorstellung des mehr oder weniger breiten, am Außenrand eines Landes gelegenen Geländestreifens, der dessen Demarkationslinie säumt oder, falls diese nicht existiert, dem Reisenden als erstes ins Auge fällt. Altfranzösisch *Fins*. Dann *Confins*. Heute *frontière* in erläuternden Zusammensetzungen mit Wörtern wie Zone, Territorium, Provinz, Departement usw.

b) Sodann gibt es, zweitens, die Vorstellung einer Demarkationslinie. Im Französischen wahlweise *limites* oder *frontières*.

c) Drittens die Vorstellung eines Verteidigungswalls, um ein Land vor den Angriffen seiner Nachbarn zu schützen. Dabei kann es sich sowohl um eine durchgehende, der Demarkationslinie folgende Verteidigungslinie handeln, wie um eine aus materiellen Elementen und Werken (befestigte Plätze, Sperren, Landwehren) bestehende und mit Spezialeinrichtungen versehene Anlage. Im Französischen *frontière*.

Auf italienisch heißt das Grenzterritorium *la frontiera*. In dieser Bedeutung ist das Wort alt (Dante gebraucht es in diesem Sinne). Ehedem (14.-18. Jh.) sagte man auch *i confini*. Die Demarkationslinie ist *il confine*. Auch dieses Wort ist alt (Dante, Machiavelli). In sehr alter Zeit hat *fine* diese Bedeutung gehabt. Man sagt auch *termini*, aber zunehmend mehr im Sinne von Schranken, frz. *bornes*.

Das Spanische gebraucht heute die drei Wörter *frontera, limite, confin*. *Frontera* kommt als einziges im *Poema del Cid*, dem ältesten Versepos des Kastilischen, vor. Dort bezeichnet es immer noch nicht eine Demarkationslinie, sondern eine Region, ein Territorium, das zwei Völker trennt. Im selben Text kommt es auch im Plural vor: *las fronteras*. Anscheinend hat es nie dazu gedient, Befestigungen oder militärische Verteidigungseinrichtungen zu bezeichnen.

Das Deutsche hat anfangs das Wort *Mark* gebraucht, das man vor nicht langer Zeit künstlich wieder ins Leben gerufen hat, was aber altertümelnd klingt. Dieses Wort ist im germanischen Bereich verbreitet (got. *marka*, althdt. *marka*, mhdt. *marke*, sächs. *marka*, altengl. *mearc* usw.). In diesen Sprachen hat es die Bedeutungen von Grenzlinie und Grenzland.

Das Wort *Grenze* ist den slavischen Sprachen entnommen: polnisch *granica*, ebenso russisch, tschechisch *kranile*. Als deutsches Wort taucht es zuerst (Mitte des 13. Jhs.) bei den Deutschordensrittern auf, dann (14. Jh.) in Böhmen und Schlesien. Im 15. Jahrhundert dringt es aus diesen östlichen Bereichen in den Norden und Süden des deutschen Sprachraums. Luther hat das Wort (in der Form *Grentze*) endgültig dem Schrift- und Umgangsdeutsch eingefügt.

Das Grimmsche Wörterbuch besagt, daß *Grentze* zunächst für Privatbesitz galt. Später hat es dann die Bedeutung von Grenzlinie angenommen. In der Bedeutung von Grenzland oder -provinz ist es sehr selten. In solchen Fällen verbindet es sich mit Wörtern wie *Land, Gebiet* usw., die den Unterschied zur bloßen *Grenze* oder *Grenzlinie* betonen.

Das Englische hat mehrere Wörter: *frontier, boundary, border, limit,* unter denen *frontier* den Spätkömmling bildet. Man vernimmt es fast nie mit Bezug auf englische Dinge, sondern meist in metaphorischem, abstraktem oder philosophischem Gebrauch. *Boundary* bezeichnet bevorzugt die Demarkationslinie. *Border* hat die Bedeutung von Rändern, Säumen.

[1] Zur Geschichte des Wortes vgl. die im Folgenden zitierten Wörterbücher und Nachschlagewerke (Forcellini, Du Cange, Godefroy, Huguet, R. Estienne, Furetière, die verschiedenen Ausgaben des *Dictionnaire de l'Académie,* Littré).

[2] Paris 1905.

[3] *Op. cit.*, S. 162.

[4] *Op. cit.*, S. 192.

[5] *Op. cit.*, S. 204.

[6] Paris 1549, S. 284.

[7] La Haye 1690.

[8] Vauban, *Analyses et Extraits,* Paris–Grenoble 1910, Bd. 1, S. 189.

[9] Paris 1907, Bd. II, S. 358.

[10] *De Bello Gallico*, VI, 23.

[11] Zur allgemeinen Klassifizierung und zur schematischen Entwicklung der Grenzen vgl. F. Ratzel, *Politische Geographie,* München und Paris 1903²; C. Vallaux, *Le Sol et l'Etat,* Paris 1910, 10. Kap.; Brunhes und C. Vallaux, *La Géographie de l'Histoire,* Paris 1921, 8. Kap.; Lord Curzon of Kedleston, *Frontiers, a Study in Political Geography,* Oxford 1918.

[12] In juristischer Sicht behandeln alle Schriften zum Völkerrecht den Begriff. Vgl. die breite, allerdings etwas konfuse Darstellung bei E. Nys, *Le Droit International*, Bd. I, Brüssel und Paris 1904, S. 412 und 532.

[13] Zur Kritik des Begriffs der natürlichen Grenze aus geographischer Sicht vgl. L. Febvre, *La Terre et l'évolution humaine,* Paris 1922, Teil IV, Kap. I; vgl. auch die bereits zitierten Werke von Vallaux sowie von Brunhes und Vallaux.

[14] Zur Geschichte des Mythos in Frankreich vgl. A. Sorel, *L'Europe et la Révolution française,* Bd. 1, Paris 1885; die Einleitung des Buches von G. Zeller, *La réunion de Metz à la France,* Bd. 1, Straßburg 1926; A. Brette, *Les limites et les divisions territoriales de la France en 1789,* Paris 1907.

ZUR ENTWICKLUNG DES WORTES UND DER VORSTELLUNGEN VON »CIVILISATION«

DIE GESCHICHTE EINES WORTES zu schreiben, ist nie verlorene Mühe. Ob kurz oder lang, monoton oder abwechslungsreich, stets ist die Reise lehrreich. Doch in jeder großen Kultursprache zählt man ein knappes Dutzend – nie mehr, oft weniger – Ausdrücke, deren Vergangenheit kein Wild für die bloße Gelehrtenjagd ist. Sondern Wild für den Historiker, und zwar den Historiker im vollen Sinn des Wortes.

Diese Ausdrücke, deren von den Wörterbüchern mehr oder weniger grob definierter Sinn sich unter dem Druck der menschlichen Erfahrungen ständig fortentwickelt, erscheinen uns gleichsam aufgebläht von all der Geschichte, die sie durchlaufen haben. Sie allein erlauben, mit leichter Verzögerung (die Sprache ist kein sehr schnelles Registriergerät) die Veränderungen einer Reihe jener Leitvorstellungen festzuhalten, die der Mensch gern für unerschütterlich hält, weil ihre Unerschütterlichkeit ihm ein Gefühl von Sicherheit vermittelt[1]. Die Geschichte des französischen Wortes *civilisation* zu schreiben, hieße tatsächlich, die Phasen der äußerst tiefgreifenden Umwälzung, die der französische Geist von der zweiten Hälfte des 18. Jahrhunderts bis in unsere Tage durchgemacht hat, zu rekonstruieren. Und folglich von einem einzelnen Gesichtspunkt her eine Geschichte in ihrer Gesamtheit zu umfassen, deren Anziehung sich ebenso wenig wie ihre Ausstrahlung in den Grenzen eines Staates hält. Die folgende Skizze dieser Umwälzung mag vielleicht dazu beitragen, die Epochen strenger zu datieren. Zumindest wird sie noch einmal dies zeigen: was den Rhythmus der Wellen, die durch unsere Gesellschaften schlagen, letztlich regelt und bestimmt, ist der Fortschritt nicht einer einzelnen Wissenschaft und von Überlegungen, die sich im selben Kreise drehen, sondern aller Disziplinen miteinander, aller Wissen im Verbund.

I

Grenzen wir das Problem eindeutig ab. Vor einigen Monaten wurde an der Sorbonne eine Doktorarbeit verteidigt, die von der Zivilisation der Tupi-Guarani handelte. Diese Tupi-Guarani, südamerikanische Volksstämme, entsprechen vollständig dem Bild, das sich unsere Väter vom »Wilden« machten. Doch seit langem schon ist die Auffassung einer Zivilisation der Nichtzivilisierten geläufig. Böte ihm die Archäologie die Mittel, so würde ein Archäologe auch ungerührt von der Zivilisation der Hunnen sprechen? – jener Hunnen, von denen wir einst lernten, sie seien »die Geißeln der Zivilisation« gewesen.

Gleichwohl hören unsere Zeitungen, unsere Zeitschriften und wir selbst nicht auf, von den Fortschritten, den Eroberungen, den Wohltaten der Zivilisation zu sprechen. Bald mit Überzeugung, bald mit Ironie, zuweilen mit Bitterkeit. Jedenfalls sprechen wir davon. Was heißt das anderes, als daß dasselbe Wort dazu dient, zwei verschiedene Begriffe auszudrücken?

Im ersten Fall bezeichnet Zivilisation für uns einfach die Gesamtheit der Merkmale, die das kollektive Leben einer menschlichen Gruppierung für einen Beobachter aufweist: materielles Leben, intellektuelles Leben, moralisches Leben, politisches Leben und – wodurch soll man diesen unseligen Ausdruck ersetzen? – gesellschaftliches Leben. Also das, was man die »ethnographische« Auffassung der Zivilisation zu nennen vorgeschlagen hat[2]. Sie impliziert keinerlei Werturteil weder über einzelne noch über die Gesamtheit der untersuchten Tatsachen. Andererseits steht sie in keinem Bezug zu den isoliert herausgegriffenen Individuen, zu ihren persönlichen Reaktionen, zu ihrem Verhalten. Sie zielt in erster Linie auf Kollektives.

Im zweiten Fall hingegen, wenn wir von den Fort- oder Rückschritten, den Stärken oder Schwächen der Zivilisation reden, haben wir sehr wohl ein Werturteil im Kopf. Wir unterstellen, daß die fragliche Zivilisation – die unsrige – an sich etwas Großes und Schönes ist, aber auch etwas Vornehmeres, Behaglicheres, moralisch wie materiell Besseres als das, was sie nicht ist: die Wildheit, die Barbarei oder die Halbzivilisation. Wir bauen darauf, daß diese Zivilisation, deren Teilhaber und Verkünder, Nutznießer und Verbreiter wir sind, uns alle mit Wert und Würde versieht. Denn sie ist ein kollektives Gut, das die zivilisierten Gesellschaften genießen. Aber auch ein individuelles Privileg, das jeder von uns stolz für sich in Anspruch nimmt.

Somit steht in einer als klar und logisch geltenden Sprache heute ein und dasselbe Wort für zwei sehr verschiedene und beinahe widersprüchliche Auffassungen. Wie ist es dazu gekommen? Kann die Wortgeschichte und in welchem Maße kann die Wortgeschichte diese Unklarheiten aufklären?

Civilisation wird erst seit kurzem verwendet. Auf der ersten Seite seines Buches von 1847, *De l'Italie dans ses rapports avec la liberté et la civilisation moderne,* schreibt André-Louis Mazzini: »Dieses Wort ist in

Frankreich entstanden, erzeugt vom französischen Geist des letzten Jahrhunderts.« Das klingt wie ein Vorgriff auf den Brief Nietzsches an Strindberg von 1888, in dem er bedauert, so gar kein Deutscher zu sein: »Es giebt keine andere Cultur als die französische, es ist kein Einwand, sondern die Vernunft selber, daß man in die einzige Schule geht – sie ist notwendig die rechte ...«[3] Diese Behauptungen werfen, wie wir sehen werden, ein beträchtliches Problem auf, ohne es zu lösen. Eins wenigstens scheint unbestreitbar: das Wort *civilisation* ist erst seit kurzem in der französischen Sprache gebräuchlich.

Wer es zuerst gebrauchte oder zumindest drucken ließ? Wir wissen es nicht. Und das ist nicht verwunderlich. Wir sind äußerst schlecht oder vielmehr überhaupt nicht gerüstet, die Geschichte der jüngeren Wörter unserer Geschichte zu schreiben. Abgesehen von der Reihe der *Dictionnaires de l'Académie française* (1694, 1718, 1740, 1762, 1798, 1835, 1878), abgesehen von den klassischen Verzeichnissen vom Furetière über die *Encyclopédie* bis zum Littré, die diese grundlegenden Sammlungen ergänzen, abgesehen schließlich von einigen nützlichen, aber summarischen Arbeiten zum 18. Jahrhundert wie der Studie von Gohin, *Les transformations de la langue française de 1710 à 1789* (1903), oder derjenigen von Max Frey, *Les transformations du vocabulaire français à l'époque de la Révolution, 1789-1800* (1925), fehlt es uns an allem; und ich bezeichne diese Arbeiten als summarisch, weil die Tatsachen mich dazu zwingen: wir besitzen nicht den zwanzigsten Teil des je eigenen Wortschatzes etwa der Sprache von Montesquieu, der Sprache von Voltaire, von Turgot, von Rousseau, von Condorcet etc., die allein uns instand setzen würden, eines der schönsten und der neuesten Kapitel jener allgemeinen Geschichte des französischen Denkens anhand der Sprache zu schreiben, deren Nutzen und Fruchtbarkeit sich überaus deutlich an der monumentalen *Histoire de la langue française* von Ferdinand Brunot erweist.

Wer heute die Geschichte eines im 18. Jahrhundert entstandenen Wortes schreiben will, ist darauf angewiesen, ohne einen Index und ohne Verzeichnisse an der Hand Zufallsbohrungen durch eine unendliche Literatur zu treiben und also um eines Zufallsresultats willen unmäßig Arbeitszeit zu verschwenden. Was mich betrifft, so habe ich im Laufe langer, so weit wie möglich systematisch durchgeführter Lektüre keinen Gebrauch des Wortes *civilisation* in einem vor dem Jahr 1766 gedruckten französischen Text gefunden.[4]

Ich weiß, daß man gewöhnlich den Gebrauch dieses Neologismus früher, und zwar mit dem jungen Turgot und seinen Reden an der Sorbonne, ansetzt. Gohins Werk gibt für das Wort *civilisation* ein Geburtsdatum – »um 1752« – und eine Referenz an: »Turgot, II, 674«[5]. Es handelt sich dabei offenbar nicht um die allein maßgebliche Ausgabe von Schelle, sondern um die von Daire und Dussard, deren beide (der Ausgabe von Dupont de Nemours folgende) Bände 1844 in der *Collection des principaux économistes* erschienen sind. Auf S. 671 von Band II sind »Gedanken und Fragmente, die zu Papier gebracht wurden, um in eines der drei Werke über die Universalgeschichte oder über die Fortschritte und den Niedergang der Wissenschaften und der Künste einzugehen« wiedergegeben. Und auf S. 674 liest man: »Am Beginn der Zivilisation können die Fortschritte rasch sein oder jedenfalls so erscheinen.« Leider stammt das Wort höchstwahrscheinlich nicht von Turgot, sondern von Dupont de Nemours, der es wie selbstverständlich gebrauchte, als er, viel später, die Werke seines Meisters veröffentlichte[6]. In dem Text, den Schelle direkt nach den Manuskripten erstellt hat, taucht es nicht mehr auf[7]. Es erscheint weder in den Ansprachen von 1750 noch in dem Brief von 1751 an Frau von Graffigny über die *Lettres d'une Péruvienne* noch im Artikel *Etymologie* der *Encyclopédie* (1756). Für uns ruft in all diesen Werken[8] der Sinn oft nach dem Wort, das der Prior der Sorbonne bereits 1750 gewagt haben soll: doch er gebraucht es nie, bedient sich nicht einmal des Verbs *civiliser,* des bereits geläufigen Partizips *civilisé*, sondern bleibt stets bei *police* und *policé* – so soll er also einmal in seinem Leben ein Wort zu Papier gebracht haben, das er nie wieder kannte und das, ich betone, mehr als zehn Jahre lang keiner seiner Zeitgenossen wagte, weder Rousseau in seinem 1750 in Dijon preisgekrönten *Discours* noch Duclos in seinen *Considérations sur les moeurs de ce siècle* (1751) noch Helvétius in *De l'esprit* (1758); beenden wir die Aufzählung.

Erst 1766 also haben wir das Wort, das uns interessiert, gedruckt gefunden. Zu diesem Zeitpunkt erscheint bei Rey in Amsterdam in zwei Ausgaben – ein Band in Quart, drei in Duodezformat – *L'Antiquité dévoilée par ses usages* des verstorbenen Boulanger. In Band III der Duodez-Ausgabe heißt es: »Ist ein wildes Volk zivilisiert worden, so darf man das Werk der Zivilisation nicht dadurch beenden, daß man ihm feste und unwiderrufliche Gesetze gibt; man muß es lehren, das Gesetzeswesen, das man ihm gibt, als eine *fortgesetzte Zivilisation* zu betrachten.«[9] Dieser originelle und intelligente Ausdruck ist kursiv gedruckt. *L'Antiquité dévoilée* war ein posthumes Werk; der Verfasser war 1759 gestorben. Auf diesen Zeitpunkt spätestens wäre also das Wort anzusetzen, wüßten wir nicht, daß jemand das Manuskript des verstorbenen Ingenieurs der Brücken und Straßen, Boulanger, für die Veröffentlichung ergänzt, wenn nicht umgearbeitet hat. Und dieser Jemand ist ein großer Neologist vor dem Herrn, der Baron d'Holbach, der beispielsweise schon 1773 in seinem *Système social* schreibt: »Der Mensch in Gesellschaft elektrisiert sich« – zwei Jahre nach dem Erscheinen von

Priestleys *Histoire de l'électricité*[10] ... Erstaunlich ist nun, daß d'Holbach im *Système social* von *civilisation* redet[11], Boulanger hingegen niemals, mit Ausnahme des oben zitierten Satzes. Ich habe aufmerksam die *Recherches sur l'origine du despotisme oriental, ouvrage posthume de Mr. B.I.D.P.E.C.*, die von 1761 stammen, gelesen: *civilisé* kommt vor, wenngleich selten, *civilisation* nie, *police* und *policés* durchweg. Es handelte sich also um einen innerhalb des Werkes einmaligen Fall – nicht so bei d'Holbach. Eines ist jedenfalls nicht von der Hand zu weisen: wir haben ein Beispiel für den Gebrauch des Wortes von 1766. Ich sage nicht: das erste Beispiel, und natürlich hoffe ich, daß andere, glücklichere Forscher Boulanger – oder d'Holbach – um die freilich bescheidene Ehre bringen werden.

Das Wort bleibt nicht unbekannt. Zwischen 1765 und 1775 wird es eingebürgert. 1767 verwendet es der Abbé Beaudau in seinem *Ephémérides du citoyen*[12] und bemerkt, daß »das Grundeigentum ein sehr wichtiger Schritt zur vollkommensten Zivilisation ist«; bald danach, 1771, greift er das Wort in seiner *Première Introduction à la philosophie économique, ou Analyse des Etats policés*[13] auf. In der *Histoire philosophique et politique des établissements et du commerce des Européens dans les deux Indes* (1770) folgt Raynal dem Beispiel und gebraucht in seinem 19. Buch mehrmals das neue Wort[14]. Diderot wiederum probiert es 1773-74 in seiner *Réfutation suivie de l'ouvrage d'Helvétius intitulé »l'Homme«*[15]. Gleichwohl findet es sich keineswegs überall. In seiner Abhandlung *De la félicité publique* und in den *Considérations sur le sort des hommes dans les différentes époques de l'Histoire,* deren erster Band 1772 in Amsterdam erscheint, spricht François-Jean de Chastellux viel von *police,* aber anscheinend nie von *civilisation*[16]. Buffon, der Purist, gebraucht zwar das Verb und das Partizip, aber das Substantiv scheint er in seinen *Epoques de la Nature* (1774-79) zu ignorieren. Desgleichen Antoine-Yves Goguet in seinem Buch *De l'origine des loix, des arts et des sciences et de leurs progrès chez les anciens peuples* (1778), wo man es erwartet hätte. Démeunier hingegen spricht im *Esprit des usages et des coutumes des différents peuples* (1776) von den »Fortschritten der Zivilisation«[17], und ganz allmählich macht sich das Wort weniger rar. Mit dem Nahen der Revolution triumphiert es[18]. Und im Jahr 1798 hält es zum ersten Mal Einzug ins *Dictionnaire de l'Académie,* das es bis dahin ignorierte – ebenso wie die *Encyclopédie* und sogar die *Encyclopédie méthodique*[19]; einzig das *Dictionnaire de Trévoux* nahm es auf, aber bloß in seinem alten juristischen Sinne: »*Civilisation,* Ausdruck der Rechtsgelehrsamkeit. Ein Urteil, das einen Kriminal-Prozeß zu einem zivilen macht.«[20]

So hat sich zwischen 1765 und 1798 ein Begriff, ohne den wir nicht mehr auskommen, ausgebreitet und in Frankreich durchgesetzt. Hier stellt sich ein Problem, das wiederum nur mit Hilfe glücklicher Zufälle zu lösen ist.

Schlägt man den zweiten Band des *Oxford English Dictionary* von Murray auf und verfolgt dort die Geschichte des englischen Wortes, das dem französischen Wort *civilisation* bis auf einen Buchstaben gleicht, so findet man dort einen aufschlußreichen Text von Boswell[21]. Er erzählt, wie er am 23. März 1772 den alten Johnson besuchte, der dabei war, die vierte Ausgabe seines Wörterbuches vorzubereiten. Und er notiert, ich übersetze: »Johnson will *Zivilisation* nicht aufnehmen, sondern nur *Zivilität*. Bei aller Achtung vor seinen Ansichten dachte ich doch, daß *Zivilisation,* das von *zivilisieren* kommt, besser gewesen wäre als *Zivilität,* um das Gegenteil von *Barbarei* auszudrücken.« Ein erstaunlicher Text. 1772: bedenkt man die intellektuellen Verbindungen, die zwischen so vielen bedeutenden Franzosen und Engländern bestanden, so kommt man nicht umhin, sich eine Frage zu stellen: wer hat von wem geborgt?

Murray nennt keine englischen Texte, die vor Boswell lägen und *civilization* im Sinne von *Kultur* gebrauchten. Dieser Text ist von 1772, der Boulangers allenfalls von 1766: fünf Jahre Abstand. Das ist wenig. Doch ein Text scheint den Vorsprung des französischen Wortes vor dem englischen zu belegen. 1771 erschien in Amsterdam die französische Übersetzung, *Histoire du règne de l'empereur Charles-Quint* von Robertson[22]. Ich habe mich natürlich um dieses Werk bemüht, von dem die Lösung des Ursprungsproblems für einige Dinge zu erwarten war. In der Einleitung fand ich den Satz: »Man muß den raschen Schritten folgen, die sie [die Völker des Nordens] von der Barbarei zur Zivilisation machten«, und etwas weiter stieß ich auf den Satz: »Der verdorbenste Zustand der menschlichen Gesellschaft ist der, in dem die Menschen ihre einfältig-schlichten Sitten verloren haben, ohne jenen Grad von Zivilisation erreicht zu haben, da ein Gefühl für Gerechtigkeit und Anstand die wilden und grausamen Leidenschaften im Zaume hält.« Ich habe mich sogleich dem englischen Text, jenem *View of the Progress of Society in Europe,* mit dem das bekannte Buch beginnt, zugewandt. In beiden Fällen lautet das Wort, das der französische Übersetzer mit *civilisation* wiedergegeben hat, nicht *civilization,* sondern *refinement.*

Das ist nicht bedeutungslos. Gewiß schmälert es die Rolle, die man den Schotten bei der Einführung und Durchsetzung des neuen Wortes zuzuschreiben geneigt sein könnte. Zwar findet man es in französischen Übersetzungen wie derjenigen von 1773 der *Observations sur les commencements de la société* von J. Millar, Professor in Glasgow[23]. Und Grimm, der das Buch in seiner *Correspondance littéraire* erwähnt, nutzt die Gelegenheit, um seinerseits *civilisation* zu gebrauchen[24]. Doch zu diesem Zeitpunkt wirkt das nicht mehr überraschend. Gewiß findet man das Wort in der Übersetzung der *Histoire de l'Amérique* von Robertson[25], aber die stammt von 1780. Gewiß findet man es schließlich in Rouchers Übersetzung (mit Anmerkungen von Condorcet) von Adam Smiths *Inquiries into the Wealth of the Nations* von 1790[26]. Einige Beispiele unter vielen. Sie lassen keinen Schluß auf eine Übertragung des Begriffs von Schottland oder England nach Frankreich zu. Bis auf weiteres schließt Robertsons Text diese Hypothese aus.

II

Wie es damit auch immer stehen mag, die englische wie die französische Verwendung rufen ein neues Problem hervor. Auf beiden Seiten des Kanals tauchen das Verb *civiliser* bzw. *to civilize* und das Partizip *civilisé* bzw. *civilized* lange vor dem entsprechenden Substantiv in der Sprache auf[27]. Die Beispiele, die Murray anführt, reichen bis ins zweite Drittel des 17. Jahrhunderts (1631-41) zurück. In Frankreich kennt bereits am Ende des 16. Jahrhunderts Montaigne in seinen *Essais* das Wort. »Er hatte«, schreibt er über Turnèbe, »nach außen hin eine gewisse Art an sich, die sich nicht nach Höflingsart zivilisieren ließ.«[28]

Ein halbes Jahrhundert später stellt Descartes im *Discours de la Méthode* ganz deutlich den Zivilisierten dem Wilden gegenüber[29]. Auch in der ersten Hälfte des 18. Jahrhunderts trifft man zuweilen auf *civiliser* und *civilisé*. Aus einem Verb auf *-iser* nun ein Substantiv auf *-isation* zu bilden, das ist keineswegs ungewöhnlich[30]. Wie kommt es, daß niemand daran denkt? Im Vorwort zu seinem *Essai sur les mœurs* von 1740 billigt Voltaire die Methode der Madame du Chatelet, »unmittelbar zu den Nationen überzugehen, die als erste zivilisiert wurden«; er rät ihr, den Erdball abzuschreiten und »in derselben Weise zu erforschen, in der er offenbar zivilisiert worden ist«[31] – aber »Zivilisation« gebraucht er anscheinend nicht. Jean-Jacques Rousseau wirft 1762 im *Contrat social* Peter dem Großen vor, er habe sein Volk »zivilisieren wollen, während man es nur abhärten mußte«[32], aber auch er spricht nicht von »Zivilisation«[33]. Darin liegt das eigentlich Überraschende – in der Vorstellung, daß die Zeit noch nicht gekommen war, und daß es mehr als eine bloß mechanische Operation bedeutete, aus dem Verb das Substantiv zu ziehen ...

Kann man sagen, daß die Wörter, daß die Substantive, die vor dem Aufkommen von *civilisation* in Gebrauch waren, dieses Aufkommen erübrigten? Während des gesamten 17. Jahrhunderts tragen die französischen Autoren die Völker in eine gleichzeitig ziemlich vage und sehr bestimmte Hierarchie ein. Auf ihrer niedrigsten Stufe stehen die *Wilden*.

Knapp darüber (aber ohne klare Unterscheidung zwischen den beiden Arten) befinden sich die *Barbaren.* Dann, nach Überspringen einer Stufe, stößt man auf die Völker, die über *civilité, politesse* und endlich über eine weise *police* verfügen.

Über die Nuancen dieser einigermaßen zahlreichen Wörter konnten sich die Synonymisten natürlich gar nicht beruhigen. Ihr Bemühen, den richtigen Sinn dieser voll raffinierter Psychologie steckenden Begriffe zu definieren, ließ eine ganze, von uneingestandenen Plagiaten strotzende Literatur entstehen.

Civilité war ein sehr altes Wort. Es kommt neben *civil* und *civilien* bei Godefroy vor, belegt durch einen Text Nikolaus' von Oresme, der nebeneinander *policie, civilité* und *communité* verwendet[34]. In seinem kostbaren *Dictionnaire françois-latin* von 1549 hütet sich Robert Estienne, es zu vergessen. Er führt es im Anschluß an *civil* auf, das er sehr schön definiert: »wer wohl unter Leuten zu sein weiß«, und übersetzt mit *urbanus, civilis.* 1690 definiert Furetière in seinem *Dictionnaire universel divisé en trois tomes* (wo neben *civil* auch *civiliser* und *civilisé* erscheinen), *civilité* so: »Anständige Weise, artig und brav miteinander umzugehen und zu sprechen.«[35] Während also *civil* neben seinem menschlichen einen politischen und juristischen Sinn bewahrt, ruft *civilité* nur Vorstellungen von Höflichkeit hervor; so jedenfalls nach Callières (1693), der damit das veraltete Wort ersetzen möchte[36]. Für die subtilen Grammatiker des 18. Jahrhunderts ist die Zivilität nur eine Tünche. Aus der Ausgabe von 1780 der amüsanten *Synonymes françois* des Abbé Girard[37], die voll weltläufiger Erfahrung und überkommener Finesse steckt, erfährt man, daß »die Zivilität hinsichtlich der Menschen das ist, was der öffentliche Kultus hinsichtlich Gott: ein äußerliches und sinnenfälliges Zeugnis der inneren Empfindungen«. Die Artigkeit hingegen »fügt der Zivilität das hinzu, was die Frömmigkeit der Ausübung des öffentlichen Kultus hinzufügt: die Mittel einer herzlicheren, mehr um die anderen bekümmerten, gewählteren Menschlichkeit«. Diese Artigkeit verlangt »eine beständigere Kultur« als die Zivilität sowie »natürliche Eigenschaften oder die schwierige Kunst, sie zu heucheln.«[38] Im großen und ganzen schloß man also auf den Vorrang der Artigkeit *(politesse)* über die Zivilität. Ein Paradox, auf das Montesquieu eingeht, wenn er in einer Passage des *Esprit des Lois* dafürhält, Zivilität sei in verschiedener Hinsicht mehr wert als Artigkeit: diese letztere »schmeichelt den Lastern der anderen«, während die erste »uns davor bewahrt, die unseren an den Tag zu legen«. Doch bereits im voraus hat Voltaire, in der zweiten Widmungsepistel von *Zaire* (1736), ihm die Antwort darauf gegeben; mit seinem gesamten Jahrhundert glaubt er, wenn die Franzosen »seit der Regierung Annas von Österreich das geselligste und höflichste Volk der Erde gewesen sind«, so sei diese Höflichkeit keineswegs »eine beliebige

Sache wie die, die man *civilité* nennt. Es ist ein Gesetz der Natur, das sie glücklicherweise mehr als die anderen Völker kultiviert haben.«[39]

Es gab indes etwas, das über dieser Artigkeit stand; die alten Texte nannten es – mit einem Wort, das Rousseau teuer war[40] – *policie,* und die neueren *police.* Über den zivilen Völkern, über den artigen Völkern standen unbestritten die *polizierten* Völker.

Polizei: das Wort führt in die Sphäre des Rechts, der Verwaltung, der Regierung. Darin sind sich alle Verfasser einig, von Robert Estienne, der 1549 in seinem Wörterbuch »citez bien policées« mit *bene moratae, bene constitutae civitates* übersetzt, bis Furetière, der 1690 schreibt: »*Police*: Gesetze, Maßregeln des Verhaltens zum Wohle und Bestand der Staaten und der Gesellschaften im allgemeinen, im Gegensatz zur *Barbarei*«. Und er zitiert als Beispiel für den Wortgebrauch: »Die Wilden in Amerika hatten weder Gesetze noch Polizei, als man sie entdeckte.« Ebenso schrieb Fénélon von den Kyklopen[41]: »Sie kennen kein Gesetz, sie beachten keine Polizeiregel.« Als dreißig Jahre nach Furetière Delamare seinen großen und kostbaren *Traité de la Police* (1713) verfaßt und den ersten Abschnitt des ersten Buches daran wendet, »den allgemeinen Gedanken der *Polizei*« zu definieren, ruft er noch einmal den sehr allgemeinen Sinn, den das Wort lange Zeit gehabt hatte, in Erinnerung. »Man nimmt es bisweilen«, erklärt er, »für die allgemeine Regierung aller Staaten, und in diesem Sinne unterteilt es sich in Monarchie, Aristokratie, Demokratie ... Ein ander Mal bezeichnet es die Regierung eines jeden Staates im besonderen, und sodann unterteilt es sich in kirchliche Polizei, zivile Polizei und militärische Polizei.«[42] Diese Bedeutungen waren bereits alt und überholt. Delamare, der hier Feinarbeit leistete, beharrte entschieden auf der engeren Bedeutung. Nachdem er Le Bret und dessen *Traité de la Souveraineté du Roy* zitiert hatte, schrieb er: »Gewöhnlicherweise und in einem engeren Sinne nimmt man Polizei für die öffentliche Ordnung jeder Stadt, und der Gebrauch hat es dermaßen an diese Bedeutung geheftet, daß es jedesmal, wenn es für sich genommen und ohne weiteres ausgesprochen wird, nur in diesem letzten Sinne verstanden wird.«[43]

Delamare hatte recht. Und doch zeichnet sich einige Jahre später bei denjenigen Schriftstellern, die mehr auf allgemeine Ideen als auf technische Präzision bedacht sind, eine Tendenz ab, dem Wort *Polizei* einen weniger engen, weniger ausschließlich juridischen und verfassungsmäßigen Sinn zu geben. Diese Tatsache ist für uns von größter Bedeutung.

Duclos, der 1731 in seinen *Considérations sur les mœurs de ce temps* von den gesitteten *(policés)* Völkern spricht, bemerkt, »daß sie mehr wert sind als die artigen *(polis)* Völker«, denn »die artigsten Völker sind nicht immer die tugendhaftesten.«[44] Bei den Wilden, fährt er fort, »schafft die Stärke den Adel und die Vornehmheit« unter den Menschen; anders ist es bei denen, die Polizei haben. Dort »ist die Kraft den Gesetzen unterworfen, die ihrer Gewalt Einhalt gebieten«, und »die am höchsten geschätzte und persönliche Vornehmheit kommt vom Geist.«[45] Eine zu diesem Zeitpunkt interessante Aufzeichnung: zur selben Zeit, da sich die Verwalter, die Puristen und die Techniker bemühten, den lästigen »Doppelsinn« beim Gebrauch des Wortes *police* auszuschalten, legte ganz im Gegensatz dazu Duclos dem traditionellen Sinn dieses eigentlich politischen und verfassungsrechtlichen Wortes noch einen moralischen und intellektuellen Sinn bei. Darin war er nicht der einzige. Man schlage nur jene *Philosophie de l'Histoire* (1736) auf, die später zur Vorrede des *Essai sur les mœurs* wird. Wenn Voltaire schreibt: »Die gesitteten Peruaner beteten die Sonne an« oder »Die gesittetsten Völker Asiens diesseits des Euphrat beteten die Sterne an« oder »Eine philosophische Frage, worin alle die großen, gesitteten Völkerschaften, von Indien bis nach Griechenland, übereinstimmten, ist der Ursprung von Gut und Böse«,[46] – wenn Rousseau vierzehn Jahre später im ersten *Discours* von Dijon schreibt: »Die Wissenschaften, die Literatur und die Künste ... lassen sie ihre Knechtschaft lieben und machen aus ihnen, was man gesittete Völker nennt«, – wenn 1756 Turgot in seinem für die *Encyclopédie* verfaßten Artikel *Etymologie* verkündet, daß »nur die reichere Sprache des gesitteten Volkes ... all den Vorstellungen Namen geben kann, die dem wilden Volke fehlten«, oder die Überlegenheit rühmt, »welche die Lichter des Geistes dem gesitteten Volke geben«[47], dann ist klar, daß all diese Männer, die aktiv am Leben, an der philosophischen Aktivität ihrer Zeit teilhaben, auf der Suche sind nach einem Ausdruck, der – sagen wir es mit Worten, die sie nicht gescheut hätten – den Triumph und die Ausbreitung der Vernunft nicht bloß im Bereich von Verfassung, Politik und Verwaltung, sondern auch im moralischen, religiösen und intellektuellen Bereich bezeichnet.

Ihre Sprache bot ihnen dieses Wort nicht fertig an. *Civilité* war, wie wir sahen, nicht mehr möglich. *Politesse,* Artigkeit oder auch Kultur, von der Voltaire 1736 erklärte, sie sei nicht »eine beliebige Sache wie die, die man ›civilité‹ nennt« – Turgot wahrte ihr noch 1750 die Treue. So wie Madame de Sévigné einst klagte: »Ich bin eine Hindin im Walde, fern aller artigen Kultur *(politesse)*; ich weiß nicht mehr, ob noch eine Musik ist in dieser Welt«[48], so redete er in seinem *Tableau philosophique* von 1750 den König in pompösen Worten an: »Oh Ludwig! Welche Majestät umkleidet dich! Dein glückliches Volk ist zum Mittelpunkt der artigen Kultur *(politesse)* geworden!« Wortgepränge, um das ein leichter Atavismus wehte[49]. Tatsächlich fehlte es an einem passenden Wort, um eben das zu bezeichnen, was für uns heute das Beiwort *zivilisiert* besagt. Wo nun alle Arbeit der Ideen darauf hinauslief, nicht den bloß mit »Polizei« versehenen, sondern den reich mit philosophischer, wissenschaftlicher, künstlerischer, literarischer Kultur versehenen Völkern den Vorrang einzuräumen – da konnte es nur ein provisorischer und ungenügender Behelf sein, zur Bezeichnung dieser neuen Vorstellung das Wort zu nehmen, das so lange dazu gedient hatte, die alte zu bezeichnen. Um so mehr als *police,* das, wie wir sahen, letztlich doch *policé* beherrschte, einen immer engeren und handfesteren Sinn erhielt. Einen Sinn, hinter dem die furchterregende und wachsende Amtsgewalt des Polizeichefs stand.

So erinnerte man sich des Wortes, das bereits Descartes 1637 in einem ganz modernen Sinne gebraucht hatte, und das Furetière wie folgt übersetzte: »Zivil und artig machen, umgänglich und höflich«, aber mit Beispielen belegte wie »Die Verkündigung des Evangeliums hat die wildesten Barbarenvölker zivilisiert« oder »Die Bauern sind nicht zivilisiert wie die Bürger, und die Bürger nicht wie die Höflinge«, Beispiele, die sich, wie man sieht, so und so interpretieren ließen.

Man erinnerte sich? Wer denn? Gewiß nicht jeder. Turgot etwa gebraucht in seinem *Tableau,* im französischen Text seiner Sorbonne-Reden, in seinem Artikel *Etymologie* weder *civiliser* noch *civilisé.* Auch Helvétius nicht in *De l'esprit* von 1758; beide bleiben bei *policé.* Das gilt für viele zu jener Zeit. Voltaire dagegen fügt schon zeitig *civilisé* zu *policé;* wir führten bereits Beispiele von 1740 an. In der *Philosophie de l'Histoire* nimmt *policé* breiten Raum ein. Im Kapitel IX *(De la Théocratie)* jedoch schleicht sich *civilisé* ein. Gefolgt von einer Bemerkung, die den Skrupel verrät: »Unter den Völkern«, schreibt er, »die man so unpassenderweise zivilisierte nennt...«[50] Trotzdem gebraucht Voltaire dies unpassende Wort noch ein- oder zweimal in der *Philosophie de l'Histoire.* »Man sieht«, schreibt er beispielsweise, »daß die Moral bei allen zivilisierten Nationen dieselbe ist.« Und im Kapitel XIX liest man: »Die Ägypter konnten erst sehr viel später zu Körperschaften vereinigt, zivilisiert *(civilisés),* gesittet *(policés),* fleißig und tüchtig werden als alle Völker, die ich bisher genannt habe.«[51] Eine sehr interessante Abfolge: Bildung der Gesellschaft (Zusammenleben) – Versittlichung – Aufstellung natürlicher Gesetze – wirtschaftliche Entwicklung – schließlich Beherrschung: Voltaire hat seine Worte abgewogen und nicht aufs Geratewohl gesetzt. Doch gebraucht er noch zwei Wörter, wo Volney[52] fünfundzwanzig Jahre später in einer merkwürdigen Passage seiner *Éclaircissements sur les États-Unis,* in der er die Argumentation der *Philosophie de l'Histoire* aufgreift, nur noch ein Wort gebrauchen wird, zu einem Zeitpunkt, da *civilisé* die gesamte Substanz von *policé* in seine eigene aufgenommen hat. Und an diesem Dualismus läßt sich ablesen, welche Möglichkeit die Sprache den Menschen zu jener Zeit bot. Sie waren versucht, alle Vorstellungen, die in *civilité* und *politesse* steckten, in *policé* hineinzustopfen; doch *policé* erwies sich als sperrig, und der Hintergrund *police* mißfiel den Neuerern. *Civilisé*? Da neigten sie umgekehrt dazu, den Sinn auszuweiten; aber *policé* war zäh und kämpfte ums Überleben. Um seinen Widerstand zu brechen, um die neue Auffassung, die bereits in den Geistern Form gewinnt, auszudrücken, um *civilisé* neue Kraft und Ausdehnung zu geben, um daraus mehr zu machen als ein Surrogat von *civil*, von *poli*, ja teilweise von *policé*, braucht es ein neues Wort. Hinter jenem Partizip und hinter seinem Verb braucht es *civilisation*: eine etwas pedantische, aber nicht überraschende Vokabel; seit langem schon klangen ihre sonoren Silben unter den Bogen des Palais Royal, vor allem aber hatte sie keine belastende Vergangenheit. Von *civil* und *civilité* war sie weit genug entfernt, um sich ob dieser alten Verwandten nicht sorgen zu müssen. Als neues Wort konnte es eine neue Vorstellung bezeichnen.

III

Civilisation kommt zur rechten Stunde. Ich will sagen zu der Stunde, als die große Leistung der *Encyclopédie* zur Vollendung gelangt, die 1751 begonnen, zweimal, in den Jahren 1752 und 1757, durch den Eingriff der Macht unterbrochen, aber dank der kühnen Hartnäckigkeit Diderots 1765 wieder aufgenommen und endlich 1772 erfolgreich abgeschlossen worden war. Es kommt, nachdem bereits 1757 der *Essai sur les mœurs*, der das gelehrte Europa mit seiner Erstauflage von 7000 Exemplaren überschwemmte, in einer ersten synthetischen Anstrengung einige der menschlichen, politischen, religiösen, gesellschaftlichen, literarischen und künstlerischen Haupttätigkeiten untereinander verbunden und in die Geschichte versetzt hat. Es kommt, als jene auf den vierfachen Sockel von Bacon, Descartes, Newton und Locke gestützte Philosophie, die d'Alembert im *Discours préliminaire* als letzte Eroberung und wahrhafte Krönung der modernen Zeiten begrüßt[53], Früchte zu tragen beginnt. Vor allem kommt es, als sich aus der *Encyclopédie* als ganzer die große Idee der rationellen und experimentellen Wissenschaft abzuzeichnen beginnt – identisch in ihren Methoden und in ihrem Vorgehen, ob es ihr nun, nach dem Vorbild eines Buffon, der die Bibel ignoriert, darum geht, die Natur zu erobern, oder, in der Nachfolge Montesquieus, die menschlichen Gesellschaften und ihre unendliche Verschiedenheit in Kategorien zu fassen. So hieß es: »Die Zivilisation wird getragen von einer neuen Philosophie der Natur und des Menschen.«[54] Das stimmte wohl, auch wenn es noch eine Vorwegnahme war zu behaupten: »Ihre Philosophie der Natur ist die Evolution. Ihre Philosophie des Menschen die Perfektibilität.« In der Tat haben die schönen Arbeiten Henri Daudins über

Lamarck und Cuvier dies gezeigt: es hat überraschend lange gedauert, bis die Evolution in ihrer wirklichen Bedeutung und in ihrer modernen Auffassung begriffen war[55]. Es stimmt aber auch, daß »die neue Haltung des aufgeklärten Menschen vor der erforschten Natur« stark auf die Konzeptionen der Denker des ausgehenden 18. Jahrhunderts eingewirkt hat[56]. Sein Ohr den Anregungen und Ratschlägen der Wissenschaft zu leihen, so wie sie es taten, hieß auch, sich der Zukunft zuzuwenden und an die Stelle der Sehnsucht nach Vergangenem den Fanatismus der Hoffnung zu setzen. Man begriffe nicht das Aufkommen und die rasche Ausbreitung desjenigen Wortes in unserer Sprache, das die Vorstellung von Zivilisation ausdrückt, vergäße man die ungeheure geistige Revolution, welche die Leistungen eines Lavoisier bewirken, der ab 1775 die berühmten Schriften veröffentlicht, die in den *Traité élémentaire de chimie* von 1789 eingehen – oder auch die spätere Forschungs- und Organisationsarbeit, die ab 1793 am ›Museé d'histoire naturelle‹ einsetzt, »jenem notwendigen Mittelpunkt der Wissenschaften«, wie die *Décade philosophique*[57] bei seinem Entstehen schrieb und ihm erfreut bescheinigte, es leiste »einen bedeutenden Beitrag zur gesunden Erziehung eines freien Volkes, indem es ihm Tatsachen präsentiert«. Tatsachen. Die *Décade* hat recht und bringt das große Verlangen der Menschen ihrer Zeit zum Ausdruck. Sie läßt einen an Fourcroy denken, der ebenfalls 1793 die fünfte Auflage seiner *Eléments d'histoire naturelle et de chimie* (deren erste von 1780 stammt) vorlegt und meint, seinen Lesern erklären zu müssen, daß er von einer Auflage zur nächsten kaum noch mit dem geschwinden Gang der chemischen Revolution mithalten könne: »Tatsächlich tun wir nichts anderes«, erläuterte er, »als aus einer großen Zahl von Tatsachen einfach die Resultate ziehen. Wir akzeptieren strenggenommen nur, was uns die Erfahrung bietet.«[58] Eine Definition der Experimentalwissenschaft, die wider die Chimären aufsteht – sei es das Phlogiston, das Lavoisier erledigt, seien es die »kosmogonischen Romane« eines Buffon, denen um 1792 die jungen Naturforscher des Museums den Krieg erklären[59]. Sie galt für die Naturwissenschaften. Aber nicht nur für sie.

Denn der Drang nach Tatsachen zeigt sich bereits früh, und je näher das 18. Jahrhundert seinem Ende kommt, um so mehr breitet er sich unter den Annalisten von Menschheit und Natur aus. Bei den ersten ist er nicht schwächer als bei den zweiten, und ihr Bestreben, sich mit Dokumenten zu versehen, hat etwas Heroisches und Rührendes zugleich. Geht es um die Gegenwart? Was Probleme politischer und konstitutioneller Art angeht, ist das 18. Jahrhundert das Jahrhundert der Denkschriften, im Bereich der Ökonomie und Gesellschaftswissenschaften das Jahrhundert der beginnenden Statistik und des Zählens, in dem der Technologie das

Jahrhundert der Erhebungen. Keine Fragen, ob theoretischer oder praktischer Art: nach Bevölkerung, Löhnen, Lebensunterhalt, Preisen und allem, was die ersten »wissenschaftlichen« Landwirte und die Betreiber moderner Manufakturen interessiert, die nicht Dutzende von Büchern, Schriften, minutiösen Erhebungen, Werken von unabhängigen Privatleuten oder gelehrten Körperschaften oder königlichen Beamten hervorgerufen hätten; man denke an die Provinzakademien, an die Vereine für Landbau oder an die Inspektoren der Manufakturen, deren Forschereifer uns heute so beeindruckt. Wo es um die Vergangenheit oder um jenen riesigen Teil der gegenwärtigen Welt geht, der, wenn die Europäer vom Ende des 18. Jahrhunderts seine Lage mit der ihres Kontinents vergleichen, einem weiter zurückliegenden Zeitalter anzugehören scheint – auch da wimmelt es von Tatsachen, über die man nicht hinweggeht; es sei nur kurz daran erinnert, daß die *Encyclopédie* auch und sogar in erster Linie eine Bilanz der um 1750 bekannten Tatsachen war und sein wollte[60]: eine ungeheure Kompilation von Dokumenten, die direkt aus den Arbeiten der großen Gelehrten der letzten hundert Jahre stammten oder aus den Berichten unzähliger Reisen geschöpft waren, die den intellektuellen Horizont der zivilisierten Weißen bis an die Gestade des Fernen Ostens, Amerikas und bald schon Ozeaniens ausdehnten. Und was tut ein Voltaire anders (und besser) mit seiner Abneigung gegen die abenteuerlichen Systematisierungen und seinem lebhaften, beharrlichen Drang zum Einzelnen und Individuellen, als sorgfältig geprüfte Tatsachen aufzustellen und zu ordnen?

Freilich lassen sich solche Ernten nicht an einem Tag einbringen. Um die Mitte des 18. Jahrhunderts, als *civilisation* aufkommt, ist die Welt als ganze noch längst nicht bekannt. Die gegenwärtige Welt nicht, die vergangene noch weniger. Der Wissensschatz selbst derer, die am umsichtigsten die historischen oder völkerkundlichen Tatsachen sammeln und kritisieren, die Aufschlüsse über die Menschheit und ihre Entwicklung versprechen, bleibt voller Löcher, Lücken, dunkler Stellen. Was diese Tatsachen angeht, so müssen wir uns und unsere Disziplinen an Henri Daudins Worte erinnern, der sich ehedem, im Blick auf Lamarck und Cuvier, fragte, »wie eine Beobachtungswissenschaft, die eine konkrete, zugleich sehr komplexe und sehr verschiedenartige Realität zum Gegenstand hat, die darin erst Bestandsaufnahme machen und eine Ordnung anlegen muß, und die ansonsten noch in einer sehr frühen Phase ihrer Ausbildung steckt, es schafft, ihre Richtung festzulegen und Ergebnisse zu zeitigen.«[61] Nun gilt für uns wie für ihn, ich will sagen für die Historiker und die Soziologen, die in der zweiten Hälfte des 18. Jahrhunderts herumtasten, wie für die Naturforscher, die er untersucht und deren Methoden er gleichsam seziert, daß »die Tatsache sich dem Geist nicht im Reinzustand oder unabhängig von allen psychologischen

Bedingungen präsentierte.« Hingegen war es ganz natürlich, »daß die Überprüfung eines Vorurteils selbst wieder weitgehend jenem Vorurteil gehorchte.«[62] Muß man sich dann noch wundern, daß sich nicht eine relative Vorstellung von ethnischen und historischen Zivilisationen von starker Eigenart und Individualisierung gebildet hat, sondern eine absolute, kohärente und einheitliche Vorstellung von menschlicher Zivilisation?

Erinnern wir uns noch einmal der Auffassungen, die die Naturforscher der Zeit teilten, der zähen und beharrlichen Wiederkehr jener Idee der Reihe, die sie mit der Vorstellung einer »natürlichen Ordnung«, die in sich selbst begründet war, verbanden[63]. Als etwa Lamarck um 1778 versucht, sich eine Vorstellung von jener »natürlichen Ordnung« zu machen, begreift er sie als in sich abgestuften und deutlich zusammenhängenden Fortgang. Und als er nach einem langen Kreislauf durch die Bereiche der Physik und der Chemie zu Beginn des 19. Jahrhunderts wieder daran geht, seine Ansichten als Naturforscher kundzutun, ist seine zentrale These, seine Hauptlehre, die er sowohl in seinen Vorlesungen wie in seinen Büchern allen anderen voranstellt, immer noch die der einzigartigen, nach Graden abgestuften Reihe der Tiere[64]. Man soll zwar nicht voreilig schließen – aber es liefe dem echten historischen Sinn zuwider, Übereinstimmungen dieser Art außer acht zu lassen. Helfen sie nicht zu begreifen, wie auf ganz natürliche Weise die Zivilisation den Platz an der Spitze der großen Leiter, an deren unterem Ende die Wildheit und auf deren Mittelsprossen die Barbarei stand, den Platz, an dem zuvor die *police* thronte, eingenommen hat?

So tritt denn ein Wort auf, tritt auf und verbreitet sich. Ein Wort, das Erfolg und Zukunft, ja eine glänzende Zukunft haben wird. Gern bekleiden wir es schon bei seinem ersten Auftauchen mit dem reichen Mantel von Ideen, den die Jahre ihm weben werden. Unnützer Übereifer. Man suche und lese die Texte ganz unvoreingenommen. Lange, sehr lange Zeit findet man nichts: ich meine nichts, was wirklich die Bildung eines neuen Wortes rechtfertigt. Zwischen der *politesse,* der *police* und der *civilité* von ehedem pendelt das Wort noch ziemlich regellos. Einige Ansätze, es besser zu definieren, um namentlich seine Beziehungen zur *police* festzulegen, führen nicht weit[65]; und oft hat man deutlich den Eindruck, daß selbst für seine Benutzer der Neologismus noch nicht einem eindeutigen Bedürfnis entspricht.

Gewiß diskutiert man über einzelne Punkte. Oder richtiger: man bringt zuweilen divergierende Vorstellungen zum Ausdruck. Wie ereignet sich die »Zivilisierung«? D'Holbach antwortet 1773: »Eine Nation zivilisiert sich aufgrund von Erfahrungen.« Eine beachtliche Idee, auf die er bald noch näher eingeht: »Die vollständige Zivilisation der Völker und derer, die sie beherrschen, die wünschenswerte Reform der Regierungen, der Sitten und der Unsitten kann nur das Werk von Jahrhunderten, von beständigen Anstrengungen des Menschengeistes, von stets wiederholten Erfahrungen der Gesellschaft sein.«[66] Dieser weiten, aber etwas konfusen Lehre stehen die ökonomischen Theorien gegenüber. Die Physiokraten hatten die ihre; man denke an den frühen Text von Bandeau (1767): »Der Grundbesitz, der den Menschen an die Erde bindet, ist ein sehr wichtiger Schritt zur vollkommensten Zivilisation.« Für Raynal ist es der Handel, der zählt. 1770 schreibt er: »Die Völker, die alle anderen versittlicht haben *(poli)*, trieben Handel«[67] – und hier spürt man ganz unvermittelt die Uneindeutigkeit der Bedeutungen, auf die wir soeben hinwiesen; *poli*, so wie Raynal es gebraucht, meint genau zivilisiert, denn wenig später nur gebraucht er statt des ersten, alten Wortes das zweite, neue Wort: »Was hat diese Völker zusammengeführt, gekleidet, *zivilisiert*? Der Handel.«[68] Utilitaristische Theorie, wie sie sich bei den Schotten wiederfindet, etwa bei Millar, für den in seinen 1773 übersetzten *Observations sur les commencements de la Société*[69] die Zivilisation »jene Kultivierung der Sitten *(politesse des mœurs)* ist, welche als natürliche Folge dem Überfluß und der Sicherheit entspringt«: am selben engen Band zwischen dem Reichtum und der Zivilisation wird auch Adam Smith knüpfen[70]. Dagegen scheint Antoine-Yves Goguet, der offenbar das Wort Zivilisation nicht kennt, direkt auf Raynal zu antworten, wenn er 1778 in seinem Buch *De l'origine des lois, des arts et des sciences et de leurs progrès chez les anciens peuples* verkündet: »Nie ist die Kultivierung der Sitten anders in ein Land vorgedrungen als auf dem Wege der Schrift.«[71] So lautet die damals von so vielen vertretene Lehre, die mit Buffon denken, daß »sich der Stamm des menschlichen Vermögens auf dem Stamm des Baums des Wissens erhebt«, oder aber mit Diderot im Fortschritt der Aufklärung die Quelle einer Zivilisation suchen, die als Aufstieg zur Vernunft gesehen wird: »Eine Nation belehren heißt sie zivilisieren, ihre Kenntnisse auslöschen hingegen, sie in den Urzustand der Barbarei zurückwerfen ... Unwissen ist das Erbteil der Sklaverei und des Wilden.«[72] In einer berühmten Passage der *Vie de Voltaire* wird Condorcet später dem Verfasser des *Plan d'une Université pour le gouvernement de Russie*, Diderot, zustimmen: »Nicht die Politik der Fürsten, sondern der aufgeklärte Geist der zivilisierten Völker wird Europa beständig vor Überfällen schützen; und je weiter sich die Zivilisation über die Erde ausbreiten wird, um so mehr werden Krieg und Eroberungszüge verschwinden, gleich wie auch Sklaverei und Elend.«[73] Im Grunde gehen diese Divergenzen nicht sehr weit. Zumindest rühren sie nicht ans Wesentliche. Für all diese Männer, wie auch immer ihre jeweiligen Tendenzen aussehen mögen, bleibt die Zivilisation vor allem ein Ideal. Und zwar ganz weitgehend ein moralisches Ideal.

»Zu fragen ist«, heißt es bei Raynal, »ob es Zivilisation ohne Gerechtigkeit geben kann?«[74]

Das gilt selbst für die Philosophen, die im Gefolge Rousseaus sich mit größerer oder geringerer Überzeugung daran machen, das Wertproblem zu lösen, das der *Discours* von Dijon bereits 1750 aufgeworfen hat. Das neue Wort kommt, wie es scheint, gerade recht, um die Paradoxa des Genfers erörtern zu helfen. Jetzt hat man eine bequeme Bezeichnung für den Feind, gegen den er sich – im Namen der uranfänglichen Tugenden und der heiligen Unschuld der Wälder – mit solchem Feuer gewandt hatte, ohne ihn je bei einem Namen zu nennen, den er wohl nie gekannt hat. Lebhafte und lange Diskussionen, die über den Tod von Jean-Jacques hinaus bis tief ins 19. Jahrhundert anhalten. Am Ende des 18. Jahrhunderts führen sie praktisch nie zu einer kritischen Untersuchung dessen, was Zivilisation heißen soll. Man billigt oder man mißbilligt die Sache: jene Ideal-Zivilisation, diese Perfektions-Zivilisation, die mehr oder weniger alle Menschen der Zeit im Kopf und Herzen tragen – nicht als klares Bild, sondern als Zwangsvorstellung. Und jedenfalls gedenkt noch niemand, deren Universalität einzuschränken oder aufzusprengen. In ihnen lebt noch unangefochten die absolute und einheitliche Vorstellung einer menschlichen Zivilisation, die in der Lage ist, nach und nach die Universalität aller Völker zu erringen, und die bereits die Wildheit der versittlichten *(policés)* Völker bezwungen hat – aller versittlichten Völker, auch der ruhmreichsten, bis hin zu jenen Griechen, die Goguet uns schildert »in den heroischen Zeiten«, da sie ohne Moral noch Prinzipien waren und ebensowenig Namen besaßen, um »Gerechtigkeit, Redlichkeit und die meisten moralischen Tugenden« zu bezeichnen wie die Wilden in Amerika[75]. Einheitliche Serie, ununterbrochene Kette der Völker: auf d'Holbach, der im *Essai sur les Préjugés* verkündet, »daß eine fortlaufende Kette von Erfahrungen den wilden Menschen bis zu dem Zustand führt, da wir ihn in einer zivilisierten Gesellschaft sehen, wo er sich den erhabensten Wissenschaften und den kompliziertesten Erkenntnissen widmet«[76], antwortet nicht nur Raynal mit der Bemerkung, daß »alle gesitteten *(policés)* Völker wild gewesen sind und alle wilden Völker, ihrem natürlichen Antrieb überlassen, bestimmt waren, gesittet zu werden«[77], sondern auch Moheau mit heiterer Gelassenheit: »Man braucht sich nicht zu wundern, daß der rohe und wilde Mensch dazu neigte, den zivilisierten und vervollkommneten Menschen zu verehren.«[78]

So allgemein und ergreifend ein solcher Konsens auch war, er führte doch nicht sehr weit. Wollte man von diesem unbestimmten Optimismus lassen, so mußte man sich wohl nachhaltig darum bemühen, eine durch und durch kohärente und gültige Auffassung von Zivilisation zu entwickeln. Dazu aber hieß es auch, die alte einheitliche Welt zu zerbrechen und endlich zu der relativen Vorstellung des »Zustands der Zivilisation« und bald zu derjenigen der – mehr oder weniger heterogenen und autonomen, als Erbteil der jeweiligen historischen oder ethnischen Gruppen aufgefaßten – »Zivilisationen« im Plural zu gelangen. Dahin kommt man, grob gesprochen, zwischen 1780 und 1830 über eine Reihe aufeinanderfolgender Stufen und, wie d'Holbach gesagt hätte, aufgrund von Erfahrungen. Diese Geschichte ist nicht einfach. Wie sollte sie auch, wenn doch die Vorstellung von Zivilisation selber eine synthetische Vorstellung ist?

IV

Machen wir einen Sprung über die Revolution und das Kaiserreich hinweg. Wir befinden uns in Lyon im Jahr 1819. Ein Buch erscheint – mit einem Titel, der zu seinem Erscheinungsdatum paßt: *Der Greis und der junge Mann* – ein Buch von Ballanche, voller Dinge und Ideen in krudem Durcheinander, das erst kürzlich wieder, mit einem Kommentar versehen, aufgelegt worden ist[79]. Liest man nun das fünfte der sieben Gespräche, aus denen das Werk besteht, so stößt man zweimal auf eine bemerkenswerte Neuheit – auch wenn sie möglicherweise den Augen der zeitgenössischen Leser ganz entgangen ist. »Die Sklaverei«, schreibt Ballanche auf S. 102 der Mauduit-Ausgabe, »existiert nur noch in den Überresten der antiken Zivilisationen«. Und kurz darauf, auf Seite 111, zeigt er, wie die Religionen im Mittelalter »das Erbe aller vorangegangenen Zivilisationen« antreten. Geschieht es zum ersten Mal, daß ein französischer Autor in einem gedruckten Text mit einer fünfzigjährigen Gewohnheit bricht und »die Zivilisation« durch »die Zivilisationen« ersetzt? Ich werde mich hüten, das zu behaupten, da ich nicht den Anspruch erhebe, alles gelesen zu haben, was zwischen 1800 und 1820 in Frankreich geschrieben worden ist, einzig um das Auftauchen eines s am Ende eines Substantivs[80] zu verfolgen. Aber es würde mich doch sehr wundern, wenn man Verwendungen von »Zivilisationen« fände, die deutlich früher lägen als die, welche ein nicht ganz zufälliger Zufall mir vor Augen führte. Die Bedeutung der Tatsache als solcher braucht nicht unterstrichen zu werden. Die Pluralformen Ballanches stehen am Endpunkt eines langen, geduldigen Strebens nach dokumentierter und begründeter Forschung.

Wir haben weiter oben bemerkt, welchen Hang zu den Tatsachen die Menschen des 18. Jahrhunderts, die Historiker und darüber hinaus sämtliche Anreger der künftigen Sozialwissenschaften bei jeder Gelegenheit bekundeten. Ein ebenso ausgeprägter Hang wie der der zeitgenössischen Naturforscher, Physiker, Chemiker. Beweis dafür ist die *Encyclopédie*. Am Ende des 18. Jahrhunderts liefern die großen Seefahrer, die Entdeckungsreisenden (vor allem im Pazifik) durch die zahlreichen Berichte, die sie allerorts auf Französisch, auch auf Englisch, veröffentlichen und die sehr rasch aus einer Sprache in die andere übergehen, der überall erwachten Neugier neue Nahrung an Dokumenten über den Menschen oder vielmehr über die Menschen, ihre Sitten, ihre Gebräuche, ihre Vorstellungen, ihre Institutionen. All das wird beizeiten gesammelt, gehäuft und geordnet von Arbeitern, welche die Aufgabe der Démeunier und Goguet[81] wiederaufnehmen und sich bemühen, über die »wilden« Völker, die wieder zutage treten, möglichst umfassende und möglichst präzise Akten anzulegen. »Ich bin ein Reisender und Seemann, das heißt ein Lügner und ein Dummkopf in den Augen jener Klasse von müßigen und hochmütigen Schriftstellern, die im Schatten ihrer Stube der Welt und ihrer Bewohner vergessend philosophieren und gebieterisch die Natur ihrer Vorstellung unterwerfen.« So drastisch drückte sich in dem Bericht von seiner *Voyage autour du monde en 1766, 67, 68 et 69* jener Bougainville aus, über den so viel geschrieben und gesprochen wurde[82]. Doch auch bei jenen Stubengelehrten, die er verspottet, »jenen trüben Stubenspekulanten«, wie ein anderer Entdecker sagte, die »ihr Leben damit zubringen, müßige Systeme zu schmieden«, auch bei ihnen sollten nach und nach »die sehr spürbaren Unterschiede«, die sie dank der Fahrenden »in den verschiedenen Gegenden«, in welche jene sie führten[83], bemerken konnten, den Glauben an die Festigkeit der großen einheitlichen Gebäude erschüttern. Der Verfasser des *Voyage de La Pérouse*, Milet-Mureau, klagte zwar noch zwanzig Jahre später darüber, daß manche die Berichte der Erforscher immer noch dazu benutzten, »mittels eines hoffärtigen Vergleiches zwischen unseren Bräuchen, unseren Sitten und denen der Wilden die Überlegenheit des zivilisierten über die anderen Menschen« darzutun[84]. Aber die Tatsache, daß er dergestalt mit den späten Verfechtern alter Vorurteile (die lange vor ihm bereits ein Demeunier angriff) abrechnete, bezeugt zumindest, daß er sich davon frei dünkte und daß all das Tatsachen- und Dokumentenmaterial, das La Pérouse und seine Schüler zusammengetragen hatten, zu neuen Überlegungen Anlaß gab. Ein Werk wie dasjenige Volneys, um nur dieses zu nennen, bewies in mehrfacher Hinsicht, daß in den Geistern etwas im Gange war; auf seine Gesamtansicht der Zivilisation werden wir noch zurückkommen müssen. Wenn er etwa in den *Ruines* von der »fehlgeborenen Zivilisation« der Chinesen spricht, erst recht wenn er in den *Éclaircissements sur les États-Unis* von der »Zivilisation der Wilden« spricht, weiß ich zwar, daß er dem Wort *civilisation* den Sinn einer moralischen Operation geben will – und doch scheinen mir die Formulierungen einen neuen Akzent zu tragen[85]. Das gilt noch viel mehr für den einige Jahre später schreibenden Alexander von Humboldt. »Die Chaymas«, heißt es beispielsweise in *Voyage aux régions équinoxiales du Nouveau Continent* (deren Erstausgabe in Folio ab 1807 erscheint),

»sind einigermaßen hilflos, wenn es darum geht, Zahlenverhältnisse zu erfassen ... Dasselbe hat Marsden bei den Malaien auf Sumatra beobachtet, *obgleich diese mehr als fünf Jahrhunderte Zivilisation haben.*«[86] An anderer Stelle spricht er von Mungo Park, »diesem wagemutigen Manne, welcher allein ins Innere Afrikas vordringt, um dort, inmitten der Barbarei der Völker, die Spuren einer alten Kultur *(civilisation)* zu entdecken«. Und von seinen *Vues des Cordillères et Monuments des peuples indigènes du Nouveau Continent* sagt er: »Dieses Werk soll Licht auf die alte Kultur *(civilisation)* der Amerikaner werfen, indem es ihre architektonischen Werke, ihre Hieroglyphen, ihren religiösen Kultus und ihre astrologischen Träumereien untersucht.«[87]

Tatsächlich sind wir hier nicht mehr sehr weit von dem Begriff ethnischer oder historischer »Zivilisationen« im Plural entfernt, die das ungeheure Reich »der Zivilisation« in autonome Provinzen aufteilen. Halten wir noch fest, daß nach den Geographen und Vorläufern der Soziologie auch die Sprachwissenschaftler mit Eifer darauf eingehen. Es ist bekannt, wieviel Alexander von Humboldt seinem Bruder Wilhelm verdankt, den er oft zitiert, und auf dessen Ideen (auf die wir noch zurückkommen werden) über Zivilisation, Kultur und *Bildung*[88] er sich gern bezieht. Ihm folgt er vermutlich, wenn er in *Kosmos* von der auf der Sprache beruhenden Sanskrit-Zivilisation spricht[89]. Auf unserer Seite habe ich im *Essai sur le Pali* (1826) von Burnouf und Lassen ein weiteres Beispiel für den Gebrauch des Wortes *civilisation* im Plural gefunden. Diese Sprache, so schrieben die Verfasser, »befestigt das mächtige Band, das nach Auffassung des Philosophen die Völker so unterschiedlicher Zivilisationen wie den schweren und groben Gebirgsbewohner des Arakan und den gesitteten *(policé)* Bewohner Siams zu einer Art Einheit zusammenschließt. Dieses Band ist die Religion Buddhas.« Was Burnouf angeht, so weisen alle seine späteren Werke durchweg einen ganz modernen Gebrauch des Wortes Zivilisation auf – ob es sich um den »Ursprung der indischen Zivilisation« oder die Originalität der Veden handelt, »bei denen nichts aus einer früheren Zivilisation oder von fremden Völkern übernommen ist«[90].

So dünngesät diese Texte auch sein mögen, geht aus ihnen doch hervor, welche Rolle die Reisen, ihre Deuter und die Sprachwissenschaftler des ausgehenden 18. und des beginnenden 19. Jahrhunderts beim Zustandekommen dessen gehabt haben, was Niceforo als »die ethnographische Konzeption der Zivilisation« bezeichnet. Bedarf es noch der Erwähnung, daß die Entwicklung ihrer Ideen durch eine nicht minder schnelle und entscheidende Entwicklung, die parallel dazu im Bereich der Naturwissenschaften ablief, erleichtert werden konnte, ja mußte?

Glücklicherweise besitzen wir zwei Texte desselben Verfassers, die, genau datiert (der eine von 1794, der andere von 1804), präzisen Aufschluß darüber geben, welche Transformation innerhalb der grundlegenden Ideen der Gelehrten sich zwischen diesen streng gezogenen zeitlichen Grenzen ereignet hat. Und obgleich ich sie an anderer Stelle bereits zitiert habe[91], möchte ich doch gern ihre wesentlichen Passagen in Erinnerung rufen. In dem ersten, der am Beginn von Band V der *Eléments d'histoire naturelle et de chimie*[92] steht, bemerkt Fourcroy, der recht geringschätzig über die aus Bequemlichkeit auf »die unterschiedlichen Formen der Tiere« gestützten Klassifikationen spricht, »daß diese Arten von Klassifikationen in der Natur nicht vorkommen, und daß alle von ihr geschaffenen Individuen eine ununterbrochene und ungeteilte Kette bilden«. Ein bekanntes Thema, über das sich alle Wissenschaftler der Zeit auslassen – während die Historiker und Philosophen ihrerseits das monotone Epos der regelmäßig von den wilden zu den gesitteten *(policés)* Völkern und von den ersten Menschen zu den Zeitgenossen Diderots und Jean-Jacques' fortschreitenden Zivilisation singen. Im Jahr XII, 1804: Fourcroy verfaßt die Einleitung zum *Dictionnaire des Sciences naturelles* von Levrault. Und diesmal, zehn Jahre später, schreibt er: »Berühmte Naturforscher (Cuvier und seine Schüler) leugnen die Möglichkeit, diese Kette (die ununterbrochene und ungeteilte Kette der Wesen) zu bilden, und behaupten, daß es keine derartige Reihe in der Natur gibt; daß sie nur voneinander getrennte Gruppen gebildet hat, oder vielmehr, daß es Tausende von unabhängigen Ketten gibt, die in sich zusammenhängend, untereinander aber unstimmig und unterbrochen sind oder zwischen denen keine Verbindung statthaben kann«. Ein Abgrund, wie man sieht. Eine Revolution, die vom Museum ausgegangen ist, angeführt von Cuvier, und die innerhalb weniger Jahre den besonnensten Männern Folgerungen eingibt, die den früheren radikal zuwiderlaufen. In den Naturwissenschaften setzt damit jener lange Spezialisierungsprozeß, jene große relativierende Berichtigung der »universalen« Ideen des 18. Jahrhunderts ein, die sich parallel dazu auch im Bereich der Geschichte, der Ethnographie und der Sprachwissenschaft abspielen wird.

Ein Historiker kann nicht umhin zu bemerken, wie sehr die politischen Ereignisse, kurz gesagt, die Revolution diese Entwicklung gefördert haben bzw. hat. Wir stellten weiter oben fest, daß sich das Wort *civilisation* in den Jahren der Wirren und der Hoffnung, die Frankreich – und gleichzeitig mit Frankreich Europa – ab 1789 durchmacht, durchgesetzt hat. Das war kein Zufall. Die revolutionäre Bewegung war notwendigerweise eine optimistische Bewegung, die ganz der Zukunft zugewandt war. Dieser Optimismus beruhte auf einer Philosophie, nämlich der des Fortschritts, der unbegrenzten Perfektibilität der Menschenwesen und ihrer Schöpfungen – wobei jede Etappe dieses Weges ihrerseits einen neuen Fortschritt bezeichnete. Es hat schon seine Bedeutung und seinen

Sinn, wenn Barère schreibt[93]: »Für den Philosophen und den Moralisten besteht das Prinzip der Revolution in den Fortschritten der Aufklärung, im Bedürfnis nach einer besseren Zivilisation.« Damit legitimieren sich zu jener Zeit so viele scharfe Diskussionen, so viele heftige Widerlegungen der These Rousseaus, seiner Leugnung des Fortschritts, seines Bannfluchs auf die Zivilisation[94].

Nach und nach aber entwickelt sich die Revolution und offenbart ihre Konsequenzen. Sie gründet eine neue Ordnung – aber auf den Ruinen einer alten Ordnung; und ein solches Unternehmen bringt ganz unvermeidlich für viele Menschen beträchtliche Unruhe und Unsicherheit mit sich. Was das für das Geistesleben und zumal dasjenige der Reisenden wider Willen, der Emigranten, bedeutete, welches die ersten Auswirkungen waren, kann man bei Fernand Baldensperger nachlesen[95]. Was uns betrifft, so dürfen wir über den Einfluß dieser – gewollten oder ungewollten – Reisen auf das Denken der Menschen jener Zeit nicht hinweggehen. Zumindest versetzten sie sie in die Lage, die Erfahrungen jener Seefahrer, jener Entdecker unbekannter Gesellschaften, ja auch jener Naturforscher, welche stets mit den Ethnographen reisten und ihre Zeitgenossen auf die reiche Vielfalt menschlicher Sitten und Einrichtungen hinwiesen[96], besser zu verstehen und sich zu eigen zu machen. Wie könnte man über den Wortlaut des Berichts von seiner Amerikareise, den Talleyrand am 15. Germinal des Jahres V dem Institut erstattet, hinweggehen: »Der Reisende durchquert hier nacheinander alle Stufen der Zivilisation und der Industrie bis hin zur Blockhütte aus den Stämmen frisch gefällter Bäume. Eine solche Reise ist eine Art praktischer und lebendiger Erforschung des Ursprungs der Völker und der Staaten ... Es ist, als reiste man rückwärts in der Geschichte der Fortschritte des menschlichen Geistes«? Aber es geht noch weiter.

Verfolgt man die Gespräche in Ballanches *Le Vieillard et le Jeune Homme,* die uns bereits einen wertvollen Text geliefert haben, so finden sich von Anfang an Stellen, die für uns von Nutzen sind[97]. »Da Ihr die Blicke um Euch schweifen ließet«, sagt der weise Nestor zu seinem Katechumenen, »habt Ihr die alte Gesellschaft im Todeskampf erblickt ... Ihr sagt fortwährend: ›Was wird aus dem Menschengeschlecht?‹ Ich sehe, wie die Zivilisation von Tag zu Tag mehr in einem Abgrund von Trümmern versinkt ... Ihr sagt weiter: ›Die Geschichte lehrt mich, daß gesittete Gesellschaften *(sociétés policées)* vergangen sind, daß Reiche aufgehört haben zu existieren, daß die ganze Menschheit jahrhundertelang in schauerliches Dunkel getaucht war. Und ich gewahre gegenwärtig Ähnlichkeiten, die mich zittern machen ...‹« Lassen wir es damit und mit der geschwollen-larmoyanten Prosa des braven Ballanche gut sein. Die Menschen, die Revolution und Kaiserreich erlebt haben, haben etwas gelernt, was ihre Vorgänger noch nicht wußten, als sie um 1770 das Wort *civili-*

sation in Umlauf brachten. Sie haben gelernt, daß eine Zivilisation sterben kann. Und das haben sie nicht aus Büchern gelernt[98].

Ist das alles? Unruhe und Unsicherheit, sagten wir oben und zitierten zum Beleg Emigranten, Entwurzelte, Reisende jeder Art und Sorte. Aber das alles waren Aristokraten und Vereinzelte. Tatsächlich aber – und das reicht weit tiefer – hat die »Nation«, wie man damals sagte, hat die ganze Nation die Auswirkungen einer Krise, die »Gefühle unbestimmter Unruhe« und »ungewisse Gedanken«, aber auch ganz eindeutige wirtschaftliche Störungen und soziale Umwälzungen hervorrief, erfahren. Seltsam ist, was sich daraus ergibt: jene pessimistische Theorie Rousseaus, welche die an sich selbst berauschte Revolution durch ihren Erfolg widerlegt zu haben schien, eben die läßt sie nun jählings wieder auferstehen durch die Unruhen, die sie stiftet, die Überlegungen, die sie veranlaßt, die Situationen, die sie schafft oder zu schaffen hilft: so daß, kaum ist die große Krise vorüber, andere Leute sie zu ihren Zwecken (und freilich mit veränderter Tonart) wieder aufgreifen. »Große Männer aller Jahrhunderte, Newton und Leibniz, Voltaire und Rousseau, wißt ihr, worin ihr groß seid? Darin, daß ihr in eurer Verblendung geglaubt habt, das soziale Los des Menschengeschlechts sei die Zivilisation.« Wer ist jener verspätete Fürsprecher, dessen Beistand dem Bürger von Genf längst nicht mehr nützt? Der Artikel erscheint unter dem Titel *Harmonie universelle* am 11. Frimaire des Jahres XII im *Bulletin de Lyon,* und sein Autor, ein Handelsgehilfe aus Besançon, heißt Charles Fourier[99]. »Verblendete Gelehrte«, fährt er fort, »seht die Städte voller Bettler, eure Bürger, die mit dem Hunger kämpfen, eure Schlachtfelder und alle Schändlichkeiten eurer Gesellschaft. Glaubt ihr nach alledem noch, die Zivilisation sei die Bestimmung des Menschengeschlechts, oder J.-J. Rousseau habe recht gehabt, als er von den Zivilisierten sagte: ›Das sind keine Menschen, die Dinge stehen auf dem Kopf, aber den Grund dafür erkennt ihr nicht‹?« So klingt es bereits beim Vater des genossenschaftlichen Sozialismus, dieweil Madame de Staël das Bedürfnis verspürte, das System der menschlichen Perfektibilität zu verteidigen, welches, wie sie sagte, »seit fünfzig Jahren alle aufgeklärten Philosophen geteilt« hätten[100]. In Wahrheit hatte sich etwas geändert in den Geistern. Und dank der vereinten Anstrengungen der Gelehrten, der Reisenden, der Sprachwissenschaftler und derer, für die man keinen besseren Namen hat als ›Philosophen‹, bereicherte sich der in seinen Anfängen so schlichte Begriff der Zivilisation um neue Elemente und wies unvorhergesehene Aspekte auf.

V

Nunmehr tat eine Klarstellung not. Zu der Einsicht kam so mancher. Und so sprossen denn in jener Zeit der Wiederherstellung und des Wiederaufbaus, welche die Restauration in erster Linie war, die Zivilisationstheorien jeder Art und Güte. Nennen wir nur einige Namen und einige Werke: 1827 erscheinen, übersetzt und mit einer Einleitung von Edgar Quinet versehen, die bereits Herders *Ideen zur Philosophie der Geschichte der Menschheit*[101]. Im selben Jahr erschienen in Paris die *Principes de la philosophie de l'histoire,* übersetzt nach der *Scienza nuova* von J.-B. Vico und eingeleitet durch eine Rede über das Leben und System des Verfassers von Jules Michelet[102]. Im Jahr 1833 faßt Jouffroy in seinen *Mélanges philosophiques* zahlreiche Artikel von 1826 und 1827 zusammen (namentlich zwei Lektionen einer Vorlesung über *Philosophie de l'histoire* aus dem Jahr 1826)[103], die teilweise oder ganz von der Zivilisation handeln[104]. Aber wenn es einen gibt, der sozusagen die Hand auf den Begriff der Zivilisation und seine historische Deutung legt, dann ist es François Guizot, der in einem *Tableau philosophique et littéraire de l'an 1807,* das die *Archives littéraires de l'Europe* 1808 veröffentlichten (Band XVII), bereits schrieb[105]: »Die Geschichte der Menschen kann nur als Sammlung von Baumaterial für die große Geschichte der Zivilisation des Menschengeschlechts gelten.« Als er 1828 wieder seinen Lehrstuhl an der Sorbonne einnimmt, drehen sich seine Vorlesungen ausschließlich darum: 1828 handelt er *Von der Zivilisation in Europa,* im Jahr darauf *Von der Zivilisation in Frankreich*[106]. Methodisch und gewissermaßen systematisch den Begriff der Zivilisation untersuchend, bietet er seinen Zeitgenossen sowohl eine bemerkenswerte Ideenbilanz als auch ein vollkommenes Beispiel jener großen Konstruktionen *à la française,* die mit überlegener Meisterschaft (und ein bißchen geschickter Nachhilfe) die gegensätzlichsten Ansichten versöhnen und (um den Preis einiger etwas grober Vereinfachungen) die finstersten Unklarheiten und die heikelsten Komplikationen entwirren, klären, freundlich und verführerisch geraten lassen . . .

Die Zivilisation, hob Guizot an, ist eine Tatsache, »eine Tatsache wie andere«, und geeignet, »wie jede andere studiert, beschrieben, erzählt zu werden«[107]. Eine Formel, eine Deklaration, die einigermaßen rätselhaft anmutet, sich aber sogleich durch eine Überlegung des Historikers erhellt: »Seit einiger Zeit spricht man, und zwar mit Recht, viel über die Notwendigkeit, die Geschichte auf die Tatsachen zu beschränken.« Sogleich fällt einem die Bemerkung Jouffroys in seinem Artikel aus dem *Globe* von 1827, *Bossuet, Vico, Herder,* ein: »Was bei Bossuet, bei Vico, bei Herder ins Auge fällt, ist die Verachtung der Geschichte: wie Grashalme biegen sich die Tatsachen unter ihren Füßen.«[108] Von daher erklärt sich die ein bißchen überraschende Sorge Guizots (die ihm später Gobineau energisch, aber ziemlich künstlich zum Vorwurf machen wird). Historiker will er sein – und nicht als Ideologe behandelt werden, weil er sich mit allgemeinen Tatsachen und nicht mit besonderen Tatsachen abgibt. Doch diese »Tatsache«, diese »Tatsache wie andere«, diese allgemeine Tatsache, ist »verborgen, kompliziert, schwierig zu beschreiben, zu erzählen, und doch existiert sie«, und sie gehört zur Kategorie der »historischen Tatsachen, die man nicht aus der Geschichte ausschließen kann, ohne diese zu verstümmeln«. Guizot weiß und sagt es wenig später, daß es »eine Art Ozean (ist), welcher den Reichtum eines Volkes ausmacht, und worin alle Lebenselemente des Volkes, alle Kräfte seiner Existenz verbunden sind«[109]. Seltsamerweise setzt er gleich hinzu: Tatsachen, »die man strenggenommen nicht als gesellschaftliche bezeichnen kann, individuelle Tatsachen, welche eher die menschliche Seele als das öffentliche Leben zu betreffen scheinen – wie es die religiösen Glaubensformen und die philosophischen Ideen, die Wissenschaften, die Literatur und die Künste sind« – können und müssen »unter dem Gesichtspunkt der Zivilisation betrachtet werden«. Ein schöner Text für den, der ein wenig genauer die Errungenschaften der Soziologie ermessen und den Unterschied im Klang erspüren will, den manche klar und eindeutig erscheinenden Worte nach hundert Jahren angenommen haben.

Aus diesen Vorüberlegungen folgt zumindest zweierlei. Zum einen dies, daß Guizot als Rahmen seiner Studien die Nation bzw., in seinen Worten, das Volk wählt. Wohl spricht er von europäischer Zivilisation. Aber was ist Europa anderes als ein Volk in zweiter Potenz? Und studiert nicht Guizot diese europäische Zivilisation am Beispiel Frankreichs[110], dieser schöpferischen und propagandistischen Macht par excellence? So macht er sich die Ansicht Jouffroys zu eigen: jedes Volk ist eine Zivilisation – wobei er voraussetzt, daß es »Völkerfamilien«[111] gibt; doch all das liegt im Schatten »jenes Baumes der Zivilisation, welcher auf lange Sicht die ganze Erde mit seinem Blattwerk überspannen muß«[112]. So lautet Guizots Lösung des Problems, »ob es eine universale Zivilisation des Menschengeschlechts gibt, ein Menschheitsgeschick, ob die Völker einander von Jahrhundert zu Jahrhundert etwas überliefert haben, das nicht verloren geht« – ergänzen wir: »einen Fortschritt«. Guizot antwortet: »Ich für mein Teil bin überzeugt, daß es in der Tat ein allgemeines Geschick der Menschen, eine Übertragung des Menschheitsvermögens und mithin eine Universalgeschichte der Zivilisation zu schreiben gibt.«[113] Und weiter: »Die Idee des Fortschritts, der Entwicklung scheint mir die tragende Vorstellung im Begriff der Zivilisation.«[114] So wird mit einer geschickten Synthese eine heikle Frage aufgelöst. Es gibt Zivilisationen. Und man muß sie innerlich und äußerlich studieren, analysieren und durchforschen. Doch wiederum gibt es über ihnen noch *die* Zivilisation mit ihrem kontinuierlichen wenn nicht geradlinigen Verlauf. Die Zivilisation – und ihren Fortschritt. Bloß: Fortschritt von was?

Die Zivilisation, verkündet hier Guizot, geht wesentlich aus zwei Elementen hervor: aus einer gewissen Entwicklung des gesellschaftlichen Zustands und aus einer gewissen Entwicklung des geistigen Zustands. Etwas vage Formulierungen, die er schärfer zu fassen sucht. Es gibt zum einen die Entwicklung der äußeren und allgemeinen Umstände, zum anderen die Entwicklung der inneren und persönlichen Natur des Menschen; es gibt, kurz gesagt, die Vervollkommnung der Gesellschaft und die der Menschheit. Guizot besteht übrigens darauf, daß es sich dabei nicht bloß um eine Addition bzw. Juxtaposition handelt, sondern daß die Gleichzeitigkeit, die rasche und innige Verbindung, die Wechselwirkung dieser beiden Bereiche von Tatsachen, der gesellschaftlichen und der geistigen, unabdingbare Voraussetzungen für die Vervollkommnung der Zivilisation sind. Ist die eine der anderen zu weit voraus? Das gibt Ärger und Elend. »Erfährt ein Volk große Verbesserungen und Fortschritte in seiner gesellschaftlichen und materiellen Lage, ohne daß dem eine schöne intellektuelle Entwicklung, ein entsprechender geistiger Fortschritt folgte? Dann erscheint die gesellschaftliche Verbesserung heikel, unerklärlich, beinahe ungerechtfertigt.« Wird sie Bestand haben? Wird sie ausstrahlen? »Die Ideen allein überwinden Distanzen, überschreiten die Meere, werden überall verstanden und aufgenommen«; zudem »haftet dem Wohlergehen etwas Niedriges an, solange es keine weiteren Früchte trägt als eben das Wohlergehen selbst« – ein erstaunlicher Satz aus der Feder des Mannes, den seine Gegner einige Jahre später als den zynischen Oberpriester der Bereicherung anprangern werden[115]. Kommt umgekehrt irgendwo eine große Entwicklung der Intelligenz in Gang, mit der kein gesellschaftlicher Fortschritt verbunden scheint, so erstaunt man, sorgt man sich. »Es ist, als sähe man einen schönen Baum, welcher keine Frucht trägt ... Man empfindet eine Art Verachtung für Ideen ..., die nicht die äußere Welt durchdringen.«

Die weitere Beweisführung Guizots ist bekannt. Von den beiden innig verbundenen Hauptelementen der Zivilisation aus, nämlich der geistigen und der gesellschaftlichen Entwicklung, die, soll eine Zivilisation vollkommen sein, sich nicht nur gemeinsam, sondern gleichzeitig vollziehen müssen, ergab sich für ihn nach rascher Musterung der verschiedenen europäischen Zivilisationen, daß die englische Zivilisation fast ausschließlich auf gesellschaftliche Vervollkommnung ausgerichtet sei, ihren Repräsentanten aber das Talent fehle, »die großen intellektuellen Fackeln zu entzünden, welche eine ganze Epoche erhellen.« Umgekehrt verhalte es sich mit der deutschen Zivilisation, die mächtig an Geist, doch schwach an Organisation, an gesellschaftlicher Vervollkommnung sei. Waren nicht in diesem Deutschland, wo seit langem schon der Geist der Menschen weit besser gedieh als ihre Lebenslage, die Ideen und die Tatsachen, die geistige und die wirkliche Ordnung nahezu vollständig geschieden? Ein Land hingegen gab es, und nur eines, in dem die harmonischen Entwicklungen von Ideen und Tatsachen, von geistiger und wirklicher Ordnung miteinander Schritt gehalten hatten: dies Land war Frankreich, jenes Frankreich wohlverstanden, wo es dem Menschen nie an individueller Größe gemangelt hatte, noch seiner individuellen Größe an Konsequenzen für das Gemeinwohl ...[116]

Auch hier fügte sich wieder alles zur Synthese. Die Schwierigkeiten verschwanden, ohne Spuren zu hinterlassen. Die Vorstellung materiellen Wohlergehens, der wohlorganisierten gesellschaftlichen Beziehungen, »einer gerechteren Verteilung des erzeugten Maßes an Kraft und Wohlhaben unter den Individuen« durch die Gemeinschaften – all das, was Fourier schon 1807 der Zivilisation zu mißachten vorwarf, nahm Guizot unter die Dinge auf, welche eine Zivilisation, die des Namens würdig wäre, aufzuweisen haben sollte. Desgleichen beendete er einen alten Streit, indem er zeigte, daß die Vereinigung von *police* und *civilité* diese Zivilisation erschaffen hätte. Und eben diese Spannweite in den Ansichten, die ihn zugleich mit den Mitteln des Vermögens und Wohlergehens der Gesellschaft auch die Faktoren der persönlichen und moralischen Entwicklung und Bereicherung des Menschen, seiner Fähigkeiten, seiner Empfindungen, seiner Ideen, endlich die Wissenschaften und die Künste, diese »glorreichen Bildnisse der menschlichen Natur«[117], in sein gastliches und klug eingerichtetes Gebäude aufnehmen ließ – diese Art toleranter Weite in den Auffassungen kam gerade recht, um in Frankreich jene folgenschwere Scheidung zu verhindern, die damals in Deutschland stattfand, und von der vielleicht auch bei uns einige träumten, die Scheidung von »Kultur« und »Zivilisation«.

Über die Vorstellung von *Kultur* in Frankreich findet sich nichts. Ich würde sagen: natürlich nichts, wenn angesichts all der Lücken in unseren Kenntnissen eine Art unbeteiligter Ironie am Platze wäre. So wenig ich von ihrer Geschichte weiß, kann ich doch sagen, daß sie existiert, daß es sich lohnte, sie zu verfolgen, und daß sie nicht uninteressant ist.

Beschränken wir uns aufs wesentliche. Es ist sicher nicht meine Angelegenheit, in der Ideengeschichte Deutschlands den Zeitpunkt und die Umstände des Auftauchens des Wortes *Kultur* auszumachen[118]. Oder die Frage zu klären, wer das Wort von wem hat. Ich sehe nur, daß unser *Dictionnaire de l'Académie* in seiner Ausgabe von 1762 feststellt, daß *culture* im Französischen im bildlichen Sinne steht »für die Sorge, die man den Künsten und dem Geist widmet«, und die beiden Beispiele zitiert: »die Kultur der Künste ist sehr wichtig; an der Kultur des Geistes arbeiten«. Das ist ziemlich mager. Freilich entwickelt sich die Definition. In der Ausgabe von 1835 desselben *Dictionnaire* liest man: »bildlicher Ausdruck für das Bestreben, die Wissenschaften, die Künste, die Geistesvermögen zu vervollkommnen«. Eigentlich eher eine Paraphrase als eine Bereicherung; auch in dieser erweiterten Fassung ist die Vorstellung weit entfernt von dem Bedeutungsreichtum, den man dem Begriff auf der anderen Seite des Rheins Adelungs Wörterbuch (in der Auflage von 1793) zuschreibt: Veredelung, Verfeinerung aller geistigen und moralischen Kräfte eines Menschen oder eines Volkes. Es sei auch daran erinnert, daß Herder – so wie wir ihn durch Quinet kennen – demselben Wort eine ganze Reihe umfassender Bedeutungen beilegte, darunter die Fähigkeit, Tiere zu domestizieren, Böden urbar zu machen, Wissenschaften, Künste und Handel zu entwickeln, endlich »Polizei« *(police)*. Viele derartige Ideen finden sich auch in unserer Sprache ausgedrückt. Doch hüte man sich, am Rande bemerkt, davor, sie allzu rasch für »übernommen« zu halten; zudem führt man sie bei uns stets unter der Rubrik *civilisation* auf[119]. In diesem Sinne kennzeichnen für Madame de Staël »die Vielzahl und Weitflächigkeit der Wälder ... eine noch junge Zivilisation *(civilisation)*«; das Wort Kultur *(culture)* hingegen hätte eine seltsame Zweideutigkeit in ihren Satz gebracht[120]. Schließlich sei noch angemerkt, daß die Ideen Herders denjenigen Kants sehr nahe kommen, welcher die Fortschritte der Kultur mit denen der Vernunft verband, deren Ziel die Verwirklichung des universalen Friedens sein sollte[121].

Daß diese Ideen zumindest bruchstückhaft bei uns bekannt waren, steht außer Frage. Denken wir nur, ohne weiter nachzuforschen, an jenen germanisierten Franzosen Charles de Villers, der eine schöne Leidenschaft für das deutsche Denken seiner Zeit empfand. Die Ideen Kants blieben nicht unbeachtet. Als Beleg nenne ich nur die Broschüre von vierzig Seiten Klein-Oktav, die den französischen Lesern die *Idee zu einer allgemeinen Geschichte in weltbürgerlicher Absicht* zugänglich machte; Kants Schrift war meines Wissens zum ersten Mal 1784 in der *Berlinischen Monatsschrift* erschienen, die Übersetzung trug das Datum von 1796. Darin war viel die Rede vom Zustand der »Kultur« bzw. von einem »allgemeinen weltbürgerlichen Zustand«, in welchem »alle ursprünglichen Anlagen der Menschengattung entwickelt werden«[122]; und dazwischen schaltete sich eigenmächtig der Übersetzer ein und belehrte (S. 39) seine Leser darüber, daß sie bereits stufenweise den Zustand der *Wildheit*, den des absoluten Unwissens und den der *Barbarei* hinter sich gelassen hätten und in die Periode der *Kultur* getreten wären; nun gälte es, in diejenige der *Moralität* vorzudringen. Außerdem lenkte Charles de Villers in seinem *Essai sur l'esprit et l'influence de la Réforme de Luther* (1804) sowie in seinem *Coup d'oeil sur l'état actuel de la littérature ancienne et de l'histoire en Allemagne* (1809) die Aufmerksamkeit der Franzosen auf die

Geburt einer *Kulturgeschichte,* welche die Deutschen ausbildeten, indem sie »die Ergebnisse der politischen Geschichte, der literarischen Geschichte und der Geschichte der Religionen in ihren Beziehungen zur Zivilisation, zum Gewerbefleiß, zum Glück, zur Moralität, zum Charakter, zur Existenzweise der Menschen« böten, und die, wie er sagte, »tiefe und bedeutende Schriften« bei ihnen entstehen ließe[123]. All das ist anscheinend noch recht vage und noch recht wirr. Ein eindeutiger Gegensatz zwischen Kultur und Zivilisation geht daraus jedenfalls nicht hervor.

Auch bei Alexander von Humboldt findet man diesen Gegensatz nicht in systematischer Weise formuliert. In seinen Schriften gebraucht er oft *Kultur* als Konkurrenzbegriff zu *Zivilisation* und offenbar ohne sich darum zu kümmern, beide gegeneinander abzugrenzen[124]. Allerdings verweist er gern auf seinen Bruder Wilhelm, den Sprachforscher[125], und der wußte in dieser Sache genauer zu unterscheiden. In seiner berühmten Studie über die Kawi-Sprache[126] erklärte er sich ausführlich darüber. Er zeigte die entlang einer gelehrten, wenngleich etwas künstlichen Stufenleiter allmählich vom umgänglichen, in seinen Sitten humanisierten Menschen *(civilisé)* zum gelehrten, belesenen, kunstsinnigen Menschen *(cultivé)* aufsteigende Linie, die schließlich in der olympischen, ich möchte sagen: goetheschen Heiterkeit des *gebildeten* Menschen *(formé)* gipfelte. So überschichteten sich *Zivilisation, Kultur* und *Bildung.* Kurzum, für einen Wilhelm von Humboldt verleibte sich die Zivilisation den alten Bereich der *police* ein: Sicherheit, rechte Ordnung, beständiger Friede und friedfertiger Umgang der Menschen untereinander. Doch friedfertige Völker, wohlgesittete Völker, sind nicht notwendig kultivierte Völker im intellektuellen Sinne; irgendwelche Wilden mögen den zartsinnigsten Umgang miteinander pflegen, ohne doch den geringsten Anflug von geistiger Kultur zu besitzen. Und umgekehrt. Daher die Unabhängigkeit der beiden Sphären, die Unterscheidung der beiden Begriffe.

Besaßen diese Ideen Einfluß in Frankreich? Immerhin konnten sie, soviel läßt sich sagen, eine geistige Einstellung, für die uns etwa Volney schon früh ein ausgezeichnetes Beispiel bietet, bestärken oder stützen. Wie viele seiner Zeitgenossen, wir erwähnten es bereits, war er darauf aus, Rousseaus Kritik an der Perversität, zu der die Entwicklung der Literatur, der Wissenschaften und der Künste geführt hatte, zu widerlegen und scheute nicht den radikalen, wenn nötig schmerzhaften Eingriff, um der Zivilisation aus der Klemme zu helfen[127]. Rousseau hätte, so bemerkte er, feststellen können, ja müssen, daß die Künste, Poesie, Malerei und Architektur nicht »Bestandteile der Zivilisation, zuverlässige Anzeichen des Glückes und des Wohlergehens der Völker« waren. Es hätte ihm nicht gefehlt an Beispielen »aus Italien und Griechenland«, welche einwandfrei bewiesen, »daß sie auch in Ländern blühen konnten, in denen militärische

Despotie oder zügellose Demokratie und insofern beide Male der Zustand der Wildheit herrschten.« In Wirklichkeit sind es Zierpflanzen; »um sie erblühen zu lassen, genügt es, daß eine momentan starke Regierung, gleich welcher Art auch immer, sie ermutige und bezahle«; doch pflegt man sie zu sehr, so ist das gefährlich: »genährt auf Kosten der Völker und zu Lasten der nützlicheren und nötigeren Künste, können die schönen Künste oftmals zu einem Mittel der Zerrüttung des Staatshaushaltes und der Zivilisation werden«. Dieser von Volney gestutzte und verbesserte Rousseau mutete freilich recht knabenhaft an. So ist es Guizots Verdienst gewesen, in seiner großen Synthese daran festgehalten zu haben, eines der wesentlichen Elemente im Begriff der Zivilisation sei »die Entwicklung des geistigen Zustands«.

Ein Verdienst, das man nicht immer anerkannte. Als Gobineau 1853 in seinem Buch *De l'inégalité des races humaines* daran ging, seinerseits das Wort *civilisation* zu definieren[128], legte er sich als erstes, und zwar heftig, mit Guizot an. Guizot hatte die Zivilisation als *eine Tatsache* definiert. Nein, wandte Gobineau ein, »sie ist eine Reihe, eine Verkettung von Tatsachen«. Tatsächlich war sich Guizot gar nicht so sicher gewesen, hatte es auch gesagt – aber Gobineau hatte ihn ein wenig flüchtig gelesen. Was er aber dem Verfasser der *Histoire générale de la civilisation en Europe* ankreidete, war, daß er den Begriff der »Regierungsformen« nicht aus seinen Überlegungen verbannt hatte. Prüfte man seine Ideen genauer, so würde man bald gewahr, versicherte er, daß Guizot zufolge ein Volk, um Anspruch auf Zivilisation erheben zu können, »über Institutionen verfügen müßte, welche sowohl die Ausübung der Macht als auch die der Freiheit mäßigten und in denen sich die materielle Entwicklung und der moralische Fortschritt in ganz bestimmter Weise verbänden, wo die Regierung ebenso wie die Religion sich in streng gezogenen Grenzen hielten . . .« Kurz, schloß er mit einiger Bosheit, es lag auf der Hand, daß es nach Guizot »nur eine wirklich zivilisierte Nation gab, nämlich die englische«. Ein reichlich dummer Streich, der zudem besser nicht so rechthaberisch-geschwätzig geführt worden wäre. Tatsächlich war Gobineaus Stellung ziemlich merkwürdig. Er, Gobineau, warf Guizot vor, er habe *police* als eines der Grundmomente der Zivilisation stehenlassen. Armer Begriff, und armer Guizot. Die einen forderten ihn auf, Literatur, Wissenschaften und Künste, all das, was die Kultur ausmachte, über Bord zu werfen, die anderen, er solle sich von den politischen, religiösen und gesellschaftlichen Institutionen trennen. Er tat keines von beidem und hatte von seiner Warte aus damit nicht unrecht.

VI

Restlos sicher aber war er sich seiner Sache nicht. Darüber offenbart er sich dem Leser seiner *Histoire générale de la civilisation en France* in einer bemerkenswerten Passage[129]. Ehedem, so führt er aus, kümmerte man sich »in den Wissenschaften, die sich mit der materiellen Welt beschäftigten«, wenig um die Tatsachen und erforschte sie schlecht; »man ließ sich von Hypothesen hinreißen und vertraute blind dem Gang der Deduktionen«. Währenddessen waren in der Politik, waren in der wirklichen Welt »die Tatsachen allmächtig und galten gleichsam von Natur aus für legitim; der Geist, dem es allein um die Wahrheit ging, hatte in den Dingen hienieden wenig mitzureden«. Seit einem Jahrhundert – eine Zeitangabe, die den Leser Guizots an den Beginn der Regierungszeit Ludwigs XV. versetzte – war eine Veränderung eingetreten. »Zum einen haben die Tatsachen noch nie so viel Raum in der Wissenschaft eingenommen, zum anderen die Ideen noch nie eine so große Rolle in der Welt gespielt.« Den Gegnern der gegenwärtigen Zivilisation ist eben dies ein ständiger Grund zur Klage. Sie beklagen die angebliche Trockenheit, Kleinheit und Kleinlichkeit eines wissenschaftlichen Geistes, der »die Ideen erniedrigt, die Einbildungskraft lähmt, dem Geistigen seine Größe und seine Freiheit nimmt, es verengt und materialisiert.« In der Politik, in der Lenkung der Gesellschaften hingegen sehen sie nur Hirngespinste und hochgestochene Theorien; dort tut man es Ikarus nach und wird enden wie der Vermessene. Müßige Klagen, versichert Guizot. Alles ist gut so. Angesichts einer Welt, die er weder erschaffen noch ersonnen hat, ist der Mensch erst Zuschauer, dann Handelnder. Die Welt ist eine Tatsache: als solche erforscht er sie, so wendet er seinen Geist an Tatsachen, und wenn er die allgemeinen Gesetze entdeckt, die der Entwicklung und dem Leben der Welt zugrunde liegen, so sind diese Gesetze nichts anderes als Tatsachen, die er feststellt. Schließlich entwickelt die Erkenntnis der äußeren Tatsachen in uns Ideen, die diese Tatsachen beherrschen. »Wir fühlen uns berufen, alle Dinge zu verändern, zu vervollkommnen, zu regeln. Wir fühlen uns befähigt, die Welt zu bemeistern und das erhabene Reich der Vernunft in ihr auszubreiten.« Das ist das Geschick des Menschen: als Zuschauer unterliegt er den Tatsachen, als Handelnder bewahrt er die Macht, ihnen eine regelmäßige und reinere Form zu geben.

Eine bemerkenswerte Passage. Tatsächlich bestand ein Konflikt: zwischen zwei Denkweisen, zwei Methoden, ja zwei Arten der Beschäftigung. Auf der einen Seite der strenge Forschergeist, die positive, auf die Erforschung und Erarbeitung der Tatsachen und interesselosen Vorgehensweisen gründende wissenschaftliche Methode, auf der anderen der träumerische und hoffende Geist, für den die Einbildung den Tatsachen vorangeht: der Geist gesellschaftlicher Verbesserung und pragmatischen Fortschritts. Auf dem Papier läßt sich nun trefflich – wie es Guizot tat – der Zwist beilegen und Eintracht stiften zwischen geistigem Fortschritt und gesellschaftlicher Vervollkommnung. Aber in der Praxis? Da waren dies zwei mächtige Götter; wie sollte man sie da einander unterordnen oder – nach treuherzigerer Vorstellung – miteinander in Einklang bringen?

Was war denn geschehen, als Guizot diese Zeilen schrieb, als er 1828 und 1829 seine Vorlesungen hielt? Zunächst dies, daß die Methoden der Erfahrungswissenschaften nicht grundlegend in diejenigen Wissenschaften, die man nun die »moralischen« nannte, eingedrungen waren. Aus welchen Gründen? Oder vielmehr: aus welchem komplizierten Geflecht verschiedenster Gründe? Das aufzudecken wäre ein enormes Stück Arbeit. Um es zu bewältigen, müßten wir uns auch mit dem Problem der Ursprünge, der Ursachen und des Geistes der Romantik befassen, das indes noch alles andere als unumstritten ist.

Da war noch mehr. Den Zeitgenossen Guizots erschien die Zivilisation nicht bloß als ein Gegenstand der Forschung. Sie war eine Wirklichkeit, in deren Schoß sie lebten. Gut – oder schlecht? Viele antworteten: schlecht. Von uns aus, d. h. von dieser Studie her gesehen, ist das wichtig. Denn die Vorwürfe der »Gegner der Zivilisation«, wie Guizot sagt, diese Vorwürfe, die nach Gutdünken alle Spielarten der Gesellschaftsreform aufgreifen und anbringen, Vorwürfe, die nicht bloß Bücher und Traktate hervorbringen werden – bereiteten sie nicht den Boden für jene Kritik, die, jetzt mit wissenschaftlicher Aufmachung, den Begriff der Zivilisation mit einem Werturteil verband? Liefen sie nicht, mit anderen Worten, darauf hinaus, jene Aufspaltung möglich zu machen, von der wir ausgegangen sind und die in der zweiten Hälfte des 19. Jahrhunderts zustande kommt: die Aufspaltung in zwei Begriffe von Zivilisation, von denen der eine wissenschaftlich, der andere pragmatisch ist, und von denen der erste zu einer Ansicht führt, wonach jede Gruppe von Menschen, wie auch immer die materiellen und geistigen Mittel ihres Zugriffs auf die Welt aussehen mögen, ihre Zivilisation besitzt, während der andere an der alten Auffassung von einer überlegenen Zivilisation festhält, die von den weißen Völkern Westeuropas und Nordamerikas getragen wird und sich gleich einem Ideal in den Tatsachen verkörpert.

Wir müssen nun nicht durch das 19. und 20. Jahrhundert hindurch verfolgen, wie sich diese Auffassungen fort- und auseinanderentwickeln. Wir skizzieren die Geschichte eines Wortes und haben diese Skizze bis zu dem Augenblick geführt, wo im landläufigen Gebrauch neben *der* Zivilisation *die* Zivilisation*en* auftauchen. Damit ist unsere Aufgabe – ein Vorbericht – erfüllt. Halten wir aber fest, daß mit der praktischen, radikalen und an sich unangreifbaren Behauptung, ein jedes Volk habe seine Zivilisation, die alte Auffassung von einer Menschenzivilisation nicht ausgelöscht ist. Wie man die beiden Auffassungen versöhnen, wie man sich ihre Beziehungen vorstellen soll, das zu untersuchen ist nicht meine Sache. Die bestand allein darin, zu verdeutlichen, wie sich im Verlauf von anderthalb Jahrhunderten Forschung, Überlegung und Geschichte allmählich die Konturen des Problems innerhalb der Sprache selbst herausgeschält und verdeutlicht haben.

[1] Am Rande sei bemerkt: daß kein gestandener Historiker je angeregt hat, daß auch kein junger Historiker von sich aus je darauf gekommen ist, der Geschichte eines dieser Wörter eine eingehende Studie oder meinetwegen eine Dissertation zu widmen, das zeigt den Zustand von geistiger, nicht materieller Unterentwicklung, in dem die Studien zur Neueren Geschichte nach wie vor befangen sind. Für die Alte Geschichte existieren derartige Monographien; wie nützlich und aufschlußreich sie sind, ist bekannt. Gewiß wären sie nicht leicht zu schreiben, es brauchte Historiker mit solider philosophischer Bildung: *aves rarae*. Doch es gibt sie, und wenn es keine gibt, dann sollte man sie ausbilden.

[2] Vgl. A. Niceforo, *Les indices numériques de la civilisation et du progrès*, Paris 1921.

[3] Beide Zitate nach A. Counson, *Qu'est-ce que la civilisation*? Publications de l'Académie de langue et littérature française, Brüssel 1923. Vgl. auch vom selben Verf., *La civilisation, action de la science sur la loi*, Paris 1929, S. 187 f. (Febvre zitiert den Nietzsche-Brief nach der französischen Übersetzung, in der »Cultur« durch »civilisation« wiedergegeben ist; Anm. d. Ü.)

[4] Das Wörterbuch von Robert notiert als Erstbeleg Victor Riqueti, Marquis de Mirabeau, *Ami des hommes ou Traité sur la population* (1756), I, VIII; Anm. d. Ü.

[5] Counson, *op. cit.*, S. 11.

[6] Das war, wie Schelle festgestellt hat, bei Dupont de Nemours gang und gäbe; er verfuhr sehr freizügig mit den Texten von Turgot.

[7] Zwar taucht das Wort auf S. 214 im Band I der *Oeuvres de Turgot* (Paris 1913) auf, aber in einer Zusammenfassung zu Beginn des *Tableau philosophique des progrès successifs de l'esprit humain*, die von Schelle stammt.

[8] Zusammengestellt in Band I der *Oeuvres de Turgot*, hrsg. von Schelle.

[9] Buch IV, Kap. II, S. 404 f. in Band III der Duodez-Ausgabe.

[10] Vgl. *Système social*, London 1773, Bd. I, Kap. XVI, S. 204. Die *Histoire de l'électricité* erschien 1771 in Paris.

[11] Vgl. etwa Bd. I, Kap. XVI, S. 210: »Die vollkommene Zivilisierung der Völker und derer, die sie beherrschen, kann nur das Werk von Jahrhunderten sein.« Im selben Werk kommen *civiliser, civilisé* häufig vor, desgleichen im *Système de la nature* von 1770, in dem sich *civilisation* nicht fand.

[12] Februar 1767, S. 82. Zitiert bei Weulersse, *Les Physiocrates*, Bd. II, S. 139.

[13] Kap. VI, Art. 6 (*Coll. des Economistes*, S. 817): »beim gegenwärtigen Stand der Zivilisation Europas«.

[14] Vgl. die Genfer Ausgabe von 1781, Bd. X, Buch XIX, S. 27: »Die Ausbreitung der Freiheit oder, was dasselbe unter einem anderen Namen ist, die Zivilisierung eines Reiches ist ein langes und schwieriges Werk . . . Die Zivilisierung der Staaten ist eher das Werk der Umstände denn das der Weisheit der Herrscher gewesen.« – *Ebda.*, S. 28, über Rußland: »Ist das Klima dieser Region der Zivilisation günstig?« – S. 29: »Wir fragen, ob es Zivilisation ohne Gerechtigkeit geben kann?« – Vgl. auch Bd. I, S. 60: »Ein seltsames Geheimnis, das . . . die Fortschritte der Zivilisation verzögerte.«

[15] *Oeuvres*, hrsg. von Tourneux, Bd. II, S. 431: »Ich glaube, daß es gleichermaßen einen Zielpunkt der Zivilisation gibt, einen Punkt, welcher der Glückseligkeit des Menschen im allgemeinen besser entspricht.«

[16] Natürlich gebraucht er sehr häufig *civilisé* und *civiliser* (*Introduction*, S. X: »Welches sind die zivilisierten Menschen?« – Bd. II, Kap. X, S. 127: »Lob sei dem Zaren Peter, daß er begonnen hat, jene hyperboräischen Gefilde zu zivilisieren«, etc.)

[17] Im *Avertissement;* vgl. Van Gennep, *Religions, mœurs et légendes*, 3. Serie, Paris 1911, S. 21 ff.

[18] Zahllose Texte. Einige Beispiele: 1787, Condorcet, *Vie de Voltaire:* »Je weiter sich die Zivilisation über die Erde verbreiten wird, umso mehr werden Krieg und Eroberung verschwinden.« – 1791, Boissel, *Le Catéchisme du genre humain*, 2. Aufl., nach J. Jaurès, *Histoire socialiste. La Convention*, Bd. II, S. 151 ff. – 1793, Billaud-Varennes, *Eléments de républicanisme*, nach Jaurès, *op. cit.*, Bd. II, S. 1503 und 1506. – 1795, Condorcet, *Esquisse d' un tableau historique des progrès de*

l'esprit humain, S. 5: »Die erste Stufe der Zivilisation, die man beim Menschengeschlecht beobachtet hat . . .«; S. 11: »Auf einer Zivilisationsstufe zwischen dieser und derjenigen, die wir noch heute bei den Stämmen der Wilden vorfinden . . .«; S. 28: »Alle Epochen der Zivilisation . . .«; S. 38: »Die Völker, die einen hohen Grad an Zivilisation erreicht haben . . .« usw. – 1796, *Voyages de C. P. Thunberg au Japon, traduits par L. Laigles et revus par J.-B. Lamarck,* 4 Bde., Paris Jahr IV (1796), Bd. I, Vorwort des Herausgebers: »Sie [die japanische Nation] hat ein Maß an Freiheit bewahrt, das in der Zivilisation zulässig ist«. Endlich ist das Wort so geläufig geworden, daß Bonaparte am 12. Messidor des Jahres VI (30. Juni 1798), an Bord der *Orient,* vor dem Aufbruch nach Ägypten, in seiner Proklamation schrieb: »Soldaten, ihr schreitet zu einer Eroberung, deren Wirkungen auf die Zivilisation und den Verkehr der Welt unabsehbar sind.« – Wir haben versucht, Beispiele aus allen möglichen Schriften der Zeit zu bringen.

19 Littré begeht also einen groben Fehler, wenn er im (übrigens ganz mittelmäßigen) Artikel *Civilisation* seines *Dictionnaire* versichert, »daß das Wort erst seit der Ausgabe von 1835 im *Dictionnaire de l'Académie* ist und nur von den modernen Schriftstellern viel gebraucht worden ist, da sich das allgemeine Denken dem Entwicklungsgang der Geschichte zugewandt hat.«

20 *Dictionnaire universel français et latin, nouvelle édition, corrigée, avec les additions,* Nancy 1740, in folio. – Die Ausgabe des *Dictionaire de l'Académie* von 1762 ist bereits um eine große Zahl von Wörtern angewachsen (5217, sagt Gohin), die in derjenigen von 1740 nicht vorkamen, und verweist auf eine erweiterte Konzeption des Wörterbuchs. Umso mehr fällt auf, daß *civilisation* nicht auftaucht. Die Ausgabe von 1798 verzeichnet 1887 neue Wörter und zeugt vor allem von einer neuen Orientierung; sie zollt dem philosophischen Geist aller Fortschritte der Sprache Achtung; sie beschränkt sich nicht mehr darauf, den Gebrauch bloß zu registrieren, sondern beurteilt ihn. – Die Definition von 1798 ist schlicht, aber medioker: »*Civilisation,* Geschehen der Zivilisierung oder Zustand dessen, was zivilisiert ist.« Alle Wörterbücher geben sie einander weiter, bis man im *Dictionnaire général de la langue française du commencement du XVIIe siècle à nos jours* von Hatzfeld, Darmesteter und Thomas, Paris o. J. [1890], liest: »Im erw. Sinne (Neubildg.): Fortschreiten der Menschheit in moralischer, intellektueller, gesellschaftlicher etc. Hinsicht.«

21 J. A. H. Murray, *A New English Dictionary,* Bd. II, Oxford 1893, Stichwort *Civilization:* »1772. – Boswell. Johnson XXV. On monday, March 23, I found him (Johnson) busy, preparing a fourth edition of his folio Dictionary. He would not admit *civilization,* but only *civility.* With great deference to him, I thought *civilization,* from *to civilize,* better in the sense opposed to *bar, barily,* than *civility.*«

22 Die erste englische Ausgabe von *The History of the Reign of the Emperor Charles V* stammt von 1769.

23 Vorwort, S. XIV: »Der Einfluß der Fortschritte der Zivilisation und der Regierung.« Der 2. Abschnitt des 4. Kapitels (S. 304) trägt den Titel »Von Veränderungen, die sich in der Regierung eines Volkes begeben durch seine Fortschritte in der Zivilisation.« (Im englischen Text lautet der 2. Abschnitt des 5. Kapitels (S. 347) ähnlich: »Von den gewöhnlichen Wirkungen des Reichtums und der Zivilisation in bezug auf die Behandlung der Diener.«)

24 Ausg. Tourneux, Bd. X, Paris 1879, S. 317, Nov. 1773: »Die Abfolge der Fortschritte der Zivilisation . . . die ersten Fortschritte der Zivilisation.«

25 Bd. II, S. 164.

26 Die frz. Übersetzung *(Recherches sur la richesse des Nations)* folgt der 4. Auflage. Vgl. etwa Bd. I, 3. Kap.: »Die Völker, welche . . . zuerst als zivilisiert erscheinen, waren diejenigen, die entlang der Küste des Mittelländischen Meeres wohnten.«

27 Zumindest im Sinne von Kultur, denn sowohl im Englischen als auch im Französischen ist Zivilisation im juristischen Verfahrenssinn (den das Wörterbuch von Trévoux angibt) alt. Murray nennt Beispiele dafür vom Beginn des 18. Jahrhunderts (Harris, die *Cyclopaedia* von Chambers, etc.).

29 René Descartes, *Discours de la Méthode,* II, 4: »So stellte ich mir vor, daß die Völker, die, früher halb wild gewesen, sich nur nach und nach zivilisiert und nur soweit als Verbrechen und Streitigkeiten sie dazu zwangen, an der Gesetzgebung gearbeitet haben, sich nicht in so wohl geordneten Zuständen befinden, wie die, welche von Anbeginn der Zeiten, da sie sich zusammenfanden, die Verfassung eines klugen, weisen Gesetzgebers beobachteten.« – Ein Stück weiter (II, 9) findet sich eine Textstelle, die den Barbaren und Wilden durch Mangel an Verstand kennzeichnet. »Sodann hatte ich auf meinen Reisen erkannt, daß die, welche den unseren ganz entgegengesetzte Ansichten haben, darum weder Barbaren noch Wilde sind, daß vielmehr manche ebensosehr oder noch besser als wir sich der Vernunft zu bedienen wissen.« – Auf diese Textstellen hat mich Henri Berr hingewiesen.

30 Zumal sich gerade im 18. Jahrhundert die Verben auf *-iser* vermehren. Für die Zeit der Revolution macht Frey in seinem bereits erwähnten Buch *Les transformations du vocabu-*

laire français à l'époque de la Révolution eine beeindruckende Liste auf: *centraliser, fanatiser, fédéraliser, municipaliser, naturaliser, utiliser,* etc. (S. 21). Für die Zeit davor hatte bereits Gohin eine Liste ähnlicher Verben geboten, die auf die Enzyklopädisten zurückgingen; dort findet man u. a. *barbariser.*

[31] *Oeuvres de Voltaire,* hrsg. von Beuchot, Bd. XV, S. 253 u. 256.

[32] *Contrat social,* Kap. VIII des 2. Buches.

[33] Das Wort kommt auch, ich habe mich vergewissert, im *Discours* von Dijon (1750) nicht vor *(Si le rétablissement des sciences et des arts a contribué à épurer les mœurs).* Rousseau gebraucht nur *police* und *policé,* so wie Turgot zur selben Zeit im *Tableau philosophique des progrès successifs de l'esprit humain* oder Duclos in den *Considérations sur les mœurs de ce siècle* oder so viele andere ihrer Zeitgenossen.

[34] *Dictionnaire de l'ancienne langue française,* Paris 1881. Auf die *Ethiques* des Nikolas von Oresme verweisen auch Hatzfeld, Darmesteter und Thomas im Artikel *Civilité* ihres *Dictionaire général.*

[35] *Civiliser* definiert Furetière so: zivil und artig, umgänglich und höflich machen. (Beispiel: »Die Verkündigung des Evangeliums hat die wildesten Barbarenvölker zivilisiert.« Oder: »Die Bauern sind nicht zivilisiert wie die Bürger, die Bürger nicht wie die Höflinge.«).

[36] *Courtois* und *affable,* sagt F. de Caillères *(Du bon et du mauvais usage dans les manières de s'exprimer,* Paris 1693), sind unter Menschen von Welt nicht mehr in Gebrauch, und die Wörter *civil* und *honnête* sind an ihre Stelle getreten.« – Bossuet weist (im *Discours sur l'Histoire universelle,* Teil III, Kap. V) auf den völligen Verlust an politischem Sinn, den *civilité* erfahren hat, indem er den Gebrauch der Alten mit dem der Modernen konfrontiert: »Das Wort *civilité* bezeichnete unter den Griechen nicht bloß die Sanftmut und wechselseitige Ehrerbietung, welche die Menschen gesellig macht, der ›zivile‹ Mensch war nichts anderes als ein guter Bürger, der sich stets als Mitglied des Staates sah, der sich von den Gesetzen leiten ließ und im Einklang mit diesen und ohne irgendwem Schaden zuzufügen nach dem Gemeinwohl strebte.« – Der toskanische Wortgebrauch beließ *civiltà* ein wenig von jenem juristischen Sinne, der bei uns einzig noch in *civil* nachklingt, wenn man dem *Vocabolario degli Accademici della Crusca* Glauben schenken darf; zu dem Sinn von »costume e maniera di viver civile (lat. *civilitas)*« fügt es noch den des »Stadtrechts« hinzu.

[37] Es ist die von Beauzée bearbeitete. Die erste Ausgabe der Arbeit von Girard stammt von 1718 *(La justesse de la langue françoise, ou les sinonimes),* die zweite von 1736 *(Les Synonymes français),* die dritte, von Beauzée bearbeitete, von 1769, Neuaufl. 1780.

[38] *Op. cit.,* Bd. II, § 112, S. 159.

[39] *Op. cit.,* Buch XIX, Kap. XVI. Es handelt sich um die Chinesen, die in dem Wunsch, »ihr Volk möchte geruhsam leben, . . . den Regeln der Zivilität die größte Ausdehnung« gaben.

[40] Vgl. *Contrat social,* III, Kap. 8: »Die kargen und unfruchtbaren Gegenden, wo der Ertrag die Arbeit nicht lohnt, müssen brachliegen und menschenleer bleiben, oder können nur von Wilden bewohnt werden: . . . dort wäre jede staatliche Ordnung *(politie)* unmöglich.« – Vgl. auch *op. cit.,* IV, Kap. 8: ». . . aus dieser zweifachen Gewalt ist ein ständiger Kampf zwischen den Gerichtsbarkeiten entstanden, der in den christlichen Staaten jede vernünftige staatliche Ordnung *(politie)* unmöglich gemacht hat.« – Godefroy nennt als mittelalterliche Formen des Wortes *policie, pollicie, politie* und registriert das ungebräuchliche Substantiv *policien,* Bürger, das Amyot verwendet hat.

[41] Fénélon, *Suite du quatrième livre de l'Odyssée d'Homère, on les aventures de Télémaque, fils d'Ulysse* (1699), IX.

[42] *Op. cit.,* Bd. I, S. 2. Sechzig Jahre später bemerkt François-Jean de Chastellux in seinem Buch *De la félicité publique ou Considérations sur le sort des hommes dans les différentes époques de l'histoire,* Bd. I, Amsterdam 1772, daß »auch in unseren Tagen noch mit *Polizei* die Regierung der Menschen gemeint sein kann.« (Kap. V, S. 59).

[43] Die Definition von Le Bret, der ebenfalls Fachmann war, beschränkte sich noch nicht auf den Rahmen der Stadt. »Ich nenne Polizei«, schrieb er (IV, Kap. XV), »die Gesetze und Verordnungen, die man seit jeher in den wohlgeordneten Staaten erlassen hat, um die Ökonomie der Nahrung zu regeln, dem Mißbrauch, den Monopolen des Handels und der Künste zu wehren, die Verderbnis der Sitten zu verhindern, der Verschwendung Einhalt zu gebieten und die unerlaubten Spiele aus den Städten zu verbannen.«

[44] *Oeuvres complètes,* Ausg. von 1806, Bd. I, S. 70. Duclos fügt noch hinzu: »Bei den Barbaren müssen die Gesetze die Sitten formen; bei den ordentlichen Völkern vervollkommnen die Sitten die Gesetze und treten bisweilen auch an ihre Stelle.«

[45] *Considérations,* Kap. XII (*Oeuvres complètes* von 1806, Bd. I, S. 216).

[46] Voltaire, *Oeuvres,* hrsg. von Beuchot, Bd. XV, S. 16, 21, 26.

[47] *Oeuvres de Turgot,* hrsg. von Schelle, Bd. I, S. 241 ff.

[48] Brief vom 15. Juni 1680. Es mutet seltsam an, daß man sagte: »fern der Artigkeit« oder »in die Artigkeit zurückkehren«, wo wir sagen: »in die Zivilisation zurückkehren«.

49 *Oeuvres de Turgot,* hrsg. von Schelle, Bd. I, S. 222.
50 Ausgabe Beuchot, Bd. XV, S. 41.
51 Die beiden letzten Zitate in der Beuchot-Ausgabe Bd. XV, S. 83 und 91.
52 Volney, *Éclaircissements sur les États-Unis,* in *Oeuvres complètes,* Paris 1868, S. 718: »Unter Zivilisation muß man die Verbindung derselben Menschen in einer Stadt oder einem Staat verstehen, das heißt in einer umfriedeten Wohnstatt mit gemeinsamer Verteidigung, um sich gegen Plünderung von außen und Unordnung von innen zu schützen; . . . aus dieser Verbindung ergeben sich die Vorstellungen von freiwilliger Übereinkunft der Mitglieder, von Schutz ihrer natürlichen Rechte auf Sicherheit der Person und des Eigentums; . . . so ist die Zivilisation nichts anderes als ein gesellschaftlicher Zustand zum Erhalt und Schutz von Personen und Eigentum etc.« Die ganze Passage, das ist wichtig, ist eine Kritik an Rousseau.
53 Vgl. dazu den zweiten Teil des *Discours sur l'Encyclopédie* als kommentiertes Verzeichnis der Wissenschaften und Künste: »Dies sind die vornehmsten Genies, die der menschliche Geist als seine Meister ansehen muß«, schließt d'Alembert.
54 Counson, *op. cit.*
55 Cuvier und Lamarck, *Les classes zoologiques et l'idée de série animale* (1790-1830), Paris 1926, passim und vor allem im Band II, Kap. X, § V, sowie *Conclusions,* S. 254 ff. – Vgl. auch L. Febvre, »Un chapitre d'histoire de l'esprit humain: les sciences naturelles de Linné à Lamarck et à Georges Cuvier«, in *Revue de Synthèse historique, XLIII,* 1927.
56 Counson, *op. cit.*
57 Bd. I, Jahr II (1794), S. 519-521; vgl. dazu H. Daudin, *op. cit.,* Bd. I, S. 25, Anm. 4, sowie in einem allgemeineren Sinne den gesamten Paragraphen II von Kap. I des ersten Teils: *le Muséum.*
58 *Op. cit.,* Paris 1793, 5 Bde., Bd. I, *Avertissement,* S. IX.
59 Besonders Millin. Vgl. dazu H. Daudin, *op. cit.,* Bd. I, S. 9 und Anm. 1. Im Falle von Buffon ging der Umschwung übrigens ziemlich rasch vonstatten. Vgl. Daudin, *loc. cit.,* S. 38, Anm. 3.
60 Über all dies informiert die Arbeit von René Hubert, *Les sciences sociales dans l'Encyclopédie,* Lille 1923, vor allem der erste Teil, S. 23 ff. und der Schluß, S. 361 ff.
61 *Op. cit.,* Schluß: *L'idée scientifique et le fait,* S. 265.
62 *Ibid,* S. 269 f.
63 Über die Ursprünge und Entwicklungen im Lauf des 18. Jahrhunderts vgl. den ersten der drei Bände von H. Daudin, *De Linné à Lamarck: méthodes de la classification et idée de série en botanique et en zoologie (1740-1790),* Paris 1926.
64 Vgl. H. Daudin, *Cuvier et Lamarck,* Bd. II, S. 110 f.
65 So sucht z. B. François-Jean de Chastellux in dem Buch *De la félicité publique ou Considération sur le sort des hommes dans les différentes époques de l'histoire,* Amsterdam 1772, die Besonderheiten der politischen Verfassungen und der jeweiligen »Polizei« dem Allgemeinen des »größtmöglichen Glücks« gegenüberzustellen – was sich, wenn nicht in seinem Wortschatz (in dem diese Neubildung noch nicht vorkommt), so doch seiner Auffassung nach mit Zivilisation deckt. (Vgl. vor allem *op. cit.,* Bd. I, S. XIII: »Nicht alle Nationen können dieselbe Regierung haben. Innerhalb einer Nation können nicht alle Städte, alle Klassen von Bürgern dieselben Gesetze, dieselbe Polizei und dieselben Bräuche haben. Doch alle können gleichermaßen nach dem größtmöglichen Glücke streben.«)
66 *Système social,* London 1773, 3 Bde. Bd. I, Kap. XIV, S. 171.
67 *Histoire philosophique et politique des établissements et du commerce des Européens dans les deux Indes,* 1770; Genfer Ausgabe von 1781, Bd. I, S. 4.
68 *Ibid.,* S. 4.
69 Nach der 2. Auflage, Amsterdam 1773, *Préface,* S. XVIII. »Der Abschnitt II im 5. Kapitel des Buches trägt den Titel: »Des effets ordinaires de la richesse et de la civilisation relativement au traitement des serviteurs« (S. 347).
70 *Recherches sur . . . la richesse des nations,* nach der 4. Aufl. übers. von Roucher, Anmerkungen von Condorcet, Bd. I, Paris 1790, S. 3 (Einleitung): »Chez les nations riches et civilisées au contraire . . .«.
71 Bd. IV, Buch IV, S. 393.
72 *Œuvres,* hrsg. von Assezat, Bd. III, S. 429 (*Plan d'une Université pour le gouvernement de Russie,* um 1776 (?), zum ersten Mal veröffentlicht 1875).
73 Die Vorstellung, daß der Friede und darüber hinaus die Zivilisation, deren erste Bedingung er zu sein scheint, nicht von den Herrschern noch von ihrer Macht abhängt, wird im Laufe jener Jahre oft entwickelt. Vgl. etwa Raynal, *Histoire philosophique,* Genfer Ausgabe 1781, Bd. X, S. 31: »Die Kriegsleute verteidigen wohl die Provinzen, doch sie zivilisieren sie nicht.«
74 *Ibid.,* S. 29. Vgl. auch S. 28: »Ist es möglich, daß barbarische Völker sich zivilisieren, ohne Sitten zu haben?«
75 Goguet, *De l'origine des loix,* Paris 1778, Bd. IV, Buch VI, S. 392.
76 *Essai sur les préjugés,* Paris 1770, Kap. XI, S. 273.
77 *Histoire philosophique* (1770), Genfer Ausgabe von 1781, Bd. X, Buch XIX, S. 15.
78 *Recherches et considérations sur la population de la France,* Paris 1778, S. 5.

79 Ballanche, *Le vieillard et le jeune homme*, Neuauflage, mit einer Einleitung und Anmerkungen versehen von Roger Mauduit, Paris 1928.

80 Das französische Plural-*s*; Anm. d. Ü.

81 Das Buch von Démeunier, *L'esprit des usages et des coutumes des différents peuples, ou Observations tirées des voyages et des histoires*, erschien 1776. Eine deutsche Übersetzung (von M. Hismann) erschien 1783 in Nürnberg *(Über Sitten und Gebräuche der Völker)*. Vgl. Van Gennep, *Religions, moeurs et légendes*, Paris 1911 (*Mercure de France*, 3e série), S. 21 ff. Im *Avertissement* heißt es ganz deutlich: »Es gibt zwar viele Bücher über den Menschen, doch nirgends hat man die Sitten, Bräuche und Gesetze der verschiedenen Völker zusammengetragen. Diesem Mangel wollen wir abhelfen.« Doch dann hieß es weiter: »Wir sind dabei dem Fortschritt der Zivilisation (Singular!) gefolgt.«

82 Neue, erweiterte Auflage, 1. Teil, Neuchâtel 1772; *Discours préliminaire*, S. 26.

83 Brief des Herrn Commerson an Herrn de la Lande, von der Bourbon-Insel am 18. April 1771; im Anhang des *Voyage* von Bougainville, S. 162.

84 *Voyage de La Pérouse autour du monde*, Paris 1798, Bd. I, S. XXIX.

85 Für die Zitate vgl. *Œuvres complètes*, Paris 1868, S. 31 (*Ruines*, Kap. XIV) und S. 717 *(Eclaircissements)*. – Neben diese Texte muß man eine Stelle halten wie die aus dem *Discours sur l'étude de la statistique* von Peuchet (am Beginn von *Statistique élémentaire de la France*, Paris 1805); da ist die Rede von Volksstämmen Afrikas, »deren Zivilisation nur langsam vorwärtskommt, weil sie beständig im Krieg mit den Nachbarvölkern liegen«.

86 Ich zitiere den *Voyage* nach der dreibändigen Oktavausgabe Paris 1816-17. Vgl. über die Malaien Bd. II (1817), S. 301; über Mungo Park, S. 50. (Die erste, schlecht übersetzte deutsche Ausgabe in 6 Bänden, ebenfalls in Oktav, erschien in Stuttgart 1815-1832 unter dem Titel *Reise in die Aequinoctialgegenden des Neuen Continents in den Jahren 1799-1804*; Anm. d. Ü.).

87 *Voyage*, Bd. I (1816), S. 38. Weiter oben (S. 35) geht Humboldt auf seinen *Versuch über den politischen Zustand des Königreichs Neu-Spanien* ein, worin er Beobachtung liefere über »die Bevölkerung, die Sitten der Bewohner, ihre alte Kultur *(civilisation)* und die politische Teilung des Landes«, und »die Menge kolonialer Lebensmittel, deren Europa beim gegenwärtigen Stand seiner Zivilisation bedarf«, untersuche.

88 Im Original deutsch; A. d. Ü.

89 *Cosmos, essai d'une description physique du monde*, übers. von Faye, Paris 1847, Bd. I, *Considérations*, S. 15 (dt. Originalausg.: *Kosmos. Entwurf einer physischen Weltbeschreibung*, 5 Bde., Stuttgart 1845-62; Anm. d. Ü.)

90 Der *Essai* ist 1826 als Oktavband in Paris erschienen (vgl. S. 2). Vgl. auch die Eröffnungsrede, die Burnouf vor dem Collège de France gehalten hat: *De la langue et de la littérature sanscrites*; sie erschien in der *Revue des Deux Mondes* vom 1. Februar 1833 (vgl. vor allem S. 12 des Sonderdrucks). Vgl. auch vom selben Verfasser, *Essai sur le Véda*, Paris 1863, S. 20, 32 etc. Das sind nur Einzelbeispiele.

91 Vgl. L. Febvre, »Un chapitre d'histoire de l'esprit humain«, in *Revue de Synthèse historique*, Bd. XLIII, 1927, S. 42 f.

92 5. Auflage, Paris Jahr II (1793).

93 *Réponse d'un républicain français au libelle de sir François d'Yvernois*, zit. nach Counson, *op. cit.*, (S. 8, Anm. 1).

94 Man begegnet ihnen nicht nur in Büchern, die sich an einen informierten Leserkreis wenden (wie etwa in den *Éclaircissements sur les États-Unis* von Volney (*Oeuvres*, S. 718 ff.), einer langen und ganz interessanten Abhandlung, die beweisen soll, daß es nicht deshalb lasterhafte und verkommene Völker gibt, »weil bei ihnen die gesellschaftliche Verbindung lasterhafte Neigungen hervorrief, sondern weil sie aus dem Zustand der Wildheit, dem natürlichen Ursprung eines jeden Nationalkörpers, einer jeden Regierungsform, übertragen worden sind« – und daß man im übrigen die These bestreiten könnte, Künste und Literatur seien »Grundbestandteile der Zivilisation« und »gewisse Anzeichen des Glückes und des Wohlergehens der Völker«). Auch die kleineren Streitschriften sind voll davon; vgl. etwa den *Catéchisme du genre humain* von Boissel, 2. Aufl. 1791; Boissels Argumentation ist insofern kurios, als er Rousseau, welcher ausgegangen sei »von der Tatsache der ursprünglichen Gründung der bürgerlichen Gesellschaft *(société civile)*, deren verheerende Unannehmlichkeiten ihn dazu vermochten, das wilde Leben zu bevorzugen« (!), das Recht und die Prinzipien entgegenhält, »die heute (1791) als Grund und Unterpfand der Zivilisation dienen sollten«, und die Rousseau – naturgemäß – nicht gekannt hat.

95 *Le mouvement des idées dans l'émigration française*, 2 Bde., Paris 1924.

96 Man könnte ein schönes Buch schreiben über Amerika und das französische oder allgemeiner das europäische Denken von etwa 1780 bis 1850. Ich meine ein historisches und philosophisches Buch, in dem auch eine an ihren Ursprüngen interessierte Soziologie einiges finden würde. Man starrt ein bißchen zu sehr auf den literarischen Fall Chateaubriand; es gibt noch mehr und besseres als die *Natchez* zu untersuchen; ich glaube, man würde sich wundern, welche Masse an Ideen, Überlegungen, Antizipationen die aufmerksame Betrachtung der Zivilisation der Vereinigten Staaten bei gu-

ten Köpfen, von Volney (um nur ihn zu nennen) bis zu Alexander von Humboldt, Michel Chevalier (*Lettres sur l'Amérique du Nord*, 1834-35) oder Tocqueville (*Sur la Démocratie en Amérique*, 1835) hervorgerufen hat. Freilich auch Widerstände. Lassen wir Ballanche, dessen *Palingénésie* so wenig auf Amerika einging wie die *Histoire universelle* von Bossuet: bekanntlich hat Auguste Comte, der Bossuet darin rechtfertigte, seine »literarische Würdigung auf die Untersuchung allein einer homogenen und zusammenhängenden Reihe begrenzt zu haben, die doch zu Recht als universell eingeschätzt« werde, aus dem Feld seiner Betrachtung das ausgeschlossen, was er »die verschiedenen anderen Zentren unabhängiger Zivilisation, deren Entwicklung, aus welchen Gründen auch immer, bisher auf einem unvollkommeneren Stand angehalten wurde«, nannte; und darunter verstand er nicht nur Amerika, sondern auch Indien, China usw. Und in etwas platonischer Manier setzte er hinzu: ». . . zumindest die vergleichende Untersuchung dieser zusätzlichen Reihen könnte den Hauptgegenstand zusätzlich erhellen.« (*Cours de philosophie positive*, Bd. V, darin der historische Teil der Sozialphilosophie, 1841, S. 3 ff.)

97 Vgl. S. 48 ff. *(Erstes Gespräch)*. Dieser Text stammt von 1819. Zwei Jahre später erschien *Le Système industriel* von Saint-Simon mit der Anrede an den König: »Sire, der Gang der Ereignisse verschlimmert beständig die Krise, in welcher sich die Gesellschaft, nicht nur in Frankreich, sondern in der ganzen großen Nation, die von den verschiedenen Völkern des okzidentalen Europa gebildet wird, befindet.«

98 Viel später wird J.-A. de Gobineau im Buch I, Kap. 1 des *Essai sur l'inégalité des races humaines* (1853) schreiben: »Der Fall der Zivilisation ist die hervorstechendste und gleichzeitig die dunkelste Erscheinung der Geschichte.«

99 Vgl. Hubert Bourgin, *Charles Fourier*, Paris 1905, S. 70. Noch vor den Einsprüchen Fouriers und seiner Theorie der Zivilisation als Herrschaft der freien Konkurrenz und der verlogenen Anarchie scheint von sehr unterschiedlichen Seiten eine Art spartanischer Verurteilung formuliert worden zu sein; vgl. Texte wie den von Billaud-Varennes (*Eléments de républicanisme*, 1793, zit. nach Jean Jaurès, *Histoire socialiste: La Convention*, II, S. 1503 der Erstauflage): »Es ist bekannt, daß der Stand der Zivilisation uns wie Tantalos in einen Strom von Empfindungen versetzt, welcher nur eingebildete Lüste befördert und alle die, die wahrhaft animalischer Art sind, beiseitespült.« – Vgl. auch den Text Chamforts in seinen *Maximes et Pensées*: »Mit der Zivilisation ist es wie mit der Küche. Sieht man leichte, gesunde und gut gekochte Speisen auf dem Tisch, so ist man zufrieden, daß das Kochen eine Kunst geworden sei. Findet man aber Brühen, Saucen und Trüffelpasteten, so flucht man den Köchen und ihrer Kunst, das heißt der verderblichen Anwendung.« Es scheint, nebenbei bemerkt, daß Chamforts Magen empfindlicher war als der Brillat-Savarins.

100 *De la littérature considérée dans ses rapports avec les institutions sociales* (*Oeuvres complètes*, Bd. IV, S. 12). Interessant auch jene Bemerkung einige Seiten weiter (S. 16), in der eine ganz andere Ansicht zum Ausdruck kommt als die oben erwähnte von Auguste Comte: »Jedesmal wenn eine neue Nation wie Amerika, Rußland usw. Fortschritte zur Zivilisation gemacht hat, ist das Menschengeschlecht vollkommener geworden.«

101 Straßburg 1827; Neuauflage 1834. Über das Schicksal des Buches vgl. die an der Sorbonne entstandene Dissertation von Tronchon, *La fortune intellectuelle de Herder en France*, Paris 1920.

102 Paris 1827. »Die anderen Wissenschaften«, sagte Michelet in seinem *Discours* (S. XIV), »gehen darauf aus, den Menschen zu leiten und ihn zu vervollkommnen. Noch keine aber hat sich darum bemüht, die Prinzipien der Zivilisation zu erkennen, aus denen sie hervorgegangen. Die Wissenschaft, die uns jene Prinzipien enthüllte, ließe uns den Weg ermessen, den die Völker im Aufstieg wie im Niedergang zurücklegen, und lehrte uns, die Lebensalter der Nationen zu berechnen. So erkennten wir die Mittel, durch die eine Gesellschaft sich zum höchsten Grad an Zivilisation, dessen sie fähig, erheben oder wiedererheben kann; so verbänden sich die Theorie und die Praxis . . .«

103 Veröffentlicht unter dem Titel *De l'état actuel de l'Humanitè* (*Mèlanges*, S. 101); hingewiesen sei noch auf einen in dieselbe Sammlung aufgenommenen Artikel aus dem *Globe* (11. Mai 1827) mit dem Titel *Bossuet, Vico, Herder*.

104 Zwischen 1832 und 1834 erscheint sogar eine *Revue sociale. Journal de la Civilisation et de ses progrès. Organe de la Société de civilisation* (6 Lieferungen 1832-34); angezeigt bei Tronchon, *La fortune intellectuelle de Herder en France. Bibliographie critique*, Paris 1920, S. 28, Nr. 265.

105 Vgl. Tronchon, *op. cit.*, S. 431.

106 Aus den beiden Vorlesungen werden zwei Bücher: *Cours d'Histoire moderne, Histoire générale de la Civilisation en Europe*, Paris 1828, und *Histoire de la Civilisation en France*, Paris 1829. Beide Werke erlebten zahlreiche Neuauflagen.

107 *La Civilisation en Europe*, S. 6.

108 *Mélanges philosophiques*, Paris 1833, S. 88.

109 *La Civilisation en Europe*, S. 9.

110 *Ibid.*, S. 5: »Es gibt kaum eine große Idee, kaum ein großes Zivilisationsprinzip, das nicht zunächst durch Frankreich gegangen ist, bevor es sich überall verbreitete.«

111 »Wie weit auch zum Beispiel die Zivilisation Rußlands von der Frankreichs oder Englands entfernt sein mag, so sieht man doch ohne weiteres, daß die Russen demselben System von Zivilisation folgen wie die Franzosen und die Engländer . . . Sie sind die jüngeren Kinder derselben Familie, die schwächeren Schüler derselben Schule der Zivilisation.« (*De l'état actuel de l'humanité*, 1826; *Mélanges*, S. 101).

112 *Du rôle de la Grèce dans le développement de l'Humanité*, 1827; *Mélanges*, S. 93.

113 *La Civilisation en Europe*, S. 7.

114 *Ibid.*, S. 15.

115 Alle Zitate aus: *La Civilisation en France.*

116 Guizot greift hier die allgemeine und unpersönliche Entwicklung aus *La Civilisation en Europe* (S. 12 f.) wieder auf und münzt sie auf einzelne Völker.

117 *La Civilisation en Europe*, S. 18.

118 Vgl. die Hinweise, die Tonnelat hierzu liefert.

119 Vgl. Buffon, *Les Epoques de la Nature*, S. 101: »Der erste Schritt des Menschen zur Zivilisation ist die Errichtung seiner Herrschaft über die Tiere.«

120 Eine Zweideutigkeit, vor der man sich tunlichst hüten soll. Liest man beispielsweise in Condorcets *Vie de Voltaire*, »daß man nicht die Fläche ausdehnen kann, darauf die Kultur *(culture)* blüht, der Handel sicher und der Gewerbefleiß rege ist, ohne für alle Menschen die Masse der Erträge und Einkünfte zu erhöhen«, so mag man zunächst glauben, hier sei *culture* im Sinne des deutschen Wortes *Kultur* gebraucht, und verkennen, daß es schlichtweg um *Agrikultur* geht.

121 So denkt auch Condorcet in seiner *Vie de Voltaire* (1787): »Je weiter sich die Zivilisation über die Erde verbreiten wird, umso mehr werden Kriege und Eroberungszüge verschwinden, ebenso wie Sklaverei und Elend.«

122 *Op. cit.*, S. 13, 23, 25 etc.

123 *Coup d'œil*, S. 118, Anm. Zu Charles de Villers vgl. L. Wittmer, *Charles de Villers, 1765-1815*, Genf-Paris 1908 (Diss. Genf), sowie Tronchon, *La fortune intellectuelle de Herder en France*, passim.

124 Vgl. etwa *Voyage aux régions équinoxiales*, Paris 1816-1817, Bd. II, S. 287: »C'est la culture intellectuelle qui contribue le plus à diversifier les traits.« – *Ibid.*, S. 264: »J'emploie à regret le mot *sauvage* parce qu'il indique entre l'Indien *réduit* vivant dans les missions, et l'Indien libre ou indépendant, une différence de culture qui est souvent démentie par l'observation.« – *Ibid.*, S. 260: »La barbarie qui règne dans ces régions est peut-être moins due à une absence positive de toute civilisation qu'aux effets d'un long abrutissement . . . La plupart des hordes que nous désignons sous le nom de sauvages descendent probablement de nations jadis plus avancées dans la culture«.

125 Vgl. etwa in *Cosmos* (Übers. Faye), Bd. I, Paris 1847, S. 430 und Anmerkung.

126 Wilhelm von Humboldt, *Über die Kawi-Sprache auf der Insel Java*, 3 Bde., Berlin 1836-1840. Vgl. die Einleitung zu Band I.

127 *Oeuvres complètes*, hg. von Didot, Paris 1868, S. 718 ff. *(Éclaircissements sur les États-Unis)*.

128 Buch I, Kap. VIII: »Définition du mot *civilisation*«.

129 S. 29 ff. der Originalausgabe.

GESCHICHTE UND PSYCHOLOGIE

»DIE FÄHIGKEIT, VERBINDUNGSLINIEN ZU ENTDECKEN« – besser läßt sich wissenschaftlicher Genius kaum definieren. Man denke an den großen Arzt, den großen Kliniker, der disparate Zeichen und Symptome so zusammenfügt, daß er einen neuen Krankheitstyp geradezu erschafft. »Die Fähigkeit, Austausch und Absprachen zwischen benachbarten Disziplinen zu bewirken« – das wäre keine schlechte Definition des Fortschritts in einer Wissenschaft, die dabei ist, sich auszubreiten. Dahinter steckt eine Erfahrungswahrheit, die man auch anders ausdrücken kann: »Die großen Entdeckungen werden an den Grenzen der Wissenschaften gemacht.«

Daß somit die Psychologie, als wissenschaftliche Erkenntnis des Seelenlebens, notwendig enge Beziehungen zur wissenschaftlichen Erkenntnis des Gesellschaftslebens, der Soziologie knüpfen, daß sie ebenso notwendig enge Beziehungen mit jenen schlecht definierten Disziplinen, die wir unter der traditionellen Bezeichnung »Geschichte« verquicken, unterhalten muß – das bedarf wohl keiner ausführlichen Erläuterung. Zugleich ahnt man, daß diese Beziehungen derzeit nur ziemlich enttäuschend ausfallen können. Die Psychologie hat sich kaum aus den philosophischen Kontroversen gelöst, um sich auf dem festen Boden der experimentellen Forschung einzurichten. Die Soziologie hat zwar seit einem knappen Jahrhundert einen Namen, wirkliche Existenz aber erst seit viel kürzerer Zeit. Für die Disziplinen schließlich, die in einem Jahrhundert aus dem strudelnden Magma der Geschichte hervorgegangen sein werden, fehlt heute noch der Begriff. Ein Grund mehr, die Entwicklung der Humanwissenschaften nicht aus dem Auge zu verlieren.

Worum würde sich, auf Anhieb gesagt, ein Kompetenz- und Zuständigkeitsstreit unter Psychologen, Soziologen und Historikern wohl drehen? Natürlich um die Erkenntnis des Individuums. »Die Psychologie«, sagt Baldwin, »handelt vom Individuum und die Soziologie von der Gruppe.« Hätte Baldwin auch die Geschichte definiert, so hätte er, denke ich, Individuum und Gruppe in ein geschlossenes Feld versetzt und verkündet, daß die Geschichte, gerüstet mit den Ergebnissen der Psychologie und der Soziologie, deren wechselseitige Beziehungen im Rahmen der Vergangenheit zu definieren suchte. Das sind ausgezeichnete Leitlinien, die praktische Schlüssel für Studenten abgeben. Das Pech ist bloß, daß diese

Schlüssel stets nur die erste Tür öffnen und die zweite verschlossen lassen. Doch statt weiter auf dem Papier abstrakte Leitlinien zu ziehen, wenden wir uns lieber Realitäten zu. Und folgen der guten Methode, alles zu komplizieren, was zu einfach scheint.

I

Was ist der Untersuchungsgegenstand des Historikers? Die gängige Auffassung besagt: einerseits das ungeschlachte Treiben anonymer Menschenmassen, die gewissermaßen für die groben Arbeiten der Geschichte da sind; andererseits, abgehoben von diesem Grau in Grau, das richtunggebende Handeln einer Reihe von Individuen, die als »historische Persönlichkeiten« gelten.

Von den Massen weiß man wenig. Ganze Epochen haben uns keinerlei direktes und genaues Zeugnis von ihnen hinterlassen. Ihrer Herkunft nach aristokratisch, hat die Geschichte jahrhundertelang, wenn nicht bis heute, nur für die Könige, die Fürsten, die Staaten- und Schlachtenlenker Augen gehabt – für die *Menschen, die Geschichte machen,* wie es im Titel einer deutschen Sammlung von Biographien heißt. Dementsprechend einfach gestalten sich der gängigen Meinung zufolge die Beziehungen von Psychologie und Geschichte.

Die anonymen Massen? Sie werden unter eine Kollektivpsychologie fallen, die, ausgehend von der Erforschung der gegenwärtig greifbaren Massen, ihre Erkenntnis ohne weiteres (so nimmt man an) auf die Massen von früher, die historischen Massen, wird übertragen können. Die besonderen Individuen hingegen, die »historischen Persönlichkeiten«, werden naturgemäß individualpsychologisch zu erfassen sein. Die sie betreffenden Dokumente (von denen viele eine psychologische Deutung ihres Handelns und ihres Charakters beinhalten), fallen unter die Obhut der Psychologen und werden ihren Erfahrungsschatz vermehren. Umgekehrt werden die Schlüsse, die sie aus der Untersuchung der menschlichen Fälle, mit denen sie befaßt sind, ziehen, den Historikern erlauben, das Tun und Treiben der »Lenker« der vergangenen Gesellschaften, der wahren Bildner der Menschengeschichte, besser zu deuten und zu verstehen.

Womit wir von neuem vor dem Gegensatz Individuum–Gesellschaft stehen. Versuchen wir das Problem schärfer zu fassen.

Wer sind diese ruhmreichen Individuen, die »historischen Persönlichkeiten«? Es sind, so haben wir kürzlich festgestellt, »die verantwortlichen Urheber eines großen geschichtlichen Werks«[1]. Was aber ist ein großes geschichtliches Werk? Ein Ensemble von Tatsachen, das die Historiker

LUCIEN FEBVRE
(1878-1956)

Wir sprechen gern von der Maschine, die wir schaffen, und die uns verknechtet. Doch nicht alle Maschinen sind aus Stahl. Die intellektuelle Kategorie, die wir in unseren Zerebralwerkstätten schmieden, drängt sich uns mit derselben Wucht, derselben Tyrannei auf – und führt ein weit zäheres Leben als die in unseren Fabriken hergestellte Mechanik. Geschichte ist ein zu gut gehüteter, zu gut verriegelter Panzerschrank. Was einmal darin untergebracht ist, kommt nie mehr heraus.

Und Michelet quält sich durch die bürgerliche Wüste. Michelet hat Durst, hat gräßlichen, mörderischen Durst. Michelet schreit nach Trank wie die Helden Rabelais'. Er bedarf so sehr der Erholung, Erfrischung, Erneuerung! Und plötzlich gelangt er an die Regierungszeit Karls VIII. Die italienischen Kriege. Als guter Fußgänger aus den Ardennen setzt er sich in Marsch. Folgt der Kolonne. Und vernimmt auf einmal, in den dunklen Straßen von Florenz, den Marschtritt der Gascogner Infanterie. Vernimmt das Hufgeklapper der Ordonnanzgäule auf dem Pflaster, das Geratter der schweren Kanonen. Und vor ihm erheben sich die Kuppel Brunelleschis und die rote Signoria und Savonarola. Plötzlich ist es, wie wenn man bei der Talfahrt vom Simplon um die Kurve am großen Felsen von Gondo kommt: auf einmal ist da Italien, ganz Italien mit seinen schönen Mädchen unter dem blanken Himmel, seinen Goldfrüchten, seinen lebhaften Menschen, seinen Städten, die schwer sind von Geschichte, seinen Kirchen voll von Statuen und Bildern. Ganz Italien und sein Glück, ein schönes, aufregendes, unbefangenes Leben zu leben, ein edles, von geistigem Streben verschönertes Leben. Ganz Italien in seiner Großartigkeit und seiner ewigen Poesie.

Abschlußklasse des Lycée Louis-Le-Grand, 1898

Vierzig Jahre später sollten sich Lucien Febvre (in der ersten Reihe sitzend der dritte von links) und seine Freunde Augustin Renaudet (hinter Febvre), Henri Wallon (in der zweiten Reihe der vierte von rechts) und Jules Bloch (in der dritten Reihe, stehend, ganz links) allesamt als Professoren am Collège de France wiedersehen…

Lucien Febvre (ganz links) als Student vor dem elterlichen Haus in Nancy Rechts Febvres Eltern

gesammelt, gruppiert und dergestalt organisiert haben, daß sie ein Glied ergeben in einer jener großen Ketten homogener und gesonderter (politischer, ökonomischer, religiöser etc.) Tatsachen, deren mehr oder weniger enges Netz wir über die historische Vergangenheit der Menschheit werfen. Wir sind es, die diese Ketten schmieden und unablässig umschmieden, in unserem Bedürfnis, »die Vergangenheit zu organisieren«, Klarheit und Regelmäßigkeit in das irrlichternde Geflatter der Tatsachen zu bringen, die scheinbar gesetzlos jeden Menschen in jedem Augenblick seines Lebens (und also auch des Lebens der Gesellschaften, denen er angehört) umschwirren.

Große Ketten, große Geschehensabläufe – aber wieso heißen sie eigentlich groß? Weil man bei den menschlichen Werken unterscheiden muß zwischen denen, die bloß eine bestimmte kleine Gruppe von Menschen angehen, und denen, die über die Grenzen der kleinen Gruppen hinweg darauf zielen, diese zu vereinigen oder zumindest auf gleichen Kurs zu bringen. So etwa die Religionen, soweit sie nicht abgeschlossene Gruppenreligionen sind. So die großen Gedanken- und Lehrsysteme, die grenzüberschreitend Menschen aller Gruppen verbinden. So schließlich die politischen Werke, Organisationen und Revolutionen, Eroberungen und Expansionen, mit all dem, was sie an Annexionen und Widerständen nach sich ziehen.

Sind das geschichtliche Werke? Ja, in dem Maße, wie sie nicht bloße Früchte der Gewalt bleiben, sondern eigene Dauer gewinnen und von denen, die ihnen anfangs nur unterworfen sind, schließlich angenommen, übernommen und verbreitet werden. Ja, in dem Maße, wie sie nicht einzig und allein von einigen Menschen zu Nutz und Frommen einiger Gruppen gemacht sind, sondern auf einer gemeinschaftlichen Anstrengung beruhen, das Leben der Menschenmassen zu organisieren. Ja, in dem Maße, wie das, was anfangs bloßes Werk des Eigensinns wenn nicht des Eigennutzes war, sich zu einem Werk der Zivilisation mausert. Sind nicht die Zivilisationstatsachen – wenigstens zum Teil – Tatsachen, die sich nicht auf eine bestimmte Zivilisation beschränken, sondern sich als fähig erweisen, zu wandern und sich in bisweilen weit entfernten und gänzlich andersartigen Gebieten anzusiedeln?

Historisches Werk ist also das, was jenseits des »Lokalen« und des »Nationalen« das Menschliche erfaßt. Was sich als der Ausstrahlung und der friedlichen Expansion fähig erweist. Und was ist mit der historischen Persönlichkeit? Sie tut einer Grunderfordernis des gängigen Glaubens Genüge, wonach jedes Uhrwerk einen Uhrmacher und jedes historische Werk einen Urheber voraussetzt. So will es das Urgesetz der Zeugung: Vater–Sohn.

Der Vater des geschichtlichen Werkes ist die geschichtliche Persönlichkeit – jener Mensch, dem die gängige Auffassung die Vaterschaft für das geschichtliche Werk zuschreibt: eine notwendige Vereinfachung und bequeme Gedächtnisstütze. Aber wenn nun das soeben Gesagte stimmte? Wenn der Urheber – nicht der »vermeintliche« Urheber eines nachhaltig wirksamen Gemeinschaftswerks, sondern der »gewisse« Urheber eines großen wissenschaftlichen, literarischen, philosophischen oder religiösen Werks, das wahrhaft seinem Hirn entsprungen scheint (Darwin, Shakespeare, Marx, Calvin) – wenn der Urheber seinem Werk nur in der Zusammenarbeit mit denen, die es übernehmen, Wirksamkeit verleihen kann? Wenn das Drama, daß ein Mensch eine Idee ausgibt und nun erleben muß, wie diese Idee durch das »Milieu« völlig verwandelt und entstellt wird, beinahe die Regel ist? Wenn die Erfahrung Martin Luthers – der der wahre Vater des Luthertums ist, und der doch hundertmal seinen Ärger, seine Bestürzung bekundet, wenn er feststellen muß, wie sehr die Massen von Anfang an seine Ideen abwandeln, indem sie sie sich zu eigen machen und ihnen das Schicksal bereiten, das alle großen Schöpfer von Ideen oder Gefühlen kennen, nämlich die Entstellung, ja zuweilen völlige Verkehrung von Ideen, für die sie vor der Geschichte doch die angebliche Vaterschaft übernehmen müssen – wenn also diese Erfahrung typisch ist?

Und andererseits die »historische Persönlichkeit«: wo wäre denn das menschliche Wesen, das man als autonome, unabhängige und isolierte Macht ansehen könnte, eine Art ursprünglicher und spontaner Schöpfung – wo doch jeder Mensch dermaßen stark Einflüssen unterliegt, die teils aus fernster Vergangenheit stammen, teils unmittelbar von seinem jeweiligen Milieu auf ihn ausgeübt werden und sich ihm zunächst über Sprache und Werkzeug mitteilen?

Die Sprache ist das stärkste Mittel, durch das die Gruppe auf das Individuum einwirkt. Sie ist die langsam von der Menschheit erarbeitete und nach jahrhunderte-, nein jahrtausendelanger Arbeit auf ihren gegenwärtigen Stand – der ein Zustand stetigen Wandels ist – gebrachte Technik. Und diese Technik hat sich im Laufe jener Zeit mit all den Unterschieden, Abtrennungen und Kategorien befrachtet, welche die Menschheit nach und nach geschaffen hat. In ihrem Wirken ist sie sowohl den Mythen verschwistert, welche Platzhalter der Techniken waren, solange die Menschheit noch nicht über das nötige Werkzeug verfügte, um die Dinge in Griff zu nehmen, als auch den Techniken selbst, welche ihrerseits in ihrer jeweiligen Epoche untereinander eng verwandt sind und sich von ihrem gemeinsamen Stil her eindeutig datieren lassen. Von daher die Behauptung, daß das Individuum immer nur das ist, was ihm sowohl seine Epoche als auch sein gesellschaftliches Milieu zu sein erlauben.

Was bedeutet das für die Alternative: Individuen oder Massen? Oder, dasselbe Problem, nur anders ausgedrückt: Individuen oder Gesellschaften? Von vornherein durchdringt das gesellschaftliche Milieu den Urheber des historischen Werks, umfaßt ihn und determiniert ihn weitgehend in seiner Schöpfung. Und ist diese geschehen, so stirbt sie entweder, oder aber sie muß sich der aktiven, der bedrohlichen Teilhabe der Massen, dem unwiderstehlichen und zwingenden Druck des Milieus aussetzen.

Mit anderen Worten, die Gesellschaft ist für den Menschen eine Notwendigkeit, eine organische Wirklichkeit. Die Sprache als solche impliziert, um ein Wort Henri Wallons aufzunehmen, »die Gesellschaft wie die Lungen eines atmenden Lebewesens die Existenz der Atmosphäre implizieren«. Und von dieser Gesellschaft empfängt das Individuum seine Bestimmungen; sie sind sein notwendiges Komplement: »Es strebt nach Gesellschaft wie es nach Gleichgewicht strebt.«

II

Mittlerweile erscheinen die Dinge weniger einfach als zu Beginn. Wenn es im Fall eines Individuums zunächst darauf ankommt, eine bestimmte Person auszumachen, die sich mehr oder weniger stark durch gewisse Eigentümlichkeiten auszeichnet, die wiederum ganz spezifisch kombiniert und dosiert sind, wenn es dann, zweitens, darum geht, dasselbe Individuum sowohl als Vertreter der menschlichen Art mit bestimmten, gruppenspezifischen Unterscheidungsmerkmalen zu sehen als auch, insbesondere, als Angehörigen einer ganz bestimmten, auch zeitlich bestimmten Gesellschaft – da verliert der Gegensatz von Individuum und Gesellschaft doch beträchtlich an Schärfe, und man sieht deutlicher, mit welcher Methode das Individuum zu erforschen ist.

Drei Reihen von Untersuchungen muß der Psychologe jeweils durchführen. Zunächst muß er auf das eingehen, was der Mensch seinem gesellschaftlichen Milieu verdankt: *Kollektivpsychologie*. Dann muß er sich fragen, was der Mensch seinem spezifischen Organismus verdankt: eigentliche *Psychologie* oder Psycho-Physiologie. Schließlich muß er untersuchen, was ein bestimmtes menschliches Wesen den individuellen Besonderheiten seiner Physiologie, den Zufällen seiner Struktur, den Wechselfällen seines gesellschaftlichen Lebens verdankt: *Differentialpsychologie*.

Logischerweise darf diese letzte erst einsetzen, wenn die beiden ersten schon einigermaßen weit gediehen sind. Solange diese keine entscheidenden Fortschritte gemacht haben, solange es den Psychologen nicht gelungen ist, anstelle des Chaos der individuellen Fälle wohlbestimmte »psychologische Arten« zu setzen (so wie die Mediziner anstelle des Chaos der Symptome breit angelegte »Krankheitsarten« gesetzt haben), solange keine »Typen« geschaffen sind, die angesichts eines Individuums die stets heikle Operation der »Diagnose« (die darin besteht, den individuellen Fall einer der zuvor aufgestellten Arten zuzuordnen) ermöglichen – solange wird die Differentialpsychologie sich mit viel empirischer Arbeit bescheiden müssen.

Das gilt für die gegenwärtige Psychologie, erst recht aber gilt es für die retrospektive Psychologie. Oder, wenn man will, die historische Psychologie.

Denn die historische Psychologie hat ein besonderes Problem. Wann immer die Psychologen in ihren Berichten und Abhandlungen über die Empfindungen, die Entscheidungen, die Überlegungen *des Menschen* sprechen, sind es in Wirklichkeit unsere Empfindungen, unsere Entscheidungen, unsere Überlegungen, von denen die Rede ist. Unser Los als weiße Westeuropäer, die sehr alten kulturellen Gruppen angehören. Was aber können wir als Historiker, wenn wir das Tun und Treiben von Menschen früherer Zeit deuten, mit einer Psychologie anfangen, die aus der Beobachtung der Menschen des 20. Jahrhunderts hervorgegangen ist? Und was könnten ihrerseits die Psychologen mit den Daten über die Mentalität von Menschen früherer Zeit, welche die Geschichte ihnen liefert (oder liefern sollte), anderes anfangen, als sie schlicht und einfach einer Erfahrung anzupassen, die sie im Umgang mit ihren Zeitgenossen gewonnen haben? Allenfalls kann diese Erfahrung ihnen Vergleichstypen liefern, um die Unterschiede, die unsere (näheren oder ferneren) Vorfahren uns gegenüber aufweisen, deutlicher zu erfassen.

Tatsächlich hat weder die Psychologie unserer zeitgenössischen Psychologen einen möglichen Zugang zur Vergangenheit, noch läßt sich die Psychologie unserer Vorfahren im großen und ganzen auf die Menschen von heute anwenden. Das gilt sowohl für die »Helden« der Geschichte, die »historischen Persönlichkeiten«, die aus mehr oder weniger zahlreichen biographischen Dokumenten und äußeren oder inneren »Portraits« bekannt sind, als auch für die anonymen Massen, deren Elemente psychologisch zu analysieren oder in ihren Reaktionen zu beschreiben man sich kaum bemüht hat. Im einen wie im anderen Fall kann, wie Charles Blondel in seiner *Einführung in die Kollektivpsychologie* ausführt, »für die Kollektivpsychologie nicht davon die Rede sein, allgemeingültige Arten des Fühlens, Denkens und Handelns unmittelbar bestimmen zu wollen, die vielleicht gar nicht existieren und auf jeden Fall gegenwärtig nicht erfaßbar sind. Ihre Aufgabe ist es dagegen, in einer Betrachtung der einzelnen, in Raum und Zeit verstreuten menschlichen Gruppen die geistigen Systeme einer jeden zu beschreiben und weitgehendst zu analysieren, indem sie sich bemüht, den Mechanismus ihrer Ausarbeitung, den Ablauf ihrer Entwicklung und die Natur der ihre Elemente untereinander verbindenden Beziehungen zu erfassen.«[2]

Besser kann man es nicht sagen, deutlicher nicht die Gefahr bezeichnen: die Gefahr nämlich, direkten Weges (ohne die Schwierigkeiten auch nur zu ahnen) von unseren Empfindungen und Vorstellungen zu jenen Empfindungen und Vorstellungen gelangen zu wollen, für die – oft über Jahrhunderte hinweg – ähnliche oder sogar dieselben Wörter stehen, die durch ihre scheinbare und trügerische Identität die größten Irrtümer hervorrufen. Soll ich zwei, drei Beispiele nennen? Wir brauchen nicht lange zu suchen. Denn Charles Blondel bemerkte schon ganz richtig: »Nehmen wir zwei räumlich und zeitlich genügend voneinander entfernte Kollektivitäten, so springt uns der Unterschied der geistigen Einstellungen in die Augen.«[3] Sind sie hingegen einander näher, so bedarf es oftmals langer und mühevoller Untersuchungen, um die (zuweilen beträchtlichen) Unterschiede herauszuarbeiten. Wenden wir uns also weder den Primitiven zu, deren Weisen des Fühlens, Denkens und Handelns Lucien Lévy-Bruhl erforscht hat (seine Beobachtungen laufen auf die Begründung einer psychologischen Prähistorie bzw. einer psychologischen Paläontologie hinaus), noch den Chinesen, deren Geistesleben wir dank der bedeutenden Bücher von Granet mit dem unsrigen vergleichen können. Stellen wir uns nur eine Frage: woran hängt der Mensch von heute am meisten? Eine Frage, die bereits zur Vorsicht nötigt: welcher Mensch denn? Denken wir darüber jetzt nicht weiter nach, sondern antworten wir nur: »An seinem Leben, seinem eigenen Leben.«

Und schlagen wir jetzt einen der Bände von Frazer[4] auf. In diesen klassischen Büchern stoßen wir fortwährend auf (zumindest für uns) überraschende Tatsachen, und wir finden Unterschiede, ja ganz enorme Kontraste in der Schätzung dieses Wertes – den doch »die Natur« selbst an die erste Stelle gesetzt zu haben scheint – zwischen einander relativ nahestehenden Gesellschaften und unseren Gesellschaften. Wir können daraus entnehmen, daß ganze Völker jahrhundertelang nicht nur ihre Kinder nicht geschützt, sondern sie spontan zum Opfer geweiht haben. Und weiter, daß Millionen und Abermillionen von Menschenwesen die uns unauflöslich erscheinende Verbindung von Göttlichkeit und Unsterblichkeit (wenn nicht Ewigkeit) fremd war und ist, weil sie an den Tod der Götter glaubten und glauben, weil sie sterbliche Götter nach ihrem Bilde geschaffen haben.

Alte Geschichten? Gewiß. Aber schlagen wir doch den Band IX der *Histoire littéraire du sentiment religieux en France* von Henri Bremond auf. Er trägt den Titel *La vie chrétienne sous l'ancien régime* und enthält ein erstaunliches Kapitel über »Die Kunst zu sterben«. Es führt uns vor Augen, wie man vor noch nicht drei Jahrhunderten die Sterbenden mit einer Art psychologischer Grausamkeit – so zumindest will es uns erscheinen – behandelte, die uns mit einem Schlage weit von uns und unserer Mentalität fort versetzt.

Weitere Beispiele. Jene romanhaften Biographien, die sich in den letzten Jahren schwallartig über uns ergossen haben (und die im übrigen die Verleger mehr erfreuen als den gebildeten Leser) – was ist eigentlich daran, was dem Historiker so mißfällt? Die ständigen Schnitzer und Pfuschereien von inkompetenten und unqualifizierten Autoren? Die organisierte Plünderung, die zynische Nachäffung echter Historiker durch die quicken Schreiberlinge der Historiographie? Weit schlimmer als das ist der fortgesetzte ärgerliche Anachronismus, der sich unbewußt einstellt, wenn Menschen sich, so wie sie sind, in die Vergangenheit projizieren, mit ihren Empfindungen, ihren Vorstellungen, ihren intellektuellen und moralischen Vorurteilen – und die sodann, nachdem sie Ramses II., Julius Caesar, Karl den Großen, Philipp II. (und noch Ludwig XIV.) auf Schulze oder Schmitz von 1938 frisiert haben, in ihren Helden all das wiederfinden, was sie zuvor hineingesteckt haben, sich still verwundern und ihre »Analyse« mit dem erwarteten *nil novi* schließen: »So bleibt der Mensch sich immer gleich.«

Wir wollen darauf nicht weiter eingehen, sondern uns nur an unsere Erfahrung als Historiker halten. Man kann gar nicht Leben, Sitten, Sein und Handeln der Menschen des Mittelalters studieren (eines Mittelalters, das mindestens bis ins 16. Jahrhundert und noch darüber hinaus reicht), man kann nicht in authentischen Texten Erzählungen über Fürsten, Berichte von Festen, Umzügen, Urteilsvollstreckungen, Volkspredigten etc. lesen, ohne verblüfft zu sein vom erstaunlichen Schwanken der Stimmungslagen, der außerordentlichen Empfänglichkeit für alle Außenreize, die die Menschen jener Zeit an den Tag legen. Flugs erzürnt, flugs begeistert, stets bereit, das Schwert zu ziehen, aber ebenso, sich zu umarmen. Man tanzt, man weint, man riecht das Blut und daneben die Rosen.

»Man muß sich«, schreibt der holländische Historiker Johan Huizinga in einem ungemein suggestiven Buch, »in diese Empfänglichkeit des Gemütes, diese Bereitschaft zu Tränen und geistiger Umkehr, diese Reizbarkeit hineindenken, um ermessen zu können, welche Farbigkeit und Intensität das Leben besaß.«[3] Gewiß – aber vor allem muß man sie erklären. Und die Erklärung ist nicht einfach. Sie setzt eine Vielzahl von Daten voraus, um die sich die Historiker bis dato nicht bemüht, die sie nicht zusammengetragen haben. Denen sie nicht ihren wirklichen Wert zuerkannt haben.

Menschen, die aus lauter Gegensätzen bestehen? Aber bestand nicht auch ihr materielles Leben aus lauter Gegensätzen? Denken wir an die ganz kruden Dinge, deren Gewicht wir nie ermessen werden:

Der Gegensatz von Tag und Nacht – was bedeutet er für uns Menschen des 20. Jahrhunderts? Nichts oder so gut wie nichts. Ein Knopfdruck – und das elektrische Licht löst das Sonnenlicht ab. Wir sind Herren über Tag und Nacht, wir spielen damit ganz nach Belieben. Die Menschen des

Mittelalters? Oder die des 16. Jahrhunderts? Sie waren nicht Herren über Tag und Nacht, jedenfalls nicht die Armen, die nicht einmal Öllampen besaßen, nicht einmal Kerzenlicht, wenn die Nacht hereinbrach. Ein Leben, das Tag um Tag durch den Wechsel von Finsternis und Licht skandiert wurde, das in zwei (je nach Ort und Jahreszeit verschieden große) Stücke zerschnitten wurde: Tag und Nacht, Hell und Dunkel, Totenstille und lärmende Betriebsamkeit – wie sollte es bei den Menschen dieselben geistigen Gewohnheiten, dieselben Weisen des Denkens, Fühlens, Wollens, Agierens und Reagierens erzeugt haben wie unser gesichertes, behütetes, von Anstößen und schroffen Gegensätzen bereinigtes Leben?

Tag und Nacht – aber wie steht es mit Sommer und Winter, mit warm und kalt? Existiert denn der Winter noch für einen behaglich lebenden Europäer oder Nordamerikaner? Wenn sie wollen, dann freilich ja; wenn sie, um »den Winter zu genießen«, ihn dort aufsuchen, wo er am ausgeprägtesten ist. Doch dieser Winter hat in den komfortablen Hotels den Sommer zum ständigen Begleiter, bereit, ihn allzeit abzulösen. Tagsüber läuft man Ski im Schnee, und abends genießt man 20 Grad Wärme, und zwar von allen Seiten. Wer heute im strengsten Winter in einer Großstadt ein »bürgerliches« Haus betritt, spürt sofort im Gesicht den warmen Hauch der Heizung. Und legt ab. Wer im 16. Jahrhundert im Januar sein Haus betrat, spürte, wie die Kälte auf ihn niedersank, die stehende, klamme, finstere Kälte der unbeheizten Mauern. Schon beim Hereinkommen schlotterte man. So wie man zuvor in der Kirche geschlottert hatte. Wie man im Palast des Königs schlotterte, trotz der hohen Kamine, in die man ganze Bäume schob. Und das erste, was ein Heimkommender tat, war nicht, sein Wams abzuwerfen, sondern einen Überrock anzulegen, der noch wärmer war als sein Ausgehrock, und eine Pelzmütze aufzusetzen, die dicker war als die Straßenmütze.

Sommer und Winter: das sind Gegensätze, die selbst für die Ärmsten unserer Zeit gemildert sind. Es waren Gegensätze von grausamster Schärfe selbst für die Reichsten und Mächtigsten von ehedem. Bedeutet mithin – aber das sollten uns die Psychologen sagen – Angleichung der materiellen Lebensbedingungen auch Angleichung der Seelenlagen? Folgt nicht eines aus dem anderen, ruft nicht eines das andere hervor?

Und wie steht es um die Bedingungen der Sicherheit, etwa der des Vermögens? Ein Brand heutzutage, ein Unfall, ein unzeitiger Todesfall: das ist Sache der Versicherung. Aber früher ...? Und bedenken wir, daß es sich nicht um Einzelfälle handelte. Wenn das Feuer an einem Ende der Stadt in die mit Schindeln gedeckten Häuser fuhr, wenn dann ein heftiger Wind es vor sich hertrieb, dann fraß es alle; wenn es so in ein paar Minuten ein ganzes, aus dem Schlaf geschrecktes, wehrloses Dorf vernichtete, das nicht einmal sein Vieh zu retten vermochte, dann gingen auf einen Schlag zehn, zwanzig, hundert Familien in die Brüche: die Kinder mußten in die Fremde ziehen, verloren sich aus dem Blick, wußten nicht, ob sie jemals ihre Geschwister wiedersehen würden. Und von Sicherheit des Lebens gar keine Rede.

Und der enorme Bereich der Ernährung? Kann die Psychologie überernährter Bevölkerungen, wie es die des Westens außerhalb der Kriegszeiten jahrelang gewesen sind, Völker, die im 19. und 20. Jahrhundert über gute und abwechslungsreiche Kost im Überfluß verfügten, dieselbe sein wie die der beständig unterernährten Völker, die ein karges Dasein am Rande der Auszehrung fristen und schließlich massenhaft umkommen, sei es durch Hungersnot, sei es durch den guten, aber naiven Willen von Wohltätern, die zu Mördern werden: man erinnere sich jener Eskimos, von denen Lucie Randouin spricht, welche zu Opfern der Menschenliebe mitleidiger Europäer wurden, die, auf das Wohl der Eskimos bedacht, ihnen üppigere Kost zukommen ließen – aber diese Kost brach das empfindliche Nahrungsgleichgewicht, dem die Pioniere der neuen Wissenschaft von der Ernährung so viel Bedeutung beimessen. Und die Eskimos, die im Zustand der Knappheit überlebten, gingen an der Fülle massenhaft zugrunde.

Wir wissen, daß das Mittelalter eine Zeit beständiger Unterernährung und häufiger Hungersnöte gewesen ist, die zu bestimmten Tagen von enormen Freßgelagen unterbrochen wurden. Soll man nun annehmen, daß diese Diät Menschen erzeugt und erhalten hat, deren körperliche und geistige Beschaffenheit die gleiche war wie die unsrige – bei unserer fetten Diät der Seßhaften, die das Martyrium des Hungerleiders durch das des Übergewichtigen ersetzt haben? Halten wir uns die Bilder von Völkern vor Augen, so wie ihre nächsten Nachbarn sie jeweils gesehen haben; denken wir an das Volk von bleichen und ausgehungerten Fröschen, das die Engländer des 18. Jahrhunderts (nicht ganz zu Unrecht) an der Seine angesiedelt sahen – während sie selbst sich mit Vergnügen in dem schlagflüssigen John Bull wiedererkannten, der sich mit rohem, blutigem Fleisch vollstopfte und starkes Bier nachgoß. Lauter Hinweise, Anregungen zu Untersuchungen, die allesamt noch anzustellen sind.

Es dürfte hinlänglich deutlich geworden sein, daß wir, wenn wir uns untersagen, die Gegenwart, unsere Gegenwart, in die Vergangenheit zu projizieren, wenn wir uns dem psychologischen Anachronismus, dem schlimmsten, dem verfänglichsten und schwerwiegendsten von allen, versagen, wenn wir alle Verhaltensweisen der Gesellschaften und zumal ihre mentalen Verhaltensweisen aufzeigen wollen, indem wir ihre allgemeinen Existenzbedingungen untersuchen – daß wir dann nicht die Beschreibungen und Feststellungen der mit den Gegebenheiten unserer Epoche befaßten Psychologen auf diese Vergangenheit anwenden können. Klar ist wohl auch, daß eine echte historische Psychologie nur möglich sein wird, wenn es in diesem Punkt wirklich zu einer praktischen Verständigung zwischen dem Psychologen und dem Historiker kommt, bei der einer auf den anderen angewiesen ist, das heißt wenn es zu echter Zusammenarbeit oder, besser gesagt, Teamarbeit kommt.

Denn das steht fest: die Bestandsaufnahme des geistigen Materials, über das die Menschen einer Epoche verfügten, zunächst im einzelnen, dann für die gesamte Epoche; die mit großer Gelehrsamkeit, aber auch mit viel Vorstellungskraft vorgenommene Rekonstruktion der Welt, jener ganzen physischen, intellektuellen, moralischen Welt, in der jede der vorangegangenen Generationen sich bewegt hat; das Gespür dafür, wie einerseits Unzulänglichkeiten in der gedanklichen Erfassung gewisser Dinge, andererseits die Art von Technik, die einer bestimmten Gesellschaft jeweils zur Verfügung steht, notwendigerweise Lücken und Verzerrungen in den Vorstellungen, die sich die entsprechende Gemeinschaft von der Welt, vom Leben, von der Religion, von der Politik macht, auftreten lassen; die Einsicht, daß – nach einer Bemerkung von Henri Wallon – eine Welt, »wo der Mensch nichts besitzt als seine bloße Muskelkraft, um mit den Wesen, die sich ihm entgegenstellen, fertigzuwerden«, nicht dieselbe Welt sein kann wie die, wo der Mensch die Elektrizität seinen Bedürfnissen untertan macht und, um diese Elektrizität zu erzeugen, sich die Kräfte der Natur untertan macht; das Wissen darum, mit einem Wort, daß »die Welt« sowenig ein Absolutes ist wie »der Geist« oder »das Individuum«, sondern daß sie sich mit den Erfindungen, mit den Zivilisationen, welche die Menschengesellschaften hervorbringen, unablässig verändern wird: dies zu erlangen, ist das oberste Ziel des Historikers, das er aber nicht als Einzelner erreichen wird, sondern nur dann, wenn er sich mit dem Psychologen verbündet.

Es bedeutet eine enorme Aufgabe für die Historiker, wenn sie den Psychologen das Material liefern wollen, das diese benötigen, um eine historisch brauchbare Psychologie zu entwickeln. So enorm, daß sie nicht nur die Kräfte und Mittel eines einzigen Menschen übersteigt; sie geht ebenso über den Bereich einer einzigen oder auch zweier Wissenschaften hinaus. Um erfolgreich zu sein, bedarf sie eines Netzes von Bündnissen.

Techniken? Wo es um zivilisierte Gesellschaften der Vergangenheit geht, bedarf es der tatkräftigen Unterstützung einer Archäologie, die über die Antike im engeren Sinne hinausgreift. Wo es um gegenwärtige Gesellschaften geht, bedarf es der nicht minder tatkräftigen Hilfe einer Ethnologie, die ihre Bestandsaufnahmen nicht auf die primitiven Gesellschaften beschränkt, sondern – in derselben Weise wie Jacques Soustelle seine Lacandonier oder Alfred Métraux seine Tupi-Guarani – Völker untersucht, die uns näher stehen und über weit mehr Zivilisationsanlagen verfügen.

Heißt nicht der andere Hauptweg zu dem, was im Individuum an Gesellschaftlichem ist, Sprache? Es bedarf der Mitarbeit der Philologen, die jene Sprachenverzeichnisse anlegen, die nicht für Historiker bestimmt sind, aber aus denen diese so viel Gewinn ziehen: nicht die globalen Inventare jener großen Kultursprachen, in denen alles, was ihnen von lokalen und sozialen Gruppen zufließt, im Gemenge untergeht, sondern jene Platt- und Dialektverzeichnisse, die, wenn der Historiker der bäuerlichen Welt sie deutet, einzigartig aufschlußreich werden. Desgleichen bedarf es der Mitarbeit der Semantiker, die, indem sie die Geschichte von besonders bedeutungsschweren Wörtern verfolgen, zugleich bestimmte Stücke der Ideengeschichte liefern. Es bedarf der Mitarbeit jener Historiker der Sprachen, die, wie Meillet für die griechische, Ferdinand Brunot für die französische Sprache festhalten, wie in bestimmten Augenblicken eine ganze Ladung neuer Wörter auftaucht oder alte Wörter neuen Sinn erhalten. Es bedarf, um von einem Zeichenspiel zum nächsten zu gehen, der Mitarbeit der Ikonographen, die mit Hilfe von datierten Werken die Geschichte kompliziertester religiöser Empfindungswelten nachzeichnen. Es bedarf ... Lassen wir die Aufzählung, denn es läuft doch alles auf eins hinaus: es bedarf wacher, heller, findiger Geister, die auf Zusammenarbeit ausgehen und sich angesichts jeder geistigen Errungenschaft die Frage des Forschers stellen: »Wozu kann mir das dienen? Und wie kann ich gebrauchen, was nicht für mich gemacht ist?«

Also ans Werk! Das Problem ist kein theoretisches. Es geht nicht darum, ob sich nun die ganze politische, soziale, ökonomische, intellektuelle Geschichte der menschlichen Gruppen nach einem gebieterischen »Psychologie zuvörderst!« zu richten und einer Geschichte der Gedanken, Gefühle und Strebungen in ihrem zeitlichen Wandel zu unterwerfen hat. So dachte sich das ehedem Karl Lamprecht. Lassen wir solche erhabenen Lehrsätze für den Augenblick beiseite und machen uns statt dessen an die Arbeit, deren Bedingungen wir dargelegt haben. Es geht darum, eine ganz individuelle historische Psychologie zu schaffen, die sich in den Gang der Menschheitsgeschichte einfügt, welche ihrem unbekannten Ziel zustrebt.

1 Centre International de Synthèse, 3e Semaine Internationale: *L'individualité*, Paris 1932, S. 129.

2 Charles Blondel, *Einführung in die Kollektivpsychologie*, Bern 1948, S. 212.

3 *Ibid.*, S. 217 f.

4 James George Frazer, *The Golden Bough*, 2 Bde., 1890.

5 Johan Huizinga, *Herbst des Mittelalters*. München 1924, S. 8.

SENSIBILITÄT UND GESCHICHTE

SENSIBILITÄT UND GESCHICHTE: ein neues Thema. Ich kenne kein Buch, das es abhandelte. Ich sehe nicht einmal, daß die vielfältigen Probleme, die es aufwirft, irgendwo angesprochen wären. Obwohl das endlich – man verzeihe einem armen Historiker diesen künstlerischen Überschwang – einmal ein reizvolles Thema wäre... So viele Leute laufen herum mit der steten Klage auf den Lippen, auf den ausgetretenen Pfaden der Geschichte gäbe es nichts mehr zu entdecken. Stiegen sie statt dessen hinab in die finsteren Regionen, in denen die Psychologie mit der Geschichte ringt, fänden sie wieder Geschmack an der Forschung.

Vor nicht langer Zeit las ich das Protokoll einer Sitzung der *Académie des Sciences Morales et Politiques*. Ein »Historiker« präsentierte der gelehrten Versammlung seine Arbeitsergebnisse über einen jener hoffnungslosen Fälle von anekdotischer Geschichtsschreibung, nämlich: welche Relevanz haben Maria Stuarts berühmte *Briefe aus dem Kerker*; und welche Deutung wäre für eine »wissenschaftliche« Abhandlung jener illustren »vermischten Nachricht« über die Vermählung der Königin von Schottland mit dem Mörder ihres Gatten wahrhaft zulässig? Des Haders müde und in Ermangelung besserer Lösungen, so führte unser Historiker aus, könnte man zur Aufklärung dieser mysteriösen Angelegenheit auf die Psychologie zurückgreifen. Er sprach auch von der »intuitiven Einbildungskraft«, die man, so behauptete er, in einem solchen individuellen Fall als eine Wahrsagekunst anwenden könne. Die »intuitive Einbildungskraft« ist allerdings sehr trügerisch: Stendhals Napoleon ist nicht der von Taine, der wiederum ist nicht der von... Ich will das nicht fortsetzen. Dann fügte er hinzu, daß es zumindest ein Gebiet gäbe, das der Psychologie ganz und gar verschlossen bliebe, wo sie nichts zu suchen hätte: die Geschichte der Institutionen und Ideen innerhalb einer gegebenen Gesellschaft und während einer bestimmten Epoche. Dort könnte die »intuitive Einbildungskraft« keine Rolle spielen. Hätte ich je Zweifel gehegt, ob eine Untersuchung des Zusammenhangs von Sensibilität und Geschichte sich lohnte, diese Ausführungen hätten sie augenblicklich zerstreut. Warum, das will ich nun darlegen.

Zunächst einige Bemerkungen zur Definition. *Sensibilité* ist ein ziemlich altes Wort. Seine Verwendung läßt sich mindestens seit Beginn des 14. Jahrhunderts belegen; das Adjektiv *sensible* ist noch um einiges älter. Im umgangssprachlichen Gebrauch nimmt *sensibilité* verschiedene Bedeutungen an, engere und weitere, die sich in gewissen Grenzen zeitlich lokalisieren lassen. Im 17. Jahrhundert scheint das Wort vor allem eine gewisse Empfänglichkeit des Menschen für Eindrücke moralischer Art zu bezeichnen: man spricht zu dieser Zeit viel von der *sensibilité* gegenüber dem Wahren, dem Guten, dem Glück etc. Im 18. Jahrhundert bezeichnet das Wort bestimmte Weisen, menschlich zu empfinden, wie z. B. Mitleid, Traurigkeit usw. Die Arbeit der Synonymiker bestand damals vor allem darin, die Wörter *sensibilité* und *tendresse* gegeneinander abzugrenzen. So schreibt beispielsweise der Abbé Girard in seiner wunderbaren Abhandlung über *Les Synonymes français* (ich benutze die von Beauzée durchgesehene Ausgabe, Paris 1780, Bd. 2, S. 38): »Die *sensibilité* hängt mehr von der Empfindung *(sensation)*, die *tendresse* mehr vom Gefühl *(sentiment)* ab. Diese steht unmittelbar in Beziehung zu den lebhaften Regungen einer Seele, die einem Gegenstand zustrebt; sie ist aktiv. Jene hat eine ausgeprägte Beziehung zu den Eindrücken, welche die Seele von den Gegenständen empfängt; sie ist passiv (...). Die Hitze des Blutes treibt uns zur Zärtlichkeit *(tendresse)*; zart ausgebildete Organe gehören zur Empfindsamkeit *(sensibilité)*. Junge Leute werden also zärtlicher *(plus tendre)* sein als Greise, Greise empfindsamer als junge Leute ...«

Es gibt aber noch andere Bedeutungen des Wortes, halb wissenschaftliche und halb philosophische Bedeutungen, die durch die Bildung, wie man sie auf Gymnasien vermittelt, nach und nach zu den vorherrschenden werden. So heißt es schon bei Littré unter *sensibilité*: »Eine in bestimmten Teilen des Nervensystems lokalisierte Eigenschaft, durch welche Menschen und Tiere Eindrücke wahrnehmen, seien diese nun durch äußere Gegenstände hervorgerufen oder im Innern entstanden.« Wir selbst wollen uns weder auf die völlig illusorische Anstrengung einer eigenen Definition einlassen noch auf die überholte Psychologie der Seelenvermögen zurückgreifen (es gab deren bekanntlich drei: Verstand, Sinnlichkeit oder Empfindsamkeit und Wille). *Sensibilité* soll für uns jetzt und im Fortgang unserer Studie das *affektive Leben* und seine Ausdrucksformen bezeichnen.

Ich erwarte darauf folgenden Einwand: »Wenn dem so ist, was wird dann aus Ihrem Thema: Sensibilität und Geschichte? Nehmen wir ein Beispiel: dem affektiven Leben und folglich der Sensibilität, so wie Sie sie definieren, liegen die *Emotionen* zugrunde. Läßt sich aber etwas im strengsten Sinne Individuelleres und eindeutig Subjektiveres denken als eine Emotion?« Wir wollen den Einwand prüfen. Aber zuvor möchte ich den Leser darauf hinweisen, daß ich mich in allem folgenden auf den ausgezeichneten Band VIII der *Encyclopédie Française: La Vie Mentale* beziehe. Zum ersten Mal haben Gelehrte, die an der Spitze der psychologischen Forschung unseres Landes stehen, eine Gesamtdarstellung der psychischen Entwicklung des Menschen vom einen Ende seines Lebensweges bis zum anderen, vom Tag seiner Empfängnis bis zum Tag seines Todes, geliefert. Insbesondere beziehe ich mich auf den Aufsatz von Henri Wallon, denn wenige Texte können einen Historiker auf der Suche nach Klarheit besser befriedigen.

Was also, wird man einwenden, gibt es Individuelleres als eine Emotion? Und was wäre flüchtiger, momenthafter? Sind Emotionen nicht eine Abwehr oder eine augenblickliche Reaktion auf gewisse äußere Reize? Und drücken sich nicht in ihnen organische Veränderungen aus, die per Definition nicht mitteilbar sind? Tatsächlich ist das affektive Leben, wie Charles Blondel in seiner *Einführung in die Kollektivpsychologie*[1] formuliert, das unabdingbar und unerbittlich Subjektive in uns. Was hat aber dann die Geschichte mit diesem ganzen Personalismus, Individualismus und psychologischen Subjektivismus zu schaffen? Verlangt man vielleicht vom Historiker, bestimmte Anfälle von Angst, Wut, Freude oder Beklemmung bei Peter dem Großen, Ludwig XIV. oder Napoleon auf ihre organischen Ursachen hin zu analysieren? Wenn der Historiker uns sagt: »Napoleon hatte einen Wutanfall« oder aber: »Er empfand große Freude« – ist seine Aufgabe damit nicht beendet? Soll er sich vielleicht auf das physiologische Geheimnis der Eingeweide eines großen Mannes einlassen?

Das sind doch Scheinprobleme. Zunächst einmal ist eine *Emotion* etwas anderes als eine bloße automatische Reaktion des Organismus auf Reize der Außenwelt. Es ist nicht einmal erwiesen, daß die Reaktionen, die eine Emotion begleiten und die ihr Kennzeichen sind, immer dazu führen, daß die Gesten eines emotional erregten Menschen schneller, präziser, vielseitiger und lebhafter werden, auch wo es nur um Abwehr oder Erwiderung geht. Ganz im Gegenteil. Die Emotionen konstituieren vielmehr neue Handlungsschemata, die, wie Henri Wallon ausführt, nicht mit bloßen Reaktionsautomatismen verwechselt werden dürfen. Schon deshalb nicht, weil sie aus anderen Quellen des organischen Lebens gespeist werden. Für uns Historiker, die wir kaum berufen sind, in solchen Tiefen zu schürfen, ist dies allerdings von geringer Bedeutung. Viel wichtiger ist, daß die Emotionen, wenn sie nicht mit bloßen Reaktionen auf die Außenwelt verwechselt werden, eine besondere Eigenschaft aufweisen, über die jemand, der sich mit dem gesellschaftlichen Leben seiner Artgenossen beschäftigt, nicht länger hinwegsehen kann: *Emotionen sind ansteckend.*

Sie implizieren zwischenmenschliche Beziehungen und kollektive Verhaltensweisen. Zweifellos gründen sie in organischen Ursachen, die individuell verschieden sind, und entstehen oft anläßlich eines Ereignisses, das nur ein Individuum allein angeht oder zumindest mit besonderer Heftigkeit berührt. Aber ihre Ausdrucksformen sind das Ergebnis einer bestimmten Reihe von Erfahrungen des Zusammenlebens, von vergleichbaren und gleichzeitigen Reaktionen auf den Druck identischer Situationen und gleichartiger Kontakte. Sie sind die Folgen einer bestimmten Fusion, einer wechselseitigen Angleichung verschiedener Empfindungsweisen, so daß die Emotionen sehr rasch die Macht erlangten, durch eine Art von mimetischer Ansteckung bei allen Anwesenden jenen affektmotorischen Komplex hervorzurufen, welcher dem Erlebnis eines einzelnen entspricht.

Als Bindeglied zwischen mehreren Individuen, die wechselweise als Initiatoren oder Adressaten auftreten, konstituieren die Emotionen allmählich ein System intersubjektiver Stimuli, das sich gleichzeitig mit der Ausdifferenzierung von Reaktionen und Empfindungsart jedes einzelnen selbst situationsabhängig veränderte. Dies um so mehr, als die so entstandene Übereinstimmung und Gleichzeitigkeit der emotionalen Reaktionen für die Gruppe größere Sicherheit oder größere Macht bedeuteten. Dieser Vorteil legitimierte in der Folge die Herausbildung eines eigentlichen Systems von Emotionen. Sie wurden zu einer Art *Institution* und folgten gleichsam rituellen Regeln. Bei den Primitiven sind viele Zeremonien Simulationsspiele, die den offensichtlichen Zweck verfolgen, durch gleiche Verhaltensweisen und Gesten eine identische Gemütsbewegung zu erzeugen, alle Beteiligten in einer Art höherer Individualität zusammenzuschweißen und auf dieselbe Handlung vorzubereiten.

Halten wir hier inne. All dies ist doch kaum dazu angetan, die Historiker gleichgültig zu lassen. Sicherlich, es handelt sich dabei um Gesellschaften, die wir weiterhin als »primitiv« bezeichnen, auch wenn wir das Wort längst für absurd halten. Sagen wir also, daß es sich um noch stammelnde Gesellschaften handelt. Aber seien wir doch ehrlich. Diese »stammelnden Gesellschaften« nehmen in der Vergangenheit des Menschen mehr Zeit und Raum ein als unsere heutigen beredten Gesellschaften, und sie haben in uns viel von ihrem Stammeln zurückgelassen. Denn nichts geht verloren, auch wenn alles sich umbildet. Immerhin können wir von dem soeben Gesagten her zu etwas Anderem, Wichtigerem vorstoßen, nämlich der Genese der Verstandestätigkeit.

Die Verstandestätigkeit setzt das gesellschaftliche Leben voraus. Die Entwicklung ihrer unerläßlichen Werkzeuge (in erster Linie der Sprache) setzt notwendig die Existenz einer menschlichen Umwelt voraus, denn schließlich ist es ihr Ziel, zwischen den Bewohnern der gleichen Lebenswelt Beziehungen herzustellen. Lassen sich nun aber die ersten Ansätze zu bewußten intersubjektiven Beziehungen nicht gerade in dem Sektor finden, den wir das emotionale Leben genannt haben? Hat man nicht allen Grund zu der Annahme, daß das spezialisierte Organ der Sprache, die artikulierte Rede, sich aus demselben Fundus organischer Tätigkeiten, tonischer Tätigkeiten entwickelt hat wie die Emotionen, wenn man sieht, wie noch heute Störungen der tonischen Funktionen sogleich Ausdrucksstörungen nach sich ziehen? Nur ist zwischen den Emotionen und den Repräsentationen sehr bald ein Antagonismus aufgetaucht. Eine Unvereinbarkeit ist zutage getreten. Denn man hat schnell festgestellt, daß einerseits die Emotionen das Funktionieren der Verstandestätigkeit zu beeinträchtigen pflegen. Andererseits wurde bald klar, daß das beste Mittel zur Unterdrückung einer Emotion darin besteht, sich ihre Motive oder Ursachen genau zu vergegenwärtigen, sich selbst mit Distanz zu betrachten oder sich in eine Rechenaufgabe, in irgendeinen Gedankengang zu vertiefen. Aus seinem Schmerz ein Gedicht oder einen Roman zu machen, war zweifellos für viele Künstler ein Mittel, ihre Gefühle zu betäuben.

Dies mehr oder weniger langsame Zurückdrängen der emotionalen durch die Verstandestätigkeiten, das ist das lange Drama, das man in allen sich entwickelnden Zivilisationen ablaufen sehen kann. Während zunächst die Emotionen als einzige eine intersubjektive Einheit von Verhalten und Bewußtsein zu verwirklichen vermochten und damit den intellektuellen Austausch und dessen ursprüngliche Werkzeuge zuerst entstehen ließen, gerieten sie in der Folge mit diesen neuen Beziehungsinstrumenten, deren Bildung sie doch ermöglicht hatten, in Konflikt. Je mehr sich die intellektuellen Verfahren in einer sozialen Umgebung verbreiteten, in der alle zwischenmenschlichen Beziehungen allmählich durch Institutionen oder Techniken immer besser geregelt wurden, um so stärker wurde die Tendenz, die Emotion als eine Störung des Handelns anzusehen, als etwas Gefährliches, Lästiges, Häßliches oder zumindest Schamloses. Ein rechter Mann macht davon wenig Aufhebens. Wenn er auf etwas stolz wäre, dann darauf, daß er stets kühles Blut bewahrt und niemals seine Gefühle verrät. Freilich bestehen unsere Gesellschaften nicht nur aus rechten Männern.

Wird jemand behaupten wollen, daß ein solches Schema (dessen Elemente dem oben erwähnten Artikel von Henri Wallon entliehen sind) für den Historiker wertlos sei? Sicher hängt alles davon ab, was man unter Geschichte versteht. Ich meine jedenfalls, daß es uns nicht nur das Verständnis des Verhaltens der Menschen früherer Epochen erleichtert, sondern auch den Ansatz zu einer Forschungsmethode liefert.

Es gibt ein Buch, das in Frankreich nicht jenes Ansehen erlangt hat, das es verdiente, nämlich Huizingas *Herbst des Mittelalters*[2]. Sollte die relative Erfolglosigkeit dieses Buches vielleicht tiefere Gründe haben?

Im ersten Kapitel über »Die Spannung des Lebens« beschreibt der Autor die souveräne Gewalt und explosive Heftigkeit der Emotionen, die im ausgehenden Mittelalter oft die rationalsten und sinnvollsten Pläne über den Haufen warfen. »Der moderne Mensch macht sich in der Regel keine Vorstellung von der zügellosen Extravaganz und Entflammbarkeit des mittelalterlichen Gemütes.«[3]

Huizinga macht in dem ausgeprägten Gerechtigkeitsgefühl jener Zeit in den meisten Fällen die einfache Übertragung eines Rachebedürfnisses aus. Er zeigt, daß dieses Gerechtigkeitsgefühl zwischen zwei Polen aufs höchste gespannt ist: dem heidnischen Gesetz der Vergeltung und der religiösen Furcht vor der Sünde, diesem Geschenk des Christentums. Doch für diese gewalttätigen und impulsiven Menschen war die Sünde meist nur eine andere Art, die Handlungsweise ihrer Feinde zu bezeichnen. Uns Menschen des 20. Jahrhunderts und bereits (oder vielleicht vor allem?) des 19. Jahrhunderts, die wir die Züchtigungen mit Luzidität und Vorsicht zu dosieren, mit Bedächtigkeit und Maß zu verwalten suchen, mit dem Tropfenzähler sozusagen – uns, und gerade im Unterschied zu uns, zeigt Huizinga die Menschen des späten Mittelalters als solche, die letztlich nur eine Alternative kannten, kategorisch und brutal: den Tod oder die Gnade. Und zwar eine oft unbegreifliche Gnade, brüsk, plötzlich, total und unverdient, wenn eine Gnade überhaupt unverdient sein kann ... »So grell und bunt war das Leben«, schließt Huizinga, »daß es den Geruch von Blut und Rosen in einem Atemzuge vertrug.«[4]

Nun, all dies wird zu Recht und auch recht hübsch gesagt, hinterläßt aber trotzdem ein gewisses Unbehagen. Ist da gute Arbeit geleistet worden? Kann das Problem, auf solche Weise gestellt, überhaupt gelöst werden? Kann in diesem Zusammenhang wirklich von einer besonderen und distinkten Periode in der affektiven Geschichte der Menschheit gesprochen werden? Jene plötzlichen Umschläge, jene jähen Umschwünge von Haß zu Großmut, von der rasendsten Grausamkeit zum pathetischsten Mitleid wären dann Zeichen einer epochenspezifischen Störung, Zeichen für den Ausgang des Mittelalters, seinen Verfall, den mittelalterlichen Herbst – im Gegensatz zum Anbruch des Mittelalters, seinem Frühling oder zum Beginn der Neuzeit.

Für die Anfänge des Mittelalters zweifle ich da ein wenig. Eine Lektüre Gregor von Tours' würde bald Klarheit in die Sache bringen ... Und ich zweifle auch ein wenig für den Beginn der Neuzeit. Aber wie auch immer. Vor einigen Jahren gab ich anläßlich einer Reihe von Vorträgen über die Ursprünge der französischen Reformation meinen Zuhörern folgende Fragen zu bedenken: trifft nicht Calvin ganz spontan das Empfinden der Franzosen seiner Zeit, wenn er in seiner Theologie mit Nachdruck auf dem völlig willkürlichen und bedingungslosen Geschenkcharakter der Gnade besteht, die den Auserwählten zuteil wird? Oder wenn er so oft seinen ungeheuren Widerwillen gegen die doppelte Buchführung der guten und schlechten Taten bekundet, welche in den Büros des Höchsten ein Heer unbestechlicher Buchhalter beschäftigt, und an deren Ende eine Schlußabrechnung steht? Stimmt Calvin, der übrigens seinen Gott so oft mit einem König vergleicht, darin nicht ganz spontan mit dem Empfinden seiner Zeitgenossen überein, die den König während seines beständigen Umherreisens (das am Tage seiner Thronbesteigung begann und erst mit seiner Überführung nach Saint-Denis endete) nur zu erblicken brauchten, um unverzüglich ihre Werkzeuge niederzulegen und eiligst herbeizulaufen, seinen Steigbügel, seinen Mantelsaum oder wenigstens die Flanke seines Pferdes zu küssen? Es ist die Gerechtigkeit des Königs, die in ihrer Herrlichkeit vorbeizieht, es ist der Statthalter Gottes auf Erden, der wie Gott selbst alles vermag, jenseits des Gesetzes. Eine Handbewegung, und der Kopf fällt. Eine Handbewegung, und der Mann ist gerettet. Es gibt keine Halbheiten, keine Abstufungen, keinen Mittelweg; nur die Gnade oder den Tod ...

Aber warum eher die Gnade als den Tod? Sollte es etwa nach einer genauen Prüfung der Taten und Verdienste einen Zweifel gegeben haben? Niemals. Es ist unsere Justiz, die wiegt und abwägt, die zögert, abtastet und dosiert. Für die Justiz des 16. Jahrhunderts gibt es nur Alles oder Nichts. Und wenn die Justiz Alles gesagt hat oder aber Nichts, dann schreitet der König ein. Aber nicht um zu nuancieren oder zu dosieren, denn der König erweist nach Belieben nicht Gerechtigkeit, sondern Erbarmen. Es kann einen Unwürdigen treffen, genau wie die Nächstenliebe auch, jene große Tugend der christlichen Welt. Das spielt keine Rolle. Das Volk zerbricht sich darüber genausowenig den Kopf wie der König selbst. Es ist glücklich über die Gnadenbezeigung, ob diese nun einem Verbrecher oder einem Erbarmungswürdigen zufällt. Ebenso wie es gleichermaßen befriedigt ist, wenn einem Schurken Barmherzigkeit geschieht statt einem braven Mann. Was zählt, sind nicht die mildernden Umstände oder der Stand der Buchführung, sondern das Erbarmen als solches, als *reine Gabe*. Die Gnade als *reine Gnade* ...

Erinnern wir uns an irgendeine Schilderung aus jener Zeit: der Schuldige liegt auf den Knien, die Augen verbunden, den Kopf auf dem Block ... Der rote Mann hat schon das Schwert erhoben. Und plötzlich Schreie, ein Reiter sprengt auf den Platz, in der erhobenen Hand eine Papierrolle schwenkend: Gnade, Gnade! Nur dies eine Wort. Denn der König schenkt Gnade; er führt nicht Buch über irgendwelche Verdienste. So auch der Gott Calvins. Und so auch jener Mensch des plötzlichen Umschwungs, der unvermittelten Kehrtwendung, der nach Huizinga der Mensch schlechthin des ausgehenden Mittelalters ist. Zweifellos hätte Huizingas Buch an Klarheit gewonnen, wenn er vorab dargelegt hätte, daß jedes menschliche Gefühl ambivalent ist, zugleich es selbst und sein Gegenteil. Eine Art fundamentale Gemeinsamkeit verbindet stets die entgegengesetzten Pole unserer Affektzustände. Die allgemeinen Umstände, das Spiel unserer Vorstellungen und gewisse subjektive Einstellungen können erklären, warum in einem bestimmten Fall und in einem bestimmten Moment gerade der eine Pol dominiert, etwa der Haß über die Liebe oder das Mitleid über die Grausamkeit. Aber diese kontrastierenden Zustände gehören trotzdem zusammen, und der eine kann nicht manifest werden, ohne die mehr oder weniger latente Gegenwart des anderen hervorzurufen. Daher die Oszillationen, die abrupten Umschläge und Verwandlungen, die der Logik zu spotten scheinen. Wie das Gefühlsleben der einzelnen kann auch das affektive Leben menschlicher Gruppen während einer bestimmten Epoche nicht durch das plakative Nebeneinander einiger starker Farbtöne wiedergegeben werden. Es ist vielmehr eine Resultante, und zwar sowohl von entgegengesetzten, sich auf natürliche Weise gegenseitig hervorrufenden Tendenzen als auch von Strebungen, die je nach Objektfixierung verschieden ausgerichtet sein können.

Beginnen wir aber mit dem Allgemeinen, mit dem »Menschlichen«, und schreiten anschließend zum Besonderen und Umstandsbedingten fort, so kommen wir nicht länger in Versuchung, »das Leben des Mittelalters« mit einer besonderen »Spannung« auszuschmücken, die seine spezifische Einzigartigkeit ausgemacht haben soll. Denn das Leben des Mittelalters hat damit nichts zu tun. Oder vielmehr ist das Problem fehl am Platz, ist es falsch gestellt.

Wenn wir nun von dieser »allgemeinmenschlichen« Tatsache, der Ambivalenz der Gefühle, ausgehen – ist es dann statthaft, in der Geschichte der menschlichen Gesellschaften Epochen zu unterscheiden, in denen die Stimmungsumschwünge häufiger und heftiger erfolgen? Ist die Annahme erlaubt, daß zu bestimmten Zeiten die einen Tendenzen an Heftigkeit und Gewalt die anderen übertrafen, die Grausamkeit das Mitleid, der Haß die Liebe? Allgemeiner ausgedrückt, ist die Annahme zulässig, daß es in der Geschichte Perioden vorherrschender Intellektualität gegeben hat, die auf Perioden besonders ausgeprägter Affektivität folgten? Und warum, und wie?

Dies scheinen mir die richtigen Fragen zu sein, diejenigen, welche Huizinga nicht gestellt hat – auf die Gefahr hin, Verwirrung zu erzeugen, weil er jene Probleme der Genese, die wir eben aufwarfen, beiseite läßt.

Freilich ist der Versuch, das affektive Leben einer Epoche zu rekonstruieren, eine zugleich faszinierende und unendlich schwierige Aufgabe. Doch der Historiker darf sich davor nicht drücken, will er sich nicht zum Komplizen von Thesen machen, wie ich sie eingangs erwähnt habe. Zu viele Historiker sagen immer noch: »Man kann die Psychologie benutzen«, nämlich zur Interpretation gesicherter Fakten über den Charakter, die Handlungsweise und das Leben eines großen Mannes, eines jener Männer, »welche die Geschichte machen«. Doch was soll das für eine Psychologie sein? Etwa jene Art biederer Weisheit aus alten Sprichwörtern, verblühten literarischen Reminiszenzen und erworbener oder überkommener Lebensklugheit, mit der sich die Zeitgenossen durch die Alltagsbeziehungen zu ihresgleichen schlagen?

Gespickt mit einigen gewählten Zitaten, effektvollen Sentenzen und gekleidet in schönen akademischen Jargon, hat sie in jenen unzähligen *chefs d'œuvre* des historischen Romans Wunder gewirkt, welche zehn Jahre lang die Auslagen unserer Buchhandlungen überfluteten. (Allerdings hat es den Anschein, als ob ihr gräßlicher Muff schließlich die Leser abgeschreckt hätte.) Wenn wir Psychologie sagen, hören wir Bouvard und Pécuchet, wie sie im Vollbesitz all der Erfahrungen, die sie aus dem Umgang mit den Putzmacherinnen und Krämerinnen ihres Viertels geschöpft haben, die Gefühle von Agnes Sorel für Karl VII. oder von Ludwig XIV. für die Montespan so zurechtbiegen, daß ihre Verwandten und Freunde beim Lesen ausrufen: »Genauso war es!« Psychologie, das ist auch der Childerich des Abbé Velly, über den sich unser Lehrer Camille Jullian lustig machte. So schreibt Velly in seiner *Histoire de France* (1755): »Fürst Childerich war ein großer Abenteurer. Er war der schönste Mann seines Königreichs. Er war mutig und geistvoll. Mit einem gefühlvollen Herzen geboren, überließ er sich zu sehr der Liebe: das war der Grund für sein Verderben ...« Blühender Blödsinn.

Was für ein vorzügliches Feld für die Forschungen, die Rekonstruktions- und Interpretationsversuche des Historiker-Psychologen wäre dagegen jenes Gebiet, wo die »intuitive Einbildungskraft« angeblich nichts verloren hat, also das Gebiet der Geschichte der Ideen und der Institutionen ... Es ist sogar sein Forschungsgebiet schlechthin, denn die Ideen und der Mechanismus der Institutionen einer Epoche können vom Historiker nicht verstanden und verständlich gemacht werden ohne eine grundlegende Bemühung, die ich eine psychologische nennen würde. Er muß die Gesamtheit der Existenzbedingungen einer Epoche in Beziehung setzen zu dem Sinn, den die Menschen derselben Epoche mit ihren Ideen verbinden. Denn diese Bedingungen überziehen die Ideen – wie alles andere – mit der eindeutigen Farbe einer Epoche und Gesellschaft, sie legen ihre Krallen auf die Ideen wie auf die Institutionen und deren Funktionsweise. Für den Historiker sind Ideen und Institutionen niemals ewige Gegebenheiten, sondern historische Erscheinungsformen des menschlichen Geistes in einer bestimmten Epoche und unter dem Zwang von Umständen, die sich nie mehr wiederholen.

Doch soll man sich keinen Illusionen hingeben: die Aufgabe ist schwer, die Arbeitsinstrumente sind rar und schwierig zu handhaben. Welches sind nun die wichtigsten Hilfsmittel?

Zunächst einmal sind es die Wörterbücher und Lexika, die uns die Sprachwissenschaftler oder genauer die Philologen anbieten. Allerdings sind sie immer noch sehr unzulänglich, unvollständig und ungenau. Was läßt sich einer Untersuchung des Wortschatzes entnehmen, wenn man etwas über Gefühle erfahren will? Recht wenig. Manchmal lassen sich gewisse fundamentale Existenzbedingungen der Menschen, die ein bestimmtes Vokabular gebildet haben, herausarbeiten. Um ein mehr als klassisches Beispiel zu nehmen, läßt sich auf diese Weise etwa der bäuerliche Charakter aufzeigen, den die Worte einer Sprache wie das Lateinische bewahrt haben: so wurde die *Rivalität* nach den Streitigkeiten der Nachbarn um denselben Bewässerungskanal, *rivus,* benannt. Die Charakterisierung des vortrefflichen Mannes, *egregius,* wird mit dem Wert des Viehs verglichen, das man zur besonderen Pflege aus der Herde, *e grege,* nimmt. Das Schwache, *imbecillis,* ruft den Gedanken an eine Pflanze ohne Stütze, *bacillus,* hervor, und der Begriff der Freude, *laetitia,* bleibt eng mit dem des Düngers, *laetamen,* verbunden. Sobald es sich jedoch um einen ganzen Komplex von Gefühlen und deren veränderliche Nuancierungen handelt, nützt auch eine erneute Prüfung der einzelnen und fragmentarischen Entwicklungslinien wenig. Keine Wortschatzstudie erlaubt die Rekonstruktion der Gesamtentwicklung eines ganzen Systems von Gefühlen in einer bestimmten Gesellschaft zu einer bestimmten Zeit. Man muß sich mit monographischen Untersuchungen begnügen, die ungefähr die Rolle eines geologischen Schnitts durch eine große Erdformation spielen, deren Masse aus Zeitgründen nicht genauer geprüft werden konnte. Das so entworfene Schema kann zwar zu tausend verschiedenen Mutmaßungen Anlaß geben, hat aber allenfalls den Wert eines Musters und kann keine statistische Basis für eine Gesamtstudie abgeben.

Die zweite Hilfsquelle ist die Ikonographie; darauf haben in Frankreich seit gut einem halben Jahrhundert die gedankenreichen und versierten Arbeiten von Emile Mâle aufmerksam gemacht. Diese Quelle ist sicher von größter Bedeutung.

Mit Hilfe der Ikonographie hat Emile Mâle rekonstruiert, was man die aufeinander folgenden und oft kontrastierenden Formen der religiösen Gefühlswelt nennen kann. Er hat so der klassischen, göttlichen, vernunftgemäßen und ganz von himmlischer Ruhe erfüllten Kunst des gotischen 13. Jahrhunderts die pathetische, menschliche, gefühlsbetonte und manchmal sinnliche Kunst, die expressive und bewegte Kunst des spätgotischen 15. Jahrhunderts gegenüberstellen können. Er vermochte in der bildenden Kunst mit Präzision das Auftreten dieser oder jener Nuancen des Gefühlsausdrucks zu datieren, die in Verbindung mit anderen die Ausarbeitung von ineinandergreifenden Kapiteln einer Kunstgeschichte des religiösen Gefühls in Frankreich vom 12. bis zum Beginn des 17. Jahrhunderts ermöglichten. Man sollte den großen Wert dieses

Versuchs und der davon angeregten Arbeiten keinesfalls unterschätzen, weder für die Geschichte des künstlerischen Ausdrucks noch für die Geschichte schlechthin. Dennoch ist Vorsicht geboten.

Zunächst einmal deshalb, weil die Imitation, die Anleihe bei der Kunst benachbarter Länder noch weit stärker in Erwägung gezogen werden muß, als Emile Mâle das getan hat. Wenn es nämlich stimmt, daß etwas von Anfang an die Perspektive seines zweiten Bandes verfälscht hat, etwas, das er später nur in ungenügender Weise wieder korrigieren konnte, so liegt das an seiner relativen Unbekümmertheit gegenüber der italienischen Kunst und an der Fehleinschätzung der wichtigen Rolle, die die italienische Kunst des 14. Jahrhunderts bei der Entstehung jener pathetischen, realistischen und menschlichen Kunst gespielt hat, deren Entstehung Mâle lediglich auf den Einfluß der *Meditationes vitae Christi* des Pseudo-Bonaventura und der Mysterienspiele zurückführt.

Mit diesen Anleihen ist es eine vertrackte Sache. Offenkundig reicht es nicht aus zu sagen: »Seht, von dieser in Frankreich vorgefundenen Kunst kommt ein gut Teil aus Italien oder aus Flandern«, um jedes weitere Räsonieren über die Gefühlsentwicklung der französischen (bzw. in Frankreich aufgegriffenen) Kunst zu unterbinden. Denn der Anleihe liegt ein Bedürfnis zugrunde. Wenn die Franzosen die gefühlvollen Themen übernehmen, die von ihren Nachbarn in Italien oder den Niederlanden entwickelt wurden, so deshalb, weil diese Themen sie tief berühren. Und indem sie sie übernehmen, machen sie sie zu den ihren. Auch wo sie aus einer Nachbarsprache einen ganzen Wortschatz global übernehmen, machen sie sich die verschiedenen Elemente produktiv zu eigen. Man lese jene massiven, merkwürdigen, zugleich plumpen und subtilen, informierten und tendenziösen Bücher, die Louis Reynaud seinerzeit dem Problem der kulturellen Beziehungen zwischen Frankreich und Deutschland im Mittelalter widmete. Darin wollte er zeigen, wie Deutschland von Frankreich en bloc das gesamte Vokabular des höfischen Benehmens übernimmt: die Wörter und mit den Wörtern die Absicht, (zunächst künstlich) die entsprechenden Geistes- und Gemütszustände zu erzeugen. Wenn aber das fremde Wort oder das fremde künstlerische Thema angenommen wird, so liegt das daran, daß es einem Bedürfnis entspricht, zumindest dem Bedürfnis der wenigen, die es sich aneignen ...

Hier liegt eine zweite Schwierigkeit. Spricht Mâle vom religiösen Gefühl der Massen, so wie er es mit Hilfe der Bilddokumente in seinen Schattierungen nachzeichnet, nicht viel zu sehr als von einem einheitlichen Ganzen? Vielleicht kann man von einem Ganzen sprechen. Aber sobald man die Dinge genauer betrachtet, tauchen wieder Nuancen auf. Ein Beispiel. Wenn es ein pathetisches Thema gibt, dessen Ausarbeitung und Entwicklung sich hervorragend anhand der Bilddokumente des späten Mittelalters verfolgen läßt, so ist es das Thema von der Passion der Mutter, die mit derjenigen des Sohnes verschmilzt, von der Leidensgeschichte Mariae mit ihrem ganzen Gefolge von Blut- und Wundenandachten, die bald vor den Augen der Gläubigen ausgebreitet werden, um das in jedem Menschen schlummernde doppelte Verlangen nach Mitleid und Grausamkeit zu erregen, bald auf der mystischen Ebene verklärt werden in Darstellungen wie denen der Lebensquelle oder der mystischen Kelter. Das Ganze endet schließlich mit der Darstellung der Maria am Fuß des Kreuzes: mal halb bewußtlos hingesunken, erbarmungswürdig und tragisch, mal wieder aufrecht, in der Haltung, die das Stabat beschreibt:

Stabat Mater dolorosa
Juxta crucem lachrymosa
Dum pendebat filius.

Doch bereits zu Beginn des 16. Jahrhunderts, im Jahre 1529, findet sich in dem Buch eines katholischen Theologen, Jean de Hangest, eine Polemik wider die Gegner des Marienkultes: eine Widerlegung der Argumente jener, die solche Darstellungen der Schmerzensreichen für falsch erklären, unter dem Vorwand: *non super Filii passione doluit, aut lachrymata est ...*

Eine Grille? Dieser Text kam mir neulich wieder in den Sinn, als ich in der *Histoire littéraire du sentiment religieux en France* von Henri Bremond[5] einen Abschnitt über jene leidenschaftlichen Kontroversen las, welche im 17. Jahrhundert durch diese Kritik des Stabat ausgelöst wurden. Ich entsann mich ihrer ebenfalls, als ich in Marcel Bataillons Buch über Erasmus und Spanien[6] die Passagen über den Erfolg las, den das Thema der weinend am Fuß des Kreuzes hingesunkenen Jungfrau im pathetischen Spanien des ausgehenden 15. Jahrhunderts hatte, aber auch über die Proteste, die diese Einführung eines Elements von veristischem Schmerz in die Frömmigkeit hervorgerufen hat. Es handelt sich um den Konflikt zweier Methoden und zweier Schulen, zweier Konzeptionen des Pathetischen in der innerlichen Religiosität. Genau dieser Gegensatz wird im Sonett von Campanella ausgedrückt, der sich vom Bild des Gekreuzigten abwendet, um sich in die glorreiche Kontemplation des Auferstandenen zu versenken:

»*... che region vuol ch'e' sia per tutto visto*
sol pinto e predicato fra tormenti,
che lievi fûr presso a' piacer seguenti ...?
... Ahi folle volgo, che, affissato a terra
se' di vedere l'alto trionfo indegno,
onde sol miri al di dell'aspra guerra!«[7]

Worauf für immer das Gebet der Hl. Therese antwortet, dieser großartige Aufschrei einer leidenschaftlichen Frau:

«... Ich liebe Dich mehr um Deines Leidens und Deines Todes als um Deiner Auferstehung willen. Denn auferstanden, aufsteigend in die azurnen Räume, mit dem Universum zu Deinen Füßen, wirst Du Deiner Dienerin weniger bedürfen ...«

Mißbräuchliche und unvorsichtige Verallgemeinerungen führen also zu nichts. Wir müssen zu dosieren, abzuwägen, abzuschätzen verstehen und uns nicht vormachen, der Glaube sei zu einem bestimmten Zeitpunkt etwas Einheitliches. Je lebendiger er ist, desto persönlicher, spezifischer ist er auch, desto starrsinniger in seinen Eigenarten. Halten wir jene eigentümlich franziskanische Form der Verehrung des barmherzigen Gottes oder der hingesunkenen Mutter, halten wir jene Art der Darstellung der Leiden Christi und die Verklärung seiner Wunden nicht für die universale Methode, die von allen mystischen Gläubigen einer mehr als andere Epochen nach einem verinnerlichten Christentum verlangenden Zeit einstimmig akzeptiert worden wäre.

Das sind Überlegungen, die den Wert eines Werkes wie dasjenige von Emile Mâle nicht schmälern, uns aber eine Vorsicht lehren, die er selbst nicht immer geübt hat.

Welche Hilfsquelle gibt es noch? Die Literatur. Damit meinen wir nicht nur die literarische Aufzeichnung jener Grade der Sensibilität, die die Epochen und vor allem die Generationen voneinander abgrenzen, sondern auch die Art und Weise, mit der sie eine bestimmte Form von Gefühl erschafft und anschließend unter den Massen verbreitet, deren Umfang übrigens genau abgewogen werden muß. Denn das Publikum eines höfischen Romans des Mittelalters ist weder zahlenmäßig noch in seiner Beschaffenheit dasselbe wie das eines Feuilletonromans des 19. oder das eines populären Films des 20. Jahrhunderts. Aber warum greifen wir nicht, da es hier doch um Arten und Abstufungen des Empfindens geht, ohne weiteres auf die beiden bereits erschienenen Bände über den *Préromantisme français* von André Monglond[8] zurück, wo Kapitel einer Geschichte des literarischen Gefühls in Frankreich mit demselben Fingerspitzengefühl und derselben denkerischen Genauigkeit entworfen werden, mit denen Henri Brémond seine Literaturgeschichte des religiösen Gefühls abfaßte? Warum gehen wir nicht gleich zu dem zweiten Band über, der ganz dem »Meister der empfindsamen Seelen«, Jean-Jacques Rousseau, und seinen Wegbereitern, Freunden und Beschützern gewidmet ist?

Dies alles ist von unschätzbarem Wert, freilich nur unter der Bedingung, daß man im Umgang mit literarischen Texten dieselben kritischen Vorsichtsmaßnahmen beachtet wie bei der Analyse und beim Gebrauch von Dokumenten der bildenden Kunst. Unter der Bedingung, daß man sich weder in der Ausdehnung noch in der realen Tiefe jener Gefühlswogen täuscht, die die Literaturgeschichte mit einer Art unerbittlicher Logik aufeinander folgen läßt, während sie sich in Wirklichkeit andauernd gegenseitig verdecken und entdecken.

Ist das 18. Jahrhundert das große Zeitalter der Empfindsamkeit *(sensibilité)*? Ich bin davon überzeugt. Dennoch komme ich auf die *Synonymes français* von Girard zurück: »Das Zartgefühl *(tendresse)* ist eine Vorliebe *(un faible)*. Die Empfindsamkeit *sensibilité* eine Schwäche *(une faiblesse)*. Die Empfindsamkeit zwingt uns zu wachsamer Beobachtung der Umwelt in unserem eigenen Interesse. Das Zartgefühl veranlaßt uns, im Interesse der anderen zu handeln. Das empfindsame Herz wird nicht bösartig sein, denn es könnte den anderen nicht treffen, ohne sich selbst zu verletzen. Das zärtliche Herz ist gut, denn das Zartgefühl ist handelnde Empfindsamkeit. Ich glaube gern, daß das empfindsame Herz nicht der Feind der Menschheit ist. Aber ich fühle, daß das zärtliche Herz ihr Freund ist.«

Hier hätten wir also auf wenigen Zeilen (die gesamte Differenzierung der Wörter *sensibilité* und *tendresse* nimmt vier Seiten ein) eine eindrucksvolle Anklagerede aus dem Jahre 1780, die sicherlich für eine gültige Übersetzung des französischen Empfindens gehalten werden kann (ich will sagen: des Empfindens der kultiviertesten Franzosen jener Zeit) – eine prägnante Anklagerede gegen jene weinerliche und überspannte *sensibilité,* die »Empfindsamkeit«, die zweifellos einen großen Teil des 18. Jahrhunderts geprägt hat. Aber eben, wie man sieht, nur einen Teil, und nicht ohne einige, zwar wenig heftige, dafür aber um so klarsichtigere Reaktionen hervorzurufen.

Rekapitulieren wir unsere Hilfsquellen. Wir haben *moralische Dokumente,* die wir den Gerichtsarchiven und dem, was man mit einem weiten Begriff als Kasuistik bezeichnen kann, entnehmen. Dann *künstlerische Dokumente,* jene Elemente, die die bildenden Künste und, richtig befragt, auch die Musik liefern: schließlich *literarische Dokumente* (mit all den Vorbehalten, die ich soeben aufgezeigt habe). Also stehen wir doch nicht ganz mit leeren Händen da. Und wenn wir vor allem stets den Kontakt mit den psychologischen Forschungen und ihren Ergebnissen aufrechterhalten, wenn wir es uns zur Regel machen, uns niemals einzulassen auf diese psychologischen, auf die Geschichte angewandten Forschungen oder auf eine Geschichtsschreibung, die die Entwicklung psychologischer Gegebenheiten zu rekonstruieren versucht – ohne uns zuerst über den letzten Stand des Problems zu informieren (denn was nützt das Blättern in jenen alten Büchern, deren Titel wir nur deshalb im Gedächtnis behalten haben, weil man uns vor zwanzig, dreißig, vierzig Jahren auf dem Gymnasium davon erzählt hat, während sie in Wirklichkeit meist damals schon veraltet waren) –, wenn wir uns also von Anfang an auf die jüngsten Ergebnisse kritischer Studien unserer Nachbardisziplin, der Psychologie stützen – dann können wir, glaube ich, eine Reihe von Arbeiten in Angriff nehmen, die uns noch fehlen. Denn solange sie uns fehlen, wird es Geschichte im emphatischen Sinn nicht geben. Wir haben keine Geschichte der Liebe, keine Geschichte des Todes. Wir haben keine Geschichte der Barmherzigkeit, keine der Grausamkeit, keine der Freude. Dank Henri Berrs *Semaines de Synthèse* besitzen wir eine flüchtige Skizze zu einer Geschichte der Angst. Sie allein mag zur Genüge zeigen, von welcher Bedeutung solche Versuche sein können ...

Wenn ich sagte, wir hätten keine Geschichte der Liebe und keine der Freude, so fordere ich wohlgemerkt nicht eine Studie über die Liebe oder die Freude in allen Zeiten, Epochen und Zivilisationen. Ich gebe eine Forschungsrichtung an, und zwar nicht für vereinzelte Experten, für reine Physiologen, reine Ethiker oder reine Psychologen im Allerweltssinn des Wortes. Nein. Ich fordere die Aufnahme einer breitangelegten kollektiven Untersuchung der fundamentalen menschlichen Gefühle und ihrer Ausdrucksweisen. Dabei sind Überraschungen zu erwarten. Ich sprach vom Tod. Nehmen wir doch den 9. Band von Henri Brémonds *Histoire littéraire du sentiment religieux en France* zur Hand, seine Studie über *La vie chrétienne sous l'Ancien Régime* von 1932, und schlagen wir das Kapitel »L'art de mourir« auf. Nicht einmal dreihundert Jahre sind vergangen, doch welch ein Abgrund zwischen den Sitten und Gefühlen der Menschen jener Zeit und den unsrigen ...

Kommen wir zum Schluß noch einmal auf jene Skizze zurück, mit der ich begann, der Skizze der verschiedenen Bedeutungen von Affektivität und Intellektualität in der Geschichte der Menschheit, die ich mit Hilfe des 8. Bandes der *Encyclopédie Française* nachzeichnete. Erinnern wir uns an jene Art von Kurve, die anzeigte, wie das System der emotionalen Tätigkeiten in seiner Gesamtheit in Schach gehalten und immer mehr zurückgedrängt wurde von der wuchernden Masse, dem unaufhaltsamen System der Verstandestätigkeiten, welche erobernd und beherrschend die Gefühle immer mehr an die äußerste Peripherie, auf eine zweitrangige und verächtliche Rolle zurückwarfen.

Wenn man selbst einer jener maßlosen Rationalisten alter Schule ist, die wir alle gekannt haben (und vielleicht in gewissen Stunden auch noch in uns selbst entdecken können), so kann man nun freilich einen Triumphgesang auf den Fortschritt anstimmen; auf die Vernunft, auf die Logik. Oder möchten Sie, daß wir gemeinsam den Text noch einmal lesen, den ich vorhin benutzte?

»Als Bindeglied zwischen mehreren Individuen, die wechselweise als Initiatoren oder Adressaten auftreten, konstituieren die Emotionen allmählich ein System intersubjektiver Stimuli, das gleichzeitig mit der

Ausdifferenzierung von Reaktionen und Empfindungsart jedes einzelnen sich selbst situationsabhängig veränderte. Dies um so mehr, als die so entstandene Übereinstimmung und Gleichzeitigkeit der emotionalen Reaktionen für die Gruppe größere Sicherheit oder größere Macht bedeuteten. Dieser Vorteil legitimierte in der Folge die Herausbildung eines eigentlichen Systems von Emotionen. Sie wurden zu einer Art *Institution* und folgten gleichsam rituellen Regeln. Bei den Primitiven sind viele Zeremonien Simulationsspiele, die den offensichtlichen Zweck verfolgen, durch gleiche Verhaltensweisen und Gesten eine identische Gemütsbewegung zu erzeugen, alle Beteiligten in einer Art höherer Individualität zusammenzuschweißen und auf dieselbe Handlung vorzubereiten.«

Das gilt in hervorragender Weise für die großen Feste der Eingeborenengesellschaften und zum Beispiel für den »Pilu« der Kanaken Neu-Kaledoniens, dessen Beschreibung man in dem ausgezeichneten Buch von Maurice Leenhardt, *Gens de la Grande Terre*[9], findet (einem Werk, das zugleich der französischen Wissenschaft und der Menschheit Ehre macht). Brauchen wir daran auch nur eine einzige Silbe zu verändern, damit es auf so viele tragische Schauspiele zutrifft, die sich täglich vor unseren Augen abspielen, auf so viele geduldige, hartnäckige, zugleich verständige und triebhafte Anstrengungen? Brauchen wir eine einzige Silbe zu verändern, um mit Bestürzung zu entdecken, daß in jedem von uns die Emotionalität lebt, stets bereit, die Intellektualität zu überfluten und in der evolutiven Entwicklung, auf die wir so stolz waren – vom Gefühl zum Denken, von der emotionalen zur artikulierten Rede –, eine plötzliche Umkehr herbeizuführen?

Die Sensibilität in der Geschichte: ein Thema für distinguierte Dilettanten ... Sputen wir uns, zur eigentlichen Geschichte zurückzukehren, nicht wahr? Zu den Umständen der Pritchard-Affäre. Zur Frage der Heiligen Stätten. Oder zur Aufzählung der Salzspeicher im Jahre 1563. Das ist Geschichte. In der sollen unsere Kinder in den Klassenzimmern und unsere Studenten in den Universitäten unterrichtet werden. Dagegen die Geschichte des Hasses, die Geschichte der Angst, die Geschichte der Grausamkeit, die Geschichte der Liebe: verschonen Sie uns um Gottes willen mit diesen abgeschmackten Märchen! Aber diese abgeschmackten, der Menschheit so fernen Märchen – vielleicht werden sie die Welt morgen in ein stinkendes Leichenhaus verwandeln?

Wer sich zu Beginn gefragt hat: Worauf zielt eigentlich diese ganze Psychologie? kann, so meine ich, jetzt den Schluß ziehen: sie zielt auf die Geschichte. Auf die älteste wie auf die jüngste Geschichte. Auf die der primitiven Gefühle *in situ* wie auf die der wieder durchgebrochenen primitiven Gefühle. Auch auf unsere Geschichte der ständigen Wiederkehr und Wiederauferstehung von Gefühlen. Kult des Blutes, des Blutigroten, so animalisch es irgend geht. Kult des machtvoll Elementaren, als Ausdruck der Erschöpfung der vergewaltigten Tiere, die wir sind: erdrückte, ausgelaugte Tiere, plattgewalzt von dem rasenden Lärm, der rasenden Dynamik Tausender von Maschinen, die uns zur Obsession geworden sind. Kompensatorisches Wiederaufleben eines Kults der Mutter Erde, auf der man so gern am Abend die schmerzenden Glieder ausstreckt. Nicht minder universales Wiederaufleben eines Kults der nährenden und heilenden Sonne: Nudismus und Camping, selbstvergessenes Gleiten in Luft und Wasser. Verherrlichung primärer Gefühle unter jähem Bruch der Orientierungs- und Wertmuster; Verherrlichung der Härte auf Kosten der Liebe, des Animalischen auf Kosten der Kultur – und zwar einer gegebenen Animalität, die als der Kultur überlegen erfahren wird. Ich komme zum Schluß. Ist die Sensibilität in der Geschichte eine Untersuchung wert, eine kollektive Untersuchung? Und die Psychologie? Handelt es sich um das Hirngespinst eines Kranken, wenn ich sage, daß sie für die Arbeit jedes Historikers die Grundlage schlechthin ist?

1 Charles Blondel, *Introduction à la psychologie collective*, Paris 1928; dt.: *Einführung in die Kollektivpsychologie*, Wien 1948.
2 Johan Huizinga, *Herfsttijd der Middelleeuwen*, Haarlem 1919; dt.: *Herbst des Mittelalters*, München 1924.
3 Huizinga, *Herbst*, S. 18.
4 *Ibid*, S. 29.
5 *Histoire littéraire du sentiment religieux en France depuis la fin des guerres jusqu'à nos jours*, Paris 1923-29.
6 Marcel Bataillon, *Erasme et l'Espagne. Recherches sur l'histoire spirituelle du XVIe siècle*, Paris 1937.
7 Tommaso Campanella, Sonett 22: *Nella resurrezione di Cristo*, in: *Poesie*, hrsg. von M. Vinciguerra, Bari 1938, S. 29 f.
8 André Monglond, *Le Préromantisme français*, 2 Bde., Grenoble 1930.
9 Paris 1938.

DER NATIONALSOZIALISMUS – EINE DOKTRIN?

DER TITEL DES JÜNGSTEN BUCHES von Edmond Vermeil sagt klar, worum es ihm geht: *Les Doctrinaires de la Révolution allemande*[1]. Das Werk selbst gliedert sich in drei Bücher.

Erstes Buch: auf der Suche nach den Ahnen. Walther Rathenau mit seinen Klagen über die zunehmende Mechanisierung des Lebens, seiner Sehnsucht nach einer deutschen Geistigkeit; Keyserlingk mit seinem allumfassenden Humanismus, der im Gedanken einer durch Selektion geschaffenen Elite die Synthese von Orient und Okzident erstrebt; Thomas Mann mit seinen Vorstellungen von der Erneuerung der Gesellschaften, die durch wahrhafte Kultur und deren synthetische Beherrschung der Dekadenz entrissen werden sollen; Spengler mit seinem Kult des Cäsarismus und seiner Vergötzung der »Macht«: lauter Propheten des Nationalsozialismus. Und so lautet die erste Folgerung des Buches: die nationalsozialistische Lehre, die sich als neu ausgibt, gründet in Wahrheit in Ideen und Bestrebungen, die bereits in den Jahren vor dem Dritten Reich in Deutschland vielfach Ausdruck gefunden hatten.

Zweites Buch: die unmittelbaren Vorläufer. Allen voran natürlich Moeller van den Bruck. Bei ihm finden sich bereits, und zwar in schärfster Form, der Widerwille gegen die Demokratie, der Hohn auf den Liberalismus, das verzweifelte Aufbegehren gegen das Diktat von Versailles – die ständigen Themen der Nazipresse. Doch ist bei Moeller dieses Geschimpfe noch Teil der umfassenden Polemik gegen Marxismus, Freimaurerei und Weimarer Republik. Für ihn heißt das wahre Deutschland Preußen und verkörpert sich in jenem strengen, soldatischen Preußentum, wie es die Schöpfer deutscher Größe von Friedrich dem Großen bis Bismarck geprägt haben. Moeller brachte auch jene Formel in Umlauf, die er nicht erfunden, sondern die vor ihm bereits Stefan George gebraucht hatte, die Formel vom Dritten Reich.

Die Analyse, die Edmond Vermeil hier anstellt, ist bemerkenswert. Man spürt, daß er die Vorstellungen und Schriften der Männer des »Tat«-Kreises, auf Gratwanderung zwischen dem Niedergang der Weimarer Republik und dem Aufstieg des Nationalsozialismus, genauestens kennt. Meisterhaft beschreibt er ihre Mentalität. Die zu beschreiben sich lohnt. Finden sich doch bei diesen Männern häufig Weissagungen wie die vom Ende des Kapitalismus und der bürgerlichen Ära, die sich auch Nazideutschland zu eigen macht. Daneben steht eine intelligente Kritik des Weimarer Staats und seines »Pluralismus«: gemeint sind die »begrenzten Totalitäten« (politische Parteien, Wirtschaftsgruppen, autonome Teilstaaten), welche das notwendige Handeln der »nationalen Totalität« zunichte machen. Von den Männern der »Tat« kommt Zehrer den Nazis am nächsten; er beurteilt die Krise, die Deutschland erfaßt hat, wie sie; wie sie zeigt er die Massen in Erwartung eines *Führers* und bringt das Gefühl der nahenden Revolution zum Ausdruck. Aber eine nationalsozialistische Revolution? Daran glaubt er nicht. Für die Bürokraten des Braunen Hauses hat er nichts übrig. Doch den Anbruch einer neuen Zeit erwartet auch er.

Im übrigen ist es nicht leicht, die positiven Vorstellungen dieser Gruppe auszumachen. Sie priesen Taten, doch sie beschränkten sich auf Analysen. Sie predigten Nazitugenden, Tapferkeit und List. Mag sein, daß sie von einem deutschen Nationalbolschewismus träumten. Doch Edmond Vermeil hat wohl recht, wenn er sagt, daß die Wortführer einer Gruppe, auf die sich die Nazis später berufen haben, gegenüber dem Regime Ketzer und Abtrünnige gewesen wären – hätten sie noch gelebt.

Schließlich das dritte Buch: Schriften der Nazis selbst. Vermeil setzt ein mit dem Gründungsprogramm von 1920, dann folgen die Theorien von H.-F.-K. Günther, die Blut-und-Boden-Theorien W. Darrés und die Ideen Goebbels. Die Folgerung: zumindest punktuell gehen sämtliche Doktrinen der Nazis auf deutsche geistesgeschichtliche Traditionen zurück, aber sie entfernen sich erheblich davon. Wer die Schriften der nationalsozialistischen Geistesgrößen mit denen der im ersten Buche vorgeführten »Ahnen« vergleicht, kommt nicht umhin, sich ob des niedrigen Niveaus zu wundern. Dort denkt eine Elite für eine andere. Hier denkt das Mittelmaß für Mittelmäßige. Daher hält Edmond Vermeil die Nazidoktrin nicht für entwicklungsfähig: sie ist bloß ein Haufen aggressiver Klischees.

Alles in allem eine außerordentlich ergiebige Arbeit. Eine Fülle von Ansichten, die sich engster Vertrautheit mit einer fremden Kultur verdankt. Doch Edmond Vermeil wird von uns keine bloßen Komplimente erwarten, und so möchte ich ihm einige Bedenken nahelegen.

Doktrin und Doktrinäre, nun gut. Aber kommt man wirklich auf dem Wege über Doktrinen an den Nationalsozialismus heran? Häufig genug betont Vermeil, daß die nationalsozialistischen »Lehrsätze« – ich für mein Teil würde eher von »Schlagsätzen« sprechen – haßgeladen, von Aggression und Rachsucht erfüllt sind. Haß, Aggression, Rachsucht: müßte man da nicht eher in der Vergangenheit die Wege ausfindig machen, auf denen sich nicht Intellektualität und Lehrgehalt, sondern vielmehr Sensibilität und Sentimentalität des Nationalsozialismus gebildet haben? Nationalsozialistische Revolution, meinetwegen. Aber was ist eine Revolution? Ein Wandel in den Lehren und Anschauungen? Ich würde eher sagen eine Veränderung auf der Skala der vom moralischen Gesetz geduldeten Gefühlsreaktionen und daraus folgend eine gesellschaftliche Veränderung. Seit langem fordere ich dazu auf, eine Geschichte der Sensibilitäten, eine Geschichte der Gefühlsregungen in Angriff zu nehmen; erst kürzlich, anläßlich der *Semaine Internationale de Synthèse* von 1938 plädierte ich dafür, die Sensibilität in der Geschichte zu erforschen[2].

Wie weit sich das machen läßt? Für das Deutschland von gestern und von heute dürfte es nicht allzu schwer sein. Die Zeugen leben noch und lassen sich befragen. Die Propagandablätter, die Schriften und alles andere läßt sich noch finden. Es gibt spezielle Bibliotheken, die all das Zeug sorgsam aufbewahrt haben. Und daran läßt sich greifen, was hinter dem geistigen Mittelmaß dieser ungeheuren Bewegung steckt – und was der Geschichte (wie üblich) in den kommenden Jahren durch die Lappen gehen wird: unbestimmte Sehnsüchte, Verbitterungen, Mißgunst ... Die Nazis haben nicht viel gemein mit einem Rathenau, einem Thomas Mann, auch wenn sich deren Lehren hie und da mit nationalsozialistischen Schlagworten berühren. Sicherlich herrschte überall in Deutschland nach dem Kriege dieselbe Unzufriedenheit. Das spürten die Besten ebenso wie die eher Mediokren. Die Niederlage, die Schmach von Versailles, Arbeitslosigkeit und Krise – das schuf allenthalben Spannungen und den Wunsch nach deren Abfuhr. Schuf Berührungspunkte zwischen theoretischen Texten und den Erwartungen des Mannes von der Straße, schuf gemeinsam gebrauchte Worte und Sätze. So weit so gut. Nur vergessen wir nicht, daß dieselben theoretischen Stücke, dieselben Lehrsätze je nachdem wie und auf welcher Seite sie gebraucht werden, zu ganz verschiedenen Moralsystemen führen können. Ich für mein Teil frage mich, ob wirklich die Linie, die das »Durchschnittsdeutschland« der Nachkriegszeit mit dem Nationalsozialismus verbindet, parallel zur Linie der intellektuellen, der theoretischen Traditionen verläuft. Ich frage mich, ob es nicht richtiger wäre, sie bei den Freikorps anzusetzen, statt in literarischen oder philosophischen Zirkeln. Ich frage mich, ob nicht jene aus der Bahn geworfene Jugend der Nachkriegszeit, die nicht mehr den Weg zurück ins geregelte Leben, in das Leben von ehedem fand und sich statt dessen angeekelt von der bürgerlichen Demokratie abwandte und ein – nach bürgerlichen Begriffen – irrwitziges Leben wählte, ein Leben der schieren Verausgabung und des verzweifelten Aktivismus; ich frage mich, ob nicht jene Landsknechte des Fanatismus, die wir in Riga, in Annaberg, im Rheinland erlebt haben in ihrem Haß auf alles Rechtmäßige, Abgewogene und Vernünftige, ob nicht diese, weit eher als die Keyserlingk, Spengler etc., die wirklichen »Bildner« des Nazismus waren – eines Nazismus, der wie sie von blindem Drang nach Aggression und schrankenlosem Ausleben sadistischer Grausamkeit, von unversöhnlichem Haß auf alles Bürgerliche beseelt war.

Dann diese verschworenen Kreise um Männer, bei denen man sich fragt, ob man sie wirklich Schriftsteller nennen soll oder nicht lieber Prediger dritten Ranges. Alte Erinnerungen an das Rheinland werden wach (auch wenn dort alles nur gefiltert ankam), an diese Stapel von Büchern, die die Namen von Unbekannten trugen und dennoch von unglaublichem Erfolg waren. Die Namen weiß ich nicht mehr, nur an einige zündende Titel à la »Das Dritte Reich des Paracelsus« erinnere ich mich noch. Und dann diese Flucht in die Natur, die glühende Verherrlichung der Jugend, die Bünde der Jungen, die einem überall auf Bahnhöfen und Straßen in »Wandervogel«-Kluft begegneten – auch sie im (vergleichsweise sanften) Aufstand gegen das Bürgertum, dem sie entstammten ...

Kurzum, ich habe den Eindruck, daß ein so hervorragender Kenner der deutschen Literatur und Philosophie wie Vermeil gegenüber einer solch tiefgehenden, in mancher Hinsicht geradezu *animalischen* Bewegung zu philosophisch, zu literarisch, zu kultiviert, zu sehr als *Aristokrat des Denkens* auftritt. Die Doktrin, die Theorie der Nazis? Aber der Kreuzzug gegen die Doktrinen, die Theorien und Theoretiker ist zu sehr Teil ihres Programms und ihrer Propaganda, als daß sie das, was die Denkhelfer der Partei ihnen als ihre Doktrin vorsetzen, ernstnehmen könnten. Und deshalb frage ich mich, ob man dem Nationalsozialismus nicht über die Seite der Sensibilität und der Affektlagen näherkommt als über die der Doktrinen und Theorien. Hier stoßen wir auf den ewigen Konflikt zwischen dem Historiker, der die Masse wittert, und dem Exegeten, der sich lieber an hehre Geisteswelten hält.

1 Paris 1939.
2 Vgl. »Sensibilität und Geschichte«, in diesem Band S. 91 ff., (Anm. d. Ü.).

ZUR GESCHICHTE EINES GEFÜHLS: DAS BEDÜRFNIS NACH SICHERHEIT

JEAN HALPÉRIN HAT SICH schon des öfteren mit der Geschichte des Versicherungswesens, vor allem in der Schweiz[1], beschäftigt. »Versicherung«, das ist die Übersetzung, aber auch die Ausbeutung des Bedürfnisses nach Sicherheit, das den Menschen eigen ist. Da ist zunächst die geistliche Sicherheit, christlich die Sicherheit im Jenseits: die Probleme des Heils, die sich den Menschen des 16. Jahrhunderts, einem Martin Luther und einem Jean Calvin, wie so vielen unter ihren Zeitgenossen mit neuer Wucht aufdrängten. Dann die weltliche Sicherheit: hier sind es »die Versicherungen«, die für materielles Vertrauen hienieden sorgen, Schiffahrtsversicherungen, Feuer- oder Lebensversicherungen oder Vollkasko-Versicherungen für Autofahrer. Wer versichert sich heute nicht? Jedenfalls verschaffen all diese Versicherungen ihren Vertragspartnern etwas von jener »sozialen Sicherheit«, die zu erhalten ein wichtiger Auftrag des Staates ist, der den inneren Frieden seiner Bürger bewahren will.

Von hier ausgehend hatte nun Jean Halpérin den glücklichen Einfall, sich zu fragen, welche Rolle wohl das Gefühl, welches in dem Wort »Sicherheit« zum Ausdruck kommt, in der Geschichte gespielt haben mochte. Er tat das mit sehr viel Hingabe und Sorgfalt, und sein kurzer Artikel (der aus einem Vortrag im August 1950 in Paris vor dem IX. Internationalen Kongreß für Geschichtswissenschaften hervorging) wirft Probleme auf, mit denen man sich trotz ihrer großen Bedeutung bisher kaum abgegeben hat[2].

Wohlverstanden, der Verfasser will nicht die Geschichte einzig vom Bedürfnis nach Sicherheit her rekonstruieren – wozu Ferrero neigte, als er sich mit dem Gefühl der Angst beschäftigte (und hängen nicht diese beiden Gefühle, positiv das eine, negativ das andere, im Grunde eng zusammen?). Nach Auffassung Jean Halpérins geht es in erster Linie darum, einem Gefühlskomplex seinen Platz, oder sagen wir lieber: seinen legitimen Anteil einzuräumen, der, unter Berücksichtigung der geographischen Breiten und der Epochen, in der Geschichte der uns nahestehenden und vertrauten menschlichen Gesellschaften eine Hauptrolle gespielt haben muß.

Nun stellt sich allerdings die Frage der Chronologie. Seit wann kommt dieses Gefühl ins Spiel? Halpérin betreibt keine Wortforschung, er stellt keine jener Untersuchungen an, für die ich mehrere Beispiele geliefert habe[3]; ebenso fehlt es an einer ausgreifenden semantischen Untersuchung und an aufmerksamen und psychologisch subtilen Definitionen. So wirkt er ein wenig unentschlossen, so als suche er nach etwas, das er noch nicht mit der wünschenswerten Klarheit bezeichnet hat. Mit dem, was er dergestalt zum »Mittelalter« sagt, bin ich nicht einverstanden. Die »gegenseitige Hilfe« ist nicht identisch mit der Sicherheit. Ein Brand bricht aus: die Nachbarn eilen herbei und organisieren mehr schlecht als recht, jedenfalls aber in guter Absicht, den Kampf gegen das Unglück; sie suchen das Vieh zu retten, wenn möglich ein paar Möbel und, soweit das noch geht, die Gebäude. Das ist herzensgut. Aber wenn der Bauer des 13. Jahrhunderts sich vorstellt, was eine derartige Katastrophe für ihn bedeuten würde, dann vermittelt ihm der Gedanke an seine guten Nachbarn, die ihm ebenso beistehen würden wie er umgekehrt ihnen, gewiß nicht dieselbe Art von Sicherheit wie eine gute Police bei der *Phoenix* (die ich nur wegen der mythologischen Schönheit ihres Namens hier anführe). Versicherung – das ist die Chance, nach dem Schadensfall wieder auf die Beine zu kommen. Manchmal sogar, wie man hört, mit mehr Sicherheit als zuvor, mit mehr Mitteln. Schon vor langer Zeit habe ich bemerkt, daß Brände und »Unbilden« aller Art, die Katastrophen, die über die Bauernfamilien hereinbrachen, im 16. Jahrhundert eine der Hauptursachen des bäuerlichen Nomadentums waren, das beständig durch den Zustrom von »gesunden Bettlern, die man Schelmen nennt« gespeist wurde[4]. Ich wünschte auch, Jean Halpérin hörte auf, sich in den Fußstapfen unserer Väter zu bewegen und, auf Jacob Burckhardt gestützt, zu verkünden, »der Mensch« des ausgehenden Mittelalters sei sich seiner selbst nur als Mitglied einer Gruppe oder unter einer allgemeinen Kategorie bewußt gewesen. Das gilt von unseren heutigen Gewerkschaftern nicht weniger als von »dem Menschen des Mittelalters«. Oder von unseren Anhängern dieser oder jener Partei, oder unseren »Lesergemeinden« dieser oder jener Zeitung. Und ruft man sich, nachdem man das Führungspersonal der westlichen Länder im Jahr 1955 durchmustert hat, die bemerkenswerten und höchst eigentümlichen Menschen aus der Geschichte der sogenannten mittelalterlichen Jahrhunderte vor Augen, so hat man wenig Grund zur Überheblichkeit ...

Es geht hier auch gar nicht um das »Mittelalter« (das ohnehin nur ein künstlicher Begriff ist). Die Frage stellt sich anders. Ich sagte eingangs, daß sich das Bedürfnis nach Sicherheit im geistlichen ebenso wie im weltlichen Bereich bekundete. Diese Unterscheidung hat ihren Sinn, denn damit sich das Sicherheitsbedürfnis so bekundete, daß es zur Einrichtung von »Versicherungen« im uns geläufigen Sinne führte, mußte sich zuvor eine Übertragung vom Himmel auf die Erde ereignet haben. Solange das Abendland (und es versteht sich, daß Jean Halpérin, wenn er von Sicherheit spricht, nur an die Gesellschaften eines seit langem vom christlichen Denken geprägten Abendlandes denkt[5]) – und solange der Abendländer jeden Abend im Vertrauen auf einen waltenden und wahrenden Gott einschlafen konnte, im Vertrauen darauf, daß der Himmel auf seiner Seite war – wie es in alle Handlungs-, Verzichts- und Hoffnungsrezepte eingegangen war, die man sich von einer Generation zur anderen überlieferte, und die eine christliche Gesellschaft allmählich zu handlichen Formeln für den Gebrauch ihrer Mitglieder verdichtet hatte (»Hilf dir selbst, dann hilft dir Gott« oder »So Gott will« oder »Maria läßt keine Bitte unerhört«) – solange der Mensch jeden Abend, bevor er zu Bett ging, jeden Morgen, bevor er sich erhob, jeden Mittag, bevor er seine leibliche Speise zu sich nahm, sich mit einem Gefühl tiefen Seelenfriedens der göttlichen Obhut anbefahl, so lange war *Sicherheit* eine Vokabel ohne Bedeutung oder richtiger: mit einer Bedeutung, die sich von derjenigen stark unterscheidet, die wir ihr beilegen. Die Sicherheit beruhte wesentlich und fast ausschließlich auf dem Vertrauen in Gott. Ihm verdankte man sie, ihm, dem Allmächtigen, dem Herrn und Gebieter über die menschlichen Geschicke, dem »Prädestinator«, wie Calvin sagen wird. Wo die Dinge so lagen, brauchte man keine Versicherungspolice. Und keine von Menschen geschaffene Organisation, die einem mit Geldmitteln rasch, automatisch und wirksam aus dem Unglück hilft.

Geld. Tatsächlich ereignet sich zur selben Zeit und mit zunehmendem Schwung eine zweite Veränderung. Auf einmal war ein Gewinn ein Gewinn und nicht ein gütiges Geschenk des Allmächtigen, ein Verlust war bloß noch das Resultat eines Rechenfehlers, ein Bankrott die Folge einer Mißwirtschaft, mit einem Wort: der kapitalistische Geist trat in Erscheinung. Oder sagen wir, wenn wir mit der Bezeichnung nicht einverstanden sind: auf einmal schien den Menschen göttliches Einwirken nicht mehr notwendig, um die Ereignisse zu erklären, die für sie jetzt zu rein menschlichen werden.

Daraus folgt: der Mensch läßt sich nicht in Scheiben schneiden. Er ist aus einem Stück. Die ganze Geschichte, die Jean Halpérin mit Umsicht und insgesamt doch einigem Geschick berührt[6], kann nicht, darf nicht entzwei geschnitten werden: hier die Geschäfte, da die Glaubenshaltungen. Auch wenn dem Besuch eines Versicherungsvertreters bei einem prospektiven Klienten im Jahre 1955 nichts mehr anhaftet, was die religiösen Empfindungen dieses Klienten erwecken könnte – sagen wir: seinen möglichen Glauben an die Vorsehung –, so konnte doch dieses Resultat nur durch eine langsame, aber schließlich entscheidende Entwicklung von Gefühlen, die den Menschen eigen sind, erreicht werden. Damit die »Versicherungen« ihnen eine naturgemäße Sicherheit bieten und sie im Laufe ihres Lebens gegen alle Mißgeschicke wappnen konnten, mußte die vom allgemeinen Empfinden Gott beigelegte Rolle bei der Lenkung jedes einzelnen Geschicks verblassen. So war es denn kein Zufall, daß die Entwicklung der Versicherungen, die Sicherheit versprachen, zeitlich nicht nur mit der Entstehung des kapitalistischen Geistes, sondern auch mit Luthers dramatischem Streben nach Heilsgewißheit oder mit Calvins verzweifeltem Streben, seine Anhänger zum Vertrauen in die Prädestinationslehre zu bewegen, zusammenfällt...

So kann man Jean Halpérin nur zu seinem glücklichen Forschungsansatz gratulieren. Er hat einmal mehr gezeigt, welches Feld hier auf den Forscher wartet, welches nahezu jungfräuliche Gebiet: die Geschichte der Gefühle, diese weite *terra incognita.*

1 Vgl. sein Buch *Les Assurances en Suisse et dans le monde. Leur rôle dans l'évolution économique et sociale,* Neuchâtel 1946.

2 »La Notion de sécurité dans l'histoire économique et sociale«, in *Revue d'Histoire Economique et Sociale,* Bd. XXX, 1/1952. Die Auffassung, der Begriff von Sicherheit? Das ist keine Auffassung, kein Begriff, das klingt viel zu intellektuell; es ist ein Bedürfnis, ein Gefühl.

3 Vgl. meine Skizze zu einer Wortgeschichte von »Civilisation«. (In diesem Band S. 39 ff.; Anm. d. Ü.)

4 Vgl. *Philippe II et la Franche-Comté,* Paris 1912, S. 252-257 und passim.

5 Ich muß das so betonen. Die Zeiten der Weltgeschichte sind angebrochen – der Weltgeschichte, die nicht eine als »Geschichte an sich« verstandene Geschichte des Okzidents ist, in der die »exotischen« Geschichten nur in Form von Zusätzen oder Anhängseln auftauchen, durch die sie sogleich wieder der europäisch-christlichen Geschichte unterstellt werden. Die Zeiten einer solchen Geschichte, derjenigen unserer Väter, sind vorbei; das muß man sich klarmachen.

6 Ich habe seinen Artikel aufmerksam genug gelesen, um mir nicht den Hinweis auf S. 11. entgehen zu lassen: »Die mittelalterliche Ordnung ... gewährte den Menschen ... eine beständige Sicherheit, deren Kehrseite die ausgeprägte Abhängigkeit von der Herrschaft, *von der Religion,* von den bestehenden wirtschaftlichen und gesellschaftlichen Regeln war.« Aber reicht dieser vereinzelte Hinweis? Hätte man da nicht weiter forschen müssen? Gut wäre es auch gewesen, die Entwicklung des Versicherungswesens genauer zu datieren und gewissermaßen in ihrem Rhythmus kenntlich zu machen.

KAPITALISMUS UND REFORMATION

WER HAT EIGENTLICH ALS ERSTER das umfangreiche und gewichtige Problem der Beziehungen von Kapitalismus und Reformation, jenes Problem, das schon so viele Teillösungen erfahren hat und uns doch nach wie vor so viele Fragen aufgibt, gestellt? Wir brauchen mit der Antwort nicht zu zögern: es war Karl Marx. Ein Propagandist, dessen Anliegen es ist, auf neuen Grundlagen eine neue Gesellschaft zu errichten, aber auch ein Historiker oder, wenn man will, ein Geschichtsphilosoph, dessen kühne Ansichten für viele unserer Spekulationen den Ursprung oder Ausgangspunkt abgeben. Hat nicht er, wo es um die historischen Ursprünge des Kapitalismus ging, den Finger auf das 16. Jahrhundert gelegt und gesagt: Sucht dort? Eine grundlegende Einsicht, die seinerzeit revolutionär erscheinen mochte, seither aber all unsere Auffassungen von der Sache beherrscht.

Noch auf etwas anderes hat Marx hingewiesen. Das 16. Jahrhundert hat nicht nur den Kapitalismus entstehen sehen. Dieses heroische Jahrhundert hat auch die Renaissance der Wissenschaften und der Künste gebracht, die Reformation des alten Christentums, die von nationalen Königen wider den mittelalterlichen Internationalismus der Gelehrten und der Kirchenmänner betriebenen nationalen Politiken. Eine zufällige Streuung? Nein, antwortet Marx: ein Bündel. Eine Einheit. Denn politische Revolution, intellektuelle Revolution, religiöse Revolution, all das entspringt aus ein und derselben beherrschenden Grundtatsache: der ökonomischen Revolution. Das Kapital bildet sich. Und erzeugt bei seiner Bildung eine kapitalistische Mentalität. Diktiert eine kapitalistische Politik. Tönt Gedanken, Gefühle und Glaubensgewißheiten in kapitalistischen Farben. Politische Tatsachen, religiöse Tatsachen, intellektuelle Tatsachen – das alles sind bloß wechselnde Masken, hinter denen das wahre, das einzige Gesicht steckt: das des Kapitals.

Das Problem ist also gestellt. Und ich weiß wohl, daß seither viele sich darangemacht haben, es zu lösen. Ich verkenne weder die Leistungen Webers und Troeltschs noch die Henri Pirennes. Die Veränderungen, die sie an der anfänglichen Aussage vorgenommen haben, die Präzisierungen, die sie beigebracht, und die Lösungen, die sie vorgeschlagen haben, ergaben ein schönes Ganzes, ein gutes Beispiel dafür, was die Zusammenarbeit von Wissenschaftlern, die sich gegenseitig helfen und sich aufeinander stützen, vermag. Aber der Initiator, derjenige, der zum ersten Mal politische, intellektuelle und religiöse Tatsachen, die seine sämtlichen Vorgänger als autonom angesehen und instinktiv der Ökonomie übergeordnet hätten, fest an ökonomische Tatsachen, die er anfangs mehr erahnt denn erforscht hatte, geknüpft hat – das war eindeutig Karl Marx.

Wenn ich auf diesem anscheinend nebensächlichen Punkt beharre, so nicht um auf einer Prioritätsfrage herumzuhacken, die niemand sonderlich kümmert. Sondern weil es in der Geschichte niemals gleichgültig ist, wer als erster ein wichtiges Problem aufgebracht hat und wie und weshalb.

In Marx steckt ein Historiker. Daneben aber auch ein Prophet. Ein Prophet kennt nur seine Wahrheit. Er ist von ihr erfüllt. Er sieht nur sie. Er behauptet, er verkündet sie mit solcher Kraft und solchem Nachdruck, daß die gewonnenen, verführten Menschen sich neigen und im Fortgehen nicht bloß sagen: »Die Religionen sind Kinder ihrer Zeit«, sondern bald auch, entschiedener: »Die Religionen sind Kinder der Ökonomie, jener universalen Mutter der Menschengesellschaften«. Und bald darauf, noch etwas genauer: »Die Reformation, die große und machtvolle Reformation des 16. Jahrhunderts ist die Frucht jener neuen Form von Ökonomie, die damals aufkommt und sich über die Welt verbreitet, der kapitalistischen Ökonomie«. Anders gesagt: »Aus dem Kapitalismus ist die Reformation hervorgegangen«. Eine zwingende Formel. Zu zwingend. So zwingend, daß man sie umdrehen kann: »Aus der Reformation ist der Kapitalismus hervorgegangen«. Oder auch plagiieren: »Aus dem Judentum ist der Kapitalismus hervorgegangen, aus dem als Religion verstandenen Judentum und aus dem Geist dieser Religion«: so lautete Sombarts These in seinem Buch über die Juden, das 1911 einiges Aufsehen erregte . . .

Alles läßt sich verfechten, und für schöne Behauptungen findet man auch Beweise. Kapitalismus und Reformation – das ist somit kein kleines Thema. Ein historisches Problem ist es gewiß. Vor allem aber ein menschliches Problem. Stimmt es denn wirklich, daß Ökonomie und Religion in der Welt so eng zusammenhängen, daß man mühelos vom einen zum anderen übergehen kann, und daß eines das andere erzeugt – wobei das eine je nach Belieben die Ökonomie oder auch die Religion sein kann? Sehen wir nach.

I

Sehen wir nach als Historiker, die bescheiden, vorsichtig von den Tatsachen ausgehen. Als Historiker, die sich nicht als Wundermänner und Zauberkünstler vor die Welt hinstellen: »Schauen Sie her, meine Damen und Herren, hier in diesem Zylinder erblicken Sie das Kapital, wie es eben zur Welt kommt, die Banken der Florentiner, Genueser, Lyonnaiser, die gewaltigen Reichtümer der Fugger. Ich puste, und schauen Sie: hier ist Luther, und hier ist Calvin. Das eine hat das andere hervorgebracht.« Nein. So sieht die Methode des Historikers nicht aus. Sie ist weit bescheidener. Vielleicht aber auch sicherer.

Die Methode des Historikers ist, von den Tatsachen auszugehen. Welchen Tatsachen aber? Kommen wir zur Sache. Wenn wir eine Liste der ersten Anhänger der Reformation in Frankreich, in Deutschland, in der Schweiz Farels und Zwinglis aufstellen, dann fällt etwas daran auf. Unter diesen Anhängern befinden sich viele Priester und Kleriker. Viele Intellektuelle, Humanisten, Schulmeister, Drucker, Buchhändler. Aber auch viele Kapitalisten, Händler, reiche Männer. Und machen wir analog dazu die Liste der Städte, der städtischen Milieus auf, in denen die Reformation rasch Fuß faßt und sich ausbreitet, so sind es – weit mehr als die intellektuellen Hauptstädte und Universitätsstädte – die großen Handels- und Geschäftsorte, die dem Aufruf folgen: Antwerpen, Basel, Straßburg und Nürnberg, bei uns Lyon. Eine Tatsache ist das, keine Enthüllung. Eine Tatsache, die sich leicht belegen läßt. Und die zu erklären wäre.

Wir stehen am Beginn des 16. Jahrhunderts. Werfen wir einen raschen Blick über die Welt jener Zeit. Eine Tatsache springt sofort ins Auge. Die aus den unheilvollen Kriegen des 15. Jahrhunderts, aus der kurzen Periode des Aufatmens, die Europa zwischen Nancy und Pavia, zwischen 1477 und 1525, dem Tode Karls des Kühnen und der Gefangennahme Franz' I., erlebt, hervorgegangene Welt, unsere abendländische Welt, arbeitet auf vollen Touren. Ein wilder Hunger nach Geld, die erste, unwiderstehliche Welle eines kapitalistischen Individualismus, schrankenlos, hemmungslos, ergreift Tausende von Menschen. Am Ufer der Schelde errichtet zum ersten Mal eine stolze Händler- und Bankiersstadt, die das besiegte Brüssel, das entthronte Venedig an Glanz übertrifft, ihre Börse als ein Symbol der neuen Zeiten. An den Kais von Antwerpen legen die Schiffe der ganzen Welt an. Auf den Kais von Antwerpen stapeln sich alle Produkte der Welt. Über die Kais von Antwerpen ziehen alle Abenteurer der Welt, besessen von der zügellosen Gier nach Geld. Keine moralische Regel mehr, die sie zügelt, keine Furcht, die sie zurückhält, keine Tradition mehr, die sie bindet. Diese Machiavelli des Handels und der Bank »agieren« täglich für ihren

Fürsten. Ihr Ziel ist nicht der Boden, der nobilitierende Grundbesitz. Es ist das Gold, das flinke, flüchtige Gold, das universale Macht verleiht. Sich seiner zu bemächtigen, es in Truhen anzuhäufen und zu genießen, das ist ihr Ziel. Aber um es nicht so roh beim Namen zu nennen, mit einem Rest von Scham rufen sie: *Freiheit.*

Denn der ewige Gezeitenwandel, der so lange schon, überall auf der Erde, mit seinem monotonen Wechsel von Ebbe und Flut das Wirtschaftsleben der Menschengesellschaften wiegt und in rhythmischem Auf und Ab auf Zeiten der Freiheit Perioden der Beschränkung und auf Perioden der Beschränkung Zeiten der Freiheit folgen läßt, führt eben zu dem Zeitpunkt, als der Kapitalismus in seiner modernen Form entsteht, zu einem zügellosen Ausbruch von Freiheitsdrang. Freiheit, Freiheit, das rufen die spekulationswütigen Händler in Antwerpen. Das wiederholen die mächtigen Kapitalisten, die Holbein in all ihrer Energie malen wird; so sprechen drinnen, in ihrem Augsburger Palais, die unwiderstehlichen, die souveränen Fugger, deren kolossaler Reichtum eine goldene Legende um sie windet; so murmeln in Lyon – neben einem Kleberger, dem legendären »guten Deutschen«, der Berner Bürger geworden ist, um besser Handel treiben zu können – Hunderte von französischen, italienischen und schwäbischen Händlern, die sich auf den Messen der großen Stadt drängen ...

In Frankreich, dem gemäßigten, dem ruhigen und vernünftigen Land mit liebenswerten Umgangsformen und ironischer Bosheit (als kostbarem Gegengift zum Übermaß an oftmals mörderischem Eifer) – flauen die stürmischen Winde, die diese verwandelte Welt durchfahren, ab, werden sachter und lassen in der milden Sonne der Renaissance die Feldblumen einer tourischen *Primavera* erblühen. Heiteren Sinns arbeitet diese Welt, verdient, gedeiht und wächst. Eine bürgerliche Welt.

Denn dies ist eine gesellschaftliche Klasse, die zugleich einheitlich und mannigfaltig ist und außerordentlich vielfältig in ihren Tätigkeiten, die gleich Panurg tausend Saiten auf ihrem Bogen hat, die allmählich alle Kreuzungen des Jahrhunderts besetzt, all seine Straßen zieht und all seine Ströme zu lenken sucht. Es ist ein Bürgertum in steter Erregung, in stetem Ehrgeiz, in stetem Werden, das kämpft, das sich erbittert streitet und mit furchtbarer Willenskraft behauptet: denn nur kraft seines Willens kann es wachsen.

In seiner Zusammensetzung sehr vielfältig, umfaßt es zugleich den Handwerkermeister, der im Kreise seiner Gesellen in seinem Laden sitzt, den reisenden Händler, der ohne Unterlaß zu Pferde unterwegs ist, den Geldsack voller Taler über dem Sattelrand, Schwert und Hakenbüchse griffbereit daneben, auch den geriebenen Anwalt, der scharf darauf ist, den Prozeßführer zur Ader zu lassen, oder, ganz an der Spitze der bürgerlichen Pyramide, den Mann in Rot, jenes Muster von Tugend, und den Parlamentsrat, der auf seinem Maulesel dem schwirrenden Palais zustrebt. Eine ganze Galerie von je nach Beruf, Gewohnheit, Stand verschieden charakterisierten Typen. Doch alle teilen sich auch in einen gemeinsamen Grundbestand von Vorstellungen, Empfindungen, Seinsweisen: die Vorstellungen, Empfindungen, Seinsweisen des Bürgertums.

Versuchen wir, ihre Mentalität in groben Zügen zu umreißen. Da finden wir zunächst eine gewisse Vernunft, eine etwas bodenständige, aber gewitzte Vernunft: die Vernunft von Menschen, die verstehen wollen, die Geschmack daran gefunden haben, zu verstehen und zu wissen. Denn für das Bürgertum ist das Studium kein Luxus: es ist ein Werkzeug. Ein Mittel, etwas zu erreichen, sich zu bereichern, um zu gedeihen und zu Ehren zu gelangen.

Wir finden aber auch viel Besonnenheit und Umsicht. Eingedenk ihrer nicht fernen Herkunft, des Ballens Kurzwaren, den der Ahn auf dem Rücken einherschleppte, oder des kleinen, windschiefen Lädchens, in dem der Vater sein Tuch verhökerte, weiß es, weiß dieses Bürgertum, daß ein Heller ein Heller ist, und daß das Geld geschwind hinausgeht und schwer hereinkommt. So lehrt der Vater den Sohn, mit Umsicht zu rechnen, vor seinem Nächsten auf der Hut zu sein und ohne Aufsehen seinen Gewinn einzustreichen. Doch zur gleichen Zeit ist dieses Bürgertum aktiv, reisefreudig, beweglich: ganz das Gegenteil jener Bourgeoisie des 19. Jahrhunderts, der man Sitzfleisch und Bürokratengeist nachsagt. Zu einem Teil verkörpert es sich im Händler. Der Händler des 16. Jahrhunderts, für den es weder Post noch Telegraph, Telefon, Auto oder Flugzeug gibt, der weder Banknote noch Scheck zur Verfügung hat und selber reisen muß, hinaus muß in die Welt und seine Waren am Herstellungsort kaufen, mühevoll per Karawane unter hohen Kosten und Gefahren transportieren und dem Kunden zuführen – der erlebt unterwegs die Sitten vieler Menschen, kommt mit allen Nationen, allen Bräuchen und Religionen in Berührung, verliert dabei seine Vorurteile und erweitert seinen Horizont.

Endlich ist dieses Bürgertum stolz auf sich. Stolz auf seinen Erfolg, seinen stetigen Aufstieg, auch auf seinen Reichtum. Es fühlt sich fest und sicher ob seiner Ländereien, seiner Renten, seiner Truhen voll Gold und Silber. Es trägt den Kopf hoch. Es sieht den alten Mächten ins Gesicht. Im Grunde seines Herzens fühlt es sich stark genug, es mit ihnen aufzunehmen. Begierig, sein Ansehen geltend zu machen, seine Kraft zur Schau zu stellen, die alten Autoritäten, die seine junge Autorität bestreiten, abzulösen – und möglichst schon jetzt das Joch der Bevormundung und der Gängeleien abzuschütteln. Gewiß, man soll dieses Bürgertum nicht glorifizieren. Es hat seine Schwächen. Es ist in mancher Hinsicht mittelmäßig, zu mittelmäßig. Doch es führt eine neue, eigentümliche, spezifisch bürgerliche und expansionistische Ansicht herbei. Wo? Überall. Aber besonders im Bereich der Religion.

Denken wir nicht, diese Menschen hätten sich der Religion gegenüber vollkommen unbefangen verhalten. In Wirklichkeit besaß die Religion erhebliche Gewalt über sie, starke, allumfassende, tyrannische Gewalt – wäre sie denn tatsächlich so empfunden worden. Sie durchdrang alles, erfüllte alles. Alle Lebensverrichtungen, noch die für uns profansten. Ein Testament aufsetzen oder eine Doktorprüfung ablegen, das waren religiöse Akte. Oftmals empfing man den Doktortitel in der Kirche, vor dem Altar, begleitet von Orgelgebraus und anschließender Messe. Von den acht Seiten eines Testaments sind mehr als vier gefüllt mit Anrufungen Gottes, der Jungfrau, der Heiligen am »himmlischen Paradieseshof« und vor allem der Schutzheiligen des Testators. Von der Geburt bis zum Tode lebt der Mensch unter der beständigen Kontrolle der Religion. Keine Geburtsanzeige, sondern eine Taufe. Keine Sterbeurkunde, sondern ein frommes Begräbnis in der Gemeinde. Haarklein regelt die Kirche Arbeit und Muße, Ernährung und Lebensweise. Die Glocken geben dem Alltag seinen Rhythmus. Im Zentrum der Gemeinde steht als Versammlungsort der Gläubigen, ob in Freude oder in Bedrängnis, das Gotteshaus.

»All das ist doch nur äußerlich...?« Das sagt sich so rasch dahin. Wenn eine Religion noch derart starke und vielfältige Gewalt über eine Gesellschaft hat, dann zu sagen: »Das sind doch nur Praktiken«, ist Unfug. Aber gut, nehmen wir einmal an, all das sei äußerlich. Daneben gibt es dann das Innerliche. Zwar ist es ein Irrtum zu glauben, zu jener Zeit wären die Menschen dem Glauben gegenüber gleichgültig gewesen; was aber bot die Kirche den Gläubigen?

Für die Masse: Aberglauben. Für die Elite: abstruse Spekulationen und die Doktrin jener Gelehrten, die sich an einen der scharfsinnigsten und kühnsten Scholastiker des 14. Jahrhunderts, Wilhelm von Ockham, hielten und verkündeten, das Dogma sei mit dem Verstande nicht zu begreifen, und also sei es die Pflicht des Christen, zu glauben; weder solle er über die Lehrsätze nachdenken, noch solle er sie lieben, nur ihnen folgen solle er, ohne viel von sich hineinzulegen... Was heißt das für die Gläubigen? Die einen fliehen sich in einen Mystizismus, der ihrem religiösen Bedürfnis Nahrung gibt. Die Klöster sind voll, ihre Zellen quellen über von Elitechristen, abgeklärt und glühend, die sich in den stillen Frieden des Klosters fliehen, um dort ihrem Geiste Nahrung, ihrem Herzen Trost zu finden. Mystik und Askese, das ist der notwendige und schicksalhaft vorgezeichnete Gegenzug derer, welche die harte und unfruchtbare Lehre des Ockhamismus nicht zufriedenzustellen und nicht zu trösten vermag.

Aber die anderen, die Bürger, über deren Mentalität wir soeben sprachen? Es gibt sie, unbefriedigt, enttäuscht, unzufrieden. Mit ihrem Kult der Vernunft, ihrem unruhig-neugierigen Geist, ihrem Verlangen, »denkend neue Dinge zu erfassen«, ihrem Selbstvertrauen und ihrer Ungeduld mit den alten Gängelbändern. Sie gehen zur Messe, fasten, enthalten sich des Fleisches an den vorgeschriebenen Tagen. Sie leben und sterben nach dem Gesetz der Kirche. Sie ziehen die grundsätzlichen Lehren des Priesters nicht in Zweifel. Sie glauben an einen richtenden Gott, an Christus den Erlöser, die Wirksamkeit der Sakramente. Doch sie fühlen sich unruhig. In ihrem Bewußtsein klafft eine Leere, ein Mangel. Sie sind nicht erfüllt von einer Lehre, die ihrem Geisteszustand, ihren Bedürfnissen wirklich entspräche. Einen Augenblick lang bringen die Volksprediger sie zum Lachen, jene wilden Bettler, die Stücke einer geheiligten Moral und einer nachgemachten Dogmatik zu einem possenhaften Durcheinander verwursten. Irgendwie empfinden sie doch deren Mittelmaß, die Unschicklichkeit ihrer groben Späße über das Heilige. Sie warten.

II

Und dann kommt die Antwort auf den benebelnden, zweifelhaften Ruf nach Freiheit, den so viele skrupellose Schacherer ausstoßen. Aus Deutschland ertönt ein lauter Ruf nach Freiheit, und er kommt aus der Brust eines Mönchs. Freiheit, Freiheit: das ist das Wort, das aus der Tiefe seines Klosters ertönt, dann aus dem großen Saal zu Worms, wo er sich eines Abends im blakig-trüben Schein der Fackeln vor der Kaiserlichen Majestät erhebt, das ist das Wort, das die heldenhafte, mächtige Stimme Martin Luthers in die Welt wirft und das über alle gebeugten Rücken hinweg seinen Willen kundtut, aufrecht in der Welt zu stehen, wie es seinem Gewissen und seiner Würde entspricht. Freiheit! Und setzte hinzu: »eines Christenmenschen«, und verstand das freilich weder so wie jene Bauern, die das Echo seiner Stimme vernahmen und sich aus der Tiefe ihres Elendes erhoben und empörten, noch wie jene Humanisten, die, fein, klug und besonnen, im Stillen für ihn hofften; erst recht aber nicht wie die Bankiers von Antwerpen, die nur hinterm Gold her waren. Aber was bedeuten diese Unterschiede? Die Welt hörte hin. Und hörte aus dem großen Ruf des Bruder Martin heraus, was sie selbst so oft verspürt hatte: den stürmischen Drang zur Freiheit ...

War nun Luther von einer Analyse ausgegangen, wie wir sie knapp skizziert haben? Wollte er bewußt den noch Unentschlossenen und Verwirrten eine Religion bringen, die ihren Bedürfnissen besser angepaßt war als die alte? Eine Religion nach dem Maß der bürgerlichen Bedürfnisse, der bürgerlichen Geister? Keineswegs. Wie weit das, was eigentlich die Religion Luthers, die persönliche Religion des Augustiners ausmacht, ohne direkten Bezug auf das Jahrhundert ist und ausschließlich aus eindeutig individuellen Problemen und Bedürfnissen hervorgeht, habe ich kürzlich darzulegen versucht[1]. Und machen wir uns nichts vor: was von Luther gilt, stimmt auch für Zwingli. Für Oekolampadus in Basel und Bucer in Straßburg. Für Farel in Frankreich und wenig später für Calvin. Es sind keine Politiker. Wohl aber Leute, die für eine Anpassung sorgen. Sie haben nicht kühl überlegt eine Liste der Bedürfnisse des Jahrhunderts angelegt, um sie dann mit den geeigneten theologischen Lösungen passend zu befriedigen. Nein, keineswegs. Sie haben den Menschen die Wahrheit weitergegeben, die sie in sich selbst am Werke spürten. Ihre Wahrheit. Nur ...

Nur gibt es keinen Menschen und hat es nie einen gegeben, keinen großen, genialen Menschen, der genau das getan hätte, was er tun wollte. Es gibt keinen genialen Menschen, der nicht mit den anderen Menschen, mit der Masse der Menschen rechnen müßte. Bedenken wir: sobald jenes Ungeheuer in Erscheinung tritt, das wir nicht bewundern, sondern instinktiv verabscheuen, nämlich der Mensch, der eine neue Idee bringt, ist es doch oft genug so, daß wir ihn erst einmal verachten, verspotten, das Neuartige verleugnen, den Wert, ja selbst die Möglichkeit dessen, was er bringt. Das ist das übliche Los des Erfinders. Im umgekehrten Fall, wenn das Milieu auf Anhieb für die Neuheit eingenommen ist und Beifall spendet, dann bemächtigt sich das Milieu ihrer auch, richtet sich gleichsam in ihr ein, verwandelt und verändert sie nach Belieben. Und schon nach wenigen Wochen hat es sie mit so vielen Träumen, Wünschen und Absichten umsponnen, daß bisweilen ihr Autor, ihr Urheber verdutzt innehält und sie nicht mehr erkennt. Gibt er schließlich nach, so gibt er in der Regel auch sich selber preis.

So ergeht es den Reformatoren des 16. Jahrhunderts, die ansehen, wie sich geschwind in ihren Ideen das bürgerliche Empfinden einnistet. Oft ohne ihr Zutun, ja wider ihren Willen.

Schauen Sie sich Luther an, der ein ganz erstaunlicher Fall ist. Sohn kleiner Bürgersleute, hervorgegangen aus einem mittelmäßigen Milieu, wie verhält er sich in Wirtschaftsdingen? Als Vorkämpfer des entstehenden Kapitalismus? Aber nein. Als Hüter alter Vorstellungen und alter Vorurteile. Für die Fugger, die Rothschild jener Zeit, hat er nicht genug Verwünschungen. Er ist glühender Antifinanzier, Antibankier, Antikapitalist. Die Juden haßt er wie die Pest. Er hängt an allen guten mittelalterlichen Lehren und läßt sich nicht davon abbringen. Was tut's?

Die großen Händler Antwerpens zögern nicht. Die Agenten, die Vertreter, die Angehörigen oder die Rivalen der Fugger, alle werden sie zu

Lutheranern, ohne sich an den Verwünschungen des Bruder Martin, der zum Doktor Martin Luther geworden ist und immer noch die *Fuggerei* anprangert, zu stören. Was aber bietet auf Anhieb Luthers Lehre für diese Leute? Das, wonach sie vor allem verlangten. Die Befriedigung einiger ihrer grundtiefsten Strebungen. Dergestalt daß sie sich alsbald in dieser Lehre einrichten, sie allmählich verändern, auf ihre Bedürfnisse hin zuschneiden und passend machen.

Bürgerlicher Geschmack, Gefallen an einfachen und klaren Vorstellungen, sagten wir. Und die Religion Luthers spricht Deutsch zu den Deutschen wie die Farels Französisch zu den Franzosen. Luthers erste Sorge: die Bibel in die Volkssprache zu übersetzen. Dies war ebenfalls die erste Sorge Lefèvre d'Etaples' und d'Olivétans, jenes Vetters von Calvin ... Und was sollte in dieser zugänglich gemachten Bibel zu finden sein? Ein lebendiger Gott, menschlich, brüderlich. Der, den bereits die Kunst der Zeit enthüllte, sinnenhaft und erbarmungswürdig: so wie er sprach, so wie das vom Latein befreite Evangelium ihn allen zeigte, schlicht und freien Wesens, ein Pilger durch Judäa, der mit milder Stimme zu allen sprach und von Mensch zu Mensch etwas verkündete: die Gewißheit.

Die Kraft der Gewißheit, Wegzehrung des tätigen Menschen. Bedenken wir doch das Gewissensdrama dieser Händler, Bankiers, Golderoberer, deren Alltagsleben ein einziger gnadenloser Krieg war. Die Kirche sagte ihnen: »Zwar sündigt ihr, doch verzweifelt nicht. Kommt her zu uns, beichtet und bereut. Seid ihr erst losgesprochen, kehren Freude und Vertrauen zu euch zurück.« Gut, aber was heißt das: »beichtet«? Um gültig zu sein, mußte die Beichte vollständig sein. Erste Beunruhigung für den Büßer. Hat er nichts vergessen? All seine Sünden aufzählen, all seine Absichten enthüllen und wägen: für gewissenhafte Menschen ist das eine Folter. Calvin spricht es aus: Gehenna, eine Hölle. Und schildert uns ihre Nöte. »Sie sahen nicht mehr Himmel noch Meer und fanden weder Hafen noch Halt. Sollten sie in dieser Angst verharren und endlich keine andere Zuflucht finden als die Verzweiflung?«

Und dann erläßt die Kirche die Sünden ... Ist das wirklich sicher? Jedenfalls nur unter einer Bedingung: daß man sie ihr bekenne. Daß man sie beichte. Aber wenn die Zeit fehlt? Schon erhebt sich das Schreckbild des jähen Todes. Starb etwa einer im Stand der Todsünde? So wird ihm ewige Verdammnis. Im Stand der läßlichen Sünde? So folgt das Leiden im Fegefeuer, einem mysteriösen Aufenthalt, der um so beunruhigender wirkt, als man wenig über ihn weiß. Somit versteht man den Drang der Menschen jener Zeit, dieses Fegefeuer zu leugnen, es aus ihren Sorgen zu vertreiben und um jeden Preis volle Gewißheit zu erlangen. Und deutlich zeichnet sich in diesem Bemühen auf einmal der Wille ab, den Angelpunkt des Schicksals nicht länger im Tod zu suchen, sondern ihn im Leben zu finden.

Sagen wir es nur endlich: diese Menschen sind stolz. Sind Bürger. Und ungeduldig, ihre ganze Selbständigkeit zu beweisen. Und was sagt ihnen Luther? Was sagen mit ihm alle Wortführer der Reformation? Sie sagen dies: Schlagt das Evangelium auf und lest. Ihr könnt es lesen, denn wir geben es euch in eurer Sprache. Was ihr dort findet? Ihr findet Gott, der frei und ohne Mittler zu euch spricht. Und den ihr doch auch ohne Dolmetsch versteht, nicht wahr? Und also, wozu ist der Priester nütze, der Mittelsmann, der Dolmetsch, welcher falsch sein kann? Priester seid ihr alle, so ihr nur die Lehre eures Herrn versteht und aus ganzem Herzen weitersagt. Wozu all diese Mittelsleute und Vermittler, von denen die Kirche voll ist, zwischen euch und eurem Gott? Wozu dies nutzlose Volk der Heiligen? Ihr steht allein vor Gott, von Angesicht zu Angesicht. Was redet ihr von euren Geldgeschäften, was zieht ihr Dritte ins Geheimnis? Um wieviel wichtiger sind eure Heilsgeschäfte, beredet also die mit Gott, allein und ohne Trug und ohne lästige Dritte.

So knüpfen sich Beziehungen zwischen diesen Bürgerseelen und der neuen Lehre, die ihnen ein Luther, ein Calvin brachten. So enthüllt sich der Sinn, den für sie jene abstrakten Formeln annahmen: Übersetzung der Schriften in die Volkssprache oder Rechtfertigung durch den Glauben. Zu Hunderten haben Menschen gelitten, haben Verfolgung und Tod erlitten, um diesen Forderungen zum Siege zu verhelfen. Theologischer Wahn? Keineswegs. Im Grunde ihres Wesens fühlten sie sich berührt als Menschen ihres Jahrhunderts, als handelnde, strebende und kämpfende Menschen.

Kehren wir zum Problem zurück. Ökonomie, Religion. Sagen wir nicht: »Das ist ganz einfach«; es ist im Gegenteil ziemlich kompliziert. Luther und seine Nacheiferer: nicht weil sie die jahrhundertealte Lehre der Kirche an die Notwendigkeiten der Zeit anpassen wollten, haben sie angefangen zu reden, zu predigen, zu handeln. Gewiß waren sie Menschen ihres Jahrhunderts. Sie entgingen nicht dem brutalen Griff der Umstände. Aber es war nicht bewußte und überlegte Rücksicht auf die Umstände, die ihnen ihre Worte, ihre Ideen, ihre Empfindungen eingab.

Kaum aber waren diese Ideen formuliert, als sich die Menschen der Zeit auf sie warfen. Sie nahmen sie auf, verwandelten sie sich an, verdauten sie. Durch eine gründliche, instinktive und heftige Arbeit. Als Kinder ihrer Zeit machten sie die Ideen, die man ihnen bot, wirklich zu »Ideen ihrer Zeit« im vollen Sinn des Wortes. Aus den Worten Luthers machten sie in ihren Herzen, ihren Köpfen die Antwort des 16. Jahrhunderts, das Luthertum und bald den Protestantismus.

Eine Arbeit, die dabei nicht stehenblieb, nicht stehenbleiben konnte. Das Leben besteht aus lauter Aktionen und Reaktionen. Das Leben ist in erster Linie ein großer Austauschprozeß. Einer hat das gesehen zur damaligen Zeit, unser großer Rabelais in jenem wundervollen Kapitel, wo Panurg vom Schuldenmachen spricht und zeigt, daß jedermann entweder Schuldner oder Gläubiger ist, Schuldner und Gläubiger zugleich. Aus dieser Reformation, die die Menschen des 15. Jahrhunderts, die Bürger des 16. Jahrhunderts von den großen Reformatoren empfingen, so wie sie deren Geist und Prophetenseele entsprang, haben sie – fälschend, verkehrend, verändernd – eine Reformation nach ihrer Art, ganz und gar nach ihrer Art gemacht. Doch in dem Maße, wie sie sich von ihnen entfernt, beginnt sie ein Eigenleben, ein selbständiges, von dem ihren verschiedenes Leben zu führen, so daß sie nun ihrerseits wieder auf ihre Mentalität einwirkt. Sie hatten sie nach ihrem eigenen Bilde gemacht. Sie dachten, sie würde von nun an für immer mit ihnen in Übereinstimmung sein. Doch sie wandelt sich und wirkt nun wiederum stark auf sie ein. Sie verstärkt, verdeutlicht und verschärft in ihnen einen gewissen kapitalistischen Geschäftsgeist. Sagen wir einfacher: den kapitalistischen Geist. Wie aber, auf welche rätselhafte Weise geschieht das?

Die Kirche mochte wohl die Strenge ihrer überkommenen Lehren mildern, sie verurteilte doch weiterhin das Zinsennehmen. Nicht die Tatsache, Geld gegen Wucherzinsen zu verleihen. Schlicht und einfach die Tatsache, Geld gegen einen Zins zu verleihen. Mochte er auch noch so bescheiden sein, sie sah ihn weiterhin als Diebstahl an, als eine Abpressung, und verurteilte ihn im Namen des alten Wortes *Pecunia pecuniam non parit.* Im Grunde betrachtete die Kirche den Handel stets mit Mißtrauen. Im Händler (und erst recht im Bankier) sah sie leicht einen Gauner. Und wir haben Hunderte von Testamenten, in denen die Verfasser, ob Händler oder Geldleute, ihren Erben auftragen, ihr Vermögen ganz oder teilweise der Kirche oder aber denjenigen, von denen sie es gewonnen hatten, zu erstatten. So fuhr die Kirche fort, die Menschen in zwei Scharen zu teilen. Auf der einen Seite die, welche innerhalb des Jahrhunderts, die *säkular,* die weltlich lebten. Auf der anderen Seite die, welche dem Jahrhundert, dem Zeitlichen entsagten: dies waren die Elitechristen, die erwählten, die wahren Christen, diejenigen, die sich kraft Meditation und Askese zur reinen Kontemplation, zur Glückseligkeit der Gottesnähe erhoben.

Mit der Reformation fiel diese Scheidung, gewissermaßen unter dem Druck ihrer Anhänger. Ein Druck, der sich vor allem innerhalb des Calvinismus aufbaute. Luther, der aus dem Volke stammte, von Leuten ohne Horizont, der jahrelang Mönch gewesen war, hält hartnäckig an der Verurteilung des Zinses fest. Calvin ist Laie, Juristensohn, ist offener und aufnahmefähiger und erklärt diese gängige Praxis für erlaubt. Mehr noch. Luther hat es bereits gesagt: der wahre Weg, Gott wohlgefällig zu sein, heißt nicht, sich von der Welt absondern und in ein Kloster einschließen, sondern heißt seine Pflicht auf Erden erfüllen, an der Stelle und in dem Stand, wo Gott selbst uns hingestellt hat. Heißt mit ganzer Kraft und ganzem Wissen seiner Aufgabe nachgehen, seinem *Beruf*. Dies Wort erscheint zum ersten Mal in den Bibelübersetzungen Luthers. Ein direkter Hieb auf das Mönchswesen, den Calvin noch gezielter weiterführt. Sein Werk verrichten, seinen irdischen Berufspflichten nachkommen: das ist die Pflicht, die Wesenspflicht des Menschen. Zweck der Welt ist es, von Gottes Ruhm zu künden. Gott aber will die Arbeit. Seine Berufspflichten erfüllen, heißt sich dem Willen Gottes zu fügen. So dient man zugleich dem Gemeinwohl und dem Ruhme Gottes.

Also ans Werk! Mit dem Gefühl, dem freudigen Vertrauen, daß wir zu den Erwählten gehören. Halten wir uns also für erwählt. Nicht an sein Heil glauben, es hierin an Vertrauen und Sicherheit mangeln lassen, heißt bekunden, daß wir der Gnade nicht teilhaftig sind. Hegen wir den Glauben der Heiligen und der Reinen, wie er im 17. Jahrhundert so viele calvinistische – und im angelsächsischen Bereich puritanische – Händler, Bürger und Bankiers beseelt und leitet. Hegen wir den Sinn, den Kult, die Religion der Arbeit, den Graus vor der Untätigkeit, vor dem Bettlertum: in diesem Sinne sind bekanntlich unsere Gesellschaften, soweit sie zur Unterstützung neigen und nicht zu Almosen, von calvinistischem Geist durchdrungen ...

Allein, wer arbeitet, verdient. Wer arbeitet, bereichert sich oder kann sich zumindest bereichern. Wie soll man sich nun zum Reichtum stellen? Soll man ihn verfluchen? Ja doch, wenn der Reichtum Müßiggang fördert. Ja, wenn der Reiche aufhört zu arbeiten, um zu genießen. Das Übel liegt nicht im Reichtum, sondern im Erschlaffen und im Genuß. Arbeiten, um reich zu werden, ist das von Übel? Nein, wenn man nicht danach trachtet, sich die verwerflichen Lüste des Fleisches und der Sünde zu verschaffen, sondern vielmehr danach, an seinem Platz und in seinem Beruf, gelenkt von der Hand, die uns beschirmt, den Willen des Allmächtigen zu erfüllen. Von da bis zu dem Schluß, daß der geschäftlich Erfolgreiche von Gott gesegnet sei, ist nur ein Schritt, ein ganz kleiner Schritt. Bekanntlich taten ihn die Puritaner bald.

III

Nichts an alledem ist einfach. Es ist ein kompliziertes Spiel von Aktionen und Reaktionen. Da ist zunächst ein Luther, der sich um Opportunität nicht schert. Ein Gottesmann Luther, als Prophet auf Erden gekommen, um den Menschen die frohe Botschaft zu verkünden: die Entdeckung, die ihm, nach so vielen Ängsten und Nöten, endlich die befreiende Gewißheit gegeben hat.

Dann kommen die Zeitgenossen Luthers, die sich in seiner Lehre einrichten, sie von innen ausstaffieren und ihren vitalen Anliegen entsprechend verändern, sie schließlich so gestalten, daß sie ihnen von größtmöglichem Nutzen ist.

Schließlich die Rückwirkung, die auf die Menschen von der durch sie veränderten Lehre ausgeht. Denn schon bald geht sie über sie hinaus, beherrscht sie, formt ihr Denken und Fühlen, verändert und verstärkt ihre eigenen ursprünglichen Züge, läßt sie stärker hervortreten und härter werden, prägt sie ihnen gründlich ein. Und schafft endlich im 17. Jahrhundert in Frankreich jenen Typ des asketischen Calvinisten, der in gewisser Weise ein abstraktes Geld verdient, akkumuliert und sich hütet, davon zu zehren; in England und bald auch in den Vereinigten Staaten jenen Typ des Puritaners, der, weil er ganz in der Erfüllung seiner Aufgabe, der Jagd nach Erfolg, aufgeht, allmählich die religiösen Gebote, von denen seine Väter ausgegangen waren und die ihr Streben beherrschten, aufgibt und nur noch der Diener einer utilitären Moral unter der Maske des Pharisäers ist – einer Maske, die fällt und die rohen Züge des wahren Gesichts zeigt, die Fratze des Bankiers, des Händlers, dessen, der Gewinn einfährt und scheffelt und wie besessen dem Gold nachjagt.

Soweit der flüchtige, allzu flüchtige Aufriß eines der umfangreichsten und spannendsten Themen, die man sich denken kann. Was soll daraus nun folgen?

Eine historische Abhandlung im strengen Sinn? Nein, dazu ist das alles zu kurz. Es reicht ja kaum für eine schlichte Übersicht.

Eine Abhandlung zur Methode? Vielleicht – und eine Stellungnahme zu dem dick aufgetischten Primat der Ökonomie, wie er heute von einem aus Rußland wiederkehrenden Marxismus serviert wird.

Religion oder Ökonomie, Reformation und Kapital, versuchen wir zu nuancieren. Gewiß, das, was für die meisten von uns unser Leben prägt, rahmt und schließlich lenkt, ist unsere Berufstätigkeit, und dieser Beruf, der die ökonomische Form unserer individuellen Tätigkeit ist, bestimmt zumeist unsere Leiden und Freuden, unsere Gewohnheiten und Taten, unsere Gedanken und Träume, und ebenso steuert in jeder Epoche der Geschichte die ökonomische Struktur der Gesellschaft dadurch, daß sie die politischen Formen bestimmt, auch die gesellschaftlichen Sitten, ja selbst den allgemeinen Lauf des Denkens und die Ausrichtung der geistigen Kräfte.

Aber vergessen wir nie, daß das Subjekt–Objekt der Geschichte der Mensch ist. Der so ungeheuer vielfältige Mensch, dessen Komplexität sich nicht auf eine simple Formel bringen läßt. Der Mensch, Produkt und Erbe von Tausenden und Abertausenden von Verbindungen, Mischungen, Verschmelzungen verschiedener Rassen und Geblüte: kann man ohne Schaudern, ohne ein Gefühl heiligen Schreckens sich über diesen Abgrund der Vergangenheit beugen, in dem so viele lebendige Kräfte gären, über diese unbegrenzte Reihe von Vereinigungen, brutaler und friedlicher Art, von Männern und Frauen jeglicher Herkunft, deren Kinder wir sind, wir, die Nutznießer und Erben nach so vielen Jahrhunderten?

Der Mensch, Subjekt–Objekt der Geschichte. Mensch, der von der Menschheit lebt, in und von der Menschheit – aber auch von etwas Weiterem und Tieferem, nämlich dem Universum, dem ungeheuren kosmischen Milieu, in das er eingetaucht ist und von dem er einzig in poetischer Träumerei, vermehrt um ein wenig wissenschaftliche Beobachtung, ahnt, daß es dort unsichtbare und doch reale Kräfte gibt, die ohne sein Wissen und Zutun geheime und rätselhafte Saiten in ihm zum Klingen bringen.

Gewiß besteht in unseren Gedanken und noch in dem, was wir träumen und glauben, eine deutliche Verbindung zum ökonomischen System, zu den Formen der Produktion, die für uns den Rahmen unserer alltäglichen Existenz abgeben. Aber den Gang des menschlichen Denkens einzig und allein aus der Entwicklung der ökonomischen Formen heraus erklären, ausziehen, um alle Schlösser zu öffnen mit einem einzigen Schlüssel in der Tasche – davon träumt man, wenn man zwanzig ist ...

Die Reformation als Kind des Kapitalismus oder umgekehrt, der Kapitalismus als Frucht der Reformation: nein und abermals nein. Setzen wir anstelle derartig dogmatisch-simpler Interpretationen die – soll man sagen *junge*? – Auffassung von der Interdependenz der Phänomene, so wie die moderne Naturwissenschaft sie uns lehrt? Aber was heißt jung? Findet sich doch ihre einfachste Formel bereits bei Pascal: »Die Teile der Welt stehen allesamt miteinander in Beziehung und sind derart miteinander verbunden, daß ich es für unmöglich halte, eines ohne das andere und ohne das Ganze zu erkennen.« Die vollkommene Formel dieser Aktionen und Reaktionen, welche die verschiedenen Reihen von Erscheinungen auf der Oberfläche der Erde wie im Innern der Menschenwesen aufeinander ausüben – die Formel jener Interdependenz, die nicht in einem starren unbeweglichen Bündel, sondern in Gestalt eines lebendigen und reagierenden Körpers alle Äußerungen des Denkens, der Tätigkeit, der schöpferischen Energie der Menschen verbindet ...

Nichts daran ist passiv. Nichts ein für allemal festgeschrieben. Ist er erst dessen gewärtig, was er so leidenschaftlich sucht hienieden – der Wahrheit, *seiner* Wahrheit –, so gehorcht der Geist weder ökonomischen Kräften noch dem gesellschaftlichen System, ja nicht einmal der mütterlichen Menschheit, die ihn umhüllt und bisweilen in ihrer Umarmung erstickt. Die Wahrheit selbst, unsere Wahrheit, mit ihrer Ordnung und ihrer strengen Abfolge, wird sozusagen zur unmittelbaren Umwelt des Geistes. Gewiß haben Kepler und Galilei ihre astrologischen Beobachtungen und Arbeiten auf die Grundlagen der Gesellschaft gestellt, der sie angehörten; freilich fußten Luther und Calvin fest auf den politischen, ökonomischen und sozialen Realitäten ihrer Zeit; in weitem Maße unterlagen sie dem Einfluß dieser Realitäten, und bei der historischen Erarbeitung ihres Werks können, ja müssen sie uns als Früchte ihrer Zeit erscheinen, gewachsen, aufgegangen in der warmen Atmosphäre jenes ungeheuren Treibhauses, welches für jeden von uns die Gesellschaft ist! Doch von dem Augenblick an, wo die einen ihr System des Universums, die anderen ihr Glaubenssystem formulieren, gehorchen die einen nur noch ihrer Intelligenz und dem Universum, die anderen nur noch ihrem Gewissen und ihren großartigen Hoffnungen. Die Gesellschaftswelt, von der sie ausgehen und deren Bedingungen sie sich anfangs fügen müssen, diese Welt öffnet sich plötzlich vor ihnen, weitet sich, schwindet und flieht wie die Erde unter dem abhebenden Flugzeug: ihr Denken kennt keine anderen Gesetze mehr als die des bestirnten Alls, ihr Gewissen keinen anderen Führer mehr als den Gott, den es erblickt und ergriffen hat.

Machen also nicht wir Historiker aus ihnen irgendwelche obskuren und elenden Rudersklaven, die ihr Leben lang an die Bank des schweren und düsteren Schiffes der ökonomischen Notwendigkeiten gekettet sind. Aufrecht wollen wir sie, hoch auf dem zerbrechlichen Schiff, wie sie eben, da die Woge sie emporträgt, Ausschau halten nach dem Sonnenstrahl, der aus den Fluten blitzt.

1 Vgl. L. Febvre, *Un destin, Martin Luther*, Paris 1928; dt. als *Martin Luther. Religion als Schicksal*, Berlin/Wien 1978.

DER FALL BRIÇONNET

I

MIT DEN BEZIEHUNGEN VON Vorreformation, Reformation und Gegenreformation ist es eine schwierige Sache; das sind drei Etiketten, aus denen man nur zu gern Realitäten macht. Im Rahmen dieses umfangreichen Problems gibt es einen äußerst interessanten Fall, nämlich den Fall Briçonnet. Für denjenigen, der an einem anschaulichen Beispiel ein ganzes entscheidendes Kapitel aus der Geschichte des modernen Christentums dartun will, gibt es wohl derzeit keinen interessanteren zu untersuchen.

Hier und jetzt können wir freilich nicht mit der gebotenen Gründlichkeit auf ihn eingehen; das soll an anderer Stelle geschehen. Einstweilen wollen wir nur eine schwierige Frage deutlich stellen.

Seit langem schon bietet der Fall Briçonnet den Historikern Stoff zum Nachdenken. Länger als man denkt. Schlagen wir die *Histoire du calvinisme et celle du papisme mises en parallèle* auf, die Jurieu 1683 anonym in Rotterdam veröffentlichte, als Antwort »auf ein Büchlein unter dem Titel *Histoire du calvinisme* von Herrn Maimbourg«: daraus erfahren wir (S. 64), daß bereits »der Jesuit Maimbourg nicht weiß, was er mit Guillaume Briçonnet, dem Bischof von Meaux, anfangen soll; denn da er gesagt hat, daß er ein tüchtiger, verdienter und tugendhafter Mann gewesen, möchte er ihn uns gern rauben, um ihn seiner Partei zuzuschlagen«. Jedoch, fährt Jurieu fort, »die Wahrheit ist, daß dieser Bischof einer von denen war, die, überzeugt von der Verdorbenheit der Kirche nach Lehre, Kultus und Sitten, aufrichtig die Reformation herbeiwünschten ... Er wußte wohl, was er tat, als er sich der Frömmigkeit und der Erkenntnis des Guillaume Farel und des Jacques Fabri bediente, um ganz offen die heiligsten Übungen der christlichen Frömmigkeit und die geheiligtesten Mysterien der Religion anzugreifen« – das ist der Stil des Pater Maimbourg. »In der Tat besaß dieser aufrechte Mann die Schwäche, die Menschen mehr zu fürchten als seinen Gott ...«

Man liest ja diese alten Autoren des 17. Jahrhunderts viel zu wenig. Gewiß kennt man noch von ferne die *Histoire des variations,* die jene Reformation, von der die »Hochgemuten« träumten – die Albigenser und

Waldenser, Wyclifiten und Hussiten, welche begannen, »den Stuhl zu hassen, um derer willen, die ihn innehaben« –, von der rechtmäßigen und notwendigen Reformation der Disziplin und der Sitten unterschied. Doch man kümmert sich kaum noch um den weitschweifigen Pater Maimbourg, dessen Werke sehr erfolgreich waren, noch um Jurieu oder um Basnage, den Verfasser jener *Histoire de l'Église depuis Jésus-Christ jusqu'à présent,* die 1699 in Rotterdam erschien. Läse man diese alten Texte wieder, so würde man bald gewahr, daß sie sich auf alle Kontroversen einlassen, auf alle widersprüchlichen Weisen in der Behandlung einer komplizierten Geschichte, der die Historiker des 19. Jahrhunderts, allem Anschein zum Trotz, wenig Neues hinzugefügt haben: ob Katholiken, Protestanten oder Neutrale, allesamt sind sie in die Soutane, die Kutte oder den Talar ihrer Vorgänger geschlüpft, ohne zu bemerken, daß es Gewänder von Streitführenden waren oder von Predigern, die für ihre jeweilige Sache eintraten und keineswegs einen distanzierten historischen Erkenntnisprozeß anstrengten. All diese Positionen, welche die Menschen des 19. Jahrhunderts in diesen schwierigen Fragen der Glaubenspsychologie und zumal in diesen Problemen der Herkunft und Interferenz der großen Glaubensströmungen, die durch zwei, drei Jahrhunderte einer außerordentlich reichen Geschichte verlaufen, einer Geschichte, die immer noch ohne unser Wissen so viele unserer Gedanken und unserer (zumindest intellektuellen) Äußerungen bestimmt – all diese Positionen haben die Menschen der großen Kontroverse, die Menschen des 17. Jahrhunderts, die Zeitgenossen Bossuets, gestiftet – zum Angriff und zur Verteidigung. Hat man das erst erkannt, so ist es, wenn man Historiker ist, nicht mehr weit bis zu dem Gedanken, daß diese ganze Geschichte erst noch zu schreiben, noch in ihren Tiefen auszuloten ist.

Lassen wir alles beiseite, was nebensächlich erscheint. Allerdings ist die Kenntnis der familiären Herkunft, der Verwandtschaft von Guillaume Briçonnet, dem Bischof von Meaux, nicht nebensächlich. Sie ist ebenso wesentlich wie vernachlässigt.

Die Autoren, auch die ernsthaften, die sich mit der Gruppe von Meaux und ihrem Gründer beschäftigen, lassen es sich vor allem angelegen sein, für den geneigten Leser ein mehr oder minder übertriebenes Portrait zu zeichnen – das Bild des mit Pfründen reich gesegneten Prälaten, der sich paradoxerweise gegen den Mißbrauch der Ämterhäufung erhebt, des schlechten Stilisten eines unoriginellen Mystizismus, der obendrein einen Paulinismus propagiert, der dem der »Lutheraner« eng verwandt ist, des geistlichen Beistands einer königlichen Prinzessin, der sich gleichwohl eifrig um die minderen Seelen der Wollkrempler und der briardischen Tagelöhner kümmert, endlich des Schützers der »im Glauben Wankelmütigen«, der ohne Zögern den Bannfluch wider Martin Luther schleudert, als die

Kirche von Frankreich, seine Kirche, das verlangt. Aus lauter Widersprüchen zusammengesetzt ist dieser Briçonnet, ein Rätsel, dem man bloß mittels einer vereinfachenden und sich in Mutmaßungen ergehenden Psychologie beizukommen sucht: die macht aus dem geistlichen Beistand Margarete von Navarras, dem Protektor von Lefèvre d'Étaples, dem Mentor des in seinen Anfängen stehenden Guillaume Farel einen unentschlossen Zaudernden, wenn nicht gar einen Feigling. Als hätte der Historiker nichts besseres zu tun, als solch einen Phantasie-Briçonnet zu schaffen, um sich sodann darüber zu wundern, daß seine Taten und Werke nichts mit denen des wirklichen Briçonnet zu tun hatten!

Diese ganze Fabuliererei bedarf der Richtigstellung. Ein Zauderer, ein Unentschlossener, ein Unbedeutender – Guillaume, Sohn von Guillaume, Enkel von Jean? Ein großartiger Einfall, wahrhaftig. Ein Angsthase, dieser Briçonnet, dessen Mutter eine geborene Beaune[1] war und die Großmutter eine Berthelot: die Beaune, die Berthelot, die Briçonnet, das waren (mit den Ruzé) die beherrschenden Sippen, die führenden Dynastien der in der Touraine ansässigen Hochfinanz, über die wir immer noch wenig wissen, und dies Wenige entstammt dem alten Buch von Spont über Semblançay: Semblançay, den Onkel unseres Guillaume, weil er der Bruder von Raoulette von Beaune, also von dessen Mutter, war ... Und das ist noch nicht alles: denn zu den Verbündeten der Briçonnet zählen die Bohier, zählen die Grolier, die nicht nur den Reichtum und die Macht der Briçonnet verstärken, sondern auch jene Tradition des Wissenwollens und der Regierungsintelligenz, jene ausgeprägten Verwaltungs- und Regierungsfähigkeiten, wie sie Gruppen, die seit mehreren Generationen[2] gewöhnt waren, über Vermögen und Macht zu verfügen, gleichsam angeboren waren.

Und sollten etwa die ersten Jahre des jungen Guillaume eine Schule der Bangigkeit und des Zauderns gewesen sein? Welch seltsame Illusion auch dies! Ist es nicht sonderbar, daß die Biographen des Beichtvaters der Margarete von Navarra stur darüber hinwegsehen, was dessen Vater innerhalb des Königreiches war und welches Gewicht er darin besaß? Welch ein Zurückbleiben – in diesen wie in so vielen andern Punkten! –, welch trauriges Zurückbleiben unserer Historiographie hinter Michelet, der eben nicht übersah, wer jener Guillaume war, der Vater unseres Guillaume, welcher bei seinem Tode Kardinal der Hl. Römischen Kirche war[3].

Frühzeitig bereits war er General des Languedoc und somit Rechtsinhaber eines der vier großen Steuerpachtbezirke des Königreichs, beauftragt, die für außerordentlich geltenden Einkünfte zu verwalten, souveräner Herr über die Zahlungen in seinem Steuerbereich, als einziger befugt, den Großen ihre Rechtsansprüche und Pensionen, den Parlementären ihre Bezüge, den Städten ihre königlichen Rechte festzusetzen, und somit von allen gehätschelt und geschmeichelt – und aus dieser bereits privilegierten Position war Guillaume senior mühelos zu einer noch glänzenderen Stellung aufgestiegen. *Uomo astuto e di grande stima e credito appresso del Re,* wie ihn die Venetianer beurteilten, war er bei dem jungen Karl VIII. rasch emporgedrungen. Er beflügelte diesen in seinen Träumen von Italien, er machte sich für die Finanzierung des großen Unternehmens stark, auf seine alten Tage sah er sich in Kardinalswürden – dem einzigen Mittel, aus einem großen Geschäftsmann einen Fürsten zu machen, rückwirkend alle seine Beförderungen zu legitimieren und ihn, wer weiß, vorm Galgen zu retten, denn letzten Endes baumelte ein Kardinal der Hl. Römischen Kirche eben nicht so leicht daran wie ein königlicher Beamter, auch wenn er Semblançay hieß ...

Und so wandte sich, nachdem er seine Frau verloren hatte, Guillaume senior der Kirche zu. Am 10. Oktober 1493 wurde er Bischof von Saint-Malo. Dem Drängen des Königs von Frankreich zum Trotz lehnte ihn das Hl. Offizium beim ersten Mal ab; er gab nicht nach. Während einiger Monate stand »die Hut-Affäre« – gemeint ist der Kardinalshut des Guillaume Briçonnet – im Vordergrund der königlichen Politik. Mit List und Tücke, lavierend, intrigierend, Ränke schmiedend, wenngleich immer noch ein etwas plumper Franzose gegenüber den feinen Diplomaten Italiens, ging Briçonnet zu Werke. Und die erste Forderung, die Karl VIII., als er am 16. Januar 1495 gestiefelt und gespornt in den Vatikan eindrang, dem verblüfften Papst vorlegte, war die, dem Wunsche seines Ministers zu willfahren. So geschah es, daß auf der Stelle, im Papageiensaal, ein provisorisches Konsistorium zusammentreten mußte. Ein Kardinal lieh dem Tourainer seine rote Robe, ein anderer seinen großen Hut – und der ehemalige Händler verließ als Fürst den Vatikan, den er als schlichter kleiner Bischof betreten hatte ...

Eine Privatangelegenheit? Nicht ganz. Denn eben mit Guillaume Briçonnet senior – das vergißt man offenbar immer – machte die neuzeitliche französische Monarchie ihre erste Erfahrung mit Minister-Kardinälen. Georges d'Amboise kommt erst als zweiter. Die große Reihe, die von ihm über Richelieu, über Mazarin schließlich zu Fleury führt, beginnt in Wirklichkeit mit Briçonnet, dem ehemaligen, auf seine alten Tage als Prälat und Kirchenfürst verkleideten Händler. Gleichwohl brauchte es ihn weniger Wunder zu nehmen, »sich dort zu sehen«, als in späteren Jahren Giulio Mazarini ... Und über Jahre hinweg lenkte er, erst unter Karl VIII., dann unter Ludwig XII., die Kirchenangelegenheiten Frankreichs, trug das Banner des gallikanischen Aufstands gegen Julius II., befeuerte das schismatische Konzil, das der kriegerische Papst mit Bannflüchen belegte. Vielleicht träumte er auch davon, eines Tages die Tiara eines Gegenpapstes wenn nicht gar die eines Papstes zu tragen.

Kaum war er nach Frankreich zurückgekehrt (beinahe wäre er nie zurückgekehrt: in Fornoue entdeckte ihn einer jener wilden Galgenvögel, die groß darin waren, Köpfe abzuschlagen und sie galant auf ihre Pike gespießt einherzutragen, im Troß und hielt ihn ein Weilchen gefangen) – kaum nach Frankreich zurückgekehrt, forderte der »Kardinal von Saint-Malo«, der sich nicht mit einem Bistum zufriedengeben konnte, das Erzbistum Reims, das durch den Tod seines Bruders Robert, Großkanzler von Frankreich (24. Juni 1497), vakant war. Die Wahlkampagne war schamlos. Niemals zuvor, heißt es aus berufenem Munde, sahen sich kirchliche Wahlbeauftragte derart »gedrängt«. Königliche und fürstliche Briefe, abwechselnd Drohungen und Versprechungen, geschickt gesteuerte Ausbrüche des Volkes zu den richtigen Zeitpunkten, das Ganze durchsetzt mit prunkvollen Festmählern für die Kanoniker, die noch mit Goldstücken zur Erinnerung belohnt wurden: eine skandalöse Sache, selbst zu einer Zeit, wo man in solchen Sachen abgebrüht war. Es fehlte schließlich auch nicht die komisch-heroische Note: allein gegen 67 andere weigerte sich ein (anonymer) Wahlmann, sich zu beugen – und gab seine Stimme dem berühmten Anführer des »Königreichs der Armut«, Jean Standonck, ein Apostel ohne Fehl, aber ein Eiferer für ein schmutziges, wenngleich untadeliges Asketentum.

Und wer war nun in Reims der große Wahlhelfer des Kardinals von Saint-Malo? Niemand anders als Guillaume, sein Sohn, der Bischof von Lodève, der künftige mystische Seelenfreund Margaretes, der Protektor von Lefèvre d'Étaples: unser »schüchterner und bänglicher« Briçonnet, der immerhin mit einem Streich das Generalvikariat von Reims einnahm und die Freude hatte, am 27. Mai 1498 seinen Vater in der Kathedrale von Reims den neuen König, Ludwig XII., salben zu sehen. Und das war noch nicht alles. Neben anderen Vergünstigungen ließ sich der neue Kardinal, sein Vater, auch die ehrwürdige Abtei Saint-Germain-des-Prés als Kommende verleihen. Die Rigoristen blickten wachsam auf dieses alte und ruhmreiche Haus und erhofften sehnlichst dessen Reform. Der Kardinal-Abt war offenkundig nicht der Mann für ein solches Unternehmen. Schließlich überredete man ihn, seinen Titel an seinen Sohn, den Bischof von Lodève, abzutreten, welcher versprach, das Abenteuer zu wagen: natürlich ließ der Sohn dem Vater eine Rente aus der Abtei zukommen. Die Sache wurde in Rom besiegelt; der Kardinal entäußerte sich im Konsistorium des Titels und übertrug ihn auf seinen Sohn; am 1. Oktober 1507 wurden die Bullen ausgefertigt; der Bischof von Lodève setzte eine erste Reform in Gang, stieß auf die erwarteten Widerstände, hielt sich daran nicht auf, setzte seinen alten Lehrer Lefèvre in das Kloster ein und brach mit einer Mission zu Julius II. nach Italien auf: wir besitzen noch die auf seine Veranlassung hin gedruckte Prunkrede – *Apud Julium Pontificem Oratio* – die er an den schrecklichen Pontifex richtete. Wo soll man in alldem Spuren von Zaudern, Bänglichkeit, Schwäche erkennen?

Als der Streit zwischen Papst und König begann, als im September 1510 ein gallikanisches Konzil in Tours zusammentrat, als kurz darauf der Kardinal Briçonnet mitsamt vier anderen Kirchenfürsten wider den Befehl des Papstes aus der Ewigen Stadt floh – da stürzte sich der Bischof von Lodève ohne Zaudern ins Getümmel. Er nahm teil am Konzil von Tours. Er schloß sich im September 1511 einer Gruppe von Bischöfen und Gelehrten an – die übrigens in sich gespalten war –, welche Ludwig XII. nach Pisa entsandte; eine Ironie des Schicksals wollte es, daß dieser Gruppe auch jene beiden Leuchten der Sorbonne, Nicolas Le Clerc und Guillaume Duchesne, angehörten, die wenig später sowohl Briçonnet als auch Lefèvre, Margarete und schließlich Rabelais aufs heftigste verfolgen sollten[4]. Jedenfalls warf sich »der bängliche Briçonnet« an der Seite seines Vaters, sekundiert von seinem jüngeren Bruder Denis, Bischof von Toulon, mitten in den schismatischen Krawall. Und er war es, der am 5. November 1511 im Dom zu Pisa *con il piviale e la mitra in capo*[5] die vier Dekrete der ersten Sitzung verkündete.

Unterdessen beobachtete er, hörte zu, verhandelte. Ihn umgab eine ganze französische Elite von Politikern und Kirchenleuten, von Étienne Porcher, Bischof von Paris, über Jacques Hurault, Bischof von Autun, den mächtigen Thomas Bohier, Sohn einer Duprat, bis zu Pélissier, dem gelehrten Bischof von Maguelonne – und zwanzig anderen desselben Kalibers. Ihm gegenüber standen Italiener, fein und gewandt, Meister darin, mit unseren Franzosen Katz und Maus zu spielen; unter denen, die später kamen, war – um nur ihn zu nennen – auch ein Machiavelli ... Eine gute Schule für einen jungen Mann dieses Zuschnitts. Er übersah auch nicht die Zeichen der kommenden Zeit – denn der Bischof von Lodève konnte den Zusammenbruch einer schlecht kalkulierten und auf zahllose ehrgeizige Träume von Größe gebauten Politik aus der Nähe miterleben. Am 13. Februar 1512 jedenfalls wurde der Prälat von Julius II. seiner kirchlichen Ämter und Würden entkleidet[6], während das Bistum Toulon seines Bruders Denis am 8. Januar 1514 dem Kardinal Fieschi übertragen wurde ...[7]

Halten wir hier ein. Denn es soll uns hier auch nicht um die Biographie des Bischofs von Meaux gehen[8]. Werfen wir nur einen kurzen Blick auf sein Leben und seine Leistungen während dieser Jahre der Lehre, der Bildung und der Reife.

II

Guillaume Briçonnet zählte 45 Jahre, und nach der Auffassung jener Zeit, da man viel früher alterte als heute, nahte für ihn bereits der Augenblick, da er abtreten würde. Sohn seines Vaters, Sproß einer Sippe großer Geldleute, war sein Leben in materiellen Dingen stets leicht und angenehm gewesen. Als Sohn reicher Leute, der selbst ein reicher Mann war, gehörte er zu denen, die in schwierigen Zeiten dem König Geld zu leihen vermochten. Als weltlicher Abt des »ältesten Klosters« des Königreichs und zweifacher Bischof konnte er auf eine schöne kirchliche Laufbahn zurückblicken. Vielleicht winkte ihm auch am Ende seiner Tage der Purpur. Er hatte seinem König an den jeweiligen Stellen, wichtigen und verantwortungsvollen Stellen gedient. Durch seinen Vater geschult, hatte er große und vielfältige Kenntnis von Menschen – und nicht nur in Frankreich – gesammelt. Dieser Prälat war ein Diplomat; vor allem war er ein Gallikaner, den die drohende Exkommunikation nicht davon abgehalten hatte, wider den römischen Papst die Sache seines königlichen Herrn und seiner Kirche zu verteidigen. Zugleich aber war, und zwar nach allgemeiner Ansicht, dieser treue Diener seines Herrn noch etwas anderes.

Ein Mäzen? Seien wir vorsichtig mit diesem banalisierten Wort. Als Schüler von Clichtoue und durch ihn vermutlich von Lefèvre ist Guillaume Briçonnet frühzeitig mit einem Kreis von ebenso tatkräftigen wie verschwiegenen Christen in Berührung gekommen. Briçonnet hat sie, die einer unspektakulären Reform der Kirche zustrebten, gekannt, gebilligt, unterstützt. Die Widmungen, die sie ihm zukommen lassen, erweisen das. Sie legen Zeugnis ab von dem, was er getan hat, und ermutigen ihn zu dem, was noch zu tun bleibt.

Und nun, nach drei oder vier Jahren Aufenthalt in Frankreich, erfüllt von Verwaltungstätigkeiten, weltlichen Angelegenheiten und ernsten Gesprächen mit frommen und gelehrten Männern, kehrte er noch einmal auf Verlangen seines königlichen Herrn als Unterhändler nach Rom zurück. Am 3. November 1516 empfing er, gemeinsam mit seinem Bruder, der Bischof von Saint-Malo geworden war, Beglaubigungsschreiben, die ihn bzw. sie, seinen Bruder und ihn, beim Heiligen Vater, bei der florentinischen Republik, beim Herzog von Urbino und dem Hause Medici akkreditierten[9]. Bereits im August 1516 waren die beiden Brüder in Rom, wie uns Sanuto mitteilt. Denis, der ständige Botschafter, sollte dort bis zum Herbst 1519 bleiben; Guillaume kehrte früher zurück, bereits im August 1517 scheint er sich wieder in Frankreich befunden zu haben. Immerhin hatte er einige Monate jenes Jahres 1517, das mit dem triumphalen Abschluß des Laterankonzils begann, und an dessen Ende, im Oktober, die Revolte Martin Luthers stand, in Rom verbracht. Doch es ist nicht das Treiben des rebellischen Augustiners, das dieses Jahr in Rom so spürbar besonders macht; es braucht einige Zeit, um die wirkliche Bedeutung der Ereignisse in Deutschland zu ermessen. Eine eigentümliche Atmosphäre von Inbrunst und Hoffen, von Glauben und Vertrauen in eine gründliche Erneuerung des Christentums breitet sich in gewissen italienischen Kreisen aus und schließt an den Triumph des Laterankonzils an.

Für einen Menschen, der die Mitte seines Lebens überschritten hatte, für einen Menschen, der mit jenen melancholischen Gedanken umging, die das Nahen des fünfzigsten Jahres hervorruft, für einen Mann schließlich, der aus familiärer Überlieferung das Italien des Borgia-Papstes kannte und aus persönlicher Erfahrung das Italien Julius' II. – wie packend mußte für ihn die plötzliche Entdeckung einer von geistiger und moralischer Erneuerung beseelten Halbinsel sein: eines Italien, das man wohl das Italien Leos X. nennen muß, denn es war eindeutig der Medici-Papst in seiner Leichtigkeit und vielleicht gerade kraft seiner Leichtigkeit, der in Rom jene eigentümliche, irenische Atmosphäre verbreitete, welche so sehr die Atmosphäre *seines* Rom ist. Das Rom jenes Pontifex, der in eben jenem Jahr die Widmung von Reuchlins *De Arte cabbalistica* mit derselben Heiterkeit entgegennahm, mit der er zwei Jahre später diejenige von Hoogstraetens *Destructionem cabalae* quittierte. Desselben, der am 1. Februar 1516 die Widmung in Erasmus' griechischer Ausgabe des Neuen Testaments, diesem Ereignis von europäischem Rang, billigte, und dem doch die Veröffentlichung von Kajetans *Summa theologica* nicht weniger gefiel. Desjenigen, der seine Gunst in gleichem Maße über seine beiden Sekretäre, Bembo und Sadolet, austeilte – ein eleganter Lebemann, ein freimütiger wenngleich nicht grober Epikuräer der eine, ein untadeliger Priester und großer Christ der andere, den er aus Dankbarkeit als Bischof von Carpentras einsetzte. War dieses Rom von 1517 ein heidnisches Rom? So wird es allenthalben behauptet. Man braucht nur die *Histoire de l'art* des guten Élie Faure aufzuschlagen, der uns ganz unbefangen lehrt, »daß es in Europa kein weniger christliches Volk gibt als das italienische«[10]. Und doch war es eben dieses »heidnische« Rom, war es dieser römische Herd, in dem die verschiedensten Feuer zu einer großen Flamme zusammenschlugen. In eben diesem Rom, dem Sammelbecken aller neuen Kräfte der Zeit, bezeugte der bereits vom nahen Tode gezeichnete Raffael mit seinen letzten Meisterwerken, was er geleistet hätte, wären ihm die Jahre eines Tizian vergönnt gewesen – um was er seine ersten Siege eines vielleicht zu unbeschwerten Genies und die innigsten Weisen des Fühlens der Christen Italiens noch vermehrt hätte ...

Vermochten sie, die beiden Brüder Briçonnet, zu erfassen, was in diesem Sinne die *Sixtinische Madonna* oder *Die Vertreibung des Heliodor* bedeuteten, diese Bausteine eines Werks, das nicht vollendet ward? Wir wissen nichts über die Empfänglichkeit – oder Unempfänglichkeit – der beiden Prälaten für die Künste. Was sie indes nicht übersehen konnten, war, daß in eben diesem Rom, wo unter dem wohlwollenden Blick der Kirchenoberen das antike Dekor, wo die Rhetorik und Poetik der Alten, ja selbst ihre Sprachen und ihre Wörter, ihre Redensarten und ihr Gehabe zu triumphieren schienen, etliche Christen vornehmer Herkunft – Gaetano di Tiene, ein vornehmer Vicentiner, Gian Pietro Carafa, aus neapolitanischem Adel,

Lippomano, bisweilen auch Sadoleto – sich in der kleinen Kirche nahe der Stätte, wo der Überlieferung zufolge der Apostel Petrus gewohnt hatte, versammelten und, verbunden in der Bruderschaft des *Oratorio del divino Amore,* beschlossen, auf katholische Weise die Reform der Kirche durch die Reform ihrer eigenen Person zu beginnen: nicht die Religion ändern, um sich selbst zu ändern, sondern sich selbst ändern, um die Religion zu ändern ...

Ein Rom tritt in Erscheinung, durch das der Hauch christlicher Brüderlichkeit weht – und das doch nicht, wie unsere Franzosen, eine Reform davon erwartete, daß man weit zurückging, zur Wiederherstellung der alten Regeln, des früheren Gehorsams, des ursprünglichen Klosterwesens, mächtig gefördert von Rechtserlassen, Parlementsbeschlüssen, königlichen oder fürstlichen Verfügungen, mit einschneidenden Maßnahmen und gegen den hartnäckigen Widerstand der Klöster, kurz gesagt von Wiederausgrabungen und Wiederbelebungen –, sondern von vielen spontanen Initiativen, eigenständigen Erfindungen und Neuerungen. Dahin ging, in diesem wie in vielen anderen Bereichen, der Genius eines fruchtbaren, weil noch freien Italien.

Die Orden sind im Niedergang begriffen? Glauben wir von neuem an sie. Der Saft steigt nicht mehr in den verdorrten Zweigen des Franziskanerordens? Pfropfen wir also neue Reiser auf den alten Stamm. Und in denselben Jahren nehmen die Kapuziner an Zahl zu und finden Gehör bei den einfachen Leuten. – Was aber diesen wendigen Italienern, die ein genaues Gespür für ihre Zeit besaßen, besonders auffiel und als besonders schlimm erschien, war nicht so sehr der Niedergang der alten regelgebundenen Körperschaften als vielmehr der erbärmliche Zustand des weltlichen Klerus, das nahezu völlige Versagen der Bischöfe, der Mangel an Wissen, an Haltung und mithin an Ansehen der Priester. Und somit schließlich die Entwertung der Priesterschaft als solcher und alles dessen, wofür sie innerhalb des christlichen Gebäudes stand.

Gewiß ehrten diese Männer nach wie vor das Klosterwesen. Sie waren fest entschlossen, beispielhaft die Kardinaltugenden der Heiligen zu praktizieren: Reinheit zuvörderst, Reinheit und Armut. Ohne diese Tugenden, so wußten sie wohl, wäre es eitel gewesen, den Gläubigen Vorschriften machen zu wollen. Aber, und damit kam ein neuer Akzent ins Spiel, sie sahen auch die Disziplin des weltlichen Klerus als unbedingt notwendig an. Und so entschlossen sie auch waren, in Gemeinschaft zu leben und einander gegenseitig in Hut zu nehmen, sie spürten, sie wußten doch, daß der wahre Kampf in der säkularen Welt ausgetragen werden würde, von Menschen, die dem Saeculum entsprungen waren, Menschen im Gewand des Saeculum, Menschen, die allesamt, statt unter einer veralteten Uniform die anonymen Mitglieder geheimer Gemeinschaften zu sein, Personen sein wollten, welche mehr Tugenden besaßen als der Durchschnittsmensch: nämlich

Individuen mit eigenem Wert, zu einer Zeit, da überall das Individuum und seine Tugenden triumphierten.

Der neuen Gesellschaftsstruktur sollte ein gekräftigter und organisierter Klerus entsprechen. War es denn nicht absurd, von jener mächtigen hierarchischen Organisation, die sich die Kirche geschaffen hatte, keinen Gebrauch zu machen – einer Organisation, die sie im Lauf der Jahrhunderte vervollkommnet hatte, und die sie nun nicht mehr nutzen zu wollen oder zu können schien, es sei denn, um die Unzahl der Mißbräuche noch zu vermehren, die ihr in jenen Jahren der Wirrnis jeder ernsthafte Christ ankreidete ... Ein Oberhirte und Führungsränge, deren Zusammenspiel durch Jahrhunderte erprobt war: sollte man all das ungenutzt lassen? Reform des Mönchswesens, vielleicht. Reform der weltlichen Kleriker und allen voran ihrer Führer, ihrer Leiter, ihrer Bischöfe: eine Lebensnotwendigkeit. Man mußte wieder einen Stamm kundiger Prälaten aufbauen, Apostel der christlichen Tugenden in ihrer Diözese und nicht länger Fürsten der Weltlichkeit an den Höfen des Diesseits, mußte den Mißbräuchen wehren, die sie unglaubwürdig machten und unbrauchbar für die geistliche Reform, mußte sie hingegen wieder in den Vollbesitz der Autorität bringen, die ihnen bis in ihre Diözese hinein mittels Privilegien und Prozessen – Prozessen, die auf Privilegien gründeten – noch von den geringsten Mächten streitig gemacht wurde: lag nicht darin die Weisheit und gewißlich auch das Heil?

Solche und andere Gedanken vernahm man in Rom in jenen Monaten der Gärung und der Aktivität, die dem Abschluß, dem glücklichen Abschluß des Laterankonzils folgten. Solche Gedanken erörterten sicherlich auch die ersten Mitglieder des *Oratorio del divino Amore* in jenen Jahren 1517 und 1518, in denen sich die Grundlagen ihres Handelns festigten: wird nicht 1524 aus dem Oratorium auf ganz natürliche Weise der Orden der Theatiner, der so viele Bischöfe gestellt hat, hervorgehen? Jedenfalls sind dies die Gedanken, die während seines Vagabundenlebens als päpstlicher Gesandter – zunächst in England, wo er sich mit Erasmus über den hl. Hieronymus austauscht, sodann in Spanien, wo er in enge Verbindung zu Ximénès und Adrian von Utrecht tritt – einer der beiden Männer (der zweite war Gaetano di Tiene), die zu Führern der ersten Bewegung weltlicher Reform werden sollten, der neapolitanische Adlige Gian Pietro Carafa, Bischof von Chieti, mit sich herumtrug. Und nicht etwa um der Gelehrsamkeit willen legen wir ihm diesen Bischofstitel bei, der einzige, den er (und nur widerwillig) von Julius II. annahm – in seinen Augen war das kein »Titel«, sondern eine Seelenlast, und sobald das Vertrauen der Päpste ihm ein wenig Muße ließ, eilte er in seine Diözese in den Abruzzen, um sie mit allen Mitteln, die ihm zur Verfügung standen, zu reformieren und gründlich zu christianisieren. Namentlich durch seine zahllosen Visitationen. Durch seine Haltung gegenüber der weltlichen Macht. Durch ein damals ungewöhnliches Gefühl vollkommener Unabhängigkeit: eben jenes Gefühl, das ihn einst in Spanien einem Offizier, der ihn bat, mit dem Beginn der Messe auf die Ankunft des Königs zu warten, antworten ließ: »Ich vertrete hier die Person Christi, und es wäre nicht ziemlich, daß ich in priesterlichem Gewande wartete.«

Trat nun Guillaume Briçonnet (Bischof von Meaux, auch wenn er außerdem Abt von Saint-Germain war) bei seinem Romaufenthalt 1517 in Verbindung zu den Männern des Oratoriums? Wir haben keinen Hinweis darauf. Wir wissen nichts über seinen Umgang in Rom während der Monate, die er bei Papst Leo und dessen Diplomaten weilt. Mit Sicherheit sah er damals nicht Carafa, der sich in Spanien aufhielt. Gaetano di Tiene hingegen war in Rom, als die Brüder Briçonnet dort eintrafen: von Julius II. zum apostolischen Protonotar erhoben, empfing er noch spät die Weihen, doch ging er bereits mit jenen Gedanken um, die er bald in die Tat umsetzen sollte. Ob Guillaume Briçonnet ihm begegnet ist? Letztlich ist das nicht so wichtig. Nicht auf ungewisse Begegnungen kommt es an, sondern auf eindeutige Übereinstimmungen des Empfindens.

Man lese doch in einer der Monographien von Ballerini oder Pighi oder informiere sich auch nur bei Pastor über die reformerischen Aktivitäten eines der bemerkenswertesten Mitglieder des Oratoriums, eines Mannes, der auch einer der frühesten Freunde der Theatiner war: Gian Matteo Giberti, Bischof von Verona. In erster Linie handelt es sich um bischöfliche Tätigkeiten, denn zum Erstaunen aller zog sich dieser Sohn eines Genueser Admirals, der von seinem Vater in die Kirchenlaufbahn gedrängt worden war, mit achtzehn Jahren Sekretär des Kardinals von Medici war und später, als aus dem Kardinal der Papst Clemens VII. wurde, sein Datar (so etwas wie ein Erster Minister) – zog sich dieser große Mann am päpstlichen Hofe, dem es gelang, sich unmittelbar nach dem *Sacco di Roma* von einem Herrn zu trennen, der ihn mit allen Kräften zurückzuhalten suchte, nun in seine Diözese zurück, um sie nicht mehr zu verlassen.

Über Jahre hinweg visitierte er und säuberte seinen Klerus, verjagte die Unwürdigen und Unfähigen, sperrte die im Konkubinat Lebenden ein, sorgte überall für Ordnung, Anstand, Würde im Gemeindedienst und erlegte den Priestern die Pflicht auf, das Evangelium Christi schlicht und barmherzig zu predigen, ohne theologische Spitzfindigkeiten oder alberne Abschweifungen. Hinzu kamen gute Prediger, die von außerhalb gewonnen wurden und den Gemeindepriestern bei dieser unerläßlichen Vermittlung des Wortes halfen. Vor allem beanspruchte Ghiberti seine Rechte als Bischof gegenüber dem Mönchtum. Nicht nur verbat er den Mönchen jeglichen Übergriff auf die Rechte der Pfarrer, nicht nur bestimmte er, daß künftig keine andere Messe gleichzeitig zur Gemeindemesse gehalten werden, keine Kollekte in seiner Diözese ohne bischöfliche Erlaubnis veranstaltet werden sollte – obendrein visitierte er auch regelmäßig sämtliche ihm unterstehenden Klöster. Er brachte (gegen Widerstände und Revolten) sein Kathedralkapitel in Ordnung und bekämpfte überall die Plage der Exemtionen, vor allem aber nahm er sich mit bewundernswertem Eifer dessen an, was wir die sozialen Angelegenheiten der Diözese nennen würden. Er verbreitete darin jenen Geist der Wohltätigkeit, der den Mitgliedern des Oratoriums eigen war, und gründete eine aus kirchlichen Würdenträgern und Laien bestehende Wohltätigkeitsgesellschaft, überwachte und verbesserte die Krankenpflege, kümmerte sich um Waisen, ledige Mütter und Bettler.

Und all das, ohne die Kultur, die Pflege der Studien oder im weiteren Sinne die Erneuerung des Wissens zu verachten, ganz im Gegenteil. In seinem Haus in Verona ließ er eine Druckerei einrichten und stattete sie mit griechischen Lettern aus. Seine freie Zeit widmete er dem eindringlichsten Studium der Heiligen Schrift im Originaltext; er hielt darauf, daß die Väter gelesen wurden, versammelte Humanisten, ja Poeten, die seit dem *Sacco di Roma* vagierten, gründete eine Art Akademie, um sie zusammenzuführen – freilich eine Akademie, die auf christliches Leben ausgerichtet war. Einem noch ganz von mondänen Kirchenfürsten beherrschten Italien bot er ein großartiges Beispiel, dieser ehemalige Datar, diese große Persönlichkeit, dieser Freund der Vittoria Colonna, der nicht nach dem Purpur trachtete und nur Bischof von Verona sein wollte.

Was genau tat nun der Bischof Briçonnet in Meaux, in seiner Diözese, als er nach Abschluß seines römischen Auftrags, wahrscheinlich im Frühherbst 1517, aus Italien nach Frankreich zurückkehrte? Auch er beschloß, am Ort zu bleiben. Oder genauer gesagt, seine Zeit aufzuteilen zwischen seiner Pariser Abtei und seiner Diözese in der Umgebung von Paris. Auch er wollte im vollen Sinne beider Worte *Bischof* sein und eine *Diözese* leiten. Auch er verzichtete auf die Annehmlichkeiten des Hoflebens und ließ sich fest in seiner kleinen, von einer hohen Kathedrale des 13. Jahrhunderts beherrschten Stadt nieder – einer Kleinstadt, deren Bevölkerung zum einen aus Mühlenbesitzern und Getreidehändlern, zum anderen aus Wollwebern bestand, welche sich, dank der zahllosen Schafe der Brie, dort zu beiden Seiten der Marne angesiedelt hatten: Wollschläger, Walker, Tuchhändler, halb Bauern, halb Arbeiter, in ihren ärmlichen Häusern. Auch er wollte zugleich ein kirchlicher Reformator, ein Bewahrer der Hierarchie, ein Gelehrter, aber sein Wissen allen mitteilender Kenner der Evangelien sein – und außerdem ein tätiger Förderer christlicher Nächstenliebe und ein Versammler herausragender Christen. Kann man nicht mit einem Wort, mit einem Namen sagen: ein französischer Gian Matteo Giberti?

Dieselben karitativen Bemühungen: die erste Sorge des Bischofs von Meaux war es, das Hospital wiederherzustellen und – eine bezeichnende Wahl – an seine Spitze den achtenswertesten, hervorragendsten Mann seiner Umgebung zu stellen, Lefèvre d'Étaples selbst. Derselbe Wille, die Pfarrer anzuhalten, am Ort zu weilen und vor allem zu predigen. Dasselbe Bedürfnis, selber zu predigen, sich selbst, den Bischof zu zwingen (was bis dahin undenkbar war), dem Volke jeden Sonntag in schlichten Worten die Epistel und das Evangelium des Tages auszulegen. Derselbe Rückgriff bei dieser schwierigen Angelegenheit auf Spezialisten, wirkliche berufsmäßige Künder des Wortes; in seine in einzelne Stationen unterteilte Diözese lud Briçonnet gute Prediger für sechshundert Livres Entgelt pro Jahr, die sich besonders um die Fasten- und die Adventszeit kümmerten. Demzufolge dieselben Zusammenstöße mit der Ordensgeistlichkeit, derselbe Wille, von vornherein sein Weisungsrecht auszuüben, die Klöster zu visitieren und wieder an die Regel zu binden: er griff die Reform von Faremoutiers auf und führte sie durch. Vor allem aber dieselben, zuweilen heftigen und brutalen Konflikte mit den Franziskanern: Verbot des Geldsammelns ohne bischöfliche Befugnis, Verbot, Schwindel und Aberglauben zum Gegenstand der Predigt zu machen: etwa die »Vierzig Schicksalswege«, wie sie der Frater Rinonico im 14. Jahrhundert in einem absurden und blasphemischen Buch lang und breit aufzählte ...

Und weiter: ganz wie in Verona äußern sich in Meaux die ersten Anzeichen eines neuen Puritanismus in dem bischöflichen Hirtenbrief, der am 11. August 1520 das Tanzen, Jonglieren und Spielen an den Kirchentüren an Sonn- und Feiertagen verbietet. Wie in Verona kommt in Meaux auf Betreiben des Bischofs eine große Versammlung von Elitechristen zustande, der der Bischof einen festen Platz in seiner Diözese und religiöse Aufgaben zuweist. Zu Lefèvre, der am 11. April 1521 zum Verwalter des Hospitals ernannt wurde (zwei Jahre später wurde er Generalvikar), gesellten sich Gérard Roussel, der Pfarrer von Saint-Saintin, dann Kämmerer des Kapitels wurde, und Vatable, der große Hebraist, zunächst Pfarrer und dann Kanoniker. Dazu kamen große, bekannte Prediger, Männer wie Martial Mazurier oder Michel d'Arande aus Paris, Caroli aus Sens. So versammeln sich in Meaux große christliche Geister um einen hervorragenden Bischof. Es fehlt ihnen an nichts, nicht einmal an der Druckerei, die das bischöfliche Verona Gibertis zierte: werden nicht in Meaux unter der Obhut von Simon de Colines Pressen arbeiten, die dazu bestimmt sind, die frohe Botschaft des Evangeliums zu verbreiten? – Die vielen Ähnlichkeiten sind doch erstaunlich.

Muß man demnach von einem direkten Einfluß sprechen? Genau das ist die Frage. Das Interessante ist ja, daß ein und dieselbe geistige Haltung gegenüber einem Hauptproblem, nämlich dem der Reform, von einigen

Nuancen und ein paar Monaten Zeitdifferenz abgesehen, sowohl den Sohn des gierigen Kardinal-Ministers Briçonnet, den gallikanischen Franzosen, den Mystiker und nötigenfalls Schismatiker, der aktiv die Politik seines Königs gegen den Papst mitträgt, als auch den Sohn des Genueser Admirals und treuen Diener des zweiten Medici-Papstes beseelt. Ein und dieselbe geistige Haltung: soll man sagen die des Oratoriums? Wenn man es abkürzend auf einen Nenner bringen will. Jedenfalls ist es der Geist der katholischen Reform, die hier früher, dort später so viele wohlgeborene, wohlsituierte Menschen beseelt und lenkt, Kinder von Erzbischöfen, enge Verwandte von Kardinälen, selber gute Diplomaten und Verwalter, die nicht der Welt entsagen wie die Alten, um sich in den Schatten eines Klosters zurückzuziehen, nein, die sich stellen. Bischöfe, das sind sie vor allem, Bischöfe ganz und gar, und sie sind dies oft in unerhört tüchtiger Weise.

Wir zeigen hier nur gewisse Nähen auf. Niemand hat sie unseres Wissens bisher beachtet. Sie sind aufschlußreich.

Weil von ihnen her ein neues Licht auf die Tätigkeit eines Guillaume Briçonnet fällt? Zweifellos. Vorausgesetzt, man hütet sich, diese Tätigkeit zu simplifizieren und vor allem, sie ihrer Eigenart zu berauben, indem man aus ihr ein Abklatsch dessen macht, was die Italiener des Oratoriums betreiben. Hüten wir uns, leichtfertig, und solange wir nicht über persönliche Aufzeichnungen verfügen, denn bisher ist uns – obwohl die Briçonnet umfangreiche Privatarchive besessen haben müssen – noch kein Papier von ihrer Hand zu Gesicht gekommen, hüten wir uns, sein Werk als Reformprälat in seiner spezifischen Eigenart zu verkürzen oder etwa seine Rolle bei der Verbreitung von Reformgedanken – die teilweise lutherische Gedanken waren – in Frankreich zu schmälern. Beschränken wir uns einstweilen auf den Hinweis auf eine besonders wichtige Tatsache: wie die Männer des Oratoriums, wie die Theatiner will der Bischof von Meaux die Religionskrise, die er als akut und bedrohlich empfindet, durch die Reform des Episkopats und nicht durch die der Klöster und der Orden lösen. Aber das ist noch nicht das Entscheidende. Vor allem muß man sehen, daß hinter den individuellen Fällen, hinter den individuellen Psychologien eine ungeheure historische Entwicklung am Werk ist. Worum es geht, und das ist nicht wenig, ist eine neue Auffassung einer solchen Entwicklung. Vorreformation, dann Reformation, dann, quasi als Antwort darauf, die Gegenreformation? Dieses alte Schema erklärt nichts. Im Gegenteil, es behindert das Verstehen.

Tatsächlich scheint zwischen (breit angesetzt) 1500 und 1520 die Christenheit mit einer stürmischen, turbulenten und widersprüchlichen Zukunft schwanger zu gehen, und diese birgt sowohl die eleganten Klarheiten der erasmischen Moderne als auch die prophetischen und revolutionären

Ausbrüche eines Martin Luther, das jähe Ungestüm eines Guillaume Farel, aber auch schon etwas von der leidenschaftlichen Disziplin eines Ignatius von Loyola, dem lebhaften Seelenschwung der Alumbrados, der italienischen Glut der Mitglieder des Oratoriums, der Theatiner, auch der Kapuziner, denken wir an Ochino, an so viele andere, von Valdés bis Vittoria Colonna. Wir sollten uns nicht von unserem französischen Hang zum wohlgeordneten Schauspiel irreführen lassen: die Historie blickt nicht auf ein Theaterstück in drei gutgeschmierten Aufzügen, sondern auf einen ungeheuren Ozean, der von gleichlaufenden Strömungen durchzogen wird. Jede schleppt Stücke mit sich, die nur ihr gehören, und daneben andere, die allen eigen sind. Und zuweilen ändert ein solcher Strom seine Richtung und wird gegenläufig, stößt mit seinem Nachbarn zusammen, erzeugt Wirbel und Strudel. Am Anfang aber gibt es nur eine einzige Bewegung, ein und denselben Drang.

Um zu Briçonnet zurückzukehren: in einem Werk wie dem des Bischofs von Meaux zeigen sich Vorreformation, Reformation und Gegenreformation nicht in ihrem Gegensatz, sondern in ihrer tiefverwurzelten Einheit.

Marcel Bataillon hat uns gezeigt, daß das Wirken eines Ximénès in Spanien, das eine von Geistigkeit und Sympathie für das erasmische Werk erfüllte mönchische Elite entstehen ließ, sich sehr weit vorwagte, so weit, daß es verdächtig wurde und Affinitäten der katholischen Avantgarde mit der protestantischen Reformation bezeugte, die unsere schulmeisterliche Etikettierwut uns lange Zeit übersehen oder fehldeuten ließ. Aber auch ein Briçonnet ist nur der Durchgangspunkt dieser unterschiedlichen Tendenzen. In ihm bekunden sie ihre tiefliegende Einheit. Schneiden wir nicht diesen Christen in Stücke oder schlagen ihn über einen einzigen Leisten. Der gallikanische Prälat, der, ohne sich groß um das Papsttum zu kümmern, oder vielmehr im unausgesprochenen aber steten Bemühen, sein Tun und Treiben mit der Richtung der Kirche in Einklang zu bringen, so viel lutherischen Gärstoff nach Frankreich gebracht hat, war derselbe, der in Meaux, in seiner Diözese, erfüllt vom selben Verlangen wie ein Giberti in der seinen in Verona, das Anliegen der katholischen Gegenreformation im Kern vorweggenommen hat, welches später von so vielen eifrigen, mit Rom konformen Prälaten fromm und energisch ins Werk gesetzt wird. Später, erheblich später, als der Kampf die Situation geklärt, die Absichten gehärtet, die Angriffs- oder Verteidigungspositionen gefestigt hat. Zu dem Zeitpunkt aber, da in ganz Europa die mächtigste Woge evangelischen Geistes, welche die Christenheit wohl seit dem Bestehen der Kirche erlebt hat, spürbar wird; zum Zeitpunkt, da ein gewisser Paulinismus sich so vielen Geistern aufdrängt, so viele Herzen vereint, da ist Briçonnet in Frankreich, in all dem, was ihn so spezifisch französisch macht, der Mensch einer Zeit, in der Reformation und Gegenreformation sich noch nicht voneinander geschieden haben – sofern man denn fortfahren will, in solchen Ausdrücken zu reden; aber verzichtete man nicht besser ein für allemal auf diese trügerischen Etiketten? Vorreformation, Reformation, Gegenreformation – ich für mein Teil würde sagen: Renovationen, Revolutionen, Revisionen: drei Etappen ein und desselben religiösen Werkes, das die Reformation zwar einschließt, aber über sie hinausweist und nicht derart in ihr aufgeht, daß das bloße Vokabular alles ausscheiden dürfte, was nicht zu ihr gehört.

Kommen wir zum Schluß. Um Briçonnet zu verstehen, darf man nicht in den Grenzen der Diözese Meaux stehenbleiben.

Um die französische Reformation zu verstehen, darf man nicht an den Grenzen des Königreichs Frankreich haltmachen.

Um die Reformation im allgemeinen zu verstehen, darf man sich nicht an die Grenzen der Häresie halten, so wie die Orthodoxie sie definiert. Häresie, Orthodoxie: ein ganzes Jahrhundert lang hat uns die Geschichte der Rechtfertigungslehre gezeigt, wie leicht man von einem dieser Königreiche ins andere gerät. Das ist eine Geschichte, die man säuberlich datieren muß. Aber auch eine Geschichte, die man aus der nötigen Höhe und aus der nötigen Distanz betrachten muß.

1 Die Verbindung Beaune-Briçonnet war eine doppelte: eine Schwester von Raoulette, Catherine, hatte einen Bruder von Guillaume Briçonnet, Jean den Jüngeren, geheiratet, der Steuerpächter von Languedoïl war. An alten Werken über die Briçonnet vgl. Guy Bretonneau, *Histoire généalogique de la maison des Briçonnets*, Paris 1620; über Guillaume filius vgl. Du Plessis (dom Toussaint), *Histoire de l'Eglise de Meaux*, Paris 1731. Eine Stammtafel der Briçonnet bietet Spont, *Semblançay*, Paris 1895, Tafel II.

2 Jean der Ältere, Großvater des Bischofs von Meaux, war einer der Großkaufleute des Königreichs, Hof- bzw. Fürstenlieferant, Steuereinnehmer, Bankier, Händler, Geldverleiher usw. Gandilhon schreibt (*La Politique économique de Louis XI*, Paris 1941, S. 352), er habe gegenüber Ludwig XI. dieselbe Tätigkeit ausgeübt wie Jacques Cœur gegenüber Karl VII. Er arbeitete mit den Beaune, die als Mittelsleute der Pazzi und der Medici in Tours dienten. – Wir wollen auch von Guillaume I., dem Vater des Bischofs von Meaune, sprechen. Der aber war seinerseits Neffe von Robert, dem Erzbischof von Reims und Kanzler des Königreichs, Neffe von Pierre, General des Languedoïl, Bruder von Jean, General des Dauphiné und der Provence, Präsident der Rechnungskammer, Bruder von Nicolas, Kontrolleur der Bretagne und Schwager von Jean Grolier, Bruder von Catherine, die den mächtigen Bohier heiraten wird, und von Denis, dem Bischof von Toulon. Obendrein war er noch Vetter von mindestens zwanzig weiteren Briçonnet und Beaune, die das Parlement bevölkerten, die Rechnungskammer, die Finanzbehörden usw. – und Verwandter aller großen Geldfamilien: Berthelot, Bohier, Beaune, Robertet, Museau, Poncher, Ruzé . . . All das muß gesagt werden.

Ständig macht man aus Guillaume wer weiß was für einen kläglichen, in einem nachgerade komischen Mystizismus befangenen Bischof. Komisch ist aber die Verwirrung, in die er diejenigen stürzt, die sich über ihn lustig machen ... Vgl. die erstaunliche Bemerkung von Génin zu Beginn des *Recueil des lettres de Marguerite*, S. 6.

[3] Allgemein gesehen hat Guillaume Briçonnet kein Glück mit seinen Biographen. Ich weiß nicht, warum selbst Renaudet, der sonst so genau ist, aus ihm (in der Fußnote, die er ihm in seinen *Documents florentins sur le Concile gallican de Pise* (Anm. 171) widmet, einen Präsidenten der Rechnungskammer macht (3. Aug. 1495). Da verwechselt er ihn wohl mit seinem Bruder Jean? Die Angaben im Anhang des *Recueil des actes de François Ier* (IX, S. 578) schließlich sind bloß Kraut und Rüben. Sie machen aus Guillaume Briçonnet einen Bischof in Nîmes und verwechseln ihn mit seinem Vetter Michel – und verweisen unter seinem Namen auf mehrere Akten, die andere Briçonnet betreffen.

[4] Vgl. Renaudet, *Le Concile gallican de Pise-Milan*, Paris 1932, S. 374, Anm. 86. – Die französische Mission zog am 30. Oktober in Pisa ein.

[5] Renaudet, *op. cit.*, S. 466.

[6] *Ibid.*, S. 616 f. Ant. Strozzi an die Zehn, Rom, 14. Februar 1512: »Hiermattina fu facta la privatione d'alcuni altri prelati del Concilio fra quali sono due figlie di San Malo Vescovi«.

[7] Vgl. Eubel, *Hierarchia Catholica*, Bd. III, S. 355.

[8] Der Kardinal Guillaume erlangte seine Absolution erst am 7. April 1514. Gerade noch rechtzeitig, denn er starb am 14. Dezember selbigen Jahres. Er war nicht mehr Erzbischof von Reims; am 7. Juli 1507 war er auf den Stuhl von Narbonne versetzt worden. Über die Absolution von Guillaume junior ist mir nichts bekannt. Aber die Vorstellung ist reizvoll, daß die berühmte Widmung des *Saint-Paul* von Lefèvre d'Étaples sich an einen exkommunizierten Prälaten richtete.

[9] Vgl. *Catalogue des actes de François Ier*, Bd. V, S. 304. Denis, Bischof von Saint-Malo, ist ständiger Botschafter; Guillaume nur außerordentlicher Entsandter.

[10] Paris 1924, S. 99.

DIE EXKOMMUNIKATION WEGEN SCHULDEN IN DER FRANCHE-COMTÉ

ES SCHEINT AUSGEMACHTE SACHE, daß man damit aufhören muß, die Reformation ganz oder zumindest vorrangig aus Mißständen zu erklären, daß diese im Verlauf der großen Tragödie nur eine Nebenrolle gespielt haben und daß sie sich zwar zäh gehalten, aber letztlich weder den Gang der tridentinischen Reformation aufgehalten noch die luthersche verursacht haben. Aber es gibt ja solche und solche Mißstände. In den Archiven des Doubs finden sich umfangreiche Akten, die uns mit einem der empörendsten Mißstände bekannt machen, empörend jedenfalls für unsere Ansprüche an religiöse Reinheit. Es geht um den hartnäckigen Gebrauch, den – mitten im 16. Jahrhundert und lange nach Einsetzen der Reformation – eine Kirche, die mehr auf Profit erpicht war als auf Erbauung, von der schrecklichsten Waffe machte, über die sie gebot, von der Exkommunikation.

Indem er dies Schwert gegen Martin Luther und seine Gefolgsleute gebrauchte, beging Leo X. vielleicht einen politischen Fehler, aber er provozierte keinerlei Skandal. Luther war dieser mehr als kapitalen Strafe würdig. Hier hingegen gibt es zahlreiche, präzise Dokumente, die uns, und zwar in einem Land, das trotz manch rühriger Häuflein von Reformierten dem Katholizismus treu geblieben war, eine Exkommunikation zeigen, die zum Vollstreckungsbefehl heruntergekommen ist, die von Gläubigern gehandhabt wird, welche nur darauf aus sind, ihre Schuldforderungen einzutreiben, und die zumeist gegen arme Leute angewandt wird, die anfangs nur mit unbedeutenden Summen im Rückstand sind. Jenen abscheulichen Wucherern dient sie, die mitten im Jahrhundert, fünfzig Jahre nach der lutherschen Explosion, die Bauern mit derartigem Zynismus ausbeuteten, daß selbst die weltliche Gerichtsbarkeit, die so hart mit den Elenden verfuhr, sich allmählich darüber aufregte und von ihnen Rechenschaft verlangte, während die Kirche von ihrem Unwesen lebte und ihnen schamlos ihren moralischen Kredit zur Verfügung stellte. Für uns ist das schlichtweg unbegreiflich. Einmal mehr müssen wir erfahren, wie weit von einem Jahrhundert zum anderen die Reaktionen von Moral und Gefühl auseinanderklaffen.

Das Offizialat von Besançon und seine Rechtsprechung

In der reichsfreien Stadt Besançon, die unter der nominellen Oberhoheit der Kaiser ihr politisches und städtisches Leben nach eigenem Gutdünken regelte[1] – in Besançon funktionierte wie anderswo eine kirchliche Gerichtsbehörde. Eine lukrative, ja enorm lukrative Sache. Denn während fast überall in Frankreich die Offiziale nur noch mit geistlichen Angelegenheiten befaßt waren, hatten sie in Besançon eine sehr weitgehende Rechtshoheit in weltlichen Dingen bewahrt[2].

Trotz des gnadenlosen Drucks, dem die kirchlichen Gerichte von seiten der Baillagebehörden ausgesetzt waren, trotz der Exemtionen, die kirchlicherseits den Wirkungskreis des gewöhnlichen Richters einschränkten, war die Zahl der Angelegenheiten, mit denen Mitte des 16. Jahrhunderts das Offizialat von Besançon befaßt war, derart, daß ein Zeuge in einer Befragung sagen konnte, sie überstiege die der Parlementsgeschäfte. Abgesehen von den geistlichen oder dafür geltenden Sachen kannte der Offizial sämtliche Rechtsstreitigkeiten, die sich im Zusammenhang mit der Vielzahl von Testamenten[3], welche die Diözese von speziellen Offizialatsnotaren aufnehmen ließ, ergaben. Hinzu kamen Hunderte von Strafsachen aufgrund aller Arten von Vergehen mit Ausnahme von Mord – und obendrein kamen noch Zivilsachen, Geld- und Verleihgeschäfte, Schulden und Obligationen vor dem Gerichtshof von Besançon zur Verhandlung[4].

Nun ergab sich bloß eine erhebliche Schwierigkeit. Nehmen wir eine ganz gewöhnliche Schuldenangelegenheit: der Gläubiger zitiert seinen Schuldner vor den Kirchenrichter und läßt ihn zur Zahlung seiner Schuld verurteilen. Weigert sich der Schuldner, zu erscheinen, verurteilt man ihn wegen Kontumaz. Doch wie soll man das Urteil vollstrecken? Der Baillagerichter kennt dieses Problem nicht, ihm steht eine ganze Armee von Gerichtsdienern und Bütteln zu Diensten; er hat seinen Amtsbezirk fest in der Hand. Der Kirchenrichter dagegen sieht sich hilflos. Bei der weltlichen Justiz um Hilfe zu ersuchen, daß sie ihm ihre Büttel und Diener leihe, fällt ihm im Traum nicht ein; damit hätte er sich dem Feind ausgeliefert. Das Offizialat verfiel auf einen bequemen Ausweg. Verfügte es nicht über die Waffen der Kirche – und zumal über die Exkommunikation? Exkommuniziert wurde der Kontumax, exkommuniziert wurde, wer sich gegen das Urteil auflehnte, bis es an ihm vollstreckt war, exkommuniziert wurde der widerspenstige Schuldner, bis seine Schuld vollends getilgt war: ein unfehlbares Mittel. Denn für einen Christen mußte dies als eine schreckliche Strafe gelten, und jeder, der davon getroffen war, wurde durch sein Gewissen gezwungen, ihr Wirken so rasch wie möglich zu unterbinden. Sollte er nun aber darauf verfallen, dem Bann zu trotzen und sich nicht darum bekümmern, davon gelöst zu werden und sich mit seinem

Richter und seinem Gläubiger zu verständigen, dann bekam er es mit der weltlichen Justiz zu tun: wer nämlich den furchtbaren Urteilsspruch hinnahm, ohne sich zu rühren, beging ein Verbrechen[5]. Eine köstliche Ironie: der Offizial besaß das Mittel, jene Vögte der Baillage, jene Parlamentsmitglieder, die doch sein Verschwinden wünschten, zu zwingen, ihre Befehlsgewalt und Druckmittel in den Dienst der gehaßten Rivalin, der kirchlichen Justiz, zu stellen ...

Vielleicht machte man anfangs noch zurückhaltenden Gebrauch von einer so furchtbaren Waffe? Wir wissen wenig über diese Anfänge, uns fehlen die Dokumente. Aber bald schon verhärteten sich die Kirchenrichter, und Offiziale, Ankläger, Gläubiger hießen willfährige oder ohnmächtige Priester den Bannfluch schleudern – wider Hunderte von armen Leuten, die oft um lächerlich unbedeutender weltlicher Motive willen in ihrem Gewissen und Leben als Christen angegriffen wurden. Proteste wurden laut, doch sie blieben vergeblich, solange sie nur vom Parlament oder den Ständen der Provinz ausgingen. Gewichtiger wurden sie erst, als das tridentinische Konzil den Gegnern des Offizialats eine neue Waffe lieferte.

Im Artikel III der vierundzwanzigsten Reformationssitzung hatten die Väter des Konzils, denen daran lag, die Wucht der Exkommunikation zu erhalten, den Kirchenrichtern verboten, sich ihrer zu bedienen, wo immer sie aus eigener Macht gegen die Delinquenten vorgehen und ihre Urteile durchsetzen konnten. War dies nicht der Fall, so blieb die Anwendung der Exkommunikation zulässig, vorausgesetzt, daß es sich um schwerwiegende Anlässe handelte und das Kirchenschwert mit Umsicht geführt wurde[6]. Ein halbes Zugeständnis, das allem Anschein nach einen der Hauptnutznießer der Exkommunikation, den Erzbischof von Besançon, nicht zufriedenstellte.

Eine seltsame Figur war das. Mit sieben Jahren Koadjutor seines Onkels Pierre, den die Reformation von seinem Bischofsthron in Genf vertrieben und der gewissermaßen zur Entschädigung das Erzbistum Besançon erhalten hatte, legte Claude de la Baume-Montrevel keinerlei Eifer an den Tag, die Weihen zu erlangen. Eine mit Nicole de Savigny, der Ex-Mätresse von Henri II. *per verba de futuro* eingegangene Verbindung erklärte seine Zögerlichkeit. Es mußte erst Pius V. den widerspenstigen Prälaten nach Rom bestellen. Knapp den Verliesen der Engelsburg entgangen, reiste Claude drei Jahre später unter der Obhut des Jesuitenpaters Possevin wieder ab, nachdem er Absolution und Weihen empfangen hatte und von seinen Verpflichtungen gegen Nicole entbunden worden war – aber mit der Auflage, sogleich nach seiner Rückkehr die tridentinischen Dekrete bekanntzumachen. Das tat er, wenn auch schweren Herzens, am 23. Oktober 1571.

Man kann sich denken, daß die Frage des Offizialats ihren Teil zu dieser schönen Verzweiflung beitrug[7]. Denn kaum waren ihnen die tridentinischen Beschlüsse bekannt geworden, hatten sich die Berater des Parlaments von Dole ihrer auch schon bedient – und hatten am 4. November von der Regierung der Niederlande eine Erklärung in vierzehn Artikeln erhalten, deren dreizehnter Claude und seinen Rat mit Schrecken erfüllen mußte. Aus dem Wunsch, »die Übelstände abzuschaffen«, ordnete Seine Majestät an, daß künftig alle Urteile der kirchlichen Richter in Zivilangelegenheiten durch Gerichts- oder Polizeidiener, die dem Gerichtshof von Dole unterstanden, vollstreckt werden sollten. Mit anderen Worten, der Richter der Kirche war wie zuvor befugt, alle Urteile in zivil- und schuldenrechtlichen Dingen zu fällen. Aber die Befugnis, diese Urteile vollstrecken zu lassen, lag beim Laienrichter: der verfuhr genauso, als wäre das Urteil von ihm gefällt.

Ein böser Schlag für die Kirchenjustiz. Am 24. November waren die vierzehn Artikel dem Gerichtshof zugegangen, am 28. wurden sie dem Prälaten vorgelegt mit dem Ersuchen, ihren Anordnungen alsbald Folge zu leisten. Der Erzbischof, der seit langem um den Bestand seiner Rechte kämpfte, mußte eine Schlappe hinnehmen. Aber uns interessiert für den Augenblick nicht der Konflikt der beiden Jurisdiktionen, sondern etwas anderes: die wirklichen Mißstände. Läßt sich darüber Genaues in Erfahrung bringen? Es läßt sich.

Um gegen die Einwände des Erzbischofs vorzugehen, ließ das Parlament von Dole zwischen 1574 und 1578 umfangreiche Untersuchungen über den tatsächlichen Betrieb des Offizialats anstellen. Einseitige Untersuchungen, gewiß – aber sie wurden Hunderte von Malen in annähernd gleicher Form wiederholt; die Behauptungen, die sie enthalten, werden in den gegnerischen Schriften niemals widerlegt, und zudem beruhen diese Untersuchungen auf sehr breiter Basis: vor allem die eine, die im Jahr 1577 von den Baillagebeamten angestellt wird und nicht nur die Kirchenvorsteher, sondern auch die Pfarrer und Vikare erfaßt, welche einmütig die Exkommunikationspraktiken ablehnen und – häufig vehement – die Mißbräuche beklagen. Dies sind keine, können keine Zeugnisse sein, die von systematischer Feindschaft gegen die Kirche und ihre Gerichte durchdrungen sind, zumal doch viele dieser Priester von den Mißständen, die sie anzeigten, profitierten[8]. Machen wir also unbedenklich Gebrauch davon.

Der Mechanismus der Exkommunikationen

Abgesehen von kirchlichen oder geistlichen Angelegenheiten kamen also, wie bereits gesagt, zwei Arten von Rechtsgeschäften vor den Kirchenrichter: Steuersachen und Zivilsachen.

Steuersachen und Straftaten: diese Verfahren konnten unterschiedslos gegen alle Laien der Diözese »wegen Meineid, Diebstahl, Fälschung, Beleidigung und allen anderen Straftaten mit Ausnahme von Mord oder besonderer, durch die Edikte Seiner Majestät geregelter Fälle« angestrengt werden. Der Delinquent, vorgeladen, persönlich vor dem Offizial zu erscheinen, wurde zunächst durch einen der Fiskaladvokaten »gefordert«, sodann, je nachdem, ins Gefängnis oder in Arrest gesetzt. Dort wurde er von einem der Gehilfen des Steuereinnehmers verhört. Diese Beamten spielten eine große Rolle für das Offizialat: ihre Herren, die Steuereinnehmer und Generalpächter, geistliche Herren mit wenig praktischer Erfahrung, wälzten die Last des Amtes auf ihre Schultern ab. Sie ließen zunächst den Beschuldigten bekennen, daß die Zuständigkeit für seinen Fall beim Erzbischof bzw. seinem Offizial lag; zuende ging die Sache meist mit einem Bußgeld, wobei der Verdacht besteht, daß es häufig zu Absprachen zwischen Beamten und Beschuldigten kam. Der Ertrag dieser Bußen ging an den Erzbischof; ein besonderer Eintreiber kassierte sie. Erwiesen sich nun etwa Verurteilte als widerspenstig, so exkommunizierte man sie, bis sie bezahlt hatten. Ein Mißbrauch zwar, aber von geringer Bedeutung: die Zivilsachen verursachten erheblich mehr.

Diese Verfahren wurden, Le Maire zufolge, »wegen Leihgeschäften, Weiderechten, Bezahlung der bei einem Wirte gemachten Zeche, Schuldverschreibungen, Beleidigungsfällen, Bezahlung von auf Kredit gegebener Ware und anderen ähnlichen Fällen« angestrengt. Sie waren überaus zahlreich, denn »an jedem Tag des Jahres außer an Festtagen und während der Ernte- und Weinlesezeit hielt der Offizial *publice* Audienz, zur Stunde der Prim, und bisweilen, nach den besagten Ferien, auch zwei Mal des Tags«. Wieso diese Flut von Händeln, die vor das Kirchengericht statt vor das Laiengericht kamen?

Claude Le Maire wird da ganz deutlich, und viele andere Aussagen bestätigen die seine: »Was dem besagten Besançon die Macht gab, so viele Fälle an sich zu ziehen, war die Leichtigkeit und Billigkeit der ersten Anzeigen, welche die Boten gewöhnlich in großer Zahl einholten.« Erleichterte Anzeigen, bedenkenlose Boten, das waren die beiden Ursachen für den Erfolg von Besançon.

In einem Dorf setzt sich ein Bauer in der Schenke zu Tisch, läßt sich zu essen und zu trinken bringen und erklärt am Schluß dem Wirt, daß er nicht zahlen kann: ein gewöhnlicher Fall von Zechprellerei. Der Wirt kann nun, um zu dem Seinigen zu kommen, seinen Schuldner vor das Laiengericht laden und durch Beschlagnahmung seines Gutes zur Zahlung zwingen lassen. Er kann aber auch den Säumigen durch die Kirchenjustiz exkommunizieren lassen – und eben dies ist der Regelfall.

Nichts leichter als das; er braucht sich nur an einen Boten des Offizialats zu wenden. Als solche fungierten Leute »von schlechtem Ruf und schlechter Lebensart«, sagte Le Maire (fol. 4), »von denen die meisten dieses Amt versehen, weil sie unwillig sind, ihren Lebensunterhalt anders als mit Zwietracht und Händeln zu verdienen«. Man traf sie in jedem Dorf und jeder Stadt; mindestens einmal die Woche begaben sie sich nach Besançon und kehrten beladen mit diversen Akten, Hirtenbriefen und Vorladungen zurück, viele davon blanko; sich ihrer zu bedienen war einfach. Kommen wir auf unser Beispiel zurück: ein Bote hat von der Sache Wind bekommen, sucht den Wirt auf und belehrt ihn über sein Mißgeschick: man muß die Sache verfolgen, und zwar vor dem Offizial; keine Unkosten, keine Unannehmlichkeiten; in einigen Tagen wird der Schuldner exkommuniziert sein und brav seine Schuld bezahlen. Und aus seinem Wams zieht der Bote eine Blankovorladung, ein *quod justum*: zwei Namen und ein Datum müssen eingesetzt werden, dann ist der Akt rechtsgültig ... Der Wirt läßt ihn gewähren, die Sache nimmt ihren Lauf.[9]

Und sie kommt zügig voran: keine Streitereien, das hat der Bote versprochen. Kraft des *quod justum* wird der Schuldner nach Besançon vors Offizial bestellt, und zwar sehr kurzfristig. Er muß sich bei einem Beamten melden und seine Anwesenheit bescheinigen lassen, sonst gilt er als Kontumax und wird als solcher exkommuniziert. Insofern ist das Verhalten des Boten vorgezeichnet: sein Gegner muß einfach ausbleiben, er darf nicht am angegebenen Tage in Besançon erscheinen. Dazu ist nicht viel Machiavellismus nötig. Zunächst einmal ist die Vorladung nicht begründet. Sie ist auf Lateinisch abgefaßt. Endlich schreibt sie ganz kurze Fristen vor. Auch wenn er verstünde, worum es wohl geht, und sich verteidigen wollte, könnte es der »Zitierte« nicht immer. Ein Bauer aus Beure oder Arguel kann ohne allzu große Umstände das nahegelegene Besançon erreichen und vor das Offizialat treten. Aber ein Bauer aus Orgelet, Jonvelle oder Jussey? Zwei oder drei Tagesmärsche hin, zwei oder drei zurück, dazu die Kosten, die Last, die Arbeit, die liegenbleibt ...[10] Einen Anwalt nehmen und sich von ihm in Besançon vertreten lassen? Das macht die Sache noch teurer, und wie denn überhaupt? Der »Beschuldigte« wartet ab. Nach ein paar Tagen teilt ihm sein Pfarrer bei der Sonntagspredigt mit, daß er wegen Kontumaz verurteilt und exkommuniziert ist und stößt ihn aus der Kirche. Besteht nun etwa wirklich Gefahr, daß der Schuldner in der angegebenen Frist Besançon erreicht, um seine Anwesenheit bescheinigen zu lassen, dann hilft sich der Bote damit, daß er die Vorladung nicht rechtzeitig zugehen läßt.[11]

Und wenn es sich nun um eine kompliziertere Sache, etwa um die Nichtausführung eines Pflichtschreibens von seiten eines vereidigten Notars des Offizialats oder auch um Schriftstücke bezüglich der Festsetzung von Renten, Wegezöllen, Pachten oder anderen Geschäften und Verträgen handelte? Der Gläubiger begab sich, mit den betreffenden Akten versehen, nach Besançon; dort ließ er sie mit dem Siegel des Erzbischofs siegeln, was sie zu Hirtenbriefen *cum nos alias* stempelte. Eine lohnende Reise, genügte es doch, daß der Prokurator erwähnte, der Hirtenbrief sei »eigens« von dem Gläubiger erwirkt worden, um diesem das Recht zu geben, sich seine Reisekosten von dem Schuldner ersetzen zu lassen.

Das führte zu häufigen Mißbräuchen. Personen, die oft kaum lesen und schreiben konnten, Krämer, Händler, Wucherer, erhielten Notariatsschreiben vom Offizialat[12]. Sie leisteten dem Erzbischof, seinem Generalvikar und dem Offizial den Treueeid; vor allem aber verpflichteten sie sich, unter dem Siegel des kirchlichen Gerichtshofes von Besançon alle Testamente und letztwilligen Verfügungen, die man ihnen vorlegte, aufzunehmen. Im Gegenzug wurden sie davon befreit, die Siegelgebühren für die von ihnen gesammelten Akten zu bezahlen. Mehrere Wochen lang trugen sie die Schuldsachen zusammen, und wenn sie sich dann zur Bearbeitung nach Besançon begaben, erwirkten sie auf einen Schlag um die hundert *cum nos alias*; auf alle ließen sie schreiben, sie hätten sie »eigens« erwirkt und hätten somit das Recht, sich von ihren Schuldnern hundert oder hundertzwanzig Mal die Reisekosten zahlen zu lassen[13]. Der Pfarrer von Roche-lès-Clerval berichtet in seiner Aussage, daß »ein quidam von Sainct-Ypolite ... für 300 *cum nos alias,* welche er auf einmal im besagten Besançon habe ausfertigen lassen, von den Parteien 300 *testons* im Werte von sechs Groschen das Stück verlangt und erhalten habe«[14]. Den Franc zu 12 Groschen gerechnet, macht das 150 Francs aus, eine ansehnliche Summe, die allein dieser Einzelne eingenommen hatte.

Der Gläubiger trat nicht immer persönlich auf, sondern betraute einen Boten damit. Für die Parteien kam dabei nicht viel heraus. Die Boten wußten, daß die Bauern sie haßten, und fürchteten das Los des Chicanoux bei Rabelais – diese Blutsauger, die den Pfarrern auf einen Schlag zwei Dutzend Vorladungen brachten, welche dieser bekanntzumachen hatte. Doch warteten sie nicht ab, bis der Pfarrer die Parteien von dem Akt in Kenntnis gesetzt hatte, sondern forderten sofort ihr *executum*[15]. Der Pfarrer von Roche-lès-Clerval teilt uns weiter mit, »daß sie bisweilen die besagten Herren Pfarrer oder Vikare zwangen, indem sie sie bedrohten, ... daß der betreffende Pfarrer oder Vikar die Ausführung der besagten Hirtenbriefe bestätigte, ohne mit der Partei gesprochen zu haben, welche sie betrafen«. Einmal hatte einer wahrhaftig für einen Toten bescheinigt »auf den Hirtenbrief hin, den ein Bote ihm brachte und dessen sofortiges *executum* er verlangte«.

War der Bote wieder fort, so beeilten sich die Pfarrer nicht immer, die Schreiben bekanntzumachen. Viele behielten sie für sich bis zum nächsten Sonntag. Ein Zeuge stellt sie uns dar, wie sie zur Messe schreiten, dieweil man ihnen »einen ganzen Korb« voll Sudelblätter nachträgt. Die verlasen sie bei der Predigt; eine lange Lektüre, die häufig länger währte als die ganze Messe. War das zitierte Pfarrkind nicht da – sein Pech, dann war es eben Kontumax[16].

Die einfache Exkommunikation genügte nicht. Die Synodalstatuten von 1560 unterschieden eine große von einer kleinen. Man begann mit der einen, dann ließ man die andere folgen: das Verfahren war genauso schlicht und einfach. Man erwirkte *Litterae aggravatoriae,* volkstümlich *aggra* genannt[17]; vierzehn Tage vergingen, und die ganze Familie des Schuldners war exkommuniziert[18]. Dann folgten die erste, die zweite, die dritte Mahnung. Die Verfluchungen, »mit denen Gott Kain, Nathan und Abiram verwünschte«, nahmen beständig zu – »bis zum Ersuchen an die weltliche Macht, die besagten Exkommunizierten ... und Verfluchten aus den Städten zu vertreiben«. Für den, der sie erließ, waren das profitable Strafen: war etwa eine siebenköpfige Familie davon betroffen, so hieß das, daß sie sich später um sieben Absolutionen bekümmern mußte, und die gab es nicht geschenkt[19]. Auch für die Gläubiger waren diese Strafen ersprießlich: für jedes neuerliche Schriftstück berechneten sie dem Schuldner die Kosten einer Reise nach Besançon, ob sie diese nun gemacht hatten oder nicht; das konnte, dem Pfarrer von Daumartin zufolge[20], bis zu sieben Mal gehen.

Ausnahmefälle? Hier stellt sich das statistische Problem. Was besagt die Angabe, welche die beiden Baillagebeamten Le Jeune und Hugonet in ihren Abschlußberichten machen, wonach sich die durchschnittliche Zahl der Exkommunikationen der Diözese auf 40 bis 50 000 belaufen soll[21]? Die Schätzung kann »aufgeblasen« sein. Aber wir besitzen eine Menge von Zahlenangaben, die zumindest teilweise überprüft sind, und die sind beeindruckend. Die Pfarrer, die sie liefern, führten Buch über die Exkommunizierten der Gemeinde[22], und die Befrager des Jahres 1577 versäumten nie, sie zu fragen, wie hoch die Zahl der Betroffenen war, als die Exkommunikation abgeschafft wurde. Hier einige der Antworten.

Da ist in der Baillage Amont der Pfarrer von Pesmes, Pierre Ancel; am 17. Dezember 1575 gab es in seiner Gemeinde noch 85 Exkommunikationen, für die keine Absolution erteilt war. In Bucey-lès-Gy gab es laut Aussage der Kirchenvorsteher häufig mehr als 200 Exkommunizierte in der Pfarre. In Faucogney hat ein Priester, der die Pfarrkirche betreut, erlebt, daß bei der Hochmesse oftmals 120 Exkommunikationsurteile verlesen werden. Im Baillage Aval zeigt der Vikar von Légna und Fétigny sein Register vor: 60 Namen bei der Abschaffung »und quasi alle wegen Schulden«. In Rothonay lag der Schnitt, dem Pfarrer zufolge, bei 40, in Sézéria, laut dem Vikar, bei 20. Es handelt sich um ganz kleine Dörfer. Es kommt noch besser. In der Gemeinde Morteau sind, wie der Pfarrer von Jougne schriftlich bestätigt, »für gewisse Jahre noch 500 oder 600 Artikel zu absolvieren, als da sind *pro contumacia, re confessa, adjudicata, quam aliter*[23]. Man beachte den Ausdruck »Artikel«; »Urteile« träfe nämlich nicht zu: es war nicht verboten, Exkommunikationen zu häufen, und die armen Leute wurden oft genug drei-, vier-, ja zehn- und zwölffach auf einmal in den Bann getan. Die Akte der Beamten von Aval enthält übrigens ein sehr interessantes Stück – eine vom Vikar angefertigte Abschrift des *Manuel des excommuniés* der Gemeinde Morteau im Jahre 1570. Eine Bescheinigung des Vikars besagt, daß alle hier wiedergegebenen Namen tatsächlich 1570 im Register standen. Insgesamt, sagt er, waren es 362. Wir kommen auf 580. Der Unterschied erklärt sich daraus, daß etliche ihre Absolution erlangt hatten; die verbleibenden 362 hatten das versäumt. Der Vikar ergänzt, daß manche von ihnen losgesprochen wurden seit dem Edikt über die Abschaffung der Exkommunikationen durch das Parlament; in seiner Abschrift hat er ihre Namen durchgestrichen. Schließlich erwähnt er noch, daß er in den acht Jahren, die er in Morteau wohnt, mehrfach Beerdigungen in ungeweihter Erde erlebt hat. Dieses Dokument belegt überdies, was wir über die Häufung von Urteilen sagten[24].

Die moralische Wirkung

Lassen wir ruhig die Proteste und Empörungen der von den Parlamenten und Baillagen Beauftragten außer Acht; dahinter könnte man Interessen vermuten. Einmütig bekunden in ihren Aussagen die Kirchenvorsteher, Pfarrer und Vikare den Eindruck des Entsetzens, das diese feierlichen Bannflüche hervorrufen, welche die Priester mit lauter Stimme »beim Klang der Glocken, gelöschten Kerzen, mit ungeheuerlichen und gräßlichen Verwünschungen« verkündeten. Das Volk, sagten die Kirchenvorsteher von Vesoul, »erzitterte vor Schrecken«. Es war schier unerträglich, so viele Gläubige »bei so geringem Anlaß aus der Kommunion und Gesellschaft der Christen verstoßen zu sehen«[25].

Unüberhörbar die Aussagen des ländlichen Klerus: der Vikar von Cresancey erklärt, »daß das Volk eher gerufen werden sollte, zur Kirche und zum Gottesdienst zu kommen . . ., statt auf allerlei Weise daraus vertrieben zu werden«. Um so mehr, ergänzt er, »als etliche, die wenig fromm sind, wohl froh wären, exkommuniziert zu sein und nie mehr hingehen zu müssen«. Oft hat der Vikar von Choye schweren Herzens »zum Bedauern aller, die beim Gottesdienst zugegen . . ., arme Leute« aus der Kirche stoßen müssen. Er ist froh über das Edikt, durch das der Hof Schluß macht mit »dieser so abscheulichen Sache, daß um Geldschulden willen die Kirche ihren Kindern verboten sei«. Der Pfarrer von Champtonnay erzählt, wie er als Vikar von Avrigney, da eines seiner Pfarrkinder exkommuniziert gestorben und in ungeweihter Erde begraben worden war, es vier Monate nach seinem Tod ausgraben und in geweihter Erde bestatten ließ »aus Frömmigkeit und christlicher Barmherzigkeit«: er trug die Kosten und erteilte kraft seiner Rechte als Pfarrer den Kindern des Verstorbenen Vergebung. Und endlich der Pfarrer von Champagney, der erzählt, wie etliche aus seiner Pfarrgemeinde »ihn schlagen und schmähen wollten, weil er sie in seiner Predigt für exkommuniziert erklärt und ... ihnen die Hl. Sakramente der Kirche vorenthalten«, und sich darüber weder sonderlich aufregt noch verwundert, denn lieber hätte er, wie er sagt, keine Bannflüche ausgesprochen, aber er mußte ja gehorchen.

Wir stießen soeben auf den Hinweis eines Pfarrers auf Beerdigungen in ungeweihter Erde. Nichts vermochte die bäuerlichen Seelen mehr in Unruhe zu versetzen. Ohne Priester begraben zu werden, auf einem Acker, war eine gräßliche Strafe für den Verstorbenen – und eine namenlose Demütigung, eine Pein für die ganze Familie. Und die dörfliche Gemeinschaft teilte diese Gefühle, wie die Synodalstatuten von 1560 unumwunden und sogar mit einer gewissen Befriedigung zugeben[26]: nichts bewies besser die Macht des Schreckens, die die Exkommunikation immer noch auf die schlichten Gläubigen ausübte.

In den Aussagen wimmelt es von Klagen und Beschwerden über diese Trauerspiele. Manche Leichen blieben vier oder fünf Tage unbestattet, während die Verwandten, beunruhigt von der Vorstellung einer Beerdigung in ungeweihter Erde, die den Leichnam der Schändung durch die Tiere preisgegeben hätte, unablässig die Gläubiger berannten, auf daß diese einwilligten, daß der Leichnam die Absolution erhalte. Lauter schmerzliche Berichte von unter einem Baum oder nahe einem Kreuz verscharrten Leichen, die wieder ausgegraben und auf den Friedhof verlegt werden, sobald die Schuld bezahlt ist[27]. Schmerzlich, bisweilen aber auch amüsant: erzählt doch ein Mann aus La Sommette, Jean Gerron, die erstaunliche Geschichte von einem Priester, der bei seinem Tode selber exkommuniziert war, »dergestalt, daß er zwei oder drei Tage lag, ohne begraben zu werden«. Indes hatte dieser exkommunizierte Pfarrer »nicht aufgehört, die Messe zu feiern, als Pfarrer zu wirken ... und die anderen zu exkommunizieren«[28].

Arme Pfarrer, die zwischen den Stühlen saßen ... Ihre Situation war nicht immer einfach. Das bezeugen viele, die mit dem Pfarrer von Pesmes schließen: »Derartige Weisen der Exkommunikation stiften nur Zwist, Feindschaft und Unmut unter den Pfarrern dieses Landes und ihren Pfarrkindern.« Dies um so mehr, als auch der Klerus selbst nicht immer ohne Fehl war. Ganz zu schweigen von jenem Pfarrer von La Boissière, von dem ein Zeuge berichtet, daß er »Geld um Wucherzins an jedermann verleiht, dann, wenn es ans Zurückzahlen geht«, die Betroffenen Kontumaz begehen und exkommunizieren läßt[29] – auch andere wußten es so einzurichten, daß sie von den Exkommunikationen profitierten. Mehrere Aussagen aus dem Baillage Baume enthüllen uns, daß manche Pfarrer zwei Exkommunikationsregister führten: ein offizielles, aber unvollständiges, das sie bei etwaigen Überprüfungen vorlegten, und ein anderes, geheimes, in dem sie eine gewisse Zahl von Namen führten. Zu Ostern, »wenn jene Exkommunizierten, die in das besagte geheime Register eingeschrieben, sich mit ihnen ins Einvernehmen setzten, so sprachen sie sie los, andernfalls gab es keine Absolution«. Auf die Weise verdienten sie jedes Jahr »eine runde Summe«[30], ohne ihr Gewissen sonderlich zu belasten: ersparten sie nicht diesen Exkommunizierten, wenn sie sie für absolviert gelten ließen, unerträgliche Kosten und die moralische Not einer unverdienten Strafe?

Freilich brachte gerade der unsinnige Gebrauch derartige Verurteilungen schließlich um ihre Wirkung. Zur Zeit der Exkommunikationen, sagt der Pfarrer von Plaisia, ging man nicht mehr zur Messe; seitdem sie abgeschafft sind, »geht wie zuvor ein jeder brav zum Gottesdienst, daß es eine Freude ist«. Mehrere andere bemerken sehr richtig, daß der Augenblick – die Zeit der Reformation – schlecht gewählt war, die Gläubigen aus der Kirche zu drängen. Der Junker Desmolins aus Cresancey (dessen ganz von ihm allein verfaßte Aussage eine seltsame Probe verworrenen und devoten Stils ist) erklärt, daß die Ketzer, »welche aus Furcht so tun, als gingen sie zur Kirche, sich um einer geringen Sache willen exkommunizieren lassen, sodann die Gemeinde empören, indem sie während der Hl. Messe umherlaufen und spazierengehen«. So die Exkommunizierten von Baumotte-les-Pin, die laut verkündeten, »daß man sie gegen ihren Willen zu Hugenotten machen wollte, aber daß die Exkommunizierten nicht ablassen würden, Eier zu Ostern zu essen, und daß sie auch Kuchen äßen«[31]. Die Exkommunizierten von Pesmes fügten noch fröhlich hinzu, »während die anderen in der Kirche wären, ließen sie es sich schmecken«. Und die von Fontain, »während die Gemeinde bei der Messe sei«, das Dorf also leer, gingen sie, nicht faul, ihre Nachbarn »ausnehmen«. Also, schließt der Pfarrer streng, habe die Exkommunikation, »da sie Tugend schaffen sollte, Laster nur gewirkt«.

Die Interessen

Wie konnten sich derartige Mißstände halten? Sie konnten es, weil durch einschneidende Maßnahmen zu viele und zu gut gehütete Interessen verletzt worden wären. Kurz gesagt, die Exkommunikationen wegen Schulden abzuschaffen, hätte bedeutet, das Offizialat abzuschaffen: ohne diese Waffe hätte der Offizial weder die Parteien dazu bringen können, vor ihm zu erscheinen, noch dafür sorgen, daß die erlassenen Urteile auch wirklich ausgeführt wurden.

Abschaffung des Offizialats aber hätte schwerste finanzielle Einbußen für den Erzbischof bedeutet. Erklärte doch bereits 1532 der Erzbischof Antoine de Vergy auf eine Befragung von Karl V., die Einnahmen der Justiz bildeten »das hauptsächlichste Erbgut« der Kirche von Besançon, »denn die wesentlichen Einnahmen selbiger Kirche sind gering und möchten im Jahr nicht an dreitausend Franken kommen«: eine Summe, die sich zum Unterhalt des Prälaten nicht schickt, »welcher nebst seiner erzbischöflichen Würde auch Fürst Eures Heiligen Reiches ist«. Vergeblich hatten die Stände den Widerstand des Erzbischofs zu brechen gesucht, indem sie in ihrem Gelübde von 1556 angeboten hatten, ihm zur Entschädigung die erste freiwerdende Abtei, »welche 3000 Franken und darüber einträgt, zur Vereinigung mit dem besagten Erzbistum« zu übertragen: der Prälat hätte sich dabei nicht gut gestanden.

Abschaffung des Offizialats hätte obendrein geheißen, Besançon zu ruinieren. Einen gutgehenden Gerichtshof zu besitzen, war für eine Stadt ohne bedeutende Industrie und Handel lebenswichtig. Das merkt man an dem wütenden Widerstand des Rates von Vesoul gegen die Einrichtung eines Baillagegerichts in Baume oder des Rates von Arbois gegen die Abschaffung des örtlichen Gerichtssitzes. Das Offizialat von Besançon – das bedeutete, daß an den Geschäftstagen ein Strom von Prozeßführenden aus allen Ecken der Grafschaft durch die Stadt zog, die Herbergen voll waren von Gästen und die Läden von Käufern, und daß Jahr für Jahr junge Comteser sich als Schreiber bei namhaften Anwälten verdingten, um ihr Geschäft und das Rechtslatein zu erlernen und sich mit den Winkelzügen eines verfänglichen Verfahrens vertraut zu machen[32]. Auf diese Weise blieb die freie Reichsstadt, obwohl sie politisch von der Comté getrennt war, deren großes Justizzentrum und beinahe Dole, ihrer verhaßten Rivalin, ebenbürtig. Und in ihren harten Steinhäusern barg sie ein ganzes Volk von Rechtskundigen, Notaren, Klägern, die, emsig sich rührend und mehrend, das Unterpfand ihres städtischen Wohlstands waren. Der Ruin des Offizialats wäre derjenige dieser Leute und der wiederum wäre auch der der Stadt gewesen.

Auch hierüber wird in den vorliegenden Texten beredte Klage laut. Zunächst gegen die Anwälte. Le Maire, ihr Kollege, enthüllt die heimlichen Quellen ihres rasch wachsenden Vermögens. Die Prozesse? »Man führt sie gewöhnlich nicht vor Zuhörern, so daß sich die Anwälte der Parteien ins Benehmen setzen können, ohne den Richter zu behelligen«. Unbefangen einigt man sich unter Kollegen auf Kosten der Klienten. Hat Le Maire doch erlebt, wie sein Lehrherr, der Anwalt Patroignet, und sein Onkel, der Anwalt Oultrey, jeweils im Auftrag gegnerischer Parteien sechs Monate lang das Verfahren unterbrochen liegen lassen und sich dann eines schönen Tages treffen, drei oder vier Akten vordatieren und »in weniger als einer halben Stunde die Prozeduren, die man in mehreren Prozessen in sechs oder acht Monaten machen könnte und sollte, erledigen«.

Dieser glückliche Stand kennt keine Arbeitslosigkeit. Und schließlich gaben sie sich Mühe! Schrieben sie nicht an ihre Klienten, »auch wenn sie die verkommensten, ärmsten oder gemeinsten an ihrem Orte waren«, und redeten sie als »liebe und werte Freunde« an? Und schlossen sie nicht jedes ihrer Schreiben mit etlichen »Kratzfüßen und Schmeicheleien«[33]? Das Spielchen lohnte sich. Ein Prozeß am Offizialat war teuer. Die einfachsten Prozeduren beliefen sich auf 10 oder 12 Francs, während – aber wie glaubwürdig ist diese Behauptung? – eine Vorladung in geringfügiger Sache und vor niederer Instanz sonst 8 *engrognes* oder 3 *blancs* kostete, vor einem Baillagegericht 10 *blancs*, 3 *gros* oder 6 *sols*[34]. Die Anwälte verstanden sich großartig darauf, die Rechnung in die Höhe zu treiben. Es war ein Papierkrieg ohne Ende. Die Nutznießer stellten laufend neue Untersuchungen an, mit denen tumbe Burschen betraut wurden, warfen mit Schriftstücken nur so um sich, Repliken, Dupliken, Tripliken, ja bis hin zu Oktupliken, »widersprachen« nicht nur den Personen, sondern selbst den Zeugenaussagen, und das alles mit der schamlosesten Geschwätzigkeit.

Nichts schätzten sie mehr als Berufungen. Selten hielten sich die Parteien an das Urteil des Offizialats. Man schritt zu seiner Vollstreckung, gleichzeitig aber legte man in Rom Berufung ein. Diese Berufung bewirkte keinen Aufschub, sondern nur neue finanzielle Lasten: ja und? Zahlen würde der Verlierer, und die Spannung wuchs. Unter hohen Kosten zog man also vor den päpstlichen Hof[35]. Von dort wurden nun drei delegierte Richter aus der Freigrafschaft benannt, von denen die appellierende Partei den günstigsten wählte. War die Sache angehört und eingeleitet, begann von neuem die Sintflut von Schriftstücken. Ablehnung von delegierten oder subdelegierten Richtern. Dann Wiederholung der alten Argumente und der ersten Untersuchungen. Darüber hinaus konnten die Parteien aber auch neue Fakten anführen, und so gab es neue Beweise und Prozeduren. Alsdann Zeugenbefragungen, Repliken, Dupliken, Tripliken, Quadrupliken, Quintupliken, Einsprüche und Entkräftungen; schließlich das Urteil mit all seinen Kosten: Tagegelder und Spesen der apostolischen Richter und ihrer Schreiber, Richtgelder etc. War diese Berufungssache erledigt, fing man von neuem an; gegen Berufungen gab es keine andere Schranke als die Einsicht (und die Börse) der unterlegenen Partei[36]. Und wenn diese, wo es an die abschließende Regelung ging, sich stur stellte, da ließen ihr die Anwälte und Rechtsdiener in aller Ruhe eine schöne Exkommunikation vom Offizialat verpassen, und schon wurde sie zahm.

Da sich unterdes die Klientel dieser Raffer in der Robe über die gesamte Freigrafschaft erstreckte, hatten sie die Gewohnheit angenommen, die wichtigsten Messen zu besuchen. Dort konnten alle, die bei ihnen in der Kreide standen, sie aufsuchen und mit ihnen abrechnen[37]. Einer der bei der Untersuchung von 1577 befragten Zeugen, Jacques Jaquard, Generalschreiber und Notar des Offizialats, schildert, wie sie alljährlich kurz vor Weihnachten auf der Wintermesse von Lons-le-Saulnier aufkreuzten. Drei Tage lang hockten sie »in einer niedrigen Stube des Hauses vor der Kirche Saint-Désiré, vor sich lange Tische wie in einer Amtsstube«, und empfingen die Schar ihrer Klienten, die ihnen blanke Taler und klingende Münze brachten[38]. Zuvor hatten sie sich eine Generalvorladung ausstellen lassen, kraft derer sie gegen jeden Ausbleibenden Kontumazstrafe erwirken konnten: schon war er exkommuniziert.

Daß bei diesem Geschäft die Anwälte Besançons reich wurden, kann man sich denken. Sie mochten sich ruhig zu vielen in die Beute teilen (zu der Zeit, als Claude Le Maire die Praxis erlernte, um 1545, zählte man im Offizialat von Besançon sechzig ordentliche Anwälte und zwölf außerordentliche, die aber dieselben Rechte besaßen wie die Amtsinhaber[39]; 1574 war ihre Zahl erheblich gestiegen) – trotzdem strichen, den Beamten von Aval zufolge, manche von ihnen täglich mehr als zehn oder zwölf Francs ein, und »an manchen Tagen, wie etwa nach den Ferien wegen der Heuernte oder der Weinlese«, kamen sie auf die beträchtliche Summe von sechzig[40]. Dabei waren sie nicht die einzigen, die von den Prozessen lebten. Ein enormer Personenkreis profitierte davon.

Zunächst einmal gab es nicht eines, sondern zwei Offizialate: das des Erzbischofs, das bei weitem bedeutendere, und das des Erzdiakons, »das eine begrenzte Rechtsprechung in gewissen Orten dieses Landes wie etwa der Gegend von Pontarlier ausübt«. Dieselben Verfahrensweisen, dieselben Mißstände herrschten am »großen« wie am »kleinen Hof«. Der Offizial des Erzbischofs, eine gewichtige Person, verdiente aus seinen »Einnahmen und Pfründen ebenso viel wie zwei oder drei burgundische Präsidenten zusammen«[41]. Claude Le Maire beschuldigt ihn, täglich die ohnehin willkürliche Taxe seiner Urteile zu erhöhen und keinen Prozeß mehr zu schlichten, ohne darum gebeten worden zu sein (gewöhnlich kamen die Bittsteller »nicht mit leeren Händen«); ja, er behauptet, dieser habe sich nicht gescheut, von beiden Parteien gleichzeitig Geschenke anzunehmen: so befestigt man seinen Ruf, unparteiisch zu sein[42]. Unter dem Offizial stand sein Sekretär. Er stellte den Parteien die Abschrift ihrer Urteile auf Pergament aus und versäumte nicht, »die Schriftstücke des gesamten Verfahrens, gleich welches Inhalts sie sind«, dazuzurechnen, und wo angesichts der Gesamtkosten die Parteien aufmuckten, gebrauchte auch er die Exkommunikation[43]. Daneben stand der Generalanwalt des Offizialats: eine weitere Person von Gewicht, deren Einnahmen die des Offizials erreichten, wenn nicht überstiegen[44]. Billigerweise vergaßen sich auch seine Schreiber und Bediensteten nicht. Kamen noch der Bekanntmacher der Testamente, die beiden Testatoren, die alle in Besançon angestellten Verhöre aufnehmen mußten, der Auflöser der Exkommunikationen, der Taxierer, der Siegler, der Bußeinnehmer und endlich noch ein Schwarm von Subalternen, Schreibern, Dienstboten, ganz zu schweigen von den Advokaten neben den Anwälten[45] – eine ganze Welt, die außer an Feiertagen keine Muße kannte. Die bloßen Gebühreneinnahmen für das Siegel, das alle Schriftstücke, Kontumazurteile, *aggras*, Verbote, *cum nos alias* etc. erhalten mußten, beliefen sich im Jahresschnitt auf vier- oder fünftausend Francs, ungerechnet dessen, was das *sigillum camere* einbrachte, das man bei »Benefizbriefen, Dispens- und Approbationsschreiben und anderen« gebrauchte. Alles in allem schätzt Le Maire, daß man mittels »der Exkommunikationen und Praktiken des Offizialats« pro Jahr vierzig- bis fünfzigtausend Francs aus der Diözese zog[46]. Eins steht fest: die Kirchenjustiz war ruinös. Sie war es aufgrund der Vielzahl an Mißbräuchen. Sie war es, weil so viele von denen, die sich an sie wandten, daran interessiert waren, daß sie mißbräuchlich und raffgierig war.

Das gesellschaftliche Klima

Hinter den Institutionen standen Menschen. Wenn Le Maire seufzt: »Die Habgier breitet sich aus in den Sitten der Menschen«, dann vermeint er nur über Moral zu reden. In Wirklichkeit bringt er ein wirtschaftliches und gesellschaftliches Klima zum Ausdruck.

Wer die Gesellschaft der Freigrafschaft Mitte des 16. Jahrhunderts aus der Nähe betrachtet – und diese Gesellschaft unterscheidet sich kaum von der französischen Gesellschaft von damals – findet ihre bürgerlichen Schichten von wilder Leidenschaft gepackt zu »verdienen«. In den kleinen Städten, den noch ländlichen Marktflecken gibt es Dutzende von schlichten Leuten, die, aus dem Nichts kommend, auf dem Elend und der Ausbeutung des Bauern einen zähen und mörderischen Reichtum gründen[47]. Dem von schlechten Jahren, Pestwellen, Hagelschlägen, Überschwemmungen, Bränden, Truppenzügen, von jenen tausend »Unbilden«, die auf ihn niedergehen und gegen die er hilflos ist, erschöpften Landmann leiht der Händler, der Bürger einige Taler, schießt ihm etwas Getreide vor und läßt nicht mehr von ihm ab, bis er ihn vollkommen ausgenommen hat. Nichts, was ihm nicht nützt und ihn bereichert: Wohlstand ebenso wie Unglück, der Überfluß der fetten Jahre ebenso wie die Not der Hungerjahre, die den Bauern zu kostspieligen Käufen zwingen, zum Wucherkredit, der schon den Verkauf einläutet. Und blieb nicht eben deshalb die Offizialatsjustiz mit ihren Exkommunikationspraktiken in der Grafschaft Burgund derart im Schwange, weil sie in hervorragender Weise dieser Sucht nach Gewinn und Bereicherung entgegenkam?

Die ständigen Händel, die Rachsucht von Dörfern oder Kleinstädten, die berühmten »Ränke« Burgunds, von denen Granvelle sagte, sie weckten draußen Haß auf die Bewohner der Freigrafschaft[48], erklären nicht alles. Entscheidend ist unseren Texten zufolge, daß der Gläubiger, der sich ans Offizialat wandte, von diesem nicht bloß verlangte, ihm zu dem Seinen zu verhelfen. Er hatte das Spiel in der Hand – und der große Vorzug der Exkommunikation bestand für ihn darin, ihm den Menschen, den er verfolgte, auf Gedeih und Verderben auszuliefern.

Die Exkommunikation nämlich schleuderte der Gläubiger selber auf das Haupt seines Schuldners. Genügte es doch, das obligatorische Schreiben, auf das sich die Verfolgungen gründen mußten, nach Besançon zu schicken, um ein Mahnschreiben zu erwirken, dem einige Tage später automatisch der Bannfluch folgte[49]. Doch auch nachdem die Exkommunikation ergangen war, beließ sie das Opfer in den Klauen des Gläubigers – und allein des Gläubigers. Ein Beispiel: wenn die Festtage, wenn Weihnachten und Ostern nahten, faßte den gut christlichen Schuldner Verzweiflung. Welch eine Schande, abseits zu stehen als elender Sünder, dieweil das Dorf feierte ... All seinen Mut zusammennehmend, machte sich der Mensch auf den Weg in die Stadt oder den Ort, wo sein Gläubiger wohnte. Nicht etwa um von diesem die Einwilligung in eine völlige Absolution zu erflehen, daran war gar nicht zu denken, sondern um ihn um eine Unterbrechung von einigen Tagen zu bitten, auf daß er an den Feiertagen zur Kirche gehen und seine Christenpflicht erfüllen könnte. Freilich war er nicht so naiv, eine derartige Gunst umsonst haben zu wollen. Er zahlte dafür, manchmal mit allem, was er an Geld nur auftreiben konnte, manchmal mit dem schriftlichen Versprechen auf Naturalzahlungen, was neuerliche Schulden für ihn, neuerliche Einkünfte für den Gläubiger bedeutete. Der wiederum traf mit subtiler Grausamkeit seine Vorkehrungen. Wenn er, nachdem er sich ordentlich hatte bitten und bezahlen lassen, endlich bereit war, dem armen Menschen die vier, fünf Wochen Aufschub, um die er flehte, zu gewähren, so setzte er fest, daß im Todesfall die Unterbrechung außer Kraft träte, so daß der Schuldner im Augenblick seines Hinscheidens wieder exkommuniziert wäre und deshalb nicht von den Priestern in geweihter Erde bestattet werden könnte[50]: mußte man sich nicht dieses äußerste Druckmittel auf die Familie des Exkommunizierten, die Verweigerung eines kirchlichen Begräbnisses, vorbehalten?

Man glaubt zu träumen angesichts einer derartigen Verfinsterung des religiösen Sinns, und das in einer Provinz, die sich ihres unverbrüchlichen, frommen Katholizismus rühmte. Es sah gerade so aus, als habe die Kirche den Verstand verloren und sei einer Bande von Räubern, Wucherern und

Schurken in die Hände gefallen. Und welch ein Gegensatz: wer aus den armen Bauern, die gezwungen waren, halsabschneiderische Verträge zu unterschreiben, zuviel herausholte, sobald sie nicht pünktlich zahlten – der riskierte, daß er von weltlichen Gerichten bestraft wurde, so hart wie diese jetzt waren. Für diejenigen dagegen, die mit Exkommunikationsaufschüben handelten, bestand keinerlei Risiko; diese monströsen Geschäfte genossen vollkommene Straffreiheit[51].

Auch hier wieder sind die Zeugnisse gleichlautend. Hatte der Gläubiger der Unterbrechung zugestimmt, so mußte sich der Schuldner nach Besançon begeben, um sie eintragen zu lassen. Natürlich setzte man das Siegel drauf, Kostenpunkt zwei *gros*. Pro Exkommunikation, versteht sich: ein armer Mensch, der zwanzig Mal exkommuniziert war, mußte zwanzig Mal dies obligatorische Siegel bezahlen. So nahm denn vor den Festtagen in Besançon die Prozession beim Siegelführer des Offizialats kein Ende. Vom Hause seines Dienstherrn aus sah Claude Le Maire in den Tagen der Karwoche »den Siegelführer eifrig beschäftigt, ohne Unterlaß all die Absolutionen und Unterbrechungen zu siegeln«[52]. Nahm er doch allein am Karfreitag bis zu fünfhundert und an den fünf anderen Tagen zwei- bis dreihundert Francs ein.

In ähnlicher Weise zeigt uns der Gerichtsschreiber Jacquard d'Orgelet in seinem wunderlichen Bericht eine jener Familien von »Neureichen«, von denen es in der Freigrafschaft allmählich wimmelte. Es handelt sich um die Pelissonnier aus Arlay, die in allen Stücken dieser neuen gesellschaftlichen Klasse entsprechen, einschließlich der Sympathie, die sie für die Ideen der Reformation hegten, ganz wie jene niederländischen Bürger, die Henri Pirenne beschrieben hat. Zu diesen reichen Händlern, die in Arlay saßen, an der Grenze von Bresse und Comté, nahe Burgund und dem Lyonnais, dem Lauf der Saône und der Straße von Grandvaux[53] – zu ihnen, genau wie zu dem steinreichen Händler von Gy, Antoine Begnin, der bei seinem Tod ein ganzes Faß voller *cum nos alias*[54] und fertig vorbereiteter Exkommunikationsverfahren hinterließ, kamen Jacquard zufolge um Ostern herum »so viele Personen, um Aufschub oder Erteilung der Absolution zu erwirken . . ., daß man sich nicht genug verwundern konnte über so viele arme Leute und all die Kosten, Strafen und Mühen, die sie erduldeten«[55]. Doch operierten sie im Schutz des Offizialats vollkommen ungestört, diese Pelissonnier und Begnin, um ihre Habe zu vermehren. Wohingegen die Justiz des Parlaments, so nachsichtig sie auch gegen die Ausschreitungen solcher großen Kaufleute war, immerhin Claude Pelissonnier zur Rechenschaft zog, als er in seiner Maßlosigkeit so weit ging, einen armen Bauern einzusperren, der bereits zweiundzwanzigfach exkommuniziert war[56].

Ein weiteres Beispiel, das letzte. In der Liste der Personen, welche am 15. Dezember 1572 exkommuniziert waren, die der Vikar von Vercel aufstellte, taucht unter den Namen der verfolgenden Gläubiger am häufigsten derjenige der großen Kaufmannsfamilie Malarmey auf, die Niederlassungen sowohl in Vercel als auch in Besançon besaß[57]. Zu ihnen gehört François Malarmey, mit dessen Umtrieben uns eine Anklage wegen Wucher vor dem Parlement von Dole bekanntmacht. Die Aufzählung der ihm zur Last gelegten Dinge umfaßt nicht weniger als zwölf Folio-Seiten im Urteilsregister[58]. Und es ist immer dieselbe Leier. Er verlieh Geld zu einem »vernünftigen« Satz: 8 Prozent. Bloß daß er von 100 Francs erst einmal 15 für sich behielt. Sodann war er nicht so blöd, den Schuldnern ihre Verschreibungen herauszurücken, wenn die Schuld getilgt war; er versuchte einfach, sie zweimal zahlen zu lassen, sofern sich das durchdrücken ließ. Lieh er 100 Francs zur Rente, so behielt er jedesmal zwei Taler von der Summe ein; das war für »Hut und Putz für seine Frau«. Doch auch sich selbst vergaß der galante Gatte nicht: von 100 Francs, die er zu 8 Prozent an einen Mann aus Vercel verlieh, behielt er vier für sich: »das war für ein Paar Hosen, auf daß auch er von seinem Gelde etwas hätte« ... Ein schöner Typ von einem Neureichen, und auch er steht im Ruch der Ketzerei; er wird beschuldigt, zur Fastenzeit fett gegessen zu haben, seine Pflichten als Christ versäumt und lobenden Tons über das erbauliche Ende eines zu Besançon hingerichteten Ketzers geredet zu haben[59].

Einen Schuldner ruinieren, ihn zum Verkauf treiben, das brachte sicheren Profit. Zeigen uns doch ergreifende Dokumente, wie zu jener Zeit in der Freigrafschaft das Bürgertum der Städte und der großen Dörfer sich des bäuerlichen Landes bemächtigte und zinspflichtige Freibauern in Pächter wenn nicht landlose »Kätner« verwandelte, die sich leicht ausbeuten ließen. Hauptvoraussetzung für diese gewaltige Verschiebung war der Ruin des bäuerlichen Eigenbesitzes[60], und wo zu jener grausamen Zeit selbst in der neutralen Freigrafschaft schon alles dahingehend wirkte – die Pest- und Hungersnöte, Überschwemmungen, Hagelschläge und Dürren, die unablässigen Durchzüge von Truppen aus dem Mailändischen, unterwegs ins aufständische Flandern, die Räubereien eines enteigneten ländlichen Proletariats, dem nichts als Wegelagerei mehr blieb –, da tat nun auch der Mensch unerbittlich noch das Seine, getrieben von einer finsteren Gier, die ihm keine Ruhe ließ. Wer die verkennt, wird die Geschichte jenes Zeitalters schwerlich verstehen.

Hier lag das Geheimnis eines so strahlenden Erfolges. Für eine ganze soziale Klasse bildete das Offizialat einen der bequemsten Gewinnmechanismen eines Jahrhunderts, das ebenso viele Gewinnquellen besaß wie Panurg. Und so waren denn zu viele Personen daran gebunden, hatten zu viele das dringendste Interesse an seiner Erhaltung, als daß sie die Zerschlagung einer so fruchtbaren Einrichtung widerspruchslos hingenommen hätten. Bereits bei Abschluß des Konzils im Jahre 1564 stand ein Block von Gegnern: Gläubige in Gewissensnot, Kirchenvorsteher und Priester vom Lande, die ihrem Unmut Luft machten wider eine Justiz, die dem Reichtum hörig war, endlich Parlamentarier, die ihre moralischen und religiösen Einwände mit berufsständischen Bedenken verbanden, einem Block von Privilegierten, die ihre Privilegien nicht verlieren wollten, gegenüber: Erzbischof, Kirchenrichter, Verwaltung von Besançon, Justizpersonal, d. h. Anwälte, Notare, Boten und alle die, die sich skrupellos der Kirchenmittel bedienten, um mit geringsten Unkosten den meisten Gewinn zu machen.

Man warf sich in den Kampf. Gesandtschaften nach Spanien, nach Deutschland, in die Niederlande, nach Rom, Geldzuwendungen, Denkschriften, Bittbriefe, nichts wurde unversucht gelassen, um den Souverän zu bewegen, seine Entscheidung zurückzunehmen. Doch der Widerstand war zäh: die Parlamentarier von Dole hatten das Mittel in der Hand, eine gegnerische Rechtsprechung, deren Erfolg ihnen als direkter Angriff auf ihre Vorrechte erschien, weitgehend zu ruinieren: und das ließen sie sich nicht entgehen. Und als nach einigem Hin und Her die Erzherzöge den Streit entschieden, da bekräftigten sie eigentlich nur die zu Zeiten des Herzogs von Alba aufgestellten Prinzipien, an denen die roten Männer von Dole festgehalten hatten.

Ein Sieg der Gerechtigkeit? Triumph jener religiösen Skrupel, die, so behauptete er zumindest[61], um die Mitte des Jahrhunderts den Kardinal Granvelle bewogen, den Erzbischofsstuhl von Besançon auszuschlagen? Genugtuung für das arme Volk, das sich, dem *Sommaire des abuz* zufolge, seit der Reform der kirchlichen Mißstände »schon zur Hälfte gerettet« und »dem Paradiese nahe« wähnte? Eins steht fest: weit mehr als um seiner Mißstände willen ist das Offizialat, wenngleich spät und widerwillig, dem Zentralisierungsbestreben des Parlaments zum Opfer gefallen: eher ein Opfer der Zeit als der ausgleichenden Gerechtigkeit.

Welche Folgerungen ergeben sich aus diesem Einblick in eine verstörende Vergangenheit?

Zunächst einmal die: wenn tatsächlich die »Mißstände« in der Kirchengeschichte des 16. Jahrhunderts die Rolle gespielt haben, die man ihnen so oft zugeschrieben hat, dann muß man ihrer Wirksamkeit nicht bloß am Vorabend der Reformation oder zu dem Zeitpunkt, als Luther gegen das Papsttum aufsteht, nachgehen. Nicht zwischen 1520 und 1530 werden in der Franche-Comté zahlreiche und empörte Proteste laut gegen das, was uns als unerträglicher Mißstand erscheint. Das geschieht erst zwischen 1570 und 1580, lange nach Abschluß des Konzils von Trient. Und nicht die hohen Würdenträger des Klerus, nicht der Erzbischof, dem die Nöte seiner Herde gleichgültig sind, bringen eine Kampagne gegen diese skandalöse Praktik in Gang; das tun die Laienrichter, die Parlamentarier, die Männer des Souveräns. 1570, 1580 – da hat die Freigrafschaft ihre Wahl schon getroffen. Einen Augenblick lang hat die Reformation, hat das Beispiel von Genf, Lausanne, Neuchâtel, Montbéliard, Basel sie in Versuchung geführt – aber dann hat sie sich geweigert, es ihren Nachbarn gleichzutun und ist im Schoß der Kirche geblieben. Die Mißstände haben ihre Entscheidung mitbewirkt. Das sieht man deutlich sowohl am Verhalten eines Erzbischofs wie Claude de la Baume zwischen 1550 und 1560 – als auch an den Taten und Untaten jener Wucherer, jener »Auspresser«, welche die Blitze der Kirche benutzten, um armselige bäuerliche Vermögen zu zerschlagen und zu zerfetzen und sich von ihren Stücken zu mästen.

Bei allem Abscheu vor den Mißständen ist die Freigrafschaft diesen Mißständen treu geblieben: ich will sagen, daß die Exkommunikation wegen Schulden die Seelen der Comteser nicht davon abgehalten hat, sich ums katholische Banner zu scharen. Und noch einmal, was heißt das: Mißstände? Mit kleinen, wohlgemeinten Reformen war ihnen jedenfalls nicht beizukommen. Sie anzugreifen hieß, die ganze Struktur der gesellschaftlichen Einrichtungen jener Zeit anzugreifen. Den Gebrauch der Exkommunikation in Fällen von Verschuldung abschaffen? Leicht gesagt. Praktisch gesehen wäre die Revolution, die eine solche Abschaffung ermöglicht hätte, keine Revolution von Religion und Moral gewesen. *Es wäre eine Revolution der Gesellschaft gewesen.* Und eben darum boten die Mißstände über so lange Zeit hinweg ein Thema, über das sich wohlgesinnte Menschen entrüsteten – obgleich denn auch sie letzten Endes nicht gewußt hätten, wie sie sie hätten stürzen sollen, ohne zugleich das ganze Gebäude, mit dem sie fest und untrennbar verbunden waren, mit zu Fall zu bringen.

1 Was diese Verhältnisse anbelangt, verweise ich auf meine Schrift über *Philippe II et la Franche-Comté*, Paris 1912.

2 Vgl. Gauthier, *Les Sceaux de l'officialité de Besançon*, Abhandlung der Akademie von Besançon 1887, S. 179-192.

3 Daher die großartige Sammlung von Testamenten, deren Überreste, zwei starke Bände der Sammlung der *Documents inédits* füllen; vgl. U. Robert, *Les Testaments de l'officialité de Besançon (1265-1500)*, Bd. I, 1902; Bd. II (von Prinet), 1907.

4 Vgl. d'Auxiron, *Observations sur les juridictions . . . de Besançon*, 1777, S. 62.

5 Petremand, *Recueil des ordonnances et édictz de la Franche-Comté de Bourgogne*, Dole 1619, f° IV, XIX, 840, S. 183: »es werden die Exkommunizierten in Haft gehalten, bis daß sie getan haben, was ihre Absolution erwirkt«. – Gleichlautend die *Statuta Synodalia Ecclesiae Bisuntinae*, Lugduni 1560, S. 248.

6 Die Väter fügten noch hinzu, daß bei Strafe der Exkommunikation kein Laie den Richtern der Kirche die Verhängung der Zensur in

Schuldensachen untersagen dürfe. Man rechnete also von vornherein mit Widerständen.

7 Vgl. dazu L. Febvre, *Philippe II et la Franche-Comté*, Kap. IX: »Les Réformes, l'Eglise«, S. 580 ff.

8 Die wichtigsten benutzten Quellen sind: A. D. Doubs, Parlement de Dole, Abt. B 53. *Correspondance:* Bericht des Anwalts Claude Le Maire über die Mißstände des Offizialats, 12. 1. 1574, 12 ff. in folio. – *Ibid., Sommaire déduction d'aucuns excès procédez à l'occasion des censures, excommunications, etc.* (1575), ein von flandrischen Untersuchungsbeamten verfaßter Bericht. Vgl. auch im selben Archiv die umfangreiche Akte B 0739, *Affaires religieuses*, mit zahlreichen Berichten von Baillagebeamten sowie einem *Sommaire des abuz qu'il semble souloient résulter des excommunications*, das Ergebnisse von zwei Beamten aus Aval, Gilbert Le Jeune und Claude Hugonet, zusammenfaßt. Verschiedene Briefe und Berichte finden sich auch in den Bündeln der *Correspondance du parlement*. – Es sei noch erwähnt, daß in der Freigrafschaft Burgund der Franc gleichwertig ist 20 *sols* oder 12 *gros* oder 48 *blancs* oder 240 *deniers* oder 960 *engrognes*.

9 Vgl. Le Maire, 4 v°. Bemerkt sei, daß das Konkordat von 1559 die Bewilligung solcher Blankoakten verbot. Vgl. Petremand, *Recueil* . . ., Buch VI, Bd. VII, Art. MCCXCV.

10 Darauf verweisen die Befragten aus der Gegend von Orgelet, das sehr weit von Besançon entfernt liegt, mit besonderem Nachdruck. Vgl. fol. 2, Orgelet; fol. 3 v°, Plaisia; fol. 9 v°, Chambéria; fol. 14 v°, Arinthod, usw. Vgl. auch *Ressort de Morteau*, Aussage des Pfarrers von Jougne, 15. Mai 1577 (nicht paginiert): »Da die Zitierten kein Mittel haben, nach Besançon zu senden oder sich vertreten zu lassen, gelten sie als Contumaces und werden exkommuniziert.«

11 Vgl. Le Maire, fol. 5. Häufig versandte die zitierende Partei die Vorladungen und die nötigen Befehle nicht am festgesetzten Tag; eine Kontumaz *de die praeterita* wurde ebensowohl versandt. Der Beamte erhielt zwei *engrognes* bei Kontumaz dieser Art (*ibid.*).

12 Diese Briefe, sagt Le Maire (11 v°), gingen an Leute »wie Händler und andere, die keinen Beruf ausübten, aber erreicht hatten, daß sie zu Notaren gemacht wurden, um Exemtion vom Siegel zu haben, was sie indes fortfuhren, von den Schuldnern und exkommunizierten Armen zahlen zu lassen«. Vgl. auch *Sommaire des abuz* ..., fol. 8 v°.

13 Praktiken, die dem Konkordat von 1559 zuwiderliefen, welches bestimmte, »daß bei Erwirken von *cum nos alias* oder anderen Sendschreiben nicht bescheinigt werde, sie seien persönlich und eigens erwirkt, wenn mehrere auf einmal und bei derselben Reise erwirkt werden.« (Petremand, *Ordonnances* . . ., VI. Bd. VII, Art. MCCXCIII, S. 235).

14 *Ressort de Baume*, fol. 43.

15 Die Synodalstatuten von 1560 schrieben den Pfarrern vor, die Aufträge der Hirtenbriefe ungesäumt auszuführen, jedoch die Parteien solange nicht zu benachrichtigen, »wie der Bote noch nicht fern dem Dorfe ist, aus Sorge, man möchte ihn mißhandeln«. (S. 244. Das bestätigt der Pfarrer von Roche in der Umfrage von 1577; vgl. *R. de Baume*, 43 v°).

16 Vor allem im Gebirge kam dieser Fall häufig genug vor. Die Pfarrgemeinden umfaßten fünf oder sechs Dörfer, die häufig ein, zwei Meilen auseinander lagen; den Sommer über lebte gut die Hälfte der Bauern auf den Hochalmen oder im Wald, »auf den Hütten«: entsprechend stieg dann die Zahl der *Contumaces* an. (Vgl. das Zeugnis eines »Gebirglers« von der Sommette, in *R. de Baume*, 64 v°).

17 Muster dafür: *Formulaire Jeanroy*, 68 v° und 69; Bibliothek von Besançon, Ms. 396.

18 *Ressort de Vesoul*, fol. 20 v°, die Kirchenvorsteher von Montbozon: »Die Frauen, Kinder, Gesinde und alle, die zu der besagten exkommunizierten Familie gehören, verfallen derselben Exkommunikation, und ihnen wird versagt, christlich zu kommunizieren und die Heiligen Sakramente der Kirche zu empfangen, auch werden ihnen Mühlen, Öfen und Brunnen untersagt, und wo etwa die Müller, Bäcker und andere ihnen Hilfe und Beistand leisten oder in ihren Häusern Unterkunft gewähren, werden auch sie exkommuniziert.«

19 *Ressort de Baume*, 9 v°, Aussage von François Merceret von Saint-Hilaire: »Sagt, daß er zuvor schon mehrere Male exkommuniziert gewesen und es noch ist . . . in 23 Artikeln wegen mehrerer kleiner Summen, von denen er etliche und beinahe alles schon bezahlt und Genüge getan, und doch kann er noch nicht die Absolution erlangen, weil er nicht das Geld sparen konnte, um die ihm nötigen 23 Absolutionen zu erlangen, es sei denn er hätte die Zustimmung seiner Gläubiger.« Vgl. *Sommaire des abuz*, fol. 4 v°: jede Absolution mußte besiegelt werden; der Siegelaufdruck allein kostete zwei Groschen. – Vgl. auch *Ressort de Baume*, 62 v°: Jean Gerron aus La Sommette war bereits einmal als Kontumax exkommuniziert worden, nun wurde es sein ganzes Haus mit ihm; er mußte so viele verschiedene Absolutionen erlangen wie er Angehörige besaß. – Mehrfachgebühren waren eine der Haupteinnahmequellen des Offizialats. Der *Sommaire des abuz* bietet ein seltsames Beispiel (fol. 4); es wurden häufig Dienstverträge in Form von Obligationen zwischen Bürgern und Tagelöhnern abgeschlossen: die letzteren verpflichteten sich *per injunximus et monemus*, den ersteren ein oder zwei Tage pro Woche zu dienen. Ebenso verpflichteten sich in Salins die Salinenarbeiter, für den und den Bürger während eines Jahres einen Klumpen Quellsalz zu liefern. Kamen sie

etwa einige Male ihrer Verpflichtung nicht nach? Die Gläubiger, die ihnen für ihre Dienst- oder Salzverpflichtung Geld vorgeschossen hatten, erhielten zu Anfang des Jahres ein *cum nos alias* für 50 oder 100 Punkte, je nachdem auch mehr oder weniger. Die ließen sie nun zur Ausführung kommen, und die Tagelöhner mußten, um losgesprochen zu werden, zuerst die Kosten berappen, dann sich lossprechen lassen und drittens ihr Soll erfüllen. Und obendrein »ebenso viele Absolutionen wie Punkte bezahlen, für welche allein die Siegel schon 2 Groschen das Stück kosteten«. Nun kosteten die Salzklumpen in Salins 8 *engrognes* pro Stück! Man machte also kurzen Prozeß: war der Exkommunizierte mit 50 Punkten belastet, so schrieb man an den Rand »50 Absolutionen« und ließ ihn bezahlen, als handelte es sich um 50 einzelne Akte.

20 »Nämlich pro monitorio, pro excommunicatione, pro aggravatione, pro interdicto, pro prima, secunda et tercia monitione, ohne die anderen zusätzlichen Kosten.« (*Ressort de Baume*, fol. 5 – Le Maire, 10 v°).

21 *Sommaire des Abuz*, fol. 5. – Der Steueradvokat Froissard de Broissia und der Generalprokurator Henri Camu, die am 22. Nov. 1572 auf die Beschwerden des Erzbischofs antworten, erklären ihm, »daß man in seiner Diözese mehr als dreißig- bis vierzigtausend Personen exkommuniziert gefunden hat, nicht wegen Untaten, sondern um Geldes willen«. (A. D. Doubs, Parlement reg. B 51 *Procureur*, fol. 51). In einem Bericht an den König vom 13. Juni 1583 kommen die Berater auf die Zahl von 40 bis 50 000 (Parlement, Bündel B 0974).

22 Die *Statuts* verpflichteten sie dazu (Edikt von 1560, S. 246).

23 Vgl. *Ressort de Gray*, fol. 37 v°, 68; *R. d'Orgelet*, fol. 17 v°, 18, 19 usw.

24 Die Pfarrgemeinde von Morteau unterteilte sich in fünf Abschnitte; dies sind die jeweiligen Zahlen: Quartier de la Grand-Combe, 162 Namen; de Montlebon, 119; du Lac, 88; des Fins, 99; de la Grand'Ville, 112; alles in allem 580. Für zwei von ihnen (La Grand-Combe und Montlebon) haben wir nach den Angaben des *Manuel* Listen der Namen und Verurteilungen angelegt. In La Grand-Combe sind 98 Gemeindemitglieder durch ein Urteil exkommuniziert, 18 durch 2 Urteile, 10 durch 3, 3 durch 4, 7 durch 5, 6 durch 6, eines durch 8. In Montlebon sind es 70 durch 1, 25 durch 2, 7 durch 3, 4 durch 4, 7 durch 5, 2 durch 9, eines durch 12 und 3 durch 13. – Zu ähnlichen Ergebnissen führt ein anderer Text: ein Schreiben des Vikars von Vercel (15. Mai 1577) besagt, daß am 15. Dezember 1572 131 Namen auf seiner Liste standen. Darunter Michel Goussot aus Longechaux mit 22 Verurteilungen, davon 14 wegen Kontumaz; seine Söhne Guillaume und Richard waren jeder zweimal exkommuniziert. Pierrot Regnier aus Longechaux brachte es auf 28 Verurteilungen, und sein Namensvetter Claude hielt den Rekord mit 32.

25 Die Kirchenvorsteher von Vellexon: bisweilen war das Volk so entsetzt, »daß etliche den Gottesdienst verließen« (*R. de Gray*, fol. 6). Der Pfarrer von Vellexon erklärte seiner Gemeinde bei der Predigt, daß die Fröste, Stürme, Hagel, »Ungewitter« aller Art, die über sie hereinbrächen, Zeugnisse des himmlischen Zornes über den schändlichen Übelstand der Exkommunikationen seien.

26 Sie sehen (vgl. den Titel *de Cessione Bonorum* des Edikts von 1560, S. 250) die Möglichkeit vor, daß der bei seinem Tode Exkommunizierte durch den Priester losgesprochen wird »mediante cessione bonorum suorum ad opus creditorum suorum aut interveniente cautione idonea«. Doch wurde die Erlaubnis, in geweihter Erde bestattet zu werden, denen nicht erteilt, die »per annum continuum et ultra, sententiam excommunicationis sustinuerint nisi prius absolutionem meruerint de consensu creditorum suorum et de nostra aut vicarii nostri generalis licentia speciali processerit, ut per hoc magis timeatur ecclesiastica censura« (*Ibid.*, Art XI, S. 254). Also konnte die mit der *cessio bonorum* verbundene Gunst nur auf einen kleinen Kreis von Exkommunizierten, nämlich diejenigen, die sich nicht dauernd, sondern nur vorübergehend in Not befanden, zur Anwendung kommen. Zu einer anderen »Milderung«, die letzten Endes eine Verschärfung war, den vom Gläubiger gewährten Zahlungsaufschub, der im Todesfall außer Kraft trat, vgl. weiter unten, S. 174, Anm. 58.

27 *Ressort de Gray*, 49 v°, der Notar Lamy aus Avrigny: »Vor ungefähr zwanzig Jahren sind Perrenot Fretigney, Pierre Vuillemot, Cl. Boivin, Cl. de la Porte, Jehan Boivin, Thevenin Amiot und etliche andere, da sie gestorben waren, um die acht und zehn Tage in ihren Häusern geblieben, dieweil ihre Kinder hofften, sich mit ihren Gläubigern zu einigen, daß sie die Absolution erwirkten. Da dies nicht gelang, waren sie gezwungen, die schon ganz stinkenden und verdorbenen Leichname in ungeweihte Erde zu tun, was sehr betrüblich war.« Als zwei oder drei Jahre später die Kinder die väterlichen Schulden beglichen und vom Offizial die Erlaubnis erhalten hatten, »haben sie die besagten Leichname wieder ausgegraben, die einen verwest, von den anderen nur Knochen, um sie auf dem Friedhof des besagten Avrigney zu begraben, welches im Winter geschehen ist, da man fürchtete, man möchte sich vom Gestank der Leichen eine ansteckende Krankheit zuziehen«. Ähnliche Fälle in *Ressort de Baume*, 12, Kirchenvorsteher von Vy-les-Velvoir; *Ressort de Gray*, 28 v°, Pfarrer von Champtonnay, usw.

28 *Ressort de Baume*, fol. 62 v°.

29 »Was ihm um so leichter fiel, als er Notar des besagten Besançon war.« (*R. d'Orgelet*, fol Notar Jaquard)

30 *R. de Baume*, fol. 52 v°. Und *ibid.*, ff. 25, 48, 54, 62 v°, etc.

31 Auch die von Champtonnay sagten »sprichwörtlich«, daß »ein Exkommunizierter gut Kuchen essen habe« (*R. de Gray*, 28 v°, Pfarrer von Champtonnay). So auch die von Deluz: die einen gingen in den Wald, die anderen in die Schenke oder Obst stehlen.

32 Le Maire erzählt zu Beginn seiner Aussage, daß es, da »alle Botschaften, Schriftstücke und Vorgänge bei dem besagten Offizialat von Besançon in lateinischer Sprache abgefaßt werden, Gewohnheit geworden ist, die Jünglinge, wenn sie aus den Schulen kommen und sich den Rechtsgeschäften zuwenden wollen, dorthin zu schicken, und dort lehren etliche Anwälte des Landes sie die Anfänge dieses Geschäfts im besagten Besançon, welches sich sehr von dem unterscheidet, was bei weltlichen Gerichten der Brauch«. Und er erzählt seine eigenen Anfänge in Besançon bei Maître Jean Patroignet, damals praktizierender Advokat beim Offizialat. – Vgl. auch im *Ressort d'Orgelet* die Aussage von Jacques Jaquard, der »bei seiner Rückkehr vom Studium in Paris nach Besançon in die Praxis ging, in das Haus von Maître Cl. Chappuis, zu jener Zeit praktizierender Advokat beim Offizialat« (fol. 5).

33 Le Maire, fol. 4: Jeder Bote hatte einen praktizierenden Advokaten zum Herrn, der ihm seine *quod justum* gratis und seine anderen Botschaften zum halben Preis gab. – Vgl. *Sommaire des abuz*, fol. 8: »Dafür, daß die Boten ihnen Kundschaft verschafften, nährten die Anwälte sie und lieferten ihnen die Schriftstücke, die sie wollten, blanko.«

34 *Sommaire des abuz*, fol. 1. – Leute, die soweit gingen, Parteien ohne deren Wissen einander beklagen zu lassen, durften nicht viele Skrupel kennen. Als Schreiber in eigener Sache, die kein Geld aufwendeten, forderten sie wenig oder gar kein Geld von den Parteien, solange die Prozedur im Gange war. Erst wenn diese abgeschlossen war, wunderten sich die naiven Klienten, »daß aus einer so geringfügigen Sache ein gewaltig großer Band entstanden, darin die Abschrift ihres Prozesses enthalten war, und der sie sehr viel Geld kostete«. Die Anwälte der Gegenpartei leisteten wacker Hilfe: »Der Anwalt der Verteidigung berechnete seinen Klienten jedes Stück, das der Anwalt der Anklage verfaßt hatte, und obendrein noch seine eigenen« – und umgekehrt.

35 Die Appellanten mußten für jedes Schriftstück fünf *écus* an einen Bankier zahlen, sagt Le Maire (fol. 12); vier bis sechs *écus*, sagen die Baillagebeamten (*Sommaire des abuz*, 3).

36 Vgl. dazu Le Maire, 12 v°, sowie *Sommaire des abuz*, 3, 3 v°, 4. Die Schreiber erhielten »zwei Groschen für ein jedes Blatt, und es sind die Kosten der zweiten, dritten und weiterer Instanzen doppelt, wenn nicht dreifach so hoch wie die der ersten«. Kraft dieser unbegrenzten Berufungen »richtete der Reichere und Stärkere den Armen zugrunde«; zuweilen »brachten sich beide um ihre Habe« (fol. 4).

37 Le Maire, fol. 12. – *Sommaire Déduction*, fol. 5.

38 *Ressort d'Orgelet*, fol. 6 v°: »Wenn die armen Leute und andere nicht zu den besagten Messetagen kamen und ihnen ihr Geld brachten, so wurden sie für die Weihnachts- und Ostertage exkommuniziert.«

39 Le Maire, 12. – Die Zahl stammt aus der *Sommaire Déduction*, fol. 5. – Doch der *Sommaire des abuz* gibt an, es seien gewöhnlich um die dreißig Anwälte, Notare und Advokaten, »welche nicht vergessen wurden«.

40 *Sommaire des abuz*, 6 v°.

41 Le Maire, 12 v°; *Sommaire des abuz*, 7.

42 Le Maire, 8 v°. Er hat mehrere Offiziale in Besançon gekannt, die sich im Laufe von dreißig Jahren abgelöst haben; »wie die Habsucht zugenommen hat in den Sitten der Menschen, so haben sie seither auch die Taxe ihrer Urteile zunehmen lassen, und tun dies nach ihrem Belieben«.

43 Le Maire, fol. 8 v°. – *Sommaire Déduction*, fol. 8.

44 Allein durch seine alljährliche Routinevisite der Exkommunikationsregister von Besançon »verdiente er mehr als 1000 Taler, die Kosten abgerechnet, vermöge der Anzahl der Pfarren des besagten Besançon, deren geringste ihm außer seinen Kosten einen Taler einbrachte, andere sechs, in manchen mehr und in anderen weniger«. (*Sommaire des abuz*, fol. 7). – Vgl. auch Le Maire, fol. 3: die Anwälte kauften heimlich ihr Amt »um des großen Gewinnes wegen, den sie daraus zogen, sowohl bei der freudigen Ankunft bei der Visitation ihrer Register (sie ließen sich von jedem Pfarrer oder Vikar der besagten Diözese bezahlen), als auch wegen anderer Profite, die aus dem besagten Amt entsprangen«.

45 Le Maire, fol. 12. *Ibid.*, fol. 7 bietet interessante Einzelheiten über die Testatoren und die Vernehmungen des Offizialats.

46 Die flämischen Kommissare erklären ihrerseits, die Exkommunikationen kosteten das Land sechzig- bis achtzigtausend Franken im Jahr.

47 Zu dieser Gewinnsucht vgl. L. Febvre, *Philippe II* . . ., Kap. VIII, S. 237 ff.: »Les Sources de la fortune bourgeoise«.

48 *Correspondance de Granvelle*, hrsg. von Poullet und Piot, Brüssel o. J., Bd. VI, S. 183: »die Ränke Burgunds, die dem Land nur üblen Leumund bringen, denn die anderen Länder und die Fürstenhöfe fliehen es darob wie die Pest«.

49 Noch nicht einmal einer unbezahlten Schuld

bedarf es, sagt Le Maire, um exkommuniziert zu werden. Zu Beginn der Prozesse schärfte man bisweilen den Verteidigern ein, »auf vorbereitete Fragen« zu antworten. Kamen sie dem nicht rasch genug nach, so exkommunizierte man sie (fol. 10).

50 Das wird in der Untersuchung von 1577 mehrfach bestätigt; vgl. *Ressort de Gray*, 31, Pfarrer von Valay; 51, der edle Herr Claude de Santans; 58 v°, Pfarrer von Marnay; 68 v°, Kirchenvorsteher von Bucey-lès-Gy (das Aussetzen der Exkommunikation »kostete zuweilen mehr als das Zwanzigfache der Streitsumme, ungerechnet der Absolutionen, die man von dem Absolutor erwirken mußte«).

51 Ein Beispiel unter hundert: François Monnier aus Russey steht 1577 wegen »Veruntreuung, Prellerei und Wucher« vor dem Parlement. Es ist bewiesen, sagt die Anklage, daß er niemandem Geld leiht, ohne »zweimal mehr als das Geliehene« zurückzufordern. Unter anderem legt man ihm zur Last, von einem Schuldner 3 Franken genommen zu haben, »dafür daß er die für die Rückzahlung von 11 Franken festgesetzte Frist nur um ein Geringes überschritt«. Obendrein nimmt er noch einmal 3 Franken und 4 Felle im Wert von 6 Franken. Da der Schuldner die geforderten 3 Franken nicht gezahlt hatte, schuldete er ihm 14 Franken; von neuem verlängert Monnier die Frist und berechnet 18 Groschen und einen Hut »für das Warten auf die 14 Franken« usw. Eine Schuld dieser Art verjährte nicht (A. D. Doubs, Parlement, Reg. B 1076, *Arrêts*, S. 229 f.). Oder richtiger, sie wurde binnen kurzem dadurch beglichen, daß die sämtliche Habe des Schuldners an den Gläubiger ging. Quod erat demonstrandum.

52 Le Maire, fol. 11.

53 Die Erhebung von 1577 (*Ressort d'Orgelet*, fol. 5 v°) nennt unter den Händlern, die sich zu Notaren des Offizialats hatten machen lassen, um vom Siegel eximiert zu sein, die Gebrüder Pierre und Claude Pelissonnier aus Arlay, »zu ihren Lebzeiten nach allgemeiner Meinung überaus reiche Händler«. Diese Söhne des Händlers Hugues Pelissonnier verfügten in der Tat über ein gewaltiges Vermögen. Dessen Entwicklung läßt sich anhand des 4. Bandes (Seigneurie d'Arlay) des *Inventaire de la maison de Chalon* in den Archiven von Doubs verfolgen (fol. 96, 101, 156, 158, 196, 200, 214). Vgl. auch L. Febvre, *Philippe II ...*, S. 245, 259, 483. Zu ihrer religiösen Einstellung vgl. L. Febvre, *Notes et documents sur la Réforme*, S. 99 ff., 198, 202, 203, 206; die sonderbare Klage eines Junkers, Josse d'Asuel, über die Nachsicht, die diesen Geldsäcken, die im Ruch der Ketzerei stehen, zuteil wird (1560).

54 Le Maire, fol. 11.

55 Déposition de Jaquard, fol. 6.

56 A. D. Doubs, Parlement, Reg. B 6 *Procureur*, fol. 56, 25. Juni 1532, – Vorgeladen unter Strafandrohung von 200 *livres*, gestand Claude Pelissonnier, er habe einen Schuldner einsperren lassen, der über keinerlei unbewegliche Habe verfügte, zu zweiundzwanzig Malen exkommuniziert gewesen sei und Vieh von ihm gehalten habe, das er ohne sein Wissen verstreut habe. Er berief sich paradoxerweise auf seine Unkenntnis des Gesetzes. Zehn *livres* Bußgeld kamen in Anbetracht dieser Unkenntnis dabei heraus!

57 Weiter oben im Verzeichnis der Gläubiger von Michel Goussot aus Longechaux kommt dieser Name bereits zweimal vor. Einer der Gläubiger von Goussot, Richard Malarmey, mußte sich 1532 vor dem Parlement verantworten wegen »Wucher, Erpressungen, Plünderungen und Gesetzesüberschreitungen« (Reg. B 5 *Procureur*, fol. 70 v°, 72, 77 v°, 83 v°, usw.).

58 A. D. Doubs, Parlement, Reg. B 1074 *Arrêts*, fol. 241 v°-254 v°, 7. September 1574. – Unter den Anschuldigungen ist auch diese: »... desgleichen um großer Unfrömmigkeit und Unmenschlichkeit, die er bewiesen, da er einem Pierre Vergerot und Margherite Villerey, seiner Frau, Unterbrechung von der Exkommunikation gewährt, unter der Bedingung, daß wenn sie oder eines von ihnen während der Zeit der Unterbrechung stürben, sie nicht in geweihter Erde bestattet sein sollten als allein mit seiner Zustimmung; denn so, hat er gesagt, habe es ihm gefallen ...«

59 Vom Vorwurf der Ketzerei freigesprochen, wird er wegen Wucher verurteilt, 8000 *livres* Buße zu zahlen und seinen Opfern, deren Klagen man seit fünfzehn Jahren anhörte, Entschädigung zu leisten.

60 Vgl. dazu L. Febvre, *Philippe II ...*, insbesondere Kap. VIII, »La Conqête de la terre paysanne«, S. 251 ff.

61 In einem Brief an Jacques de Saint-Mauris (Neapel, 22. Dez. 1572; Bibliothek von Besançon, Sammlg. Granvelle, Bd. LXXXIII, S. 65 v°), erklärt der Kardinal, Pierre de la Baume habe ihm das Erzbistum zuschanzen wollen, er aber habe abgelehnt, da ihm »die Einkünfte, welche aus den Exkommunikationen herrührten, wider das Gewissen erschienen« seien.

AMIENS: VON DER RENAISSANCE ZUR GEGENREFORMATION

NICHT NUR FÜR DIE KUNST oder die Literatur gilt, daß jede Epoche ihren Stil oder, vorsichtiger aber auch umfassender gesagt, ihr Klima hat. Läge der Geschichte daran, mehr als papageienhaftes Nachplappern zu sein, so könnte sie sich der Begriffe »Stil« und »Klima« bedienen, um die aufeinander folgenden Epochen im Leben einer Gruppe, einer menschlichen Gemeinschaft, deutlich voneinander abzuheben und sie, sofern nicht alles täuscht, von innen her zu erfassen. Von dem her, was wiederum im Innern als das Intimste, das Geheimste erscheint, was dem hellen Bewußtsein nicht zugänglich ist – und was sich doch nachdrücklich in allem zeigt, was von einem bestimmten Land zu einer bestimmten Zeit ausgeht –, ob es sich um materielle Werke handelt oder vielmehr um intellektuelle Werke, um politische Systeme oder philosophische Theorien, um religiöse Glaubensformen oder gesellschaftliche Veranstaltungen.

Wie aber stellt man es am besten an, die Stil- oder Klimaveränderungen, die im Übergang von einer »Epoche« zu einer anderen stattfinden, zu erfassen? Wo findet man gewissermaßen die Klaviatur, auf die man bequem seine Finger setzen kann, und die man vom einen zum anderen Ende mit gleichbleibender Geschwindigkeit durchlaufen kann, um mögliche Veränderungen im Ton zu gewahren? In einem Archivbestand natürlich. In einer geordneten Reihe von Dokumenten, die über einen langen Zeitraum hinweg untereinander vergleichbar sind. Etwa, wenn es um Politik geht, die Folge der Beschlüsse einer Versammlung, eines Parlaments, einer Stadt. Oder, wenn es um anderes geht, eine Folge von Mobiliarinventaren: Sterbeinventaren.

Aus derartigen Dokumenten hat die Geschichtsschreibung bislang nur selten den Nutzen gezogen, den sie hätte ziehen sollen[1]. Krimskrams, denken im Grunde ihres Herzens die Benutzer der großen, vornehmen Archive, die den vom Bewußtsein seiner Wichtigkeit durchdrungenen Historiker zum Vertrauten der Regierungen, der Herrscher und der Staatsgeheimnisse machen ... Krimskrams, ja sicher, weil man da alles findet. Und sogar, wie wir sehen werden, bemerkenswerte Dokumente, um die Pfade der Religionsgeschichte, der Geistesgeschichte, der Sittengeschichte abzustecken.

Nehmen wir als ein Beispiel unter vielen anderen möglichen das Stadtarchiv von Amiens, der großen Stadt an der Somme. Amiens, das ist die Picardie, eine Grenzprovinz, eine umkämpfte Provinz. Amiens ist eine Stadt, die unbekümmert ihre Verbindungen zu Paris unterhält, das ihr weder zu nah noch zu fern liegt, so daß ihr jene beständigen Anwandlungen des Sich-Messens, der Rivalität mit der Hauptstadt erspart bleiben, die einen guten Teil der Geschichte Rouens unter dem Ancien Régime ausgemacht haben[2]. Amiens, eine reiche, rührige Agrarstadt, die Stadt der Gemüsegärtner und zugleich eine Handels-, Gewerbe- und Arbeiterstadt, die große Hauptstadt der französischen Wollweberei. Eines der Hauptzentren der damaligen Binnenschiffahrt. Vor allem aber ein neuralgischer Punkt. Wer sich über die Geschichte des Wortes *frontière* informieren will, muß nur die Amienser Texte durchgehen, da findet er, was er braucht. Nahe den Niederlanden, England nicht fern, ist die Stadt ständig bedroht, oftmals besetzt. Ihr wenden sich bis in jüngste Zeit alle die zu, die in Frankreich politische Hintergedanken hegen. So etwa noch an der Schwelle des 17. Jahrhunderts: im Juni 1611 läßt sich Concini zum Gouverneur der Stadt ernennen. 1619 folgt Luynes als Gouverneur der Picardie dem Herzog von Longueville. Der König, die Königin, die Fürsten halten sich gern dort auf, lassen ihre Gegenwart spüren. Amiens – das ist ein hervorragender Zeuge unserer älteren Geschichte.

Und diese Stadt besitzt in ihren Archiven eine großartige Reihe von Sterbeinventaren. Sie erstrecken sich über einen langen Zeitraum, vom Ende des 16. Jahrhunderts bis zur Revolution. Parallel dazu verläuft eine schöne Sammlung von Ratsbeschlüssen und die Folge der Zählungen. Drei ausgezeichnet verteilte und einander ergänzende sowie bestätigende Reihen. Drei Reihen, die obendrein bereits inventarisiert sind – wenngleich etwas weitschweifig – von einem jener fleißigen Archivare, die der Geschichte so viele Dienste erwiesen haben[3], Dienste, die nur leider oft vergeblich waren, weil die Historiker nicht zugriffen. Weitschweifig ... sagen wir ausführlich – und von diesem Reichtum werden wir zehren, denn wir wollen nicht auf die Originale selbst zurückgehen. Wir beabsichtigen nicht, eine eingehende Untersuchung vorzunehmen, sondern einen Anstoß zur Forschung zu liefern, und also halten wir uns tunlich an die Inventare. Was lehren sie uns? Nehmen wir nur ein Beispiel.

Die dichte Reihe der Sterbeinventare setzt ab der Mitte des 16. Jahrhunderts ein. Darin erwähnt werden wie üblich Möbelstücke, Arbeitsgeräte, Vorräte aller Art, Wäsche, Kleider, was weiß ich. Alles, was aus alten Haushalten übrigbleibt. Aber man stößt auch auf Bücher. Und das, was man mit einem häufig überzogenen Wort[4] als Kunstwerke oder Kunstgegenstände bezeichnen kann.

Lucien Febvre, um 1930

Geschichte muß Wissenschaft vom Menschen sein, Wissenschaft von der menschlichen Vergangenheit. Und nicht Wissenschaft von den Sachen oder den Begriffen. Die Ideen ohne die Menschen, die sie vorbringen? Die Ideen, bloße Elemente unter anderen in jenem geistigen Gepäck aus Einflüssen, Wiedererinnerungen, Lektüren und Gesprächen, das jeder von uns mit sich herumträgt? Die Institutionen, gesondert von jenen, die sie machen, und die sie, bei aller Achtung, ohne Unterlaß verändern? Nein. Es gibt keine Geschichte als die des Menschen, und zwar Geschichte im weitesten Sinne.

Febvre am Schreibtisch seiner Pariser Wohnung in Kontemplation eines Frosches Im Hintergrund die Kuppel der Kirche Val-de-Grâce

Febvre (in der Mitte) als UNESCO-Delegierter in Mexiko, Ende der vierziger Jahre

Der Historiker als Großvater,
mit Frau und Enkeltochter
In »Le Souget«, Febvres Landhaus,
Anfang der fünfziger Jahre

»Le Souget«,
das Landhaus in der Franche-Comté

Was für ein vorzügliches Feld für die Forschungen, die Rekonstruktions- und Interpretationsversuche des Historiker-Psychologen wäre dagegen jenes Gebiet, wo die »intuitive Einbildungskraft« angeblich nichts verloren hat, also das Gebiet der Geschichte der Ideen und der Institutionen ... Es ist sogar sein Forschungsgebiet schlechthin, denn die Ideen und der Mechanismus der Institutionen einer Epoche können vom Historiker nicht verstanden und verständlich gemacht werden ohne eine grundlegende Bemühung, die ich eine psychologische nennen würde. Er muß die Gesamtheit der Existenzbedingungen einer Epoche in Beziehung setzen zu dem Sinn, den die Menschen derselben Epoche mit ihren Ideen verbinden. Denn diese Bedingungen überziehen die Ideen – wie alles andere – mit einer eindeutigen Farbe einer Epoche und Gesellschaft, sie legen ihre Krallen auf die Ideen wie auf die Institutionen und deren Funktionsweise. Für den Historiker sind Ideen und Institutionen niemals ewige Gegebenheiten, sondern historische Erscheinungsformen des menschlichen Geistes in einer bestimmten Epoche und unter dem Zwang von Umständen, die sich nie mehr wiederholen.

Nicht nur für die Kunst oder die Literatur gilt, daß jede Epoche ihren Stil oder, vorsichtiger aber auch umfassender gesagt, ihr Klima hat. Läge der Geschichte daran, mehr als papageienhaftes Nachplappern zu sein, so könnte sie sich der Begriffe »Stil« und »Klima« bedienen, um die aufeinander folgenden Epochen im Leben einer Gruppe, einer menschlichen Gemeinschaft, deutlich voneinander abzuheben und sie, sofern nicht alles täuscht, von innen her zu erfassen. Von dem her, was wiederum im Innern als das Intimste, das Geheimste erscheint, was dem hellen Bewußtsein nicht zugänglich ist – und was sich doch nachdrücklich in allem zeigt, was von einem bestimmten Land zu einer bestimmten Zeit ausgeht –, ob es sich um materielle Werke handelt oder vielmehr um intellektuelle Werke, um politische Systeme oder philosophische Theorien, um religiöse Glaubensformen oder gesellschaftliche Veranstaltungen.

Kunstwerke, Kunstgegenstände? Sehen wir die Inventare durch, so wie sie vom zweiten, dritten Jahrzehnt des 16. Jahrhunderts an aufeinander folgen. Nach einigen Dekaden, um 1560-1570, scheint sich eine Veränderung im Ton zu ergeben[5].

Vor dieser Wende, also etwa um 1545-1550, finden wir kein oder wenig profanes Bildwerk. Keine Familienbildnisse, jedenfalls nicht im bürgerlichen Erbgut. Nicht einmal Herrscherbildnisse. Sondern die Jungfrau, und zwar bei allen; gemalte, geschnitzte, gestochene Madonnen; selten bloß eine, meistens zwei oder drei und zwar unterschiedlichen Typs: Gnadenmutter, Schmerzensmutter, sehr viel seltener die Jungfrau der Verkündigung oder die Jungfrau in Begleitung von Heiligen, dem hl. Bernhard, dem hl. Joseph. Sodann Christus: so gut wie überall ein Kruzifix (hie und da mit einem leinenen Schweißtuch zum Gedenken an eine Pilgerfahrt, ein Kalvarienberg in Miniatur, ein Heiliges Grab, eine Veronika); einige Ecce-Homo-Darstellungen, einige Gute Hirten. Und dann natürlich das vertraute Volk der Heiligen: Bildnisse des hl. Johannes, vor allem wie er in Amiens thront, der Stadt, die sich seit 1206 rühmt, den vorderen Teil vom Schädel des Täufers zu besitzen; des öfteren der hl. Michael, die Heiligen Jacobus, Nikolaus, Hieronymus, Christophorus und Sebastian: allesamt Devotionalien, deren Motive – Beruf oder Lebensumstände – man sofort einsieht. Wir brauchen wohl kaum daran zu erinnern, daß der hl. Hieronymus der Schutzheilige der Schreiber ist, der hl. Sebastian derjenige der Bogenschützen (wir befinden uns in der Picardie) und zugleich einer der großen Helfer gegen die Pest, daß Sankt Christophorus vor jähem Tode schützt etc. All das liegt auf der Hand.

Auf seiten der weiblichen Heiligen steht allen voran die hl. Barbara mit ihrem Turm, dann die hl. Katharina mit ihrem Rad, Sankt Margarete, die Schutzheilige der Gebärenden, und auch schon zwei- oder dreimal eine Magdalena. All das nenne ich nur rasch und ohne Anspruch auf statistischen Aussagewert, nur um eine Vergleichsbasis zu schaffen.

Und nach der Wende von 1560-1570? Eine plötzliche Zunahme und eine veränderte Ausrichtung. Eine kleine ikonographische Revolution.

Immer noch Christus, Ecce-Homo-Bilder (vielleicht weniger) und natürlich überall Kruzifixe. Überall aber auch eine unerhörte Fülle von großen, vor allem aber von kleinen Jesus-Bildern, mit dem Agnus Dei und Passionsszenen, Christus, der das Kreuz trägt, Veronika, hier und da ein Kalvarienberg und ein Garten Gethsemane.

Mehr denn je Bilder der Jungfrau. Aber auch wenn die erst kürzlich populär gewordene Madonna von den Sieben Schmerzen um 1560-1565 häufig auftaucht, auch wenn man öfters Hinweise auf Wallfahrtsmadonnen – Notre-Dame de Liesse, Notre-Dame du Puy, Notre-Dame de Boulogne – findet, überwiegt deutlich der Kult der Gnadenmadonna, wie ihn zu jener Zeit Annibale Caracci hatte aufleben lassen, der nach Correggio mit den alten Traditionen des 15. Jahrhunderts gebrochen hatte.

Bei den männlichen Heiligen führt nach wie vor Sankt Johannes. Beinahe ebenso häufig ist Sankt Michael. Ist Sankt Jakob ab 1565 etwas im Kurs gesunken? Hieronymus hingegen behauptet sich, ebenso Nikolaus, Sebastian. Nun kündigt sich eine große Welle von Bildnissen Saint Claudes, des Wundertäters aus dem Jura, an. Vorübergehend? Zufällig? Verallgemeinerungsfähig? Hier brauchen wir die Gegenprobe durch andere Untersuchungen[6]. In den Texten aus Amiens zeichnet sie sich, wie es scheint, vor allem ab 1580 ab. Unter den weiblichen Heiligen erlangt die Magdalena wirkliche Gunst. Für die schönen Büßerinnen der Fronde, die trefflich zu sündigen, aber auch großartig Reue zu üben wissen, wird sie beizeiten die Heilige schlechthin[7]. Schon beginnt sie die Herzen zu erobern. Sankt Barbara bewahrt ihre frühere Popularität, Sankt Margarete scheint zurückzufallen.

Wie kommt man jetzt weiter? Wenn man nun all diese Bilder von Heiligen beiderlei Geschlechts mit den Vornamen der damals »Inventarisierten« in Verbindung brächte? Mit etwas Geduld ist das leicht gemacht. Von 1520 bis 1540 habe ich in den Inventaren eine Gesamtzahl von 861 Individuen festgestellt, von denen 597 Männer und 264 Frauen waren. Die 597 Männer teilen sich 91 verschiedene Vornamen (von denen 42 nur ein einziges Mal auftauchen), die 264 Frauen 49 Vornamen (von denen 19 nur einmal auftauchen). Darüber hinaus habe ich für den Zeitraum von 1600 bis 1622 die Vornamen von 1983 Individuen festgestellt, 1256 Männer (104 Vornamen) und 727 Frauen (60 Vornamen). In der ersten Gruppe (1520-1540) ist die Vorherrschaft von Jean erschlagend; ich zähle 174. Dann kommen 72 Pierre, 38 Jacques, 35 Nicolas (darunter einige Nicole), 31 Guillaume, 20 Antoine, 16 Robert, 13 Adrien, 10 François und 10 Simon, 9 Firmin und 9 Mathieu. Lassen wir die anderen, obgleich sie interessant sind für den, der sich mit picardischen Traditionen beschäftigt: diese Liste von Vornamen ist ein Schatzkasten voll Erinnerungen, aus dem einem einige »Solitäre« entgegenfunkeln: ein Vespasian zum Beispiel, obgleich noch weniger grell als der Saturn, mit dem sich 1499 Saturne Karuel, Schankwirt in Amiens, mächtig herausputzte[8]. Bei den Frauen: 73 Jeanne gegenüber nur 39 Marie und 19 Marguerite: eine Jeanne auf 3, eine Marie auf 6, eine Marguerite auf 12. Sodann 13 Colaye, 12 Catherine, 12 Isabeau, 9 Antoinette, nur 5 Barbe und 4 Madeleine. Es zeigt sich, daß das Vorhandensein von Heiligenbildern in einem Haus relativ wenig mit den jeweils vorherrschenden Vornamen zu tun hat. Denn in den amienser Haushalten stößt man weder auf Johannen- noch auf Colaye-Bilder, dagegen findet man häufig die hl. Barbe, die als Vorname doch wenig gebräuchlich ist. Freilich wurde der häusliche Kult einer jeweiligen Heiligen eher von den Männern gestiftet – die vermutlich anderes im Sinne hatten als ihre Ehefrauen zu ehren? Umgekehrt spazieren in den Straßen Amiens' zwischen 1520 und 1540 weder ein Jérome noch ein Christophe noch ein Sébastien, während es in den Häusern Standbilder, Gemälde und Stiche der hl. Hieronymus, Christophorus und Sebastian gibt. All das muß näher untersucht, erklärt und vor allem verglichen werden. Aber mit leichter Hand, soweit das geht.

Wenden wir uns nun unserer zweiten Gruppe zu: Vornamen, die aus den Inventaren zwischen 1600 und 1622 stammen. Jean (246) und Pierre (115) liegen immer noch in Führung. Aber dicht hinter Pierre folgt Antoine (105), dessen Popularität stark im Steigen scheint (in der ersten Gruppe standen 20 Antoine 72 Pierre gegenüber; in der zweiten sind es 105 zu 115; es ist die Zeit der Eremiten). Es folgen 85 Nicolas, 71 Jacques und ein Strom von François (51; in der ersten Gruppe 10). Louis liegt dicht hinter François (42): Ausdruck von Königstreue? Aber ich finde nur wenige Henri (7 auf insgesamt 1256), was dafür zu sprechen scheint, daß die Popularität des Besiegten von Saint-Quentin, des freiwillig Verzichtenden von Cateau-Cambrésis in Amiens eher schwach ist. Wie dem auch sei, es ist sehr wahrscheinlich, daß etliche unter den 51 François in unseren Unterlagen so genannt wurden, weil man den *povero* von Assisi, den Schutzherrn der Franziskaner und der Kapuziner, verehrte – und nicht den König Franz. Zahlreicher als zuvor sind auch die männlichen Claude (33), was unserer Beobachtung über die Zunahme an Objekten der Saint-Claude-Frömmigkeit entspricht: in der Gruppe von 1520-1540 zählte man nur 2 Claude. Demgegenüber kaum ein Michel (11 auf 1256).

Wie steht es mit den weiblichen Vornamen? Hier haben sich die Dinge umgekehrt: 180 Marie, die Jungfrau entthront eindeutig die hl. Johanna (98); im Hinblick auf die Zeit kommt einem da so manches in den Sinn. Auf dem vierten Platz 40 Françoise, Schwestern der 51 François von vorhin: ein starker Zuwachs; in der vorhergehenden Periode waren es nur 5 (von 264). Sodann folgen 39 Catherine, 33 Antoinette (Schwestern der 105 Antoine), 29 Anne – aber 28 Madeleine bestätigen den neuen Zulauf der Heiligen; in der ersten Periode fanden sich nur 4 (von 264).

Wir können jetzt nicht alle Probleme aufgreifen, die über den Rahmen einer Skizze hinausgehend ein vertieftes Bild ergeben würden. Nur eine Bemerkung. Wir tun immer so, als hätten die religiösen Orden keine besondere Gewalt über die Männer und Frauen von ehedem gehabt. Wie soll man ihren Einfluß messen? Wenn man von einem bestimmten Zeitpunkt an wiederholt auf Zeugnisse einer besonderen Verehrung stößt, die zudem mit bestimmten Heiligennamen in Verbindung steht – dann muß man an das Wirken der Orden denken. An die Paulaner, wo es um den hl. Franz von Paula geht. An die Augustiner, wenn St. Nikolaus von

Tolentino angerufen wird, Hüter der Seelen im Fegefeuer und Schützer wider die Pest – wie der hl. Ludwig. Ebenso weist der Kult der Passion – eine topographische Vergegenwärtigung des Heiligen Landes – auf die Franziskaner, Wächter des Heiligen Grabes und Stifter der *via crucis*, auf der die Pilger vom Haus des Pilatus zum Kalvarienberg gelangen und die Stelle passieren, wo die hl. Veronika Christus ihren frommen Dienst erwies; nach und nach werden so die vierzehn Stationen des klassischen Kreuzwegs festgelegt. Eine ganze Reihe von Verbindungen und hagiographischen Familien muß man derart wiederherstellen – was mit Überraschungen verbunden ist: so wird etwa die Verehrung des hl. Ludwig von den Franziskanern propagiert (der Überlieferung zufolge soll der fromme König ihrem dritten Orden beigetreten sein). Und auch der Erzengel Michael war ihrem Herzen teuer, eingedenk der Treue, mit der Franziskus selbst ihm angehangen hatte.

All das bedarf eingehender Prüfung, und ich bin überzeugt, daß sich die Mühe lohnen würde. Aber wiederum nur unter einer Bedingung. Wer sie unternimmt, muß mehrere ähnliche Untersuchungen anstellen, im 16. Jahrhundert oder in anderen, denn natürlich haben Stilwandel nicht bloß in Frankreich und nicht nur zwischen 1540 und 1580 stattgefunden. Ich sehe im Augenblick nur einen möglichen Vergleich: die Franche-Comté der Zeit von Karl V. bis Philipp II.[9]. Und dieser Vergleich, so ungenügend er aus vielen Gründen auch ist, überzeugt mich doch davon, daß fünf oder sechs gleichzeitig für sehr unterschiedliche Orte (sagen wir Bordeaux, Toulouse, Grenoble und Lyon, dann Tours, Rouen, Amiens, Beauvais – ich nenne diese Städte, ohne die jeweilige Quellenlage zu übersehen) durchgeführte Studien äußerst interessant wären und zu wichtigen Feststellungen führten, sowohl was die Geschichte der Frömmigkeit als auch diejenige der monarchischen oder regionalen Treueverhältnisse betrifft.

Nach diesem namenskundlichen Ausflug kehren wir zurück zu unserer häuslichen Ikonographie nach 1560. Wir sehen eine Menge von Allegorien, die davon sprechen, daß die Christenheit, von Italien angefangen, wieder Gefallen an Symbolen gefunden hat. So finden sich die vier Elemente, die sieben freien Künste, die drei theologischen Tugenden, zahllose (und üppige) römische Grazien[10]. Neu aber ist dies: in allen Inventaren finden sich jetzt »Historien«. Alte Geschichten: das Urteil des Paris, Hero und Leander, die keusche Lukrezia, Lynkeus, Bacchus, Venus usw. Fromme Geschichten, vor allem Szenen aus dem Alten Testament, Illustrationen der »Heiligen Geschichte«: Erschaffung des Menschen, Adam und Eva, die Sintflut, Abrahams Opfer, Isaak und Jakob, Jonas und der Wal, Tobias und der Engel, Loth und seine Töchter, Susanna und die Alten, der heilige Mann Hiob, Salomo und die Königin von Saba, Judith (und

Holofernes), Esther, endlich der verlorene Sohn, der bekanntlich zu jener Zeit hoch im Kurs steht – das sind einige, auf gut Glück aus den Inventaren herausgegriffene Sujets[11].

Ein neues Klima. Freilich, wir übersehen das nicht, diese Sujets, welche die örtlichen wandernden oder ansässigen Maler, die manchmal schemenhaft am Rande der Amienser Dokumente sichtbar werden, bevorzugt behandeln – diese Sujets hatten einen Sinn, der, ich betone das, gerade für die Amienser deutlich war: ist nicht von allen Kathedralen ihre die »messianische Kathedrale« schlechthin, die prophetische Kathedrale, wo in den Gewölben, an den Portalen und in den Fenstern alles vom Kommen des Herrn zu künden scheint? Adam, Salomo, Abraham, Tobias, Judith, Esther: sie alle sind die bekanntesten und beliebtesten Präfigurationen von Johannes und Maria. Eher als von einer Erneuerung könnte man also von einer Wiederbelebung sprechen, was die Freude an den Szenen der Hl. Geschichte angeht, verbänden sie sich nicht mit so vielen anderen bekannten Dingen der literarischen und der religiösen Geschichte, mit der Faszination des Alten Testaments, der die gelehrten Häupter der Reformation mehr und mehr erliegen, gefolgt von ihren katholischen Widersachern – und gefolgt schließlich von jener Armee von Stückeschreibern, über die uns erst unlängst theatergeschichtliche Studien, vor allem die Arbeiten von Lebègue, ins Bild gesetzt haben[12]. Das ist richtig, und doch kann man, ja muß man von einem neuen Klima sprechen. Die Atmosphäre, ja geradezu das Dekor des Gebets haben sich geändert.

Den Inventaren von 1520, 1530, 1540 kann man noch deutlich das stumme und nüchterne Zwiegespräch entnehmen, das der Gläubige jener Zeit, der vor allem auf die Botschaft des Neuen Testaments hörte, bei sich daheim mit irgendeinem pathetischen Gnadenbild Christi, der Madonna oder einem bevorzugten Mitglied des himmlischen Hofstaats hielt. Die Inventare von 1600, 1610, 1620? Da sieht man, wie in den Häusern Amiens', bei den Reichen, bei den Besitzenden wie bei den Armen, die Frömmigkeit einen anderen Ton angenommen hat. Um nur ein, allerdings typisches Beispiel zu nehmen: sogar die Gottesdarstellung hat sich geändert. Nach 1540 finden sich zunächst vereinzelt, dann häufiger, dann durchweg vergoldete, gewandete und geschmückte »Jesuskindlein« erwähnt; da heißt es (im Jahre 1561 bei einem schlichten Maler, Pierre Cado): »Ein Jesusbild von Holz, bemalt und vergoldet, angetan mit einem Kleid von Damast und einem Hemd von Leinewand mit Posamenten von falschem Gold.« Doch bei den Reichen wurde aus dem falschen Gold echtes Gold, und oftmals gab sich die Amienser Frömmigkeit nicht mit einem einzigen »Jesuskindlein« aus vergoldetem Holz zufrieden; häufig traf man auf zwei oder drei, wie etwa bei Marie de Sachy (gest. 1594): »Ein Jesusbild angetan mit einem Kleid von gelbem Samt, ein anderes Jesusbild, angetan mit goldenem Tuch, ein anderes, angetan mit einem Kleid von rotem Samt, geschmückt mit einer Halskette. Üblicher aber war das gleich gekleidete oder absichtlich kontrastierte Statuettenpaar[13]. Bald kommt eine weitere Mode hinzu: die der »kleinen Blumentöpfe«, in die man Sträuße künstlicher Blumen stellt, Sträuße aus Golddraht und Seide, manchmal auch aus Holz geschnitzte und vergoldete Sträuße; kurz, das Beiwerk von kleinen Ruhealtären, von Puppenaltärchen möchte man sagen, von etwas gekünsteltem Geschmack und gänzlich neuem Stil[14]. Geschmack am Vergoldeten, Verzierten, ja Gezierten und auch – ich denke an die Szenen aus dem Alten Testament – am Theaterdekor, am Theatralischen. Ein Geschmack, der aus Flandern kommt (die Amienser Texte sagen es ausdrücklich: »Jesuskindchen nach flandrischer Art« und Seidensträuße »nach flandrischer Art«). Ein Geschmack aus jener Zitadelle der Barockkunst, eines prunkenden, fleischlichen, goldglänzenden Barock, das die Kirchen in Triumphbögen zu verwandeln schien. *Ad majorem Dei gloriam.* Aber da ist noch etwas. Jener Kult des kleinen Jesus verweist, obwohl zeitlich früher, doch in nichts auf den Kult des Jesuskindes im 17. Jahrhundert, über den Henri Bremond in seiner großen *Histoire littéraire du sentiment religieux en France* so spannend geschrieben hat. Die kleinen Jesusbilder von Amiens am Ende des 16. Jahrhunderts und die kleinen Glorienkönige der Schwester Marguerite du Saint-Sacrement haben nichts miteinander gemein. Auch dazwischen liegt ein Einschnitt. Ein Klimawechsel.

Aber täuschen wir uns auch nicht, was die Bilder des ausgehenden 16. Jahrhunderts angeht. Sie enthüllen eine Geschmacksveränderung. Und wenn es ein Anzeichen dafür gibt, so ist es das plötzliche Auftauchen von »Landschaften« (meist paarweise, als Gegenstücke) in den ab 1560-1565 aufgenommenen Haushaltsinventaren[15]. »Sechs bemalte Leinwände, auf Holz gespannt, Landschaften genannt« verkündet ein Dokument von 1566 (FF 339). Landschaften, das sind Szenen aus dem Alten Testament, die nach Art der Zeit auch Landschaft abbilden, kolorierte, gezierte, niedlichfromme Bilder, Devotionalien für alte Jungfern und rührselig-fromme Gläubige . . . All das macht ein Klima aus. Und das Auftauchen gewisser Gegenstände in den Inventaren wie »ein kleines Silberbild, welches das Bildnis des Kardinals Borromei ist« oder »der Löffel des hl. Franz von Paula« belehrt uns definitiv über dessen historische und örtliche Ursprünge.

In den Amienser Inventaren tauchen nicht nur Bilder und Gemälde auf. Fast immer findet man Bücher, sehr wenige oder viele; ganz selten nur kommt es vor, daß ein Inventar nicht wenigstens eines oder zwei erwähnt: erstaunlicherweise handelt es sich bei diesen »Unikaten« in der Regel nicht um zeitgenössische Bücher, sondern im Gegenteil um Strandgut, alte, oftmals zerfallene Bücher, Reste veralteter Inkunabeln oder Manuskripte, die am Ende ihrer Tage bei den kleinen Leuten landen[16].

In den Jahren 1530, 1540, 1550 finden sich in sämtlichen Inventaren Bibeln in Französisch, Neue Testamente in Französisch. Die *Passion* in Französisch bei einem Priester. Häufig die *Exposition des Epîtres et Evangiles de l'année,* die *Exposition de l'oraison dominicale* in Französisch. Daneben Erbauungsbücher: die *Legenda aurea,* oft gedruckt, die *Internelle Consolation,* diese französische Version der *Imitatio Christi;* der *Ordinaire des chrétiens,* die *Fleur des commandements de Dieu,* der alte *Art de bien mourir,* der nicht totzukriegen ist, der Psalter mit der Auslegung von Lira und die Stundenbücher.

Lassen wir die Fachbücher, die Benimmbücher, die Ratgeber, die *Somme rurale,* den *Propriétaire des choses* und den *Calendrier des bergers.* Die alten Autoren, lateinisch oder griechisch, fehlen nicht: Cicero, Vergil, Ovid, Catull, die aristotelische Ethik; nach 1540 kommen einige Werke Erasmus' und die *Elégances* von Lorenzo Valla hinzu. Kein Plutarch. Übrigens hat das antike Buch den alten französischen Roman noch nicht vertrieben: ein Rosenroman, die Tafelrunde, Lancelot du Lac, die Zerstörung Trojas, Ogier der Däne, Valentin und Orson usw. Manchmal ein Exemplar der *Cent Nouvelles.* Wenig historische Bücher, bloß hie und da eine *Mer des chroniques,* eine *Fleur des histoires,* ein *Rosier des histoires* von Frankreich.

Demgegenüber das Inventar eines reichen Bürgers, Jean Bultel, von 1608 (FF 588). Ein griechisch-lateinisches Neues Testament zeugt von der Bildung des Verstorbenen[17]. Kein Erasmus mehr, wohl aber Scaliger. Und neben Plinius Plutarch. Vor allem geographische Neugier, wie sie die *Cosmographie* von Belleforest bezeugt und die kleine *Description du monde* dieses Nachahmers des Sebastian Münster. Auch historische Wißbegierde, denn da sind die beiden Foliobände der *Grandes Annales et histoires générales de France* des bereits erwähnten Belleforest (1579). Da ist die *Histoire des troubles.* Ein Froissard. Ein Comines. Und für die poetische Erquickung ein Baïf, ein Du Bartas, ein Pontus de Tyard.

Zum Vergleich: 1611 das Inventar (FF 651) eines Junkers, François de Louvencourt. Keine Bibel, kein Neues Testament. Sein Lieblingsbuch war das dicke Werk des berühmten Pater Coton, S. J., seine *Institution catholique* (1610), gedacht als Gegenmittel zur *Institution chrétienne* von Calvin. Es schließen sich an die *Justes grandeurs de l'Eglise romaine.* Ein Porträt in Öl des hl. Franz von Paula, des Gründers der Paulaner, macht das Abbild eines Katholiken der Gegenreformation komplett. Auch hier kein Erasmus mehr, dafür aber Scaliger, Justus Lipsius und Tacitus. Der Plutarch von Amyot, wie jetzt überall. Und um die geographische Neugier zu stillen, der *Théâtre des provinces et cités du monde* (von Ortelius) nebst einer *Navigation* von J. Hugue.

Setzen wir unsere Erkundung fort. Der Leser soll das Gefühl haben, daß »Stilwandel« kein leeres Wort ist, daß es der Historiker nicht mit ein oder zwei individuellen Phantasien zu tun hat, sondern mit einer neuen Einheit des Denkens und Fühlens. Da ist im Jahre 1617 ein praktischer Arzt, Jean Danès (FF 662). Keine Bibel, kein Neues Testament bei ihm[18]. Aber die *Histoire d'une mission de Capucins* und die *Démonomanie* von Jean Bodin: wir sehen, wohin das läuft. Geographische Neugier verspürte Danès auch: die *Cosmographie universelle* von Jean Thevet, die *Cosmographie universelle* von Belleforest, die *Description de l'Afrique* von Leo Africanus. Und Bedürfnisse nach Geschichte: Danès las die *Neuf Rois Charles* von Belleforest, die *Histoire générale des rois de France* von Du Haillant, die *Histoire des Albigeois,* die *Histoire des guerres d'Italie* von Guicciardiní, die *Mémoires* von Martin du Ballay, die *Histoire des princes de Pologne,* die *Antiquités es singularités des villes de France.* Er versuchte sogar die Soziologie seiner Zeit, denn er besaß die *République* von Jean Bodin und die *République des Suisses* von Simler. Um sich von diesen schweren Stoffen zu erholen, gab es das *Décameron* von Boccaccio (in der Übersetzung von Antoine Le Maçon, nehme ich an), die *Carmes* von Ronsard und die *Tragédies* von Garnier ...

Müßig, noch weiter fortzufahren: überall und bei allen dieselben Befunde. Erweiterung des Horizonts und der Wißbegierden. Hinzu kommt ein gewisses Bedürfnis nach wissenschaftlicher Genauigkeit, das im Vokabular faßbar wird: ab 1540 ersetzt allmählich der »Geometer« den früheren »Vermesser«: Gehört dem Meister Noël Gremer, Geometer ... Gehört dem Meister Robert Dufour, ebenfalls Geometer ...[19] Sodann wird 1551 zum ersten Mal ein »Architekt« erwähnt[20]: zuvor sprach man nur von Baumeistern; Rabelais' Neologismus hat rasch Schule gemacht. Die sonderbare Person, die sich im Jahre 1551 großspurig als »maître architecteur« bezeichnet, vermag ebensowohl eine Karte der Länder der Picardie, Boullenois und Artois aufzunehmen (1558), als auch im selben Jahr Wall und Turm der Stadt Amiens »mit dem Kompaß zu topographieren«. Mit derselben Genauigkeit zeichnet er das »Portrait« Ermordeter, um dem Gericht zu dienen und den ersten ›kriminologischen‹ Bedürfnissen der picardischen Richter nachzukommen. Und 1566 schließlich wird zum ersten Mal ein Ingenieur erwähnt: »zur Zeit als der Ingenieur in Doullens war ...« Ein militärischer Ingenieur natürlich[21].

Der Geometer, der Architekt, der Ingenieur, die Topographie mittels Kompaß und die wissensgesättigte Kartographie: das ist der Ausgangspunkt und bereits der erste Niederschlag einer Kultur der wissenschaftlichen Genauigkeit, der es gelingt, der Menschheit ihrer Zeit ihren Stil aufzuprägen. Und die uns sachte ins »räsonnable« 17. Jahrhundert hinüberführt.

Fassen wir nun diese verstreuten Dinge zusammen, all das, was uns die Gegenstände der Kunst und der frommen Verehrung sagen, und das, was uns die Bücher erzählen. Hier wie dort stellt sich derselbe starke Eindruck ein.

In den vor 1560 aufgenommenen Haushalten läuft es darauf hinaus, Gott als Geist anzubeten. Vor sein Angesicht, sein heiteres oder schmerzensreiches Bild zu treten zu einem direkten, stillen und unverbrämten Gebet. Desgleichen in den Bibliotheken vor 1560: die Zeugnisse und die spirituellen Instrumente eines vergeistigten Kultes. Überall die Schlichtheit des Evangeliums. Und die Nüchternheit des Lefèvre d'Étaples. Und die ein wenig trockene Klarheit des Erasmus, des Holländers, dem weder an Rührung noch an Glorifizierung gelegen ist. Nach 1560 zeigt sich überall ein Bedürfnis nach Zierat, Prunk, Vergoldung. Und das gezielte Angebot von Rührung – einer Rührung, die freilich mit einer gewissen Eloquenz einhergeht. Aber ist dies nicht auch die Zeit, da die Amienser Register aufhören, von »unserem Herrn, dem König«[22] zu sprechen, und wo statt dessen gravitätisch »Seine Majestät der König« auftritt? Unterdessen halten in die Bibliotheken die Mystiker und die beredten Humanisten Einzug – und die gezierte Literatur einer Zeit, die den Geist nicht ohne das Fleisch denkt und den Gegenstand ihrer Frömmigkeit nicht mehr nackt zu gewahren liebt; sie will ihn bekleidet, geschmückt, gerahmt und lieblich in ein intimes Dekor versetzt. Aber auch in ein natürliches. Denn die Freude an der Natur bewahren sich jene Städter, die weiterhin in ihren Städten Felder und Vieh behalten wollen, jene reisenden Kaufleute mit weitreichenden Beziehungen, die über ihren beruflichen Wirkungskreis, so weit er auch sein mag, hinaus vom sagenhaften Indien, vom wilden Amerika, vom großen Abenteuer jenseits des Ozeans träumen.

Und das ist nicht alles. Freude an der Geschichte, bemerkten wir soeben, vor allem aber an der französischen Geschichte[23]. Geschmack an Landkarten, vor allem aber an den Karten des Königreichs. Im Inneren der Häuser tauchen die Bilder des Herrscherhauses auf. Ergebnis französischer Überlegungen im Verlauf einer lang anhaltenden Krise. Und im selben Zuge stellen sich die Bürger von Amiens gegenüber ihren Königen selber *in effigie* auf[24]. Warum nicht? Hatten doch schon ihre Vorfahren unerschrocken an den Strebepfeilern des Nordturms ihrer Kathedrale neben der Jungfrau und Johannes dem Täufer (und im selben Format wie diese!) nicht nur Karl V., den Dauphin (Karl VI.) und den Herzog von Orleans angebracht – sondern auch *minores,* den Rat Bureau und den Kardinal Lagrange. Zwischen der Tatsache, daß in den Häusern von Amiens Königsportraits auftauchen, anfangs noch selten – vergessen wir nicht, daß so viele Jahre lang das zwischen dem Engländer, dem Burgunder, dem Spanier und Frankreich umkämpfte, hin und her gezerrte und zerstückelte Amiens nicht wußte bzw. nicht wissen konnte, wohin es nun eigentlich gehören wollte – zwischen dieser Tatsache und dem erwachenden Interesse an der Geschichte stellt sich auf natürliche Weise eine Verbindung her. Eine Verbindung nach den Religionskriegen. Nach der Krise, aus der Frankreich erneuert hervorgeht.

Frankreich – aber welches? Der ewige Streit. Worum es dabei geht, macht man sich deutlich, wenn man sich in unseren Inventaren die Bücherlisten zweier Männer aus jener Zeit ansieht.

Da ist zum einen der Junker Pierre de Famechon, dessen nachgelassene Habe 1617 aufgenommen wird (FF 660). Famechon ist ein Leser des Erasmus: er besitzt das *Enchiridion, De copia verborum,* die *Apophtegmata,* die *Colloquia, De lingua.* Dem fügt er noch die *Grammatica Melanchtonis* hinzu. Famechon ist Leser Rabelais', der gleichsam den Mittelpunkt seiner Bibliothek ausmacht. Und der *Satires* des Sieur Regnier. All das gehört zusammen und verbindet sich mit einer festen gallikanischen Loyalität. Denn Famechon besitzt die *Ménippée* und das Edikt von Nantes. Er billigt die parlementarischen Einwände gegen das Buch von Suarez und seine gerichtliche Verurteilung. Er ist gegen die Jesuiten und für die Pazifizierungsedikte. Außerdem besitzt er die *Figures des rois de France.* Und, um seine Karte des Königreiches zu erläutern, den kostbaren *Guide des chemins de France* von Ch. Estienne. Daneben interessiert er sich wie alle Männer seiner Zeit für historische und geographische Dinge. Er besitzt die *Histoire générale des Indes,* die *Histoire de l'Amérique,* die *Histoire de la Floride.* Dazu die *République des Suisses* von Simler in der Übersetzung von Gentillet. Er liest *L'Etat de l'Eglise sous Charles-Quint,* das heißt Sleidan, die *Mémoires* von Martin du Bellay sowie *L'Etat de l'histoire de France sous Charles IX* . . .

Und da ist zum anderen, im selben Jahr 1617 aufgenommen (FF. 654), die Bibliothek des königlichen Notars Martin de Miraulmont. An der Spitze die *Oeuvres spirituelles* des R. P. Louis de Grenade: das mystische Spanien. Die berühmte *Summa Benedicti* versetzt uns in die Welt der Kasuisten. Es folgen die *Vie des Saints,* der *Bréviaire d'Amiens* und die *Histoire ecclésiastique* von Nicéfore. Zwei Bücher von Pellevé, dem Ligisten-Kardinal, einer Zielscheibe der Satire *Ménippée.* Miraulmont stand auf der anderen Seite . . .

Zwei Typen von Menschen also; das geteilte Frankreich zur Zeit Ludwigs XIII. Welcher der beiden Typen wird die Oberhand gewinnen? Das eben ist die Frage, wenn es darum geht zu erklären, wie sich Ludwig XIV. vorübergehend auf den Ruinen dessen, was gewesen war, niederlassen konnte. Dies ist ein Beispiel für die Probleme, die anhand unserer Inventare konkrete Gestalt annehmen – für diejenigen, die sie zu befragen wissen.

All das bleibt, wie gesagt, skizzenhaft, umrißhaft, um des Beispiels willen gesagt. Es soll zu Forschungen anstiften, die für den, der über wirkliche Bildung verfügt, relativ einfach anzustellen sind. Durchführen lassen sie sich ebensowohl anhand der reichen Archivbestände Amiens' wie anderswo, fern von Amiens. Nur muß man sie eben machen. Nur so gelangt man zu einer lebendigen Geschichte der französischen Zivilisation. Einer Geschichte mit Witz, Gespür und Sinn für genaue Zeitverläufe. Einer Geschichte, die ihren eigenen Stil besitzt.

1 Obgleich er an einigen Sammlungen ablesbar war. Jeder Historiker Burgunds etwa weiß, was er den ehedem von Prost publizierten Inventaren entnehmen kann.

2 Grund dafür war das Bestreben Rouens, die zweite Stadt des Königreichs zu sein. Vgl. dazu Louis Huygens 1655 in seinem »Journal de voyage« (Gazette des Beaux-Arts, 1937, II, S. 93): »Soweit wir urteilen konnten, ist sie viel größer als irgendeine Stadt in Holland, ausgenommen Amsterdam, dem sie aber nicht viel nachstehen soll. Man glaubt, daß sie nach Paris die größte in ganz Frankreich ist.«

3 Amiens, Archives communales antérieures à 1790. Bde. II und III, Serie BB, von G. Durand, Amiens, 1894-1897; Bde. IV und V, Serie CC, *ibid.*, 1901-1905; Bde. VI und VII, Serie FF, *ibid.*, 1911-1925.

4 Ich gehe in dieser kurzen Skizze auf die eigentlich kunstgeschichtlichen Dinge nicht ein. Wer waren die Maler, die Bildhauer, die damals in Amiens arbeiteten? Welchen Wert hatten die Werke, die in den Inventaren auftauchen? Woher kamen sie jeweils? Ein Bereich, auf den ich hier aus Zeitgründen nicht eingehen kann, dessen Untersuchung sich aber auszahlen würde.

5 Hier müßte man nun einen schönen Methodenstreit inszenieren. Ich schenke mir das. Ich gehe ein für alle Mal davon aus, daß jeder Leser der *Annales* gesunden Menschenverstand besitzt und man ihm nicht mit Pedanterie kommen muß. – Ja, ein Sterbeinventar liefert nur ein präzises Datum, das Sterbedatum; der alte Mann, der 1620 stirbt, hat nicht all seine Möbel, all seine Bilder, sofern er welche hat, im Jahr davor gekauft, manches von dem, was er besitzt, hat er auch geerbt. So weit, so gut. Aber was zunächst die Bücher angeht, so können wir datieren: man kauft nicht 1530 ein Buch, das 1560 erscheint ... Auch bei den Kunstmoden können wir datieren, weniger streng zwar, aber aufgrund der Masse. Ein Holztisch mit geschwungenen Beinen, verziert mit stilisierten Nymphenköpfen, die Platte mit Einlegearbeiten in Form von Weinlaub – das läßt sich auf Anhieb auf 1900 datieren (Schule von Nancy). Das mag wohl auch 1898 oder 1904 oder sogar 1910 sein. Grob gesehen ist es 1900. Keine Spitzfindigkeiten. Stile, zumal wenn es sich um solche des Denkens oder moralischer Reaktionen handelt, auf die Dekade genau zu datieren, dazu gehört schon etwas. Wo es sich aber um Gegenstände handelt, da mag man als Historiker wohl auch einmal den Rat des ersten Antiquitätenhändlers am Ort erfragen. Denn der hat viel gesehen, hat vielleicht auch viel behalten ...

6 Was ich darüber weiß, hilft nicht viel weiter: Sankt Claude gehört zur Überlieferung der Franche-Comté, und die franc-comtesischen Texte sagen nur wenig darüber aus, wie populär er war. Aber daß er es in Amiens wurde, steht außer Zweifel. Vgl. Serie FF, II, S. 722 f. (1579); 792 (1588); 803 f. (1591-1592), usw.

7 Vgl. die schönen Seiten Bremonds über den Kult der Magdalena im 17. Jahrhundert in Frankreich, seine Entwicklung und seine Bedeutung. Es setzt auch bereits die epische Dichtung zu Ehren der Heiligen ein (1606, 1608, 1617, 1628); vgl. die Statistiken von R. Toinet (*Quelques recherches autour des poèmes héroiques-épiques*, Tulle 1897-1907).

8 Ein Saturnier vermutlich? Saint Saturnin, Schutzpatron der Hammelherde. Unter den *Solitären* sind zu nennen: Betremieu, Ernoul, Enguerran, Eletre, Flourens, Guérard, Gentien,

Hutin, Ildevert, Jacotin, Raoulant, Saturnin, Tassin, Valent. Man sieht, daß es in Amiens nicht nur alte Amienser gab, die am Ruhm der Diözese festhielten: Saint Firmin, der am Portal der Kathedrale steht und unerschütterlich zu segnen scheint, die Märtyrer Gentien, Fuscien, Victorix, die früheren Bischöfe, allen voran Saint Honoré, schließlich die anderen Heiligen, Domice, Geoffroy und Sainte Ulphe – alles Dinge, die man aus Corblet, *Hagiographie du diocèse d'Amiens*, entnehmen kann. (Von 1610 bis 1622 findet man 18 Firmin, 3 Fuscien, 1 Honoré und 1 Gentien).

9 Vgl. L. Febvre, *Philippe II et la Franche-Comté*, Paris 1912, Kap. X und XI.

10 Dies etwa findet sich 1585 bei Pierre Poitevin: vier hölzerne Bilder, deren erstes das Abendmahl zeigt, das zweite die Geschichte Loths, das dritte die drei Tugenden, das letzte Apollo und die sieben freien Künste. Zeitlich später und in verkleinertem Maßstab reproduziert dieser Bürger ein ähnliches geschmackliches Gemisch wie die umfangreiche Sammlung von Frau Charlotte d'Ailly, Witwe des hochmögenden Adrien de Pisseleu. die 1575 inventarisiert wird: vier bemalte Holztafeln, von denen eine ein Mädchen zeigt, das seinem Vater die Brust gibt, die nächste den König Franz, die nächste die Lukrezia, die vierte den Pfalzgrafen bei Rhein; daneben gibt es noch »den Greis, der seine zwei Töchter mißbraucht hat«, Adam und Eva, zwei Bilder, von denen eines Magdalena, das andere Venus zeigt etc.

11 Einige Beispiele. 1578, die Frau eines Abgeordneten: zwei auf Leinwand gemalte Bilder: Salomo und die Königin von Saba, Bildnis eines Sterbenden, eine Magdalena. – 1578, die Frau eines Bürgers: ein Bild auf Leinwand, darauf die Barmherzigkeit zu sehen ist, ein weiteres Bild auf Leinwand, darauf die Geschichte der Königin Esther . . ., ein auf Holz gemaltes Bild, darauf die Geschichte der Susanna . . . – 1578, die Frau eines Notars: ein auf Leinwand gemaltes Bild, darauf das Wunder der sieben Gerstenbrote, sechs Bilder auf Papier, darauf die Geschichte von Sankt Paul. Häufig werden »auf Papier gemalte Bilder« erwähnt: 1585 sechs Bilder auf Papier, welche die Geschichte von Tobias und Hiob darstellen.

12 Theater, Kunst, Frömmigkeit: eine ganze Reihe von Untersuchungen für die damalige Zeit wäre anzustellen. Für das Theater sind alle Voraussetzungen geschaffen. Die Arbeit könnte beginnen. Nur die Arbeiter fehlen.

13 Einige Beispiele. 1540 (wohl die erste Erwähnung?) ein vergoldetes Jesuskind mit zwei kleinen Kleidern aus Seidensatin und Spitzen (bei einem Kaufmann). Ebenfalls 1540 (bei einem Goldschmied) ein Jesuskind und das Bild der Madonna, alles aus vergoldetem Holz. 1541 ein Jesus, angetan mit einem Kleid aus rotem Damast und einer Mütze aus scharlachfarbenem Samt. – Bei den Doppelbildern: 1587 zwei Jesusbilder von bemaltem und vergoldetem Holz, jedes mit einem Gewand angetan, davon das eine aus gemustertem violettem Samt, mit Goldfaden bestickt, das andere aus grauem Damast, ebenfalls mit Goldfaden bestickt. 1595 zwei Jesusbilder, mit zwei Samthüten geschmückt und mit rotem Seidensatin geputzt. 1598, bei Marie Cantereine, Kaufmannsfrau: in einem mit Ascotserge ausgeschlagenen Holzkästchen zwei Jesuskindlein mit Kleidern angetan und mit einer Krone; usw.

14 1578 zwei kleine Töpfe aus blauem Glas für Blumensträuße. 1587 zwei Jesusbilder . . ., zwei große Seidensträuße nach flandrischer Art. Ebenfalls 1587 zwei kleine Töpfe für gold- und seidenverzierte Sträuße und mehrere Püppchen und Gold- und Seidensträuße. 1589 ein Bild der Jungfrau Maria mit mehreren Seidensträußen; ein anderer aus Gold, und mehrere Sträuße aus Seide und Golddraht. 1610 ein Kästchen aus Eichenholz, mit Glas bedeckt, darinnen ein Jesusbild, nebst anderen kleinen Bildern und Seidensträußen; usw.

15 Beispiele: 1566 zwei Landschaften; 1568 zwei Landschaften; 1580 ein großes, bemaltes Leinwandbild, darauf eine Landschaft zu sehen ist; 1595 ein Gemälde, das eine Landschaft darstellt.

16 1603 finden sich die *Chroniques de France*, »eine Rolle in einem Köcher aus Holz« bei einem Klempner. Auch die *Annales de France* enden gern bei den kleinen Leuten: 1583 bei einem Schreiner, 1598 bei einem Schreinermeister, nebst einer Bibel etc. Bei fast allen, die nur ein Buch haben, ist dies die *Vie des saints*.

17 Mehrfach stößt man bei den Gebildeten und bei den Buchhändlern auf das Neue Testament in Griechisch und Latein: so bei Marie Cousin, Frau eines Buchhändlers, 1583; beim Advokaten Fournier, 1587, findet es sich neben Erasmus, Vives, Ramus, den Emblemen von Alciati, dem Decamerone und Rabelais.

18 Es scheint, als würde die Bibel mehr und mehr zum Leibgedinge und Kennzeichen ausschließlich der Reformierten. Man findet sie häufig bei Handwerkern, etwa 1612 bei einem Wollweber, nebst einem Du Bartas.

19 Vgl. CC 136, fol. 112, 1540.

20 Zacharie de Celers, Architekturmeister, CC 156, fol. 22. Die Tätigkeiten dieses Mannes werden in den Dokumenten oft erwähnt, und sie sind verschiedenster Art. Einmal vergoldet er den Kamin des Ratssaales und verkleidet ihn mit goldenem und blauem Stoff (1545); ein andermal zeichnet er für das Gericht eine Ansicht des Ortes, an dem man einen Mann und seine Frau tot aufgefunden hatte; er zeichnet Pläne, entwirft Festungsanlagen, kümmert sich nebenher aber auch um die Zielscheiben der Bogenschützen, die Kirchenfahnen der Sprengel usw.

[21] CC 164, fol. 27. Vgl. später, 1574 (CC 201, fol. 14 v°): »das Bildnis des Walles und der Festung der besagten Stadt Amiens, das Herr Belamat der Jüngere, Ingenieur, begonnen hatte«.

[22] Das sollte genauer erforscht werden. Nach unseren Stichproben bleibt die Formel »unser Herr der König« bis zur Mitte des 16. Jahrhunderts (5. Januar 1562, Rede eines Schulzen, BB. 35, fol. 37 v°: mit Erlaubnis unseres Herrn des Königs. Ders., Februar 1562, DD., 35, fol. 35) Doch bereits 1588 (CC. 169): ein Goldflies des Kaisers geht »an Seine Majestät den König«. Und die Texte häufen sich: 1574, CC. 201, fol. 14: Seiner Majestät Bericht erstatten. 1575, CC. 203, fol. 23 v°, In der von S. M. besteuerten Stadt, usw.

[23] Und an einer ganz zeitgenössischen Geschichte zuweilen. Die 1580 inventarisierte, umfangreiche Bibliothek von Pierre Croquoison enthält Guiccardini, die *Discours* von Machiavelli, den *Récit de voyage* des Königs Karl, die *Généalogie des rois*, den *Sommaire des empereurs*, die *Chronique* von Jean Carion, die *République des Turcs*, die *Chronique de Pologne*, die *Discours politiques* von La Noue usw. Daneben ein Erasmus, ein Alciato, Margherita Margheritarum, Marot, Rabelais und das Decamerone. – 1580. Das ist noch vor den großen Polemiken der Religionskriege, deren Spuren sich in allen Inventaren von 1600, 1610 und 1620 finden.

[24] 1561, FF. 717, 1540: ein Bürger von Amiens belangt gerichtlich Jean Prien, Maler, weil er bestellte Portraits nicht liefert. – Aber erst spät mehren sich die Portraits von Bürgern und kleinen Leuten in den Inventaren: 1587 ein Lederhändler; 1587 ein Bürger und Kaufmann; 1587 ein königlicher Notar (das Bildnis des Verstorbenen und der Dame Marguerite de Miraulmont, seiner Frau); 1588 ein königlicher Unteroffizier; 1590 eine ganze Sippe: vier Ölgemälde, die den Großvater, die Großmutter, Vater und Mutter des Verstorbenen zeigen, Vater und Mutter der Kinder; das war schon ein rechter Bürger.

HEXEREI
UNFUG ODER UMBRUCH DER MENTALITÄTEN?

VOR UNS LIEGT EIN BUCH über Hexerei[1]. Ein sehr lesenswertes Buch, eingeleitet von Maurice Garçon, seines Zeichens Anwalt, der sich nicht mit den schönen Fällen von heute zufriedengibt, sondern gern rückblickend plädiert: vor der Kammer für historische Sachen. Dieses Buch bietet uns eine Menge geprüfter, homogener und vergleichbarer Tatsachen, die alle aus demselben Flecken unserer Welt, aus derselben Zeit und demselben gesellschaftlichen Umfeld, ja, aus ein und demselben Klima stammen.

Der besagte Flecken liegt mitten in unserer alten Franche-Comté. Es ist das bezaubernde, stille und friedvolle Ländchen Quingey, das sich gewiß eher um seine fetten Forellen sorgt als um seine einstige Herrscherin, die gute Mahaut von Artois, auch wenn sie noch so oft ihren alten Bergfried besuchte – oder um jenes illustre Landeskind, den Papst Calixt II., der, hinter den Mauern eben desselben Bergfrieds geboren, lange vor dem Kardinal Granvelle seine comtesischen Schwächen bis nach Rom schleppen sollte: Gewandtheit, Schläue, Verstellungskunst, vor allem aber eine unbezähmbare Verwegenheit. Private Laster, politische Tugenden, sagte Henri Bouchot ... In der Tat war er ein großer Papst, Calixt II.; aber was fangen die Leute von Quingey mit den Päpsten von einst an? Und was mit den Hexern von einst?

M. Bavoux, zweiter Archivar an den Archiven des Doubs, hat aus seinen Beständen einen ganzen Packen einschlägiger Prozeßakten zutage gefördert. Die führt er uns nun der Reihe nach in lebendiger und anschaulicher Weise vor. Da sind als erstes ihre Richter, die roten Roben am Baillagegericht von Quingey: eine kleine, nicht immer ganz saubere, nicht immer von den edelsten Leidenschaften beseelte, alles in allem doch ziemlich miese Welt. Dann die Zuhörerschaft, der Kerker und schließlich der Platz, wo der Pfahl stand, das »Hängholz«, wie man immer noch sagt. Und endlich das Verfahren selbst, das hier in seinem Ablauf untersucht wird, nämlich das Sonderverfahren, das bei Hexern angewandt wird, und das sich von 1604 an verallgemeinert, als auch den grundherrschaftlichen Gerichten erlaubt wird, das Verbrechen der Hexerei zu verfolgen, was sogleich die Zahl der Fälle ansteigen läßt[2].

Wir wollen nicht weiter auf die Prozesse eingehen, die M. Bavoux untersucht. Sie vermitteln uns ein Gefühl des Abscheus und Entsetzens, das sich nur schwer abschütteln läßt. So etwa sieht eine Familie aus: die alte Großmutter ist eine Trinkerin, die für ein Glas Wein alles erzählt, was man nur will, die denunziert, den Sabbat schildert und was dabei geschah. Der Sohn ist ein handfester Kerl, ein wahrer Herkules, der anfangs noch den Verhören und Martern trotzt, dann aber einbricht, gesteht und denunziert. Als es ans Sterben geht, bereut er und zeiht sich vor der versammelten Menge feierlich der Lüge. Schließlich die beiden Enkel, elf und dreizehn Jahre alt, die die Kerkermeisterin im Hof herumtollen läßt, und um die der Gerichtsdiener sich wie ein Vater kümmert: »Jetzt geh ich«, sagte er einmal, »meine Täubchen füttern«. Und die Täubchen flattern fröhlich herum, bis zu dem Tage, da man ihnen mir nichts, dir nichts verkündet, daß sie zum Tode verurteilt sind und am nächsten Tag gemartert werden ... Der jüngere versteht es nicht einmal. Trotzdem werden sie eines traurigen Tages im Dezember 1657 »auf dem Schindanger« hingerichtet. Unterdes sucht der bestürzte Pfarrer noch nach Auswegen und fragt sich, ob er nicht Revision beantragen müßte. Aber was hätten die roten Männer von Dole anderes getan als das Urteil des Baillage zu bestätigen?

Diese Prozesse spotten jeglicher Vernunft. In einem Dorf bringt eine Frau ein elendes Kind zur Welt, das nach ein paar Tagen stirbt. Ein Ochse wird von einer unbekannten Krankheit befallen und geht ein. Zwei Schweine verschwinden spurlos. Das muß das Werk einer Hexe sein. Sie ist rasch gefunden. Man sperrt sie ein, und sie gesteht alles, den Sabbat und alles andere. Man untersucht sie. Und findet, als man sie mit Nadeln sticht, das »Teufelsmal«. Man erwürgt sie. Verbrennt ihren Leichnam, streut ihre Asche in den Wind – Hexensamen, der alsbald aufgeht und neue Hexen hervorbringt, neue Verfolgungen auslöst. Ein Hohn aller Vernunft. Und wir plustern uns auf: Ach, wie gut, daß wir nicht sind wie jene da ... Wie etwa jene Richter, von denen es doch eben hieß, sie seien ein gemeines Völkchen ... Stop! Genau hier wird nämlich die Sache für den Historiker interessant. Hier muß das Nachdenken einsetzen.

Versetzen wir uns nach Lothringen, einem anderen klassischen Land der Hexerei. Was Boguet für die Franche-Comté ist, das ist Nicolas Rémy für Lothringen. Begeben wir uns also nach Lothringen und vertrauen uns dort der sicheren Führung meines alten Lehrers Christian Pfister an[3]. Wir schreiben das Jahr 1592. In Ranfaing in den Vogesen lebt ein schönes exaltiertes Mädchen mit großen, etwas verrückten Augen. 1592 – das ist vier Jahre vor der Geburt eines gewissen René Descartes in La Haye im Poitou. Ganz Lothringen scheint zu dieser Zeit von Hexern und Hexen zu wimmeln, treuen Untertanen Satans, Beelzebubs, Persins und Verdelets: der Teufel braucht viele Verkörperungen und viele verschiedene Namen. Mit fünfzehn Jahren kommt Elisabeth unter die Haube: man verheiratet sie mit einem älteren Herrn von siebenundfünfzig Jahren. In neun Jahren gebiert sie sechs Kinder; nur drei Mädchen überleben. Mit vierundzwanzig ist Elisabeth Witwe.

Aus übersteigerter Frömmigkeit denkt sie daran, ins Kloster zu gehen, als eines schönen Tages im Jahr 1616 eine Verwandte sie dazu bewegt, eine Pilgerfahrt nach Remiremont zu machen. Nachdem sie ihre frommen Übungen verrichtet hat, setzt sie sich in einer Herberge zu Tisch. Ein Arzt, Charles Poirot, der auch dort weilt, ist von Elisabeths Schönheit überwältigt. Er legt sich ins Zeug, schmeichelt ihr, schafft ihr zu essen und zu trinken. Und dann auf einmal, wie ihr der Arzt ein Stück Pökelspeck, eine Lothringer Leckerei, auf den Teller legt, wird Elisabeth gewahr, daß das kein Speck ist. Sondern einen Filter hat Poirot ihr gegeben, und von dem Augenblick an wird sie den Gedanken an den Arzt nicht mehr los ...

Sie beklagt sich darüber. Graust sich davor. Aber eigentlich (und deshalb graut ihr so davor) ist nicht sie es, die da klagt, sondern »der Andere«. Eines Tages, als ihr Poirot über den Weg läuft, fällt sie in Ohnmacht. Sie spürt, daß der Arzt ihr »einen bösen Hauch einbläst«. Unverzüglich produziert sie alle Zeichen einer großen Hysterie à la Charcot: Lähmung einer Körperhälfte, Verlust von Geschmack, Geruch, Tastsinn und Gehör etc. Der Apotheker, bei dem man Rat sucht, weist sie an den Arzt. Das heißt an Poirot, der denn auch kommt. Sie vertreibt ihn. Ruft ihn wieder. Vertreibt ihn von neuem. Der Beichtvater, der davon Wind bekommt, befindet: das ist der Teufel. Und schickt sein Beichtkind nach Nancy, wo Spezialisten sie exorzieren werden.

So geschieht es, und Elisabeth ist geheilt – bis zu dem Tage, als sie wieder auf Poirot trifft. Rückfall, Exorzierung, falsche Ausfahrt des Teufels »unter schrecklichem Getöse«, Hoffen auf die Ärzte, die sich die Hände waschen: das ist Sache der Exorzisten. Und sechs Jahre lang sind nun die Exorzisten ohne Rast noch Ruh am Werk, um den Dämon zu vertreiben. Sämtliche Orden, einer nach dem anderen, entsenden ihre besten Leute zu der Besessenen: Kapuziner, Jesuiten, Benediktiner, Observanten, Karmeliter, Augustiner. Hochrangige Besucher gesellen sich dazu. Als der Bischof von Toul nach Nancy kommt, läßt er sich die Sitzung nicht entgehen. Manchmal wohnt ihr der Fürst Erik von Lothringen bei. Ein Kenner. Im Alter von einundzwanzig Jahren zum Bischof von Verdun ernannt, war er dem Zauber einer Nonne erlegen; er hatte sie entführt und später, als die Leidenschaft abkühlte und er darauf sann, sich Absolution zu erwirken, behauptet, er sei verzaubert worden ...

Indes, der Dämon sträubte sich hartnäckig, Elisabeths Körper zu verlassen. Auf Fragen, die man an ihn richtete, antwortete er in allen Sprachen der Welt. Er las Briefe bei geschlossenem Umschlag. In einem Haufen

Hostien unterschied er die geweihten von den ungeweihten. Bisweilen kam es ihn an, alle Welt, die Exorzisten eingeschlossen, auf das Gröbste zu beschimpfen. Er brachte Elisabeth dazu, auf dem Gesims der Kirche zu spazieren ohne herunterzufallen, ließ sie stundenlang in Katalepsie fallen, und zwar in den sonderbarsten Stellungen. Kurz, das arme Mädchen äußerte alle klassischen Zeichen der Besessenheit, wie das römische Rituale sie aufzählt . . .

Nicht ohne fatale Auswirkungen für andere. Eines Tages erklärt Elisabeth, sie kenne einen Mönch, der sich den schlimmsten Ausschweifungen hingebe. »Was für ein Mönch ist das?« – »Einer von den Minimen!« Große Aufregung in der ganzen Familie des Hl. Franz. Der alarmierte Provinzial eilt nach Châlons. »Wer ist dieser Mönch?« Durch die Stimme Elisabeths antwortet der Teufel: »Du bist es!« – und der Provinzial wird in ein obskures Kloster verbannt, wo er auf Nimmerwiedersehen verschwindet . . .

Es kommt noch besser. Eines Tages, wie ihn die Reise durch Nancy führt, kommt Poirot auf die törichte Idee, einer Sitzung beizuwohnen. Elisabeth erkennt ihn, fällt in Trance und klagt ihn an. Er wird verhaftet. Man übergibt ihn den besten Richtern Lothringens. Am 30. März 1621 rasiert man ihn am ganzen Leibe, sticht ihn mit Nadeln und findet das Satansmal. Am 24. April wird er verhört. Er gesteht nichts. Doch Ende November läßt eine junge Bäuerin, die der Hexerei verdächtig ist, seinen Namen fallen. Die Sache kommt erneut in Gang. Man sucht das Mal an ihr und findet es. Damit ist Poirot geliefert.

Doch der Arzt findet Fürsprecher in Frankreich, Italien, Flandern. Die Tochter Philipps II., die Infantin Isabella-Clara-Eugenia schreibt seinetwegen an den Herzog von Lothringen. Doch die vierundzwanzig Richter, die aufrechtesten und verständigsten weit und breit, erklären übereinstimmend Poirot für schuldig. Man erdrosselt ihn mitsamt der Bäuerin. Verbrennt ihre Leichen. Und dieweil die junge Hexe noch weitere Namen hat fallen lassen, unter anderen den des Waffenmeisters des Lothringers, André Desbordes, erhebt man auch hier Anklage. Solange Heinrich II. lebt, ist nichts zu machen; der Herzog deckt Desbordes. Doch kaum ist er tot, greift man den Unglücklichen. Und verbrennt ihn bei lebendigem Leibe.

Machen wir's kurz mit dem Ende, so merkwürdig es auch ist. Allmählich beruhigt sich Elisabeth, tritt weite Pilgerreisen an, behütet von ihrer ältesten Tochter, einem Staatsrat des Herzogs von Lothringen und ihrem Beichtiger: eine regelrechte Mission. Bei der Rückkehr ist sie reif für den Schlußakt. Am 1. Januar 1631 wird in Nancy das Kloster Notre-Dame du Refuge eröffnet. An seiner Spitze steht die Mutter Marie-Elisabeth vom Kreuze Christi: niemand anderes als unsere Besessene, die Irre von Ranfaing. Und Mutter Marie-Elisabeth legt erstaunliche Führungseigenschaften an den Tag. Das Refugium von Nancy wird zum führenden Kloster.

Als seine Gründerin im Januar 1649 im Alter von sechsundfünfzig Jahren stirbt, erweist ihr ganz Nancy die letzte Ehre. Und ihr Herz wird andächtig im Kloster zur Zuflucht von Avignon beigesetzt...

Ich erwähne diese Geschichte – die, wie gesagt, Christian Pfister mit der ihm eigenen wissenschaftlichen Akribie in allen Einzelheiten durchleuchtet hat – nur deshalb, weil sie mir neben allen anderen (neben all den Geschichten aus der Franche-Comté, aus Lothringen, aus dem Poitou, von Mutter Johanna von den Engeln aus Loudon und Urbain Grandier und so weiter und so fort) als besonders aufschlußreich erscheint.

Denn nicht aus purer Freude am Geschichtenerzählen habe ich diese erstaunliche Geschichte hier in groben Zügen nacherzählt. Ich wollte ein Problem aufwerfen, und zwar *das* Problem. Wie soll man erklären, daß die intelligentesten Menschen einer Zeit allesamt (und ohne Unterschied der Religion: es gibt ebenso viele Hexen und Hexer im Lutherdeutschland des ausgehenden 16. und des beginnenden 17. Jahrhunderts wie im katholischen Frankreich Ludwigs XIII.) – wie soll man erklären, daß ein Bodin, der große Jean Bodin, einer der klügsten Köpfe seiner Zeit, ein Mann voll wacher Neugier, der alles, und zwar in eigenständigster Weise, behandelt hat: Sprachen, Recht, Geschichte, Geographie, Mathematik, Astronomie – wie soll man erklären, daß dieser Mann, der mit seiner *République* von 1576 zum Schöpfer der politischen Soziologie wurde und zehn Jahre später mit seiner *Méthode* der Geschichtserkenntnis die vergleichende Geschichte der politischen Formen begründete, der mit seiner *Juris Universi distributio* 1578 die vergleichende und Entwicklungsgeschichte des Rechts ins Leben rief, der Bodin der *Réponse aux paradoxes de M. de Malestroict,* der Mann, der die zunehmende Teuerung des Lebens mit der Zufuhr amerikanischen Edelmetalls nach Europa in Verbindung brachte – wie soll man erklären, daß dieser bedeutende und in religiösen Dingen so kühne Denker (ich denke an sein *Heptaplomeres,* jenes verzweifelte Bemühen, mitten im Streit der Religionen eine wahrhaft universale Religion auszumachen) derselbe war, der 1580 eines der betrüblichsten Bücher jener Zeit veröffentlichte, den *Traité de la démonomanie des sorciers* mit seinen unzähligen Ausgaben?

Dämonen, Dämonen: sie sind überall. Sie geistern durch die Tage und Nächte der intelligentesten Leute jener Zeit. Das sind nicht mehr die Dämonen der Pléiade, jene Dämonen, mit denen sich für Augenblicke die unruhige Phantasie eines Ronsard erfüllte, die Luft- und Planetengeister, denen der Dichter in seiner Kosmologie entscheidende Funktionen zuschrieb[4], sollten sie doch in der Welt der Erscheinungen das Wirken der Ursachen sichern, den Einfluß der Planeten übertragen und – vermittelt durch die magischen Künste – den Menschen die Macht geben, allen Wesen und Dingen zu gebieten. Aus diesen platonischen Dämonen sind Teufel geworden. Ungefähr zur selben Zeit, als aus dem Magier der Hexenmeister wurde[5]. Nicht länger handelt es sich um aristokratische, ästhetische und wohltätige Dämonen. Sondern um solche, die sich in die Körper der Menschen, vor allem der Frauen, einschleichen. Und ihre Zahl ist so groß, daß Bossuet schreibt: »Ich halte dafür, daß die Hexer ein Heer aufstellen könnten, so gewaltig wie das des Xerxes, welches doch eine Million achthunderttausend Mann umfaßte. Denn wenn es zu Zeiten Karls IX. allein in Frankreich dreihunderttausend waren, wie hoch mag dann die Zahl in den anderen Ländern sein?« Und nachdem er Deutschland erwähnt hat, das alle Hände voll zu tun hat, »ihnen Feuerholz zu schichten«, die Schweiz, die, um sie loszuwerden, ganze Dörfer ausgerottet hat, Lothringen, »das den Fremden tausend und abertausend Pfähle zeigt, an welche es sie bindet«, dieweil sie sich doch »unterirdisch vermehren wie das Gewürm in unseren Gärten«, explodiert er schließlich: »Ich wünschte, man steckte sie alle miteinander in einen einzigen Leib, auf daß sie alle auf einmal und im selben Feuer verbrennten!«

Bossuet, na gut, aber Bodin? Und wenn wir nun sagen: »Aberglaube, Leichtgläubigkeit, mangelndes Kritikvermögen« – was haben wir dann erreicht?

Ich will dazu zwei Dinge bemerken. Als im Jahre 1609 Galilei auf dem Campanile von San Marco sein Fernrohr aufbaute, wurde ihm eine erstaunliche, rauschhafte Erfahrung zuteil: mit eigenen Augen sah er am Himmel, was kein Mensch vor ihm gesehen hatte, die Oberfläche des Mondes übersät von Kratern und durchschnitten von Tälern, Jupiter umringt von vier Satelliten, die seinem Laufe folgen, Venus, welche Phasen aufweist wie der Mond und somit ihre Kugelgestalt zu erkennen gibt, endlich eine Unzahl von Sternen, deren Existenz niemand auch nur geahnt hatte, und jene Sonnenflecken, die er 1611 in Rom beschrieb.

Mit einem Schlage war die aristotelische Physik gestürzt ... Nichtsdestotrotz verteidigt 1631 ein intelligenter junger Mensch, Jean-François-Paul de Gondi, der spätere Kardinal de Retz, seine Thesen vor der Sorbonne. Und behauptet unverdrossen und allen Einwänden zum Trotz, es gebe drei Himmel, deren unterster flüssig sei: 1631 wohlgemerkt. Aber noch 1658, in seinem *Saint Louys ou la Sainte Couronne reconquise*, einem Heldengedicht in 18 Büchern und 17 764 Versen, setzt Pater Lemoyne diese hübschen Dinge in Verse. Und die Weltlichen? Allesamt, Pater Mersenne, der Zuträger der gelehrten Welt, Guy Patin, Silhon im Jahre 1634 und Jacques de Chevreuil im Jahre 1623, allesamt behaupten sie, die kopernikanische Hypothese umzustoßen, diese »klug erdachte Narrheit«, wie der letztere schreibt. Es ist doch seltsam: die Weite des neuen Universums, der rätselhafte Glanz der kopernikanischen Welt, das ewige Schweigen der unendlichen Räume, durch die nicht das Knarren der himmlischen Sphären dringt, welche willige Geister mit der Hand betreiben – all das scheint die Leute jener Zeit nicht zu berühren noch zu erregen[6]. Selbst die bereits »Aufgeklärten«[7] legen einen eigentümlichen Unwillen an den Tag, die Natur zu erkennen: »Die Menschen würden Gott nicht länger verehren«, schreibt Gassendi im Stil des Pfarrers von Grosjean, »wenn er ihnen nicht überlegen wäre und sie sich anmaßen könnten, es an Fertigkeit ihm gleichzutun.« (28. Dez. 1640)

Eine gewaltige Kluft lag zwischen den Menschen und ihrer Wissenschaft. Da hilft es nichts, die Schultern zu zucken und mit unserer vermeintlichen Überlegenheit dick zu tun. Kommen wir zu Elisabeth von Ranfaing zurück. Man kann die Männer, die die vierundzwanzigköpfige Kommission von Nancy bildeten, nicht einfach als Schwachköpfe abtun. Es waren intelligente Leute. Ihre Mentalität war die am weitesten entwickelte in ihrem Jahrhundert. Somit muß sich diese Mentalität ihrer Tiefenstruktur nach grundlegend von der unsrigen unterschieden haben. Aber was heißt schon »unsrige« – kommen wir nicht tagtäglich in Paris, der Hauptstadt des aufgeklärten Frankreich, mit Hunderten, ja Tausenden von Menschen in Berührung, denen es nichts ausmachte, an Hexerei zu glauben? Also sollte ich besser sagen: in ihrer Tiefenstruktur muß sich die Mentalität der aufgeklärtesten Menschen am Ende des 16., Anfang des 17. Jahrhunderts grundlegend von der Mentalität der aufgeklärtesten Menschen unserer Zeit unterschieden haben. Es müssen sich Revolutionen abgespielt haben zwischen ihnen und uns, geistige Revolutionen, die geräuschlos verlaufen und die kein Historiker aufzuzeichnen denkt. Das ist die Richtung, die man einschlagen muß, wenn man das Problem lösen will, das sich solange stellt, wie man so geringschätzig von der Leichtgläubigkeit und so verächtlich von der Rohheit der Zeiten Heinrichs IV. und Ludwigs XIV. (welche acht oder zehn Generationen vor uns liegen, mehr nicht) redet, wie es unsere Väter taten. In dieser Richtung muß man denken und schreiben. Aber immer sachte.

Denn es heißt aufpassen. Elisabeth von Ranfaing, die Zeitgenossin Gassendis, ist vier Jahre älter als Descartes. Descartes mit seinem strengen Blick, seinem Verstand, seiner Methode. Und Richelieu, mit seinem Katzenschnurrbart, seiner Akademie und seiner großen Politik. Lesen wir noch einmal: *Der gesunde Verstand ist die bestverteilte Sache der Welt ...* Und ein Stück weiter: *... niemals eine Sache als wahr anerkennen, von der ich nicht evidentermaßen erkenne, daß sie wahr ist ...*

Da sind nun also Poirots Richter, vierundzwanzig an der Zahl. Von denen zehn Franzosen sind, welche man eigens um ihrer Weisheit und Vernunft willen nach Nancy gerufen hat.

Sie haben Verstand. Jedenfalls würde ihr ganzes Jahrhundert (und allen voran Descartes) die Hand dafür ins Feuer legen. Niemals erkennen diese Männer »eine Sache als wahr an, die sie nicht evidentermaßen als wahr erkannt haben«. Und genau deshalb glauben sie an Elisabeths Besessenheit. Haben sie nicht mit eigenen Augen gesehen, wie die Irre Briefe bei geschlossenem Umschlag las und die tollsten Akrobatenstücke lieferte? Wie sollte man nicht zu einer Zeit, da alles noch von Hand bewegt wurde, die Gestirne wie die Maschinen, hier ebenfalls eine Hand im Spiele wähnen, eine Klauenhand, die Hand des Teufels? »Niemals eine Sache als wahr anerkennen, von der ich nicht evidentermaßen erkenne, daß sie wahr ist«, ist eine gute Regel, doch sie verlangt nach einer gewissen Einschränkung. Vorgenommen hat sie – meines Wissens als einziger – zu jener Zeit ein Einzelgänger: Cyrano. Vielleicht der freiste von allen damaligen Geistern, die wir aus ihren Schriften kennen[8]. Cyrano de Bergerac, von dem kleinen Gute Bergerac im Chevreusetal, diesem Hort der Andacht. Im Hinblick auf die Hexer, deren Geständnisse man nach seinen Worten nicht für bare Münze nehmen soll, prägt er die schöne Formel: »Man darf einem Menschen nicht alles glauben, denn ein Mensch kann alles sagen. Man darf einem Menschen nur glauben, was menschlich ist.« Ein schöner, wenn auch etwas später Text; er stammt von 1654. Doch er zeigt uns an, daß sich – endlich – in Frankreich etwas tut, daß ein neuer Sinn entsteht. Ich habe ihn den »Sinn für das Unmögliche« getauft[9].

1 M. Bavoux, *La sorcellerie au pays de Quingey*, Einltg. von M. Garçon, Paris 1947.

2 Zu den comtesischen Baillagen gegen Ende des 16. Jahrhunderts vgl. L. Febvre, *Philippe II et la Franche-Comté*, Paris 1912; zum Verfahren vgl. L. Febvre, *Notes et documents sur la Réforme et l'Inquisition en Franche-Comté*, Introduction, II, »Comment s'intruisaient les procès d'hérésie«.

3 Chr. Pfister, »Nicolas Rémy et la Sorcellerie en Lorraine à la fin du XVIe siècle«, in *Revue historique*, 1907.

4 Vgl. dazu die *Hymne aux daimons*, krit. Ausgabe von A. M. Schmitt, Paris 1940 (Diss. Sorbonne); vgl. auch A. M. Schmitt, *La Poésie scientifique en France au XVIe siècle*, Paris 1939; sowie L. Febvre, »Cosmologie, occultisme et poésie«, in *Annales d'histoire sociale* I, 1939, S. 278 f.; sowie L. Febvre, *Le problème de l'incroyance au XVIe siècle*, 2. erw. Auflage. S. 455 und 481 f.

5 Vgl. Wagner (R. L.), *Sorcier et magicien*, Diss. Paris 1939.

6 Wobei man nicht vergessen darf, was Henri Bremond so treffend »Berullis kopernikanische Revolution« nannte.

7 Vgl. die beiden ausgezeichneten Studien von Pintard, *Le libertinisme érudit*, 2 Bde., Paris 1943, und von Lenoble, *Mersenne ou la naissance du Mécanisme*, Paris 1943.

8 Wohl keiner hat so rasch und so klar erkannt, wieviel Wasser auf die Mühlen des Freidenkertums aus Galileis Entdeckungen fließen konnte; vgl. sein *Voyage aux Etats de la lune*.

9 Vgl. L. Febvre, *Le problème de l'incroyance . . .*, S. 473.

ZWISCHEN DEM UNGEFÄHR UND DEM STRENGEN WISSEN LIEGT DAS HÖREN – SAGEN

ALEXANDRE KOYRÉ, der gegenwärtig in Frankreich der beste Kenner der vergleichenden Wissenschaftsgeschichte und der Technik zur Zeit Galileis und seiner Nachfolger ist, hat in der Zeitschrift *Critique* (Heft 28, Sept. 1948) einen Artikel veröffentlicht, der den unmittelbar einleuchtenden Titel trägt: »Du monde de l'à-peu-près à l'univers de la précision«. Der Artikel steht in einer Reihe mit anderen über das Maschinenwesen, die in derselben Zeitschrift erschienen sind (Hefte 23 und 26). Uns interessiert er in besonderer Weise, zum einen von seinem Gegenstand her, zum anderen, weil er sich teilweise auf ein Buch, *Le Problème de l'incroyance au XVIe siècle*[1] stützt, von dem Koyré schreibt, obgleich es sie »nur beiläufig« berühre, habe es der Geschichte der Technik viel zu bieten.

Koyrés Artikel enthält eine Fülle neuer Ideen und origineller Problemstellungen. Was niemanden erstaunen wird, der seine Leistungen seit Jahren verfolgt. Weshalb ist das Maschinenwesen, das im 17. Jahrhundert aufkommt, nicht zwanzig Jahrhunderte früher in Griechenland aufgetreten? Weil die griechische Wissenschaft keine *Physik* im modernen Sinne des Wortes besaß und somit nicht zu einer wirklichen Technologie gelangen konnte. Aber wieso besaß sie keine andere Physik als die aristotelische? Weil die Statik der Dynamik vorangehen muß – und weil Galilei undenkbar ist vor Archimedes ... Gleichwohl war doch von Archimedes bis zu Galilei genügend Zeit, um eine Dynamik zu entwickeln? Ja. Und damit stellt sich die Frage nach dem jähen Ende der griechischen Wissenschaft. Untergang der Polis? Folge der römischen Eroberung? Oder des Christentums? Sagen wir so: die griechische Wissenschaft hat keine Physik ausgebildet, *weil sie gar nicht danach strebte.* Und sie strebte deshalb nicht danach, weil sie so etwas gar nicht für möglich hielt. Weil sie nicht glaubte, man könnte »die Alltagswirklichkeit mathematisieren« – eben dies heißt ja für uns Physik betreiben –, denn diese Wirklichkeit ist der Bereich der Bewegung, des Unscharfen, des Ungefähren.

Von daher rührt die ungemein interessante Vorstellung, die A. Koyré formuliert: es konnte dem griechischen Denken niemals einfallen, daß die

Exaktheit von dieser Welt sein könnte – daß also die mathematischen Wesenheiten, diese präzisen Abstraktionen, in die unpräzise, ungefüge und unstete Materie unserer irdischen Welt eingehen könnten. Daß es in der himmlischen Welt anders zuging, davon waren die Griechen überzeugt. Daß der Lauf der Gestirne aufs genauste den Gesetzen der strengen Geometrie folgte, behaupteten sie ohne Zögern. Hier die Erde, dort die Himmel. Was für diese gilt, besagt nichts für jene. Die griechische Wissenschaft hat also zielstrebig eine Himmelsmechanik entwickelt. Aber sie hat nie versucht, die Bewegung *auf Erden* zu mathematisieren oder auf Erden ein Meßinstrument zu verwenden: »Durch das Meßinstrument aber greift die Vorstellung der Exaktheit auf die Welt über.« Ein grundsätzlicher Unterschied der himmlischen von der irdischen Welt. Der so ausgeprägt war, daß sich, wie Koyré schalkhaft bemerkt, bei den Griechen sogar »die Sonnenuhr, das Instrument, das die Botschaft der Himmelsbewegung auf die Erde übermittelt«, gezwungen sah, nicht den Sternentag von vollkommen konstanter Länge anzuzeigen, sondern »die mehr oder weniger langen Stunden der Welt des Ungefähr ...«

A. Koyré beschränkt seine Überlegungen nicht auf die griechische Welt. Seine Äußerungen zur Geschichte oder besser Vorgeschichte der technischen Revolution des 17. und 18. Jahrhunderts sind nicht weniger interessant und überzeugend. Kennzeichnend für die ersten Maschinen sei es gewesen, daß sie nie »berechnet« gewesen seien. Und darum habe man ihnen nur die gröbsten industriellen Verrichtungen übertragen. Die anderen, feineren, wurden von Menschenhand ausgeführt.

Wie hätten die Maschinen jener Zeit dies sein können: berechnet? Der Mensch des Mittelalters, noch der Mensch der Renaissance versteht nicht zu rechnen. Und Koyré bezieht sich hier auf das, was ich im *Problème de l'incroyance* dazu gesagt habe, auf etwa fünfzig Seiten, die eine Art Inventar der Möglichkeiten des wissenschaftlichen Geistes im 16. und vor dem 16. Jahrhundert darstellen. Dabei verlängert er meine Feststellungen in Richtung eines vollkommenen Idealismus. »Ich glaube«, schreibt er (S. 813), »daß es nicht ausreicht, mit Lucien Febvre zu sagen, es habe dem Menschen des Mittelalters und der Renaissance am materiellen und geistigen Rüstzeug gefehlt, um dies (nämlich zählen, wiegen, messen) zu tun.« Gewiß war noch der Gebrauch der einfachsten, heute völlig üblichen Instrumente ihnen unbekannt. Gewiß hatten sie weder einheitliche Bezeichnungen noch allgemein anerkannte Maße. Aber erklärt sich nicht dieses doppelte Manko vor allem aus der Mentalität der Zeiten des Ungefähr? Liefert uns nicht der Fall der Alchemie eine entscheidende Antwort? Im Laufe ihrer tausendjährigen Existenz ist es ihr, ihr als einziger, gelungen, »sich ein Vokabular, eine Notation und sogar ein Werkzeug zu verschaffen, das unsere Chemie geerbt und bewahrt hat«. Und doch ist ihr niemals ein präzises Experiment gelungen, hat sie nie die Bedingungen des Experimentierens im modernen Sinne des Wortes definiert. Weshalb nicht? *Weil sie es nie versucht hat.* Und was stets den Alchemisten vom Weg des strengen Experiments abhielt, war nicht die »materielle Unmöglichkeit«, Messungen durchzuführen, sondern das Nichtvorhandensein der »Vorstellung«, daß man sie durchführen müßte. Mit anderen Worten: »Nicht das Thermometer fehlt, sondern die Vorstellung, daß Wärme sich exakt messen läßt.«

Koyrés Artikel steckt voll präzisen Wissens, ist bis in alle Details durchdacht, und man liest ihn mit Gewinn und Vergnügen. Etwas aber möchte ich noch hinzufügen.

In meiner Bibliothek stehen zwei in Kalbsleder gebundene Bücher, zwei kleine Quartbände, das gängige Format der Zeit. Ihr Titel: *Journal des Voyages de M. de Monconys, conseiller du Roy en ses Conseils d'Estat et Privé, et lieutenant criminel du Siège présidial de Lyon.* Das Werk, herausgegeben von Herrn de Liergues, dem Sohn des Verfassers, erscheint 1665 in Lyon bei Horace Boissat und Georges Remens. Das 16. Jahrhundert liegt weit zurück. Rabelais ist seit mehr als hundert Jahren tot.

Dieser Herr de Monconys ist weiß Gott kein Dummkopf. Von Hause aus interessiert er sich für *curiositez* und Erfindungen. Sein Sohn erinnert daran, daß vor sechzig Jahren (also um 1600) »ein Präsident dieses Namens eine Einrichtung ersann, die großen Kähne auf den Flüssen von einer Maschine ziehen zu lassen« (I, 1). Er selbst, Herr de Monconys, interessiert sich unterschiedslos für alles. Er betrachtet die schönen Bilder in Italien oder in den Niederlanden mit derselben Leidenschaft wie die schönen hydraulischen Maschinen. Nachdem er 1663 in Magdeburg »Monsieur Otoh Gerike, Bürgermeister und ein hochgelehrter Mann in der Pneumatik«, welcher »das Experiment der Leere« meisterhaft beherrscht (II, 231), besucht hat, hält ihn das nicht davon ab, ebenso in Amsterdam bei »Maler Vandreuvelde« haltzumachen, von dem er ein Seestück für zwei Zechinen kauft, oder in Leyden bei »dem berühmten Maler Mirris« und seinem Meister »namens Dau« – phonetische Umschriften von Mieris und Dow. Er verfaßt leichthin eine Denkschrift über die Erschaffung der Welt (I, 155) oder die Nilflut in Ägypten (I, 158), produziert aber auch gelegentlich ein Sonett (I, 144) oder interessiert sich in Leyden für eine hübsche Magd, die ihm zu bestätigen scheint, was Guiccardini von der Schönheit der Frauen in dieser Stadt sagt (II, 152). Umtost von einem Dezembersturm im Mittelmeer gegen Ende des Jahres 1646, wird er weder (physisch) krank noch (moralisch) »verwundert« ob solch wildem Wüten, und dieweil die Meeresbrandung den Schiffskoch daran hindert, sein Feuer anzuzünden, läßt er sich, ganz Stoiker, des Abends »Spiegeleier in Papier über einer Kerze« braten (I, 145).

Im September 1646 sehen wir ihn in Marseille. Er spürt sogleich nach Seekarten und ... Seeigeln, erkundigt sich bei zwei Reisenden, die dort geweilt haben, nach der Levante, geht zur Messe bei den Kapuzinern, begrüßt »in der Allee der Lorbeerbäume« Herrn de Scuderi, geht sodann zu einem Destillateur, um sich Salpetergeist und Vitriol zu besorgen. »Besagter Herr sagt mir«, und Monconys notiert brav und kommentarlos das Rezept, »daß wenn man uriniert, bevor das Quartfieber ausbricht, und man tränkt sodann ein Brot mit diesem Urin und gibt das ganze Brot einem Rüden zu fressen, so geht das Fieber auf ihn, und der Kranke genest« (I, 88).

Unfug, denken wir, und schwach entwickeltes Kritikvermögen. Immer sachte! Einige Zeit zuvor hatte Monconys in London haltgemacht, und am 8. Mai 1645 hatte er die Oberin der Ursulinerinnen, »die nach allgemeiner Meinung ehedem besessen gewesen« (I, 8), besucht. Gebeten, ihm die Male zu zeigen, die der Dämon, der sie besessen, bei seiner Austreibung auf ihrer Hand hinterlassen hatte, leistet die Oberin bereitwillig Folge, und, fährt Monconys fort, »indem sie den Handschuh von ihrer linken Hand zog, erblickte ich dort in blutroter Schrift die Worte *Jesus, Maria, Joseph* und weiter unten *F. de Salles*«. Hieran knüpft sich das Gespräch. Die Oberin tadelt den Bruder Grandier, der das Kloster »verhext« habe, erzählt die ganze Geschichte – und wendet sich zum Gehen. Doch bevor sie sich zurückzieht, bittet Monconys sie, ihm noch einmal ihre Hand zu zeigen und betrachtet sie aufmerksam: »Ich bemerkte zu ihr«, schreibt er, »daß das Rot der Schrift nicht mehr so leuchtend sei wie als sie gekommen«, und daß die Buchstaben abzublättern schienen ... Tatsächlich entfernt unser Kritiker »durch eine leichte Berührung« mit dem Fingernagel »ein Stück vom Fuß des M«. Damit hat es sich. In seinem Journal notiert Herr de Monconys nur: »Dies befriedigte mich.« (I, 9).

Und so geht es fort. Auf der Reise in Italien trifft Monconys in Florenz ein, geht »beim Buchhändler Céchi« ein und aus, wo ihn Herr Torricelli empfängt; er sieht dort »etliche Galiläer«, besucht am darauffolgenden Tage wieder Torricelli, probiert seine Brillen, geht dann mit ihm in der Annunciata die Messe hören. Auf Brillen und Mikroskope ist er seit langem neugierig (I, 177); »er hat als erster in Frankreich Sehgläser von Eustatio Divini mit 2 Konvexlinsen gehabt«, hat sich ein solches zu vier Gläsern vom Pater Reitha anfertigen lassen, und hat später »bei dem besagten Divini ein Teleskop von 15 Schrauben mit 5 Gläsern machen lassen – und bei dem Schwiegersohn von Viselius ein Mikroskop, das er sehr schätzte«. Er begnügt sich nicht damit, (oft sehr teure) Instrumente zu kaufen. Er versteht sich auch auf ihre Theorie und diskuriert mit Herrn Roberval »über den Schnitt der Gläser nach der Lehre von Herrn Descartes« (I, 117 f.). Kurz, er ist ein gelehrter Mann, der über die neuesten Fortschritte der wissenschaftlichen Technik seiner Zeit Bescheid weiß.

Was ihn nicht davon abhält, ein »Geheimnis« – eines unter hundert anderen – aufzuzeichnen, das ihm Firminio Maselet anvertraut, der es seinerseits von seiner Gastgeberin in Deutschland hat. Diese ehrenwerte Dame hatte, »um einen Schnupfen zu kurieren, sich bloß in ein Papier geschneuzt, in das sie noch eine kleine Münze, etwa einen Kreuzer, wickelte, um es dann zu Boden fallen zu lassen, auf daß der erste, der es aufhöbe, den Schnupfen finge und sie davon geheilt wäre«.

Ich sage bewußt: unter hundert anderen. In Rom lehrt ihn der Pater Kircher (und er schreibt es gleich frisch auf, II, 452), »daß die Steine, die sich im Körper der Vipern finden«, legt man sie »der Wunde eines Hundes auf, der von einer Viper gebissen wurde«, dort haften bleiben, bis daß sie »das ganze Gift herausgezogen haben«; danach fallen sie von selbst ab und reinigen sich, wenn man sie in Milch legt. Im Juli 1663 zeigt ihm in Brüssel ein Herr Longin, »der sich an der Chemie ergötzt«, Steine, die in Darmstadt wachsen, und die »ganz wie Knochen aussehen«. Aufgebraut »wehren sie allen Arten von Knochenbrüchen«. Die Gründe sind ähnlich denen, die bewirken, daß die hl. Klara . . . klarsichtig macht (II, 117).

Ich wiederhole von Monconys, was ich kürzlich über die Richter der Wahnsinnigen von Ranfaing geschrieben habe[2]. Diese Richter, die man in Nancy versammelt, um über das Schicksal eines Arztes zu befinden, den eine Hysterikerin der Hexerei beschuldigt, diese Richter, deren Entscheidung uns schockiert, repräsentieren eine Elite. Und Monconys, der uns feierlich dies Rezept gegen Migräne überliefert, das ich einfach wiedergeben muß (II, 332; Februar 1664): »Schneide einer Kröte das linke Vorderbein ab und laß sie laufen; dann laß das Bein auf einer Ziegel gut ausdörren – und trägt nun eine von der Migräne befallene Person dies Pulver stets auf ihrem Herzen, so wird sie in weniger als drei Monaten für immer davon geheilt sein . . .«[3] – Monconys, dieser leichtgläubige Monconys, ist ein kultivierter, wißbegieriger Mann, der es versteht, grundsätzlich zu denken, nach cartesischer Weise, gelassen und verständig; er sieht genau hin, was so banal nicht ist; er hegt kritisches Mißtrauen; als man ihm in London erzählt, das Schiff von St. Paul's Cathedral sei länger als das des Petersdoms (II, 12), schreibt er: »Ich konnte es nicht beurteilen, da ich es nicht hätte messen können«[4]; er gehört zu jener internationalen Gesellschaft von »gelehrten Männern«, in die uns der Pater Mersenne einführt, und die uns in Frankreich durch das ausgezeichnete Buch von Pintard[5] bekannt ist; er bewegt sich in einer Welt von Sehgläsern (bzw. Ferngläsern) und Teleskopen – aber auch von Mikroskopen und bereits von Thermometern und Barometern, die sozusagen vom Thermometer abzweigen[6]. Also ganz das Gegenteil eines Dummkopfes, eines Ignoranten, eines Leichtgläubigen. Und doch . . .

Und doch, ich wiederhole, was ich anderswo gesagt habe: diese Männer »sind nicht fixiert«. Sie debattieren in einem Universum ohne Grenzen, in dem alles zu erkennen ist, alles ihnen Fragen stellt oder, wenn man lieber will, alles ihnen Rätsel aufgibt. Und wie soll man es angehen, von welchem festen und gehörig gesicherten Punkt? Keine Ahnung. Sie haben das Wirkliche noch nicht im Griff. Haben noch keine Hebel, um ein Stück herauszulösen, wie klein es auch sei. Zuviel Pflanzen, zuviel Tiere, zuviel mineralische Körper, zuviel Organe im menschlichen Körper, zuviel Krankheiten, zuviel von allem. Wie etwa soll man das Mögliche vom Unmöglichen scheiden, nach welchem Kriterium? Und so bleibt der große Wille der des Menschen, welcher spricht, behauptet, versichert, Hand aufs Herz, als getreuer Beobachter die Wahrheit zu sagen. Meist unter Berufung auf die Erfahrung eines anderen, eines glaubwürdigen anderen, versteht sich ...

Denn Monconys Rezepte sind ja in der Tat nicht anonym. Sie wurden ihm mitgeteilt an dem und dem Tag, zu der und der Stunde, da und da, von dem gelehrten Herrn Soundso, einem Mann, dessen Rechtschaffenheit außer Zweifel steht. Monconys gibt acht, identifiziert seine Gewährsleute, tut alles oder fast alles, was er kann, um redlich zu verfahren. Blinder Glaube ist nie seine Sache. Aber Zweifel ist es auch nicht – eher schon Abwarten. »Probieren wir's. Probieren kostet nichts. Warum eigentlich nicht?« In der Tat, warum nicht? Es ist ja alles Ansichtssache.

Die paar Prinzipien, die es später, einiges später, den Europäern erlauben werden, mit einiger Sicherheit das Mögliche vom Unmöglichen zu scheiden – diese Prinzipien besitzen die Zeitgenossen Monconys' nicht. Descartes nützt ihnen nichts oder so gut wie nichts[7] auf dem ungeheuren Feld jener Biologie, die noch keinen Namen hat zur Zeit Monconys' und erst viel später einen erhält (vermutlich mit Lamarck, der 1802 zum ersten Mal ein Wort im Französischen gebraucht, das zur selben Zeit der Naturforscher Treviranus ins Deutsche einführt[8]). Es ist eine Welt des Ungefähr. Aber das ist noch nicht alles. Es ist auch das Königreich des Hören-Sagens[9]. Des Hören-Sagens, das unerschütterlich auf seinem Thron sitzt und alle »gelehrten Männer« à la Monconys beherrscht bis zu dem Tage, da die ersten Physiologen, von Lavoisier bis Claude Bernard, daran gehen, das Gebäude einer auf Beobachtung und Experiment beruhenden Wissenschaft zu errichten, und man sich allmählich jener Wissenschaft zu nähern vermag, die täglich die Fronten des Lebens hinausschiebt – und die, vorsichtig vom Bekannten zum Unbekannten schreitend, zwar nicht das physische Universum in Besitz nimmt, wohl aber immer mehr und immer dichtere Netze über es wirft. Wohl sind sie allesamt provisorisch, doch von Mal zu Mal rücken sie dem Unbekannten etwas näher – auch wenn es sich nie ganz intelligibel machen lassen wird. Denn verlöre nicht das Leben seinen Reiz, ja, vielleicht seinen Sinn, wenn dies dem Menschen gelänge? Doch einstweilen droht uns dieses Unheil nicht.

1 Febvres Rabelais-Buch von 1942; Anm. d. Ü.

2 Vgl. »Hexerei – Unfug oder Umbruch der Mentalitäten?«, in diesem Band S. 191 ff.; (Anm. d. Ü.)

3 Das erinnert mich an ein Rezept, das der Kardinal von Granvelle – ebenfalls ein äußerst intelligenter Mann – höchlichst pries: destillierte Kröte gegen Pest. Text und Quellenangaben in L. Febvre, *Les Contemporains de Granvelle. Mémoire de la Société d'Emulation du Doubs 1910*. Da hat sich also im Laufe eines Jahrhunderts wenig getan . . .

4 Auf Monconys Unglauben hinsichtlich der dem englischen König zugeschriebenen Fähigkeit, Skrofulöse durch Berührung zu heilen, gehe ich nicht ein. Vermutlich gründet seine Skepsis zum Teil darin, daß es sich um den König von England handelt. Er würde sie, denke ich, nicht in derselben Weise bekunden, wenn es um den König von Frankreich ginge. Der Abschnitt (II, 20) ist merkwürdig. Marc Bloch hat ihn in seinen *Rois thaumaturges* übersehen. – Am 22. Mai 1663 stattet Monconys dem Hobbes einen Besuch ab (II, 25), um »ihm ein Paket von Herrn de Sorbières zu übergeben«.

5 Vgl. P. Lenoble, *Mersenne ou la naissance du Mécanisme*, Paris 1943, sowie R. Pintard, *Le Libertinage érudit dans la première moitié du XVIIe siècle*, 2 Bde., Paris 1943. – Zu diesen beiden Büchern und den Problemen, die sie aufwerfen, vgl. meinen Artikel »Aux origines de l'esprit moderne: libertinisme, naturalisme, mécanisme«, in *Mélanges d'histoire sociale*, VI, 1944, S. 9 ff.

6 Vossius, den Monconys im August 1663 in Den Haag sieht, behauptete, Winde und Stürme vorherzusehen »durch das Quecksilber, das im Rohr bleibt, wenn man diesem die Luft entzieht, und welches steigt oder fällt, je nachdem ob die Luft komprimiert wird oder sich ausdehnt – und nicht nach Wärme oder Kälte«. Ein interessanter Text, der in gewisser Weise zeigt, wie das Barometer sich vom Thermometer löst. Am 7. Nov. 1616 erklärt ihm in Florenz Torricelli, daß der Großherzog Thermometer hat, um »Wärme und Kälte zu erkennen« (I, 130 f.). Über der Lektüre Monconys' gewinnt man den Eindruck einer regelrechten Freimaurerei des Teleskops und des Mikroskops, die Europa mit einem ziemlich dichten Netz überzieht: vor allem England, die Niederlande und Italien.

7 In Holland trifft Monconys im August 1663 den gelehrten Herrn Vossius, der ihm das Prinzip mitgibt, daß »das Leben der Tiere nichts wäre als das Feuer und die Bewegung«. Da haben wir also eine allgemeine Vorstellung. Teilweise cartesisch (II, 153). – Gut, aber der Beweis, den Vossius bietet, wird ach! geliefert »von den Fliegen und Schwalben, welche, da sie von Wasser oder Kälte erstarrt sind, die Wärme alsbald wieder belebt«. Obendrein vertraut derselbe Vossius einige Tage später Monconys an, daß »das Wasser der Grundstoff aller Dinge« sei (II, 180).

8 So sagt Littré, vgl. Stichwort *Biologie*, und so sagen im allgemeinen auch die Historiker der Naturwissenschaften.

9 Vgl. den fesselnden Text im 31. Kapitel des 4. Buches von *Pantagruel* über ›Hörensagen‹.

SPRACHE, GRUNDSTOFF DER GESCHICHTE

UNTER DEM TITEL *Recherches sur la nature et les fonctions du langage*[1] hat kürzlich Brice Parain ein originelles Buch voller Ideen und Anregungen veröffentlicht: das Buch eines an Pascal und Descartes, an Hegel und Nietzsche geschulten Metaphysikers und Psychologen, ein Buch, das nicht nur durch die Kühnheit seiner Hauptgedanken, sondern auch durch die scharfsinnig durchgeführten Untersuchungen besticht.

Nun entzieht sich natürlich das eigentlich Philosophische an diesem Buch meiner Beurteilung ebenso wie dem üblichen Anliegen unserer Zeitschrift. Aber all das, was seine Thesen und Hypothesen stützt, illustriert und rechtfertigt, macht dieses Buch zu einem, das den Historiker angeht. Denn – und das habe ich wohl als erster meiner Generation gesagt und damit meine Mitbrüder in Klio und vielleicht mehr noch die eifersüchtig ihr Spezialgebiet hütenden Sprachwissenschaftler erstaunt – jedes Buch über die Sprache geht den Historiker an. Auch wenn er nicht in die Irrtümer seiner Väter verfällt und die Geschichte als Disziplin definiert, die sich auf das geschriebene Wort, also auf Texte stützt, so steht er endlich doch der Sprache gegenüber als dem Grundstoff seiner ganz speziellen Arbeit. Wie jeder andere, mehr als jeder andere verspürt er das Mysterium der Sprache.

Und eben dieses Mysterium rückt Brice Parain ins Licht. Dies Mysterium einer Sprache, die das eigenste Attribut des Menschen ist – jenes Wesens, das spricht, und das immer spricht, und das gar nicht anders kann als sprechen, und von dem man gesagt hat, noch sein Schweigen sei beredt. Des Menschen, dem sich überdies seine Rede entzieht, kaum daß sie geformt ward, kaum daß sie seinem Mund entflohn, des Menschen, der, wenn er gesprochen hat, nie weiß, welchen Weg seine Worte nehmen werden, welchem Weg sie manchmal über Jahre folgen werden, manchmal über Jahrhunderte, in denen sie scheinbar unverändert wiederholt werden, auch wenn sie jetzt einen ganz anderen Sinn als den ursprünglichen angenommen haben ...

Haben wir diese Rolle der Sprache wirklich begriffen? Immerhin ist es nicht üblich, den Menschen durch die Sprache zu definieren. Gemeinhin definiert man ihn durch das Denken – und durch dieses Denken wiederum die Sprache, diese getreue Magd, wie man gern sagt, die nur vermöge der Herrin, der sie dient, existiert, gleich einer Übersetzerin, die nur vermöge des Textes, den sie übersetzt, existiert. Sie sei so einfach, die Sprache, sagt man uns, so elementar: die Verbindung einiger leicht beschreibbarer Bewegungen der Stimmbänder, der Zunge, der Lippen, damit sei schon alles erfaßt. Von Unabhängigkeit keine Spur. Die Übersetzerin kann untreu sein; freilich, versichert man uns, besitzt sie immer eine gewisse Freiheit, aber einzig durch ihre Untreue erweist sie sich als eigenständig gegenüber dem Text. Doch wer dächte daran, ihr eine eigene Existenz zuzugestehen? Auch in der Theologie unserer Philosophen stammt das Wort vom Vater ab, dem *nous*.

Das Verdienst von Brice Parain besteht darin, die Sprache als »ein dem Menschen gegenüber transzendentes Sein« aufzufassen. Im Grunde, das bemerkt er selbst (S. 175), entspricht das der Lehre der Soziologen: »Die Sprache ist eine gesellschaftliche Tatsache, die das Individuum übersteigt«. Bloß, bemerkt Brice Parain, sind weder die Sprachwissenschaft noch die Soziologie, ist keine historische Wissenschaft in der Lage, mit ihren Mitteln auszumachen, ob die Sprache ein Produkt des gesellschaftlichen Lebens oder ob nicht im Gegenteil das gesellschaftliche Leben eine Wirkung der Sprache ist. Dem Philosophen, ja dem Metaphysiker bleibt es aufgegeben, dieses Problem zu stellen, seine Wahl zu treffen und die unsere zu leiten: zwischen zwei möglichen Lösungen, der der Immanenz und der der Transzendenz.

Mir soll es recht sein. Und weder jene Berufung aufs »Prinzip« noch jenes Gebot der Zusammenarbeit von Geschichte und Metaphysik vermögen mich – persönlich – zu schrecken. Worauf es mir vor allem ankommt, ist die Feststellung, daß die Sprache den Menschen übersteigt. Daß sie sich ihm entzieht. Sobald Menschen da sind, die sie aufnehmen, gewinnen die Worte der Sprache, kaum daß sie ausgesprochen sind, einen von ihrem Autor unabhängigen Wert. Denken wir an die Verselbständigungen, die tagtäglich in jedem Haus die Radioempfänger bewirken; was wir »empfangen«, ist ja eine entkörperlichte Rede, eine Rede, die irgendwo aus einem unbekannten Munde kommt, eine Rede, die uns durch ihren Akzent gefällt oder mißfällt: »an sich«, kann man sagen, unabhängig von den möglichen Reaktionen auf denjenigen, der sie hervorbringt, den Unbekannten, der sie vielleicht Hunderte von Kilometern entfernt hervorbringt, den wir uns nach Belieben dick oder dünn, blond oder schwarz, jung oder alt denken können, und der seine Lippen oder seine Zunge bewegt, dort in der Ferne, in einer Umgebung, an die wir schon gar keinen Gedanken mehr verschwenden wollen.

Und was die geschriebene Sprache angeht: denken wir an das befremdliche Leben des Buches. An unser Erstaunen bisweilen, wenn wir nach fünf oder zehn Jahren eines Tages wieder zufällig auf eine von uns geschriebene Seite stoßen und wir sie nicht gleich wiedererkennen, sondern sie als eine uns fremde, äußerliche, anonyme Rede beurteilen, die uns gefällt oder mißfällt, uns berührt oder unseren Ohren falsch klingt, unsere logische Zustimmung hervorruft oder Vorbehalte weckt. Und wieviel Dinge dieser Art gäbe es nicht zu untersuchen? Und wären es nur jene Romane in Briefen – ungedruckte, rein private Romane, die zwischen zwei Unbekannten entstehen und manchmal ein festes und dauerhaftes Band zwischen ihnen stiften. Die Psychologie hat da noch viel Arbeit vor sich. Und die Geschichte, um zu ihr zurückzukommen?

»Ich bin der erste, der sie als eine Person erlebt . . .« Wer ist *sie*? Es ist Frankreich, *la France,* und es ist Michelet, der da spricht. Aber Michelet hat unrecht. Der erste, der sie als Person erlebte, war der erste, der sie so nannte. Es gibt das Königreich. Und die Krone. Die Monarchie. Den Staat. Lauter Abstraktionen. Und es gibt *la France,* diese Person. Die das Leben einer Person lebt, weil sie so benannt worden ist. Weil das Wort, nach und nach, das Sein geschaffen hat. Weil die geäußerte, äußerlich gesetzte Rede schließlich ein dem Menschen äußeres Sein geworden ist. Gegenüber dem Menschen transzendent. Ein Sein, mit dessen Leben sich das meine – als Franzose – verbindet. Ein Sein, das von mir – dem Franzosen – mein Leben fordern kann. Und die Geschichte ist voll von solchen Schöpfungen. Man entgeht dem nicht, indem man sich taub stellt, die (nach der Mode von 1880) bärtigen Backen aufbläst und oberlehrerhaft verkündet: »Hüten wir uns vor personifizierten Abstraktionen!« Oh fromme Einfalt! Ihr wirkt das Buch von Brice Parain entgegen.

[1] Paris 1943.

WIE JULES MICHELET DIE RENAISSANCE ERFAND

ES KOMMT NICHT OFT VOR, daß man erleben kann, wie einer jener historischen Begriffe in die Welt gesetzt wird, die sich die Menschen im Lauf der Jahrhunderte zugelegt haben – und die sich dann auf einmal selbständig machen, ihr Eigenleben führen und ihnen endlich so vertraut werden, daß selbst ihre Kritiker nicht mehr ohne sie zurechtkommen, nicht mehr Geschichte schreiben können, als gäbe es sie nicht. Tyrannei des Wortes, Tyrannei des Namens, vor der sich die Naturvölker so fürchten. Nur daß für jene der Akt der Namensgebung bedeutet, daß der Benennende das Benannte in Besitz nimmt. Im Falle des Historikers nimmt nur zu oft das Benannte den Benennenden in Besitz.

Wir sprechen gern von der Maschine, die wir schaffen, und die uns verknechtet. Doch nicht alle Maschinen sind aus Stahl. Die intellektuelle Kategorie, die wir in unseren Zerebralwerkstätten schmieden, drängt sich uns mit derselben Wucht, derselben Tyrannei auf – und führt ein weit zäheres Leben als die in unseren Fabriken hergestellte Mechanik. Geschichte ist ein zu gut gehüteter, zu gut verriegelter Panzerschrank. Was einmal darin untergebracht ist, kommt nie mehr heraus.

Der Begriff der Renaissance, dieser Begriff, der sich als so beständig erweist, und der sich uns derart stark aufdrängt, daß man eine ganze Bibliothek bloß mit den Werken füllen könnte, die in Frankreich (und mehr vielleicht noch im Ausland) geschrieben worden sind, um ihn stets von neuem an die veränderte Wirklichkeit der Geschichte anzupassen – dieser Begriff ist in Frankreich entstanden, und zwar vor gar nicht so langer Zeit. Vor höchstens einem Jahrhundert.

Lesen Sie die *Promenades dans Rome* von Stendhal, die 1829 erschienen, *La Chartreuse de Parme* und *L'Abbesse de Castro,* die später, 1839, erschienen: Sie werden verwundert feststellen, daß Stendhal kein Wort besaß, um all das an Vorstellungen und Wirklichkeiten, was für uns der Begriff *Renaissance* umfaßt, zu einem Strauß zu binden. Werfen Sie einen Blick in die Artikel des *Globe,* die Sainte-Beuve 1828 zusammengefaßt und unter dem Titel *Tableau historique et critique de la Poésie française au XVIe siècle* veröffentlichte: diese beiden Bände leisten die Rehabilitation der poetischen und literarischen französischen Renaissance, die so lange vom Bannstrahl der Klassiker getroffen dalag; doch weder im Titel noch im Text treffen Sie (und uns erscheint das aus der Entfernung fast als ein Ding der Unmöglichkeit) das uns so vertraute Wort *Renaissance*. Und ähnlich wird es Ihnen ergehen, wenn Sie die *Introduction à l'Histoire Universelle* von Michelet aufschlagen, deren Vorrede vom April 1831 datiert, oder das Vorwort seiner 1835 publizierten, aber 1828-29 geschriebenen *Mémoires de Luther* oder die von Hauser ausgegrabenen *Notes* seiner Vorlesungen an der Ecole Normale (1832-34). Oder sämtliche *Préfaces* von Victor Hugo zu dem, was wir seine Renaissance-Dramen nennen würden, *Lucrèce Borgia, Angelo, tyran de Padoue, Le Roi s'amuse* und *Marie Tudor*: nichts. Der Begriff der Renaissance bleibt dem Dichter fremd. Nicht anders dem Musset von *Lorenzaccio* (1834), von *Andrea del Sarto,* von *Fils du Titien* oder jenem, in seine *Oeuvres complètes* aufgenommenen Aufsatz von 1833 mit dem Titel *Un mot sur l'Art Moderne*: darin zählt Musset die großen historischen Jahrhunderte auf, die des Perikles, Augustus, Ludwigs XIV.; nur eines läßt er aus, dasjenige Leos X., das Jahrhundert der Renaissance.

Freilich verkennen wir nicht, daß das Wort *Renaissance* sporadisch hie und da auch schon vor der Mitte des 19. Jahrhunderts vorkommt, und zwar bei verschiedenen Verfassern. Allerdings handelt es sich dabei stets um die Renaissance von irgend etwas, zumeist der Künste oder der Literatur. Nie handelt es sich um *die* Renaissance schlechthin, um jene glorreiche Zeit der europäischen Geschichte, da angeblich alles auf einmal wiederaufersteht: die Künste und die Literatur, aber auch die Wissenschaften, Kosmographie, Geographie, Anatomie, Naturwissenschaften. Hinzu kommen der christliche Glaube, der sich in neue Formen hüllt, das Wirtschaftsleben, der Reichtum eines Jahrhunderts, dessen Goldmasse sich verdoppelt und dessen Geldmasse sich verzehnfacht, und schließlich das neue Bild, das sich die Europäer von der Welt, vom Leben und vom Los des Menschen machen. Nicht dadurch, daß Voltaire im *Essai sur les mœurs* von dem Glanz spricht, den »die Wiedergeburt der Literatur« der Herrschaft Franz' I. gab, auch nicht dadurch, daß Stendhal in seiner *Histoire de la Peinture en Italie* (1817) von der »Wiedergeburt der Malerei« spricht, haben sie den Begriff der Renaissance geschaffen. »Eine Wiedergeburt, das heißt eine große Entwicklung des Wohlstandes, des Reichtums und des Geistes«: diese (seltsame) Definition findet sich im Band II der *Philosophie de l'Art*[1] von Hippolyte Taine (1855).

Ob gut oder schlecht gewählt, das Wort, das all diese materiellen und moralischen, ästhetischen und ökonomischen Veränderungen bezeichnen wird, geht erst ab 1850, sagen wir zwischen 1850 und 1860, wirklich in die französische Sprache ein.

Erstaunlicherweise hat sich also dieser Begriff, ohne den wir nicht mehr auskommen, erst vor knapp einem Jahrhundert in Frankreich eingebürgert, breitgemacht und aggressiv gegen das Mittelalter abgegrenzt (welches ja seinerseits noch eine junge Konstruktion ist). Einzigartige Macht der Worte. Gewiß erfindet die Geschichte Worte, aber kaum hat sie sie gefunden, da laufen sie ihr davon, gehen ihren eigenen Weg, folgen ihrem eigenen Stern.

Renaissance. Zumindest für Frankreich können wir regelrecht miterleben, wie dieser Erfolgsbegriff aus der Taufe gehoben wird. Das Datum steht fest: 1840. Der Vater ebenfalls, und der ist berühmt.

Zu jener Zeit – genau gesagt im Jahre 1838 – sah man in Paris zweimal die Woche einen Mann dem Collège de France zustreben, der vierzig Jahre alt war, aber jünger wirkte, von kleiner Gestalt und einem mächtigen, silberweiß umkränzten Schädel[2].

Dies war nicht mehr der Mann von dreißig Jahren, der zehn Jahre zuvor, im Winter 1828-29, ebenfalls zweimal die Woche um halb sieben in der Frühe den Platz vor dem Panthéon überquerte, angetan mit einem schwarzen Frack mit Spitzenjabot, wozu er elegant eine kurze Hose mit seidenen Strümpfen trug. Zu dieser morgendlichen Stunde und in diesem höfischen Aufzug gelangte er, aus der rue de l'Arbalète herkommend, mit frischem Schritt in die rue Saint-Jacques und in die Säle der École Normale Supérieure im Dachgeschoß des alten Gymnasiums Louis-le-Grand. Dieser Mann, Jules Michelet, unterrichtete die kleine Prinzessin Louise, die Tochter der Duchesse de Berry, in Geschichte. Und um sich bereits um 8 Uhr in die Tuilerien begeben zu können, hatte er seinen Unterricht für die künftigen Lehrer auf diese ungewöhnliche Stunde verlegt. Geschwind stieg er empor ins Dachgeschoß. Ein schlaftrunkener Bub kündigte seinen Eintritt an. Und aus den klammen und schäbigen Korridoren sah man nun Schemen gleich die unglücklichen, aus dem Schlaf gerissenen Zöglinge herbeischleichen, mit halbgeschlossenen Lidern und schweren Füßen, jeder mit seiner Kerze in der Hand. Kaum aber, daß Michelet zu reden begonnen hatte, war alles vergessen, Müdigkeit, Kälte und die Muffigkeit des Ortes; ein Wink mit dem Stab – und schon entschwebten die Zuhörer mit dem feurigen Magier in eine Wunderwelt aus Wärme, Licht und Leben ...

1838, als Michelet sich zum Collège de France begab, war sein Anzug bürgerlicher. Aus jener Zeit gibt es von ihm eine wundervolle Skizze. Sie stammt von einem tüchtigen Mann, Etienne Gallois, der, nachdem er Michelet auf dem Lehrstuhl für Geschichte in Sainte-Barbe nachgefolgt war, sein Leben lang auf diese Nachfolge stolz war. »Michelet«, berichtet uns Gallois, »begab sich, korrekt gekleidet, eiligen und zielstrebigen Gangs zum Collège. Aus Nachdenklichkeit, vor allem aber aus einer natürlichen und etwas verlegenen Bescheidenheit hielt er gewöhnlich den Blick gesenkt ... Sein ovales Gesicht, seine früh zerfurchte Stirn, seine von Arbeit ausgemergelten Züge riefen uns einen anderen Lehrer in Erinnerung, der mit noch größerem Glanz an der Sorbonne geherrscht hatte: Guizot.«

Als Etienne Gallois dieses Bild von Michelet[3] festhielt, war dieser eben erst ans Collège gekommen. Am 23. April 1838 hatte er in Gegenwart des Großmeisters der Universität, Herrn de Salvandy (derselbe, der ihn am 12. April 1852 absetzen sollte) seinen Lehrstuhl bezogen. Und zwei Jahre später nahm er in einer berühmten, am 2. Dezember 1839 begonnenen Vorlesung die neuzeitliche Geschichte Frankreichs in Angriff, nachdem er mit der mittelalterlichen Geschichte zuende gekommen war. Er schuf »die Renaissance«. Und definierte sie: »Das liebenswerte Wort Renaissance«, wird er später schreiben, »spricht den Freunden des Schönen nur vom Auftreten einer neuen Kunst und dem freien Aufschwung der Phantasie. Dem Gelehrten sagt es die Erneuerung der Studien über die Antike, dem Rechtskundigen den Tag, der über dem wüsten Chaos unserer alten Gebräuche aufgeht.« Ist das alles? Nein. Denn Michelet hat nicht ein Wort geschaffen, sondern die Vorstellung einer zu verstehenden und zu definierenden Phase in der Geschichte des europäischen Menschen. Und als Vorläufer, der er stets war, hat er diese Vorstellung geschaffen, bevor noch die Menschen, seine Zeitgenossen, bereit waren, sie wirklich zu verstehen und ihr all die Bedeutung beizulegen, die er mit ihr verband.

Er hat sie geschaffen, weil sie der Forderung seiner Geschichte entsprach, jener menschlichen und lebendigen Geschichte, an der er bereits seit Jahren arbeitete. Und daß er sie, nachdem er sie gezeugt, sie aus den Tiefen seines schöpferischen Genies gezogen hatte, nun »auf den liebenswerten Namen Renaissance« taufte, wie er als Klassiker, der den Worten ihre ursprüngliche Bedeutung zu geben weiß, sagt – das liegt wohl daran, daß dieser Name in der Luft lag, denn man benutzte ihn, um bald die Wiedergeburt der Künste, bald diejenige der Literatur und manchmal beide auf einmal zu bezeichnen; dennoch wollte er sich nicht durchsetzen. Aber war denn dieser Name mit seiner eher engen Bedeutung wirklich geeignet, all dies zu beschreiben? wie Menschen innerhalb von zwei oder drei Generationen eine mittelalterliche Tracht, die ihnen drückend und lästig geworden ist, abschütteln und im jungen Licht in ein helles Frühlingsgewand schlüpfen – und das bedeutet ja weit mehr als einen Wechsel von Gewand und Dekor, mehr als den Triumph eines neuen Geschmacks in Literatur und Kunst, es bedeutet die allmähliche Schaffung und Annahme einer revolutionären Auffassung vom Menschen und von der Welt, von der Stellung des Menschen in einem allseits erweiterten und vertieften Universum –? Denn genau das macht die Renaissance Michelets aus, und deshalb wirkt sie so unerhört neu, daß es zwei, drei Generationen brauchen wird, um ihren Gehalt wirklich auszuschöpfen.

Gewiß, für diese ganze ungeheure Sache hätte Michelet schließlich auch ein anderes Wort suchen und mit der Wucht seines Genies durchsetzen können. Daß er es nicht getan hat, liegt daran, daß seine Eingebung persönlicher Art war, liegt daran, daß dieser Erleuchtete, dieser große Mystiker, der hier und da das Wort »Wiedergeburt« auf die Geschichte der Künste und der Literatur angewandt fand, es sich leidenschaftlich zu eigen gemacht hat. In diesen banalen, alltäglichen Namen, der eine bescheidene Karriere als Schulbuchvokabel anzutreten schien, hat er jählings das in ihm aufquellende Leben gegossen. All seine schmerzliche Sehnsucht nach dem Tod und nach den Toten, nach einem Tod, der für ihn stets nur das Tor zu einem anderen Leben war. All seinen glühenden und unerschütterlichen Glauben an die Unsterblichkeit. All seinen Kummer, seine Trauer nach einem niederschmetternden Schlag, all seine Hoffnung am Beginn einer Leidenschaft, die ihn ins Leben zurückrief. So ging aus den Tiefen Michelets diese fruchtbare, originelle Vorstellung der Renaissance, der Wiedergeburt hervor. Erschaffen hat er sie in einer jener schmerzhaften und fruchtbaren Krisen, die einzig die sehr Großen erleben, in jenen gesegneten Stunden, da sie in ihrem Tiegel eine jener Synthesen moralischer Elemente zustande bringen, welche sie so erstreben wie der Chemiker die Synthese physischer Elemente erstrebt[4].

Im Juli 1839 hatte Michelet seine erste Frau, Pauline Rousseau, verloren. Er hatte sie ohne Leidenschaft, aus Pflichtgefühl geheiratet, ohne in diese Verbindung etwas von dem schwärmerischen Empfinden zu legen, das die reinen Idyllen seiner Jugend erfüllt hatte. Gleichwohl hatte Pauline Rousseau ihn fünfzehn Jahre lang treu umsorgt, hatte ihm zwei Kinder, Adèle und Charles, geschenkt und ihm in schweren Tagen beigestanden – und an ihrem Totenbett brauchte sich Michelet zwar nicht vorzuwerfen, sie betrogen, wohl aber, sie moralisch zu sehr vernachlässigt zu haben, sie zu sehr von seinem intellektuellen, seinem wahren Leben ferngehalten, sie geistig und seelisch zu sehr alleingelassen zu haben[5]. Pauline war Gewohnheit, war Bequemlichkeit. Sie war ihm lieb als Teil der Häuslichkeit, Teil jenes bescheidenen bürgerlichen Hausstandes, den ein Mann sich nach und nach mühsam zugelegt hatte, dessen gesamte Kindheit wenn nicht von Not, so doch von Armut geprägt gewesen war, von den ständigen Umzügen von einer Straße in die andere, von einem Viertel ins nächste, von ungeheizten Wohnungen und schmaler Kost. Jetzt lag Pauline auf dem Père-Lachaise, in einem Grab, geschmückt mit einer lateinischen Inschrift, die Michelet für sie verfaßt hatte – nicht weit von der Stelle, an der die zweite Frau des Historikers sich unter dem Namen ihres Gatten ein Prunkgrab zu errichten dachte.

Wochen voller Ärger, Gereiztheit, mittelmäßiger Abenteuer und unbedeutender Kontakte. Und auf einmal eine Leidenschaft, die jäh in das Leben des Historikers einbricht. Er hatte Madame Dumesnil kennengelernt. Verzaubert empfand er die Gemeinschaft im Denken und Fühlen (die er im ersten Überschwang übertrieb) mit dieser intelligenten, empfindsamen und seiner würdigen Frau; nach dem Hinsterben tat sich nun ein neues Leben auf, *una vita nuova* erblühte in seinem Herzen. *Mors et Vita*: für den Mystiker Michelet waren beide Pole notwendig und unauflöslich verbunden – das Leben entsprang dem Tod, der Tod öffnete das Tor zu neuem Leben[6]. Geburt, Tod, Wiedergeburt: eine vertraute Triade für den Historiker, vertraut wie jene Alliteration *né, re-né* (geboren, wiedergeboren), die er so oft gebraucht[7]. Kraft seiner neuen Liebe wurde er zum Leben wiedergeboren. In ihm war ein tiefes, frohlockendes Gefühl von Wiedergeburt. Und als er in eigenen Schriften oder in denen seiner Zeitgenossen auf jenes kleine Wort stieß, das neben anderen (Restauration, Erneuerung, Wiederauferstehung) dazu diente, nichts weiter als eine Umbildung der Künste und der Literatur an der Schwelle der Neuzeit zu bezeichnen – da hielt er inne, gewahrte das Wort, das ihm galt, und merkte es sich zu wichtigeren Zwecken[8].

Nun ist das noch nicht alles. Michelet hatte ein Buch abgeschlossen, das uns – neben seiner *Jeanne d'Arc* – wohl als das beste seiner Geschichte des mittelalterlichen Frankreich erscheint. Vielleicht sein Meisterstück als Historiker, sein *Louis XI*. Ein luzides, ein scharfsinniges, ein Buch voll Inspiration[9]. Aber er hatte es nicht mühelos geschrieben. Für die Menschen, die er auf seinem Weg durch die Zeitalter, vom 13. ins 14. und vom 14. ins 15. Jahrhundert fortschreitend, angetroffen hatte, hatte er sich kaum erwärmen können. In seinem leidenschaftlichen Verlangen, die Vergangenheit, die er wiederauferweckte, zu lieben, hatte er darunter gelitten. Denn eben da, in der Vergangenheit spielen sich Michelets wirkliche Liebschaften ab. Nicht Geschöpfe von Fleisch und Blut, sondern die Geschichte ist es, die ihn mit Beschlag belegt, die ihn verschlingt, ihm keinen Raum mehr läßt für wirkliche Leidenschaften. Die Toten schlürfen sein Mark, die Toten fressen seine Knochen, die Toten verschlingen seine Substanz: so sagt er, schreibt er zwanzigmal, hundertmal in seinen Briefen, bald niedergeschlagen, bald stolz[10]. Doch die Toten des 15. Jahrhunderts waren nach seinem Empfinden totes Gesindel. Und er hatte sie verabscheut, als er sie wiedererweckte. Courajod, ebenfalls ein Nervöser, hat einmal eine grausame Seite über die Büsten geschrieben, die aus diesem ungeschlachten Zeitalter auf uns gekommen sind: es seien Büsten von Mißratenen, mit boshaften und gemeinen Gesichtern. Michelet hätte das voll und ganz unterschrieben.

Nur zwei große Gestalten hatten sich vor ihm aufgerichtet. Die eine hatte er *al fresco* gemalt, in großen Zügen. Die andere mit lauter kleinen, hundertfach wiederholten Tupfern. Auf der einen Seite Karl der Kühne, gleichsam ein Vorgriff auf Karl V. Auf der anderen Ludwig XI., der König der Bürger, mit seiner Adlernase und einem Profil, scharf wie das Panurgs. Der erste dieser beiden Männer stieß ihn wegen der Unruhe, der Heftigkeit, dem leicht Irren, das an ihm war, ab. Und doch mußte er ihn auch anziehen, dieser Großherzog des Abendlandes, mit dem wir noch nicht fertig sind, wenn wir ihm nachgesagt haben, er sei »halbverrückt«. Der Kühne, dieser leidenschaftliche Melomane, ein Mann, der stundenlang in stummer Betrachtung des wilden Meeres und der Wogen versank, der Kühne, den schon ein wenig Wein in Hitze brachte, der an seinen Zornesausbrüchen fast erstickte, wenn er sich nicht in Redeschwällen Luft machte, sondern wortlose Wut ihm die Kehle zuschnürte, und der bei einer Waffenschau mit eigener Hand einen Bogenschützen tötete, der sich nicht ordentlich gehalten hatte. Karl der Kühne, dieser Pikrochol, der »alles unterfing«, aber nichts zuende brachte und vor Nancy zugrunde ging, im eisigen Dreck des Sankt-Johannes-Grabens, wo seine jämmerlichen Gefährten nur noch einen nackten, schon von den Wölfen angefressenen Leichnam fanden. Der Kühne, dieser Kämpfer und wackere Arbeiter. Dieser große Abfasser präzisester Verordnungen. Dieser hitzige Töter rasender Wildschweine. Dieser Mann mit den hellen blauen Augen, die wie Blumen aus dem Gesicht eines Mulatten stachen.

Er zog ihn an, seinen Maler, und er stieß ihn ab. Er ängstigte ihn ein wenig. Aber doch weit weniger als sein Gegenspieler – der bürgerliche König, Ludwig XI. Eben jener Bürger in ihm war es, welcher Michelet erschreckte. Denn an dem Punkt, an den er jetzt gelangt war, mußte er wohl oder übel die Aufkunft des Bürgertums erzählen – doch wie schwer fiel ihm das! Angesichts all dieser Bürger verspürte er nicht die natürliche Freude, die Befriedigung eines Augustin Thierry, der so froh war, unter der Julimonarchie zu leben, zusammen mit seinem Bruder Amédée in seiner ruhigen Präfektur in Vesoul. Noch weniger teilte er den Hochmut eines Guizot, der mit seiner Parole »Bereichert euch!« auf allzu offene Ohren stieß ...

Ich erfinde? Keineswegs. Lesen Sie die Briefe Michelets, die voller Klagen und Seufzer, voller Verachtung sind. Der Historiker erstickt, schleppt sich »an dieser Prosa«, wie er am 15. Oktober 1841 an Alfred Dumesnil schreibt. Und schon denkt er über den Paragraphen XII seiner *Introduction à la Renaissance* nach, jenen Paragraphen XII, welcher heißt: *Die Posse von Patelin. Das Bürgertum. Die Langeweile.* Patelin, die Marseillaise des Diebstahls. Patelin übersetzt die Gemeinheit des Volkes und die Gemeinheit des Bürgertums ineinander: »diese edle wechselseitige Belehrung des Bürgertums und des Volkes«. Genauso wie Petit Jehan de Saintré die moralische Verkommenheit des Adels erhellt und übersetzt.

Und Michelet quält sich durch die bürgerliche Wüste. Michelet hat Durst, hat gräßlichen, mörderischen Durst. Michelet schreit nach Trank wie die Heiden Rabelais'. Er bedarf so sehr der Erholung, Erfrischung, Erneuerung! Und plötzlich gelangt er an die Regierungszeit Karls VIII. Die italienischen Kriege. Als guter Fußgänger aus den Ardennen setzt er sich in Marsch. Folgt der Kolonne. Und vernimmt auf einmal, in den dunklen Straßen von Florenz, den Marschtritt der Gascogner Infanterie. Vernimmt das Hufgeklapper der Ordonnanzgäule auf dem Pflaster, das Geratter der schweren Kanonen. Und vor ihm erheben sich die Kuppel Brunelleschis und die rote Signoria und Savonarola. Plötzlich ist es, wie wenn man bei der Talfahrt vom Simplon um die Kurve am großen Felsen von Gondo kommt: auf einmal ist da Italien, ganz Italien mit seinen schönen Mädchen unter dem blanken Himmel, seinen Goldfrüchten, seinen lebhaften Menschen, seinen Städten, die schwer sind von Geschichte, seinen Kirchen voll von Statuen und Bildern. Ganz Italien und sein Glück, ein schönes, aufregendes, unbefangenes Leben zu leben, ein edles, von geistigem Streben verschönertes Leben. Ganz Italien in seiner Großartigkeit und seiner ewigen Poesie.

Da entspringt das Wort. Dem verwandelten, gelösten, erholten Michelet kommt dies Wort auf die Zunge: *Renaissance*. Wiedergeburt. Der Wissenschaften und der Künste? Gewiß doch, aber Wiedergeburt heißt auch: vollständige Erneuerung des Lebens. Wohlsein. Hoffnung. Menschenantlitze, die nicht länger mit scheelem Blick den Untergang, das grausame Absterben des Mittelalters betrachten, sondern die sich strahlend der Zukunft zuwenden. Voller Zuversicht, blitzenden Auges und mit jenem frohen Lachen, dem Grübchenlachen der schönen Kinder Donatellos ...

So ist die Renaissance geboren worden. So ist sie getauft worden. Ist sie, ist diese Tochter Michelets seinem Hirn entsprungen? Seinem Hirn gewiß weniger als seinem Herzen, seinem stürmischen und sehnsuchtsvollen Empfinden, seiner unbezwungenen Liebe zum Leben[11]. Er hat es selbst gesagt, in einer jener kraftvollen Formeln, auf die er sich wie kein anderer verstand: »Die Renaissance – das ist die Wiedergeburt des Herzens.«

Ist die Geschichte damit zuende? Nein, das ist sie nicht.

Damit die Renaissance geboren, getauft und angenommen werden konnte, mußte Michelet nicht bloß den finsteren Tunnel des 15. Jahrhunderts hinter sich bringen, den er mit Luzidität und Ekel durchquert hatte. Hinter dem 15. Jahrhundert lagen das vierzehnte und das dreizehnte sowie jenes große zwölfte, das Jahrhundert Abälards, dessen Lebenskraft und Fruchtbarkeit er so gut zum Ausdruck gebracht hat: aus ihm wird er eines Tages mit dem Eifer des Neubekehrten die wirkliche Ära der Renaissance hervorgehen lassen. Mit einem Wort, hinter Ludwig XI. und Karl dem

Kühnen gab es das Mittelalter, das seine Zeitgenossen mit solchem Zauber ausgestattet hatten und das er selbst, Michelet, mit solcher Hingabe angebetet hatte. Jene gewaltige Kathedrale des Mittelalters, in welche die sensiblen und kultivierten Franzosen seit Chateaubriand nicht anders als ehrfürchtig und voll Demut traten – wie vor den heiligsten Altar ihrer angestammten Zivilisation ...

Hätte dieser Altar in Michelets Augen all seinen Zauber bewahrt, so wäre keine Renaissance zustande gekommen. Oder vielmehr wäre die Renaissance über einen Altersknick hinaus nur eine Wiederkehr des ursprünglichen Mittelalters gewesen, des Mittelalters in seiner anfänglichen Reinheit, Inbegriff des *wahren* Mittelalters ... Doch die Renaissance Michelets war nicht Wiederherstellung eines reinen Mittelalters. Sie war Negation des Mittelalters, Bruch der Tradition. Sie fügte nicht ein weiteres Glied zur Kette. Sie kam aus dem Nichts. *Tabula rasa*. Oder, wenn man will, *ein Wunder*. Michelet hat das auf seine Weise großartig gesagt: »der heroische Wurf eines ungeheuren Willens«.

Er mußte es tun. Aus Gründen intellektueller oder, wenn man will, heroischer Art? Nein, nein. Aus Gründen persönlicher Art. Ein Michelet geht nicht kalt an die Geschichte heran. In jenen vierziger Jahren schürzt sich ein Drama in ihm und findet seine Auflösung. In jenen vierziger Jahren löst sich Michelet zugleich vom Mittelalter und, wie soll man sagen, vom Christentum oder von der Kirche? Zunächst von der Kirche, von den Priestern, den Jesuiten, und dann in der Konsequenz auch vom Christentum. Und von seiner mittelalterlichen, der gotischen Kunst. In jenen vierziger Jahren verwirft Michelet, wovon er bis jetzt gelebt hat. Und da er in seinen Leidenschaften heftig ist, reicht ihm der bloße Verzicht, die bloße Abwendung von seinen alten Liebschaften nicht aus. Er muß aufbegehren, muß verneinen, muß töten. Um in Frieden in seiner Renaissance zu leben, tötet, mordet, beendet Michelet »jenen bizarren und monströsen, ungeheuer künstlichen Zustand«: das christliche Mittelalter.

Ein Gewissensdrama, das oft genug zur Sprache gekommen ist. So zunächst in *Le Peuple* von 1846; erinnern wir uns des Bekenntnisses, mit dem das Buch schließt: »Dem Mittelalter, in dem ich mein Leben verbracht, dessen rührenden und ohnmächtigen Strebungen ich in meinen Büchern Ausdruck verliehen habe, diesem Mittelalter hab' ich sagen müssen *Zurück!*, heute, da unreine Hände es aus seinem Grabe zerren und uns als Stein vor die Füße werfen, auf daß wir auf dem Weg der Zukunft straucheln.«

Ein Gewissensdrama. Bloß: wenn der Mensch, der da leidet und den Bruch vollzieht, Michelet heißt ... Aber wie soll ich das hinschreiben, und was hat bei alledem das Genie zu tun?

Ein Tropf, ein Einfaltspinsel, ein namenloser Magister stößt zwischen der alten Zeit, *Aetas antiqua,* und der neuen Zeit, *Aetas moderna,* welche seine Zeitgenossen schon definiert haben, auf einen riesigen Streifen unbenannter Tatsachen. Er tauft ihn Zwischenzeit: *Aetas media*. Und dieser Name bleibt. Und das so geschaffene »Mittelalter« nimmt Gestalt und Leben an. Wird nach und nach zu einer Realität, zu einem lebendigen Wesen. Zu einer Person, die geboren wird, aufwächst und erblüht, niedergeht und stirbt. Einem Individuum, über dessen Psychologie man spricht. Mit gewichtigen Worten, so als ob es wirklich existierte. Als ob es jemals existiert hätte.

Und seinerseits verknüpft ein großer Historiker, ein genialer Schöpfer, ein Michelet zum ersten Mal ein Bündel heterogener, aber zeitlich zusammengehöriger Tatsachen. Er nennt das Ganze mit einem schönen Namen »Renaissance«, den er aus ganz persönlichen Gründen in sich lebendig spürt. So wird nun ihrerseits die Renaissance, dies Etikett, zu einer Realität, die sich dem Mittelalter entgegenstellt. Die ihm entgegentritt und es zerstört. Aber auch sehr weitgehend unsere Auffassung des Mittelalters prägt.

Dort ein anonymer Pedant. Hier ein genialer Michelet. Beide Male ist das Resultat dasselbe. Welch eine Lektion in Bescheidenheit, aber auch in Relativität! Und wie sehr hatte ich recht, mehr noch als ich selber glaubte, als ich schrieb: »Geschichte ist Menschenwissenschaft. Geschichte ist Menschenwerk.«

1 *La peinture des Pays-Bas*, Kap. II.

2 Das maßgebliche Buch über Michelet ist nach wie vor dasjenige meines Lehrers Gabriel Monod, *La vie et la pensée de Jules Michelet*, Cours professé au Collège de France, 2 Bde., Paris 1923.

3 E. Gallois, *Jules Michelet. Notes recueillies à son cours du Collège de France en 1838-39*.

4 An dieser Stelle fällt mir die wunderbare Definition der Geschichte ein, die Michelet gegeben hat: »Die Geschichte ist eine ungeheure moralische Chemie, in der meine individuellen Leidenschaften zu allgemeinen Dingen werden, wo meine Völker sich erschaffen und wo mein Ich wiederum meine Völker beseelt.« (Monod, Bd. I, S. 74)

5 Vgl. dazu Monod, *op. cit.*, Bd. II, S. 40.

6 Vgl. den schönen Brief Michelets an seinen Schwager Alfred Dumesnil, in dem er ihm die Geburt seines Sohnes aus zweiter Ehe, der bald starb, anzeigt. »Sein Name ist Lazarus ... Lazarus bedeutet Wiederauferstehung, ein schönes Wort, ein schöner Name, ein schöner Zeitpunkt ... Wiederauferstehung, geboren oder wiedergeboren werden, ich glaube, es ist dasselbe.« 3. Juli 1850 (Jules Michelet, *Lettres inédites à Alfred Dumesnil et à Eugène Noel, 1841-1871*, hrsg. von Paul Sirven, Paris 1924.

[7] »Nach mannigfachen Prüfungen, von denen ich an anderer Stelle erzählt habe, . . . gestorben und wiedergeboren *(mort et rené)*, schrieb ich die Renaissance.« (*Histoire de France*, Vorwort von 1869).

[8] Vgl. in Monods Buch einen ganz präzisen Hinweis von Michelet, der besagt, daß seine Vorlesung von 1840 über die Renaissance das Ergebnis zugleich der Verzweiflung über den Tod von Pauline und der »Wiedergeburt« (das Wort *renaissance* steht ganz wörtlich da), die ihm die Begegnung mit Mme. Dumesnil bescherte, war.

[9] Die Bände I und II seiner *Histoire de France* hatte Michelet 1833 veröffentlicht. Der Band III (Philipp der Schöne) erschien 1837, Band IV (Karl V. und Karl VI.) 1840, Band V (Karl VII. und Johanna von Orleans) 1841, Band VI (Ludwig XI.) im Dezember 1843. Danach (als die 1840 vorgetragene *Renaissance* schon teilweise abgefaßt war) läßt Michelet die *Histoire de France* liegen, schreibt *Les Jésuites*, *Le Pêtre*, *Le Peuple*, dann (1847) den Band I der *Histoire de la Révolution*. Als er damit fertig ist, nimmt er die *Histoire de France* wieder auf und veröffentlicht 1855 fast auf einen Schlag *La Renaissance* und *La Réforme*.

[10] An Eugène Noël am 17. 10. 1853: »Dies Buch verschlingt mich . . ., ich habe zu viel vom schwarzen Blut der Toten getrunken.« An Auguste de Gerando, 18. 9. 1849: »Ich habe hier ein hartes Werk vollbracht: die Revolution nachzuerleben und nachzuerleiden. Ich habe den September hinter mich gebracht und alle Schrecken des Todes; in der Abtei massakriert, schreite ich nun zum Revolutionstribunal, das heißt zur Guillotine . . .« usw. Die ganze Sammlung Sirvens ist voll von Texten dieser Art.

[11] Eine schöne Passage, in der es um die Renaissance geht, findet sich in einem Brief an Dumesnil vom 15. Mai 1841 (Sirven, S. 12): »Noch nie hatte ich eine so große Stoffmasse gestemmt, so viele anscheinend unverbundene Elemente zu einer lebendigen Einheit gefügt. All diese Elemente waren seit langem in mir, doch nur als Kenntnisse; heute sind sie *meine* Empfindungen, *meine* eigenen Gedanken; daß diese ganze äußere Geschichte jetzt sehr einfach ist, liegt daran, daß ich *sie in mir wiedergefunden habe, daß sie ich selbst geworden ist.*«

MARC BLOCH

MAN WIRD VON EINEM französischen Historiker im Jahre 1956 schwerlich verlangen können, er möge sich mit derselben Gelassenheit, mit der er über Guizot oder Fustel de Coulanges spricht, über Marc Bloch äußern[1]. Denn Marc Bloch starb nicht am ruhigen Abend eines Forscherlebens friedlich in seinem Bett. Er gab sein Leben vorzeitig mit 58 Jahren hin. Vielleicht hat keiner der Siebenundzwanzig, die mit ihm für Frankreich starben, so deutlich das Warum empfunden, hat keiner sich so mit einem lebendigen Frankreich verbunden gefühlt wie er[2]. Er hatte diesem Land seine leidenschaftliche Neugier, seine wache Intelligenz und – über das bloße Wissenwollen hinaus – seinen Drang zu *verstehen* entgegengebracht. Und tatsächlich ist für uns ein Historiker nicht so sehr jemand, der über gesichertes Wissen verfügt, als vielmehr jemand, der versucht zu verstehen und verständlich zu machen.

Marc Blochs gesamtes Leben war Forschen. Daraus bezieht es seine starke Einheit. In Lyon, wo er am 6. Juli 1886 geboren wurde, sollte er ein halbes Jahrhundert später gegen die Besatzung kämpfen. Sein Vater, Professor für Alte Geschichte an der Universität Lyon, später an der École Normale Supérieure und dann an der Sorbonne, war der Lehrer vieler hervorragender junger Wissenschaftler, darunter auch sein Sohn. 1905 trat Marc Bloch in die École Normale Supérieure ein; später studierte er ein Jahr in Deutschland. Als Stipendiat der Fondation Thiers bildete er sich 1909 bis 1912 zum Mediävisten aus.

Bei Kriegsausbruch 1914 war Marc Bloch Gymnasiallehrer in Amiens und bereitete seine Habilitation vor. Wie die meisten jungen Akademiker wurde er als Sergeant der Infanterie zur Front eingezogen, wo er tapfer und ausdauernd von der Mobilmachung bis zum Waffenstillstand diente. Seine Familie war eine jener von Patriotismus erfüllten, seit langem im Elsaß ansässigen jüdischen Familien – er erinnerte gern daran, daß sein Urgroßvater 1793 gegen die Preußen gekämpft hatte. Als der Krieg zuende ging, war Bloch Hauptmann, vierfach hoch ausgezeichnet und zum Mitglied der Ehrenlegion ernannt. Niemand soll sagen, diese Erfahrungen hätten nichts mit der Geschichte zu tun, einer Wissenschaft von der toten Vergangenheit. Wo sonst könnte der Historiker, der vergangene Gesellschaften zum Leben erwecken und verstehen will, sich besser auf seine Aufgabe vorbereiten als dort, wo er wirklich mit Menschen zusammenleben, sie führen, ihre Freuden und Leiden teilen muß? Hat nicht der russische Feldzug von 1812 Stendhal erst zu dem gemacht, der er war?

Nach dem Krieg wurde Bloch durch Christian Pfister an die Universität Straßburg berufen. Er war dreiunddreißig Jahre alt. Mit jugendlicher Kraft ging er daran, das Seminar für Mittelalterliche Geschichte, das zuvor von bedeutenden deutschen Gelehrten geleitet worden war, in neuem, französischem Stil zu organisieren. Zu seinen Kollegen zählten Georges Pariset, Georges Lefebvre, Christian Pfister, Ch. Edmond Perrin, Fritz Kiener, Eugène Cavaignac, André Piganiol und der Schreiber dieser Zeilen. Unsere Seminare, meines und das Marc Blochs, lagen nebeneinander, und unsere Studenten betrachteten sie als eins[3]. Diese enge Zusammenarbeit endete erst, als Bloch – wiederum in vergleichsweise frühen Jahren – einen Ruf an die Sorbonne erhielt, wo er Henri Hauser auf dem Stuhl für Wirtschaftsgeschichte folgte. Soweit der relativ einfache Rahmen eines erfolgreichen intellektuellen und wissenschaftlichen Werdegangs.

In Frankreich um 1910 war ein Wirtschaftshistoriker bei Abschluß seiner Universitätsausbildung zunächst in der Regel ein Historiker ohne spezielle Ausrichtung. Ob er sich später auf die Karolingische Renaissance, die Französische Revolution oder ein Wirtschaftsthema wie monetäre Fragen, den Merkantilismus oder die Industrialisierung im 19. Jahrhundert spezialisierte – seine Ausbildung war stets dieselbe. Er hatte über gründliche Kenntnisse der antiken Kulturen und der daran anschließenden europäischen Welt in ihrer gesamten Erstreckung zu verfügen. Eine Spezialisierung auf die Geschichte des Wirtschaftslebens, der Religion, der Kunst oder der gesellschaftlichen Einrichtungen von Beginn der Ausbildung an wäre unklug wenn nicht unmöglich gewesen. Wer sich vorzeitig auf Wirtschafts- und Sozialgeschichte konzentriert hätte, der hätte am Ende womöglich mit leeren Händen dagestanden. Im gesamten geisteswissenschaftlichen Universitätsbetrieb Frankreichs gab es nur einen einzigen Lehrstuhl für Wirtschaftsgeschichte, eben den an der Sorbonne, den Marc Bloch von Henri Hauser übernahm.

Es würde ein ganzes Buch füllen, wollte man erklären, weshalb wirtschaftswissenschaftliche Studien so spät und zögernd Eingang in die französischen Universitäten fanden. Auch Marc Bloch hatte sich während seiner Ausbildung kein solches Spezialwissen aneignen können. Er hatte sich zum Zivilisationshistoriker entwickelt, dessen Interessen politische Geschichte, Rechts-, Institutionen- und Kulturgeschichte ebenso umspannten wie die Geschichte der wirtschaftlichen Tatsachen und Vorstellungen. Daraus unter anderem erklärt sich sowohl das Weite, Unpedantische seiner Arbeit als auch sein Bemühen, jedes ökonomische Problem, auf das er stieß, in seinen komplexen, differenzierten gesellschaftlichen Rahmen zu versetzen. Dadurch ist es in Blochs Fall unmöglich, den Zivilisationshistoriker vom Spezialisten für Wirtschaftsgeschichte zu trennen. Das Geheimnis seiner geistigen Kraft und Weite, seines Einflusses auf Jüngere liegt genau in diesem fortwährenden Bestreben, die Wirtschaftstätigkeiten im Zusammenhang mit allen anderen Tätigkeiten zu sehen.

So kann es kaum Wunder nehmen, daß sich Blochs erste Studien einem Problem zuwandten, dem seine Aufmerksamkeit bis zum Schluß gelten sollte, nämlich dem Problem der Freiheit. Was hieß *Freiheit* im Mittelalter? Was war denn ein freier Mann und auf der anderen Seite ein unfreier Mann im 11., 12. oder 13. Jahrhundert? Die Lebenden leihen sich Wörter von den Toten und bezahlen ihre Schuld, indem sie ihren Vorfahren die Vorstellungen beilegen, für die diese Wörter heute stehen. Und da sie nun einmal tot sind, können sich die Vorfahren dieser Art Großzügigkeit nicht erwehren. Ein intelligenter Mensch, der etwas von Philologie versteht, bemerkt den Irrtum auf der Stelle, doch ihn aufzudecken ist leichter als ihm abzuhelfen. Sein ganzes Leben lang rang Bloch darum, ganz zu erfassen, was das Wort »Freiheit« zur Zeit der frühen Kapetinger oder, später, des hl. Ludwig bedeutete. Mag sein, daß wir es heute verstanden haben – dank Bloch, der viel historische Arbeit, aber auch staatsbürgerliche, politische Leidenschaft daran wandte, es aufzuklären.

Denn, um das zu wiederholen, wenn Bloch ein großer Historiker war, so lag das nicht daran, daß er über breitgestreute Kenntnisse verfügte und etliche gelehrte Studien schrieb, sondern daß in seine Arbeit stets ein hohes Maß an Lebenserfahrung einging, auf das kein wirklicher Historiker verzichten kann. Er schätzte wie ich Henri Pirenne wegen seiner überschäumenden Lebendigkeit, wegen des historischen Sinns für das Leben, der Pirenne eigen war. Blochs »zivile«, politische Existenz und seine wissenschaftliche Arbeit würden beide verkürzt, wollte man sie getrennt sehen. Der Wissenschaftler, der sich, angefangen mit seiner kurzen Habilitationsschrift von 1920, *Rois et Serfs, un chapitre d'histoire capétienne,* beständig mit dem Problem der mittelalterlichen Freiheit beschäftigte, war derselbe Mann, der für menschliche Freiheit in seiner Zeit kämpfte und starb.

Aus diesem Geiste heraus entstanden der Artikel über *Blanche de Castille et les serfs du Chapitre de Paris* (1921) und seine Studien über die *Colliberti* (*Revue Historique,* 1928) und *Ministérialité* (*Revue Historique de Droit,* 1928). Dann kam, gleichsam im Vorgriff auf entscheidende Seiten seiner *Feudalgesellschaft,* die in Madrid veröffentlichte Studie *Liberté et Servitude personelle au Moyen Age, particulièrement en France* (*Annuario de Historia del Derecho,* 1933)[4]. Sollte dieses hartnäckige Verfolgen eines Problems einer Vorahnung entsprungen sein? Zumindest spricht es für eine unerschütterliche persönliche Integrität[5].

Blochs erste eigenständige Untersuchungen hatten ihn mit einer Tatsache konfrontiert, die auf jeden jungen Historiker verblüffend wirkt, die Tatsache nämlich, daß die Geschichte nicht »Erforschung der Vergangenheit« ist als vielmehr eine der »Wissenschaften vom Menschen«. Hinter Feldern, Werkzeugen, Maschinen, Gesetzen, Regeln und Institutionen stehen immer Menschen. Diese Menschen zu erfassen ist die Aufgabe der Geschichte. Ein bloßer Sammler von Tatsachen leistet ebenso viel wie ein Sammler von Streichholzschachteln. Wer immer behauptet, Historiker zu sein und sich nicht bemüßigt fühlt, den Menschen aufzuspüren, wo dieser auch verborgen sein mag, den lebenden, fühlenden Menschen voller Leidenschaft, Feuer und Temperament – der ist ein stumpfer Geist, ein Opfer dessen, was Malebranche »Polymathie« nannte.

Dies Bemühen um Menschen und ihre Mentalität prägte Blochs erstes Hauptwerk nach der Habilitation, die bedeutende Studie über die wundertätigen Könige, *Les Rois Thaumaturges,* die 1924 in Straßburg erschien. Ein etwas streng anmutender Untertitel besagte, daß das Buch von der übernatürlichen Fähigkeit handelte, die man vor allem in Frankreich und England den königlichen Personen zusprach, und diente wohl dazu, ältere, auf strenge Wissenschaftlichkeit pochende Gelehrte zu beruhigen. Gegenstand der Untersuchung ist ein System von Glaubenshaltungen. Besonders den französischen Königen, als den Gesalbten und somit Geweihten des Herrn, schrieb die Volksmeinung wunderbare Heilkräfte zu: »Ich berühre Dich, Gott segne Dich!« Detailreich, wie es große Geschichtsschreibung oft ist, zeigte Bloch, wie sehr das mittelalterliche Königtum, das die Historiker unbeirrbar als »Institution« behandelt hatten, in Wahrheit vor allem ein System von Glaubenshaltungen gewesen ist, in dem mystische Eigenschaften eine Rolle spielten. Somit leistet diese Studie in erster Linie einen Beitrag zur retrospektiven Psychologie – und nichts anderes ist eigentlich Geschichte.

Die Begeisterung eines alten Mannes für dies große, jugendliche und doch schon voller Gelehrsamkeit steckende Werk sollte nicht dessen Mängel vertuschen. Eine gewisse Begriffsgläubigkeit des Verfassers hinderte diesen nicht daran, mit seltener Scharfsicht Verhaltensweisen der Vergangenheit zu verstehen, wohl aber hinderte sie ihn daran, sie nachzuempfinden. Es stimmt, daß *Les Rois Thaumaturges* Bloch auf den Weg psychologischer und religiöser Studien führten, der ihn zeitlebens anzog, aber auf den er sich nie völlig einließ. Er sprach von Forschungen zur »Mentalität«, einem passenden, aber recht abstrakten Begriff. In gewissem Ausmaß handelte es sich dabei eher um Kritiken von Glaubenshaltungen als um deren unbefangene Aufzeichnung. Denn Bloch kannte selbst keinen persönlichen Glauben. Der Einfluß seines Vaters, die Niederlage von 1870 verbanden ihn mit jener »Generation von 1875«, die ihre Hoffnung allein in das Streben nach philologischer Genauigkeit und begrifflicher Wahrheit setzte.

In einem Brief von 1943 schrieb Bloch: »Ich bitte um Erlaubnis, meine Galle loswerden zu dürfen. Ich verabscheue das Sorelsche Wort ›Mythos‹ als Bezeichnung für Ideen, die mir teuer sind. Ein Mythos ist eine Lüge.

In diesem Sinne ist die Rassenlehre ein Mythos; nicht so die französische Freiheit – sie ist ein *Streben.*« Er fuhr fort mit der Frage, ob denn Sorel und Maurras die Sprache so vergiftet hätten, daß selbst die besten Köpfe sich schon auf ihre Redensarten eingelassen hätten. Das war für Bloch keine Pedanterie, sondern ein Beharren auf Reinheit. Vielleicht hätten die *Wundertätigen Könige* einfach *Königliche Heiler* heißen und den Akzent stärker auf den Glauben der Kranken statt auf die Kräfte der königlichen Berührung legen sollen. Blochs Voreingenommenheit gegenüber »Mentalität« führte ihn dazu, religiöse Probleme eher zu umkreisen als wirklich zu durchdringen. Doch seine Neugier in diesen Dingen kam nie zum Erliegen, sondern blieb wach und scharf und auf seine Weise brüderlich.

Mithin gibt es Formen des Glaubens, geistliche und mystische Bedürfnisse. Und es gibt Erfindungen, Techniken, materielle Bedürfnisse, die erfüllt sein wollen. Materielle Dinge mögen den ganzen Menschen in Beschlag nehmen, doch zunächst sind sie eine Sache seines Bewußtseins und seiner Mentalität. So lautet verkürzt die These, die Blochs Untersuchung über die Wassermühle Modellcharakter verleiht. Sie steht neben einem großartigen Text von Pirenne über den mittelalterlichen Weinhandel als eine der besten in den *Annales*[6].

Blochs Artikel über die Verbreitung der Wassermühle über Europa und die Fragen im Zusammenhang mit ihrer Anwendung ist weit mehr als eine Geschichte. Das wahre Problem, so zeigt sich, liegt nicht in der Erfindung der Anlage – denn bereits früh hat die Menschheit mechanische Probleme gelöst, die genauso schwer oder genauso leicht waren –, sondern in ihrer Anwendung: warum dauerte es so lange, bis diese relativ einfache Erfindung, die doch so viel Arbeit sparte (hier ist Blochs Interesse an Freiheit und Sklaverei berührt), das Abendland eroberte? Bloch sah auf den ersten Blick, daß die Antike über alles Notwendige verfügte, um an ihren Flußläufen Wassermühlen zu errichten. Warum versäumten einfallsreiche, tüchtige Völker so lange eine Erfindung, die doch greifbar vor ihnen lag? Dies war keine Frage von Rädern und Wellen, sondern von Mentalitäten und Gesellschaftsstrukturen. In die Geschichte dieser Entdeckung ging das gesamte Problem der Sklaverei und der unfreien Arbeit ein, das gesamte Problem der Art und Weise, in der antike Gesellschaften und die römische Gesellschaft der Kaiserzeit Sklavenarbeit auffaßten und gebrauchten.

In ähnlicher Weise ging Bloch noch andere Fragen an. Im Rahmen der Technikgeschichte gehörte dazu etwa die Geschichte des Gespannwesens, der sich Major Lefebvre de Noëttes in gründlicher und origineller Weise gewidmet hatte[7]. Das Problem der Sklaverei, das hier erneut zutage trat, schien Bloch auch grundlegend für die Geschichte des Steuerruders, aber die Geschichte der Seefahrt lag ihm zu fern. Indes wandte er seinen Denkansatz auf eine ganze Reihe monetärer Fragen an, von denen viele mit Glaubensweisen zu tun hatten. In einem bevorzugt mit Realien arbeitenden Seminar prüfte er unermüdlich numismatische Befunde[8] – und stieß erneut am Ursprung der Realien auf Vorstellungen. Diese Sicht der Dinge wandte Bloch auf die gesamte Agrargeschichte an, für die er in Frankreich (und weit darüber hinaus) führend war.

Seine Bedeutung auf diesem Gebiet wurde offenkundig, als er 1931 *Les Caractères originaux de l'Histoire rurale française* veröffentlichte[9]. Dieses Werk, hervorgegangen aus einer Vorlesungsreihe am Institut für vergleichende Gesellschaftsforschung in Oslo, erregte sogleich breites öffentliches Interesse. Vorausgegangen war eine jahrelange gründliche Beschäftigung mit Karten zur Landverteilung, welche die Historiker früher in den Archiven übersehen hatten, weil sie ihren Aussagewert für Fragen der Landwirtschaft verkannten. In zwei zündend geschriebenen Artikeln unter dem Titel »La lutte pour l'individualisme agraire dans la France du XVIIIe«[10] hatte Bloch seine Auffassung umrissen. »Der Kampf um bäuerliche Selbständigkeit« – in dieser Formel steckt Blochs ganze Sicht der Dinge.

Denn nicht um Dinge ging es ihm in erster Linie. Obgleich er stets sorgfältig auf die rechtlichen Aspekte des Phänomens einging, stellte er sich die Probleme von Gemeingut, *enclosures* und Dienstleistungen doch in anderer Weise. Seine Aufmerksamkeit wandte sich sogleich dem Menschen als dem einzigen und wahrhaftigen Gegenstand der Geschichte zu, in diesem Fall dem Menschen und seinem »landwirtschaftlichen Individualismus«. Dieser Gedanke durchzog nicht nur einen bewundernswerten Text, sondern eine erstaunliche Reihe kritischer Besprechungen, die in unseren *Annales* erschienen und das Feld der *Caractères originaux* weiter ausdehnten und bestellten. Darüber hinaus schulten diese originellen und fruchtbaren Artikel eine Gruppe junger Forscher, in deren Arbeiten das Denken ihres Lehrers noch lange fortleben wird. Und dies um so mehr, als sie aufgrund neuer Quellen Korrekturen anbringen, die er selbst noch vorgenommen hätte, wäre nicht sein früher Tod gewesen.

Auf die *Caractères* folgten im Abstand einiger Jahre zwei umfangreiche Bände mit dem Titel *La Société féodale*[11], die in Henri Berrs Reihe *L'Évolution de l'Humanité* erschienen. Es handelt sich um eine psychologische und ökonomische, ja auch juristische und politische Geschichte, die durchweg soziologisch reflektiert ist. Vor allem aber handelt es sich um eine vergleichende Geschichte. Wie sollte man sich sinnvoll im Rahmen eines einzigen Landes und ohne Rücksicht auf ihren europäischen Kontext mit den großen grundlegenden Institutionen der Feudalgesellschaft – Grundherrschaft, Vasallität und städtische Gemeinschaften – beschäftigen? Das bedeutende Werk, in das Bloch sein enormes historisches Wissen und seinen Willen, die Geschichte zu erneuern, gesteckt hatte, fand zwar seine speziellen Leser, doch das große Publikum erreichte es nicht. Um so wichtiger ist es, seine Originalität zu betonen, seine Fülle an neuen, aber auch an alten, mit unvergleichlicher Kraft dargestellten Ideen. Zu seinen großen Panoramen gehört das einer jungen abendländischen Zivilisation, hervorgegangen aus dem Schmelztiegel der germanischen Völkerwanderungen, bedroht von Muslimen, Hunnen und Normannen, die sich einer belagerten Festung gleich behauptet. Es sind gleichsam zwei Mittelalter, die die Analyse hier ans Licht holt.

Niemand hat entschiedener für Vergleichende Geschichte plädiert als Marc Bloch. 1928 veröffentlichte er in der *Revue de Synthèse Historique* einen bemerkenswerten Programmaufsatz unter dem Titel »Pour une Histoire comparée des sociétés européennes«. Er konnte und durfte die Dinge so knapp und eindringlich sagen, wie er es hier tat, denn sie waren Früchte harter Arbeit. Er hatte sich zu einem europäischen Historiker von außerordentlich weiter Übersicht entwickelt. Er beherrschte nicht nur Griechisch und Latein, Französisch, Deutsch und Englisch, sondern hatte sich auch andere romanische sowie mittelalterliche und sogar frühmittelalterliche Sprachen angeeignet. Das gilt nicht nur für das Altfranzösische, sondern auch für germanische Sprachen, die ihm zumindest so weit geläufig waren, daß er Übersetzungen, denen er nicht blind vertrauen mochte, anhand der Originaltexte überprüfen konnte. Sogar über Grundkenntnisse des Russischen verfügte er. Von dieser Warte aus und gestützt auf wissenschaftliche Zeitschriften – allen voran die *Annales,* aber auch die *Revue de Synthèse,* die *Revue Historique* und *Moyen-Age* – verfolgte er die Erträge der historischen Forschung in ganz Europa und den Vereinigten Staaten, stets bedacht auf intellektuelle Bereicherung und umfassenderen Vergleich.

Es bedarf kaum der Erwähnung, daß Bloch sein Reisen nicht auf Bücher beschränkte. Er nahm gern die Gelegenheit wahr, ins Ausland zu gehen und wirkte dort als geachteter, ja bewunderter Vertreter der besten Methodologie und Wissenschaft seines Landes. Seine *Caractères originaux* basieren auf Vorlesungen, die er in Oslo hielt. Er lehrte in Brüssel an der École des Hautes Études und in Madrid und Salamanca, wo er 1932 aktiv an der *Semaine d'Histoire du Droit* teilnahm. An der London School of Economics hielt er brillante Vorlesungen über seine Lieblingsthemen, französische *seigneurie* und englisches *manor*[12]. Auf diese Weise legte er beständig seine Ergebnisse ausländischen Gelehrten zur Prüfung vor und gelangte zu einem immer schärferen Bild der europäischen Vielfalt im geistigen und historischen Bereich.

Nach den zwei Bänden der *Société féodale* blieben ihm nur noch vier Jahre zu leben, überschattet von öffentlichem und privatem Unheil. Da war zunächst der Krieg, den er in einem bewundernswerten Buch mit dem Titel *L'Étrange Défaite*[13] zusammenfassend analysierte. Das Buch geht weit über die persönlichen Erfahrungen hinaus, die so viele an der Tragödie von 1940 Beteiligte mitgeteilt haben, Berichte von Ereignissen, die über ihren Kopf hinweggingen. Diese luzide Schrift ist ein Meisterwerk in ihrer Art. Bloch ahnte bereits, daß sich in der »seltsamen Niederlage« sein eigener Untergang ebenso wie der seiner Familie, an der er sehr hing, ankündigen mochte. Daß die Franzosen seiner Generation diese Erfahrung mit einer schlichten Unkostenrechnung abtun zu können meinten, wollte er nicht hinnehmen. Er suchte alle Konsequenzen zu ziehen, damit seine Landsleute nicht ein zweites Mal einen derartigen Alptraum erleben müßten.

Die Gelassenheit, mit der *L'Étrange Défaite* Ursachen abwägt, Gewissen erforscht und Verantwortlichkeiten feststellt, weist das Werk als das eines großen Historikers und engagierten Staatsbürgers aus. Bloch behandelte die Ereignisse von 1940, die er erlebt hatte, mit derselben Meisterschaft wie die von 1140 oder 1340, die er rekonstruiert hatte. Viele von Blochs verstreuten Freunden erhielten das Buch zusammen mit einer Karte, auf der es lakonisch hieß: »Mit besten Empfehlungen des Verfassers, aus dem Felde.« Im Sturm der Ereignisse blieb dem Buch die Aufmerksamkeit und Bewunderung, die ihm zu anderer Zeit zuteil geworden wäre, versagt. Sich darüber zu grämen, hatte Bloch keine Zeit mehr. Die Bedrohung setzte ein. Durch die antisemitische Gesetzgebung der Vichy-Regierung von der Universität vertrieben, mußte er Paris ohne seine Aufzeichnungen und Bücher verlassen. Mit einem gemeinsamen Freund, Paul Etard, zusammen gelang es mir, die Aufzeichnungen zu retten, doch seine Bücher fielen den Deutschen in die Hände, und niemand weiß, wohin sie gerieten. Bloch fand zunächst Aufnahme bei seiner alten Straßburger Universität, die nach Clermont-Ferrand verlegt worden war; von dort aus ging er an die Universität Montpellier. Als die Besetzung Südfrankreichs ihn auch von hier vertrieb, schloß er sich der Résistance an.

Eine Sache haben wir noch nicht erwähnt, obwohl sie doch den Kern des Blochschen Werkes betrifft, nämlich die von uns beiden geleiteten *Annales*. Blochs Absicht, die besten unserer Historiker, vornehmlich die jüngeren unter ihnen, im Dienste von Forschung und Innovation zusammenzuführen, ließ mich auf ein Vorhaben zurückkommen, für das sich kurz nach dem Ersten Weltkrieg auch Henri Pirenne begeistert hatte. Er hätte der Herausgeber, ich der Redakteur einer *Internationalen Historischen Zeitschrift* sein sollen, die schon fertig konzipiert war. Doch unser Vorhaben ging in den Turbulenzen des Genfer Völkerbundes unter. In Verbindung mit Marc Bloch nahm es 1929 die Gestalt einer französischen

Zeitschrift an, die in breitem Umfang ausländische Beiträge berücksichtigte. Mir fiel die Aufgabe zu, einen Verleger zu finden, der bereit war, das Risiko einzugehen. So entstanden die *Annales d'histoire économique et sociale,* aus denen ein Jahrzehnt später die *Annales d'histoire sociale* wurden. Während des Krieges erschienen sie in unregelmäßiger Folge als *Mélanges d'histoire sociale*[14], in der Hoffnung, die Vichy-Gesetzgebung zu unterlaufen. Heute heißt die Zeitschrift *Annales,* mit dem erläuternden, aber nicht einschränkenden Untertitel *Économies. Sociétés. Civilisations.*

Uns war es beiden damals, 1929, nicht darum zu tun, die Liste der wissenschaftlichen Zeitschriften um einen weiteren Titel zu vermehren. Wir wollten unsere eigene Auffassung von Geschichte vorführen und lehren. Wir waren erfolgreich – zu einem Preis, mit dem wir freilich rechnen mußten. Wenn wir schließlich feststellen durften, daß die Mühe nicht umsonst gewesen war, so bedeutete das für Bloch gleichermaßen Trost und Freude. Indem wir unserem Land gedient hatten, hatten wir gleichzeitig auch der gesamten Gelehrtenwelt gedient. Michelet sagte einmal, um die Geschichte Frankreichs zu schreiben, sei es nicht zuviel getan, ganz Europa zu behandeln.

Bloch war Mitglied des Führungsstabes einer großen Résistancegruppe, als er von den Deutschen verhaftet und in das sinistre Fort Montluc von Lyon eingeliefert wurde. Trotz brutalster Folter schwieg er. Als er uns entrissen wurde, stand er auf der Höhe seiner Schaffenskraft; wieviele Bücher ungeschrieben blieben, vermag niemand zu sagen. Von zwei für die Reihe *Évolution de l'Humanité* geplanten Bänden über Wirtschaftsgeschichte des Mittelalters blieb nichts. Was von seinen Meditationen über Geschichte und Geschichtsschreibung publizierbar war, veröffentlichte ich unter dem Titel *Apologie pour l'histoire ou le métier d'historien*[15]. Die *Caractères originaux* sind neu aufgelegt und werden demnächst in erweiterter Fassung erscheinen. Von einer geplanten Geschichte der französischen Gesellschaft im Rahmen der europäischen Zivilisation, die Henri Pirenne, der ein vergleichbares Werk in deutscher Gefangenschaft begonnen hatte, gewidmet sein sollte, existiert nur die Einleitung.

Bloch träumte von einer Geschichte des deutschen Kaiserreichs und einer Besiedlungsgeschichte der Vereinigten Staaten, Gegenstände, die er in Vorlesungen behandelt hatte. Zwei oder drei gänzlich neue Bücher wären vermutlich aus Gemeinschaftsunternehmen (namentlich mit Weulersse und Labouret) hervorgegangen. Dabei beabsichtigte Bloch keineswegs, seine mediävistischen Studien aufzugeben. Er sah in ihnen das eine Ende einer Kette von Ereignissen und tieferliegenden Realitäten, die sich langsam durch die Jahrhunderte hindurch entrollte, bis hin in unsere Zeit, da allmählich ihr anderes Ende in Sicht kommt. So verhalf ihm seine Kompetenz als Mediävist dazu, seine eigene Zeit besser zu verstehen. Mehr und mehr schien ihm dies das Ziel zu sein, dem die Geschichtsforschung zustreben sollte: den Menschen zu helfen, ihre eigene Zeit zu verstehen.

Marc Bloch liebte menschliche Würde und schien sie auf ganz natürliche Weise zu verkörpern. Das silbergraue Haar, die feinen Züge, die sorgfältig gewählte Bekleidung, der leicht ironische, durchdringende Blick durch große Brillengläser, dies waren die Attribute eines vornehmen älteren Herrn von vollendeter Selbstbeherrschung[16]. Er unterschied nicht zwischen menschlicher Würde und Freiheit der Person, sondern liebte sie als zwei Aspekte derselben Sache. Gerechtigkeit verstand er im weitesten Sinne als Gerechtigkeit gegenüber Individuen, doch darüber stand die Gerechtigkeit in gesellschaftlichen und wirtschaftlichen Beziehungen unter Menschen. Die Blindheit und Blödheit gewisser bürgerlicher Kreise schreckte ihn und stieß ihn ab[17]. Er liebte den französischen Soldaten, der nur zu oft das Opfer von Gleichheit, Freiheit und Gerechtigkeit gewesen war. Das waren die festen Glaubensgründe seines gesamten Schaffens als Historiker, die er behauptete und mit Leben erfüllte. Für sie lebte und starb er.

Dieses kurze Portrait eines Menschen, der sein Ende hinnahm wie ein Heiliger, mag mit dessen eigenen Worten schließen. In seinem Anfang 1941 in Clermont-Ferrand aufgesetzten *Geistigen Testament*[18] schrieb Bloch: »Mein ganzes Leben lang habe ich nach Aufrichtigkeit im Ausdruck wie im Denken gestrebt. Duldsamkeit gegenüber der Unwahrheit, unter welchem Vorwand auch immer sie geübt werden mag, halte ich für die schlimmste Seuche des Geistes. Wie ein weit Größerer als ich wünschte ich, daß man auf meinen Grabstein die schlichten Worte setzte: *Dilexit veritatem.*«

1 Am wenigsten vom Verfasser dieser Zeilen selber, dem Marc Bloch seine *Apologie pour l'histoire* widmete und diese Widmung mit den Worten schloß: »Mehr als eine der Ideen, die ich vertreten will, habe ich sicher geradewegs von Ihnen. Von vielen anderen könnte ich nicht mit Bestimmtheit angeben, ob sie von Ihnen, von mir oder von uns beiden stammen. Oft, ich darf es hoffen, werden Sie mir zustimmen. Gelegentlich werden Sie mich tadeln: das alles wird uns nur noch mehr verbinden.«

2 Über die Umstände des Todes von Marc Bloch vgl. Georges Altman, »Notre Narbonne de la Résistance«, in *Les cahiers politiques* 8, März 1945.

3 In einem Artikel in dem von der Philosophischen Fakultät Straßburg herausgegebenen *Mémorial des années 1939-45* habe ich versucht, die Atmosphäre von Straßburg einzufangen: »Marc Bloch et Strasbourg. Souvenirs d'une grande histoire«. Vgl. auch die Berichte von Schülern Blochs wie R. Boutruche (im selben Band) oder

Ph. Dollinger (in der *Revue d'histoire économique*, 1948).

[4] Für genauere bibliographische Angaben zu den genannten Artikeln und zu Blochs wichtigeren Schriften vgl. die Auswahlbibliographie im Anhang zu meinem bereits erwähnten Artikel im *Mémorial* von Straßburg, S. 190 ff.

[5] Darauf wies G. I. Brâtianu in einem Artikel in der *Revue historique du sud-est européen* (XXIII, 1946) hin. Er gab nicht nur seinem Artikel zum Gedenken an Marc Bloch den Titel »Un savant et un soldat«, bemerkte, daß Bloch immer »der Soldat des Großen Krieges« geblieben sei und fügte hinzu, im Falle Blochs hätten sich »die Unvoreingenommenheit des Richters und die Überzeugtheit des für eine Sache Kämpfenden« nie ausgeschlossen – Brâtianu erinnerte auch an den Schluß des großen Buches, *Die Feudalgesellschaft*, wo vom »Recht auf Widerstand« (kraft des zweiseitigen Vertrages zwischen Lehnsherrn und Gefolgsmann) die Rede ist.

[6] »Avènement et conquêtes du Moulin à eau«, in *Annales d'histoire économique et sociale*, VII, 1935; dt. »Antritt und Siegeszug der Wassermühle«, in M. Bloch u. a., *Schrift und Materie der Geschichte*, hrsg. von Claudia Honegger, Frankfurt/M. 1977.

[7] Vgl. dazu Marc Blochs Bemerkungen in »Technique et évolution sociale: à propos de l'histoire de l'attelage et de celle de l'esclavage«, in *Revue de Synthèse historique*, Bd. XLII, 1926, sowie in »Inventions médiévales«, in *Annales d'histoire économique et sociale*, VII, 1935. Auch die *Annales* interessierten sich für das Problem des Pferdegeschirrs sowie des Steigbügels, auf das Bloch in der *Feudalgesellschaft* einging. Zur Frage des Gespanns und der Anschirrung vgl. die hervorragenden Artikel von Haudricourt.

[8] Vgl. insbesondere seinen wertvollen Artikel »Le problème de l'or au moyen âge«, in *Annales d'histoire économique et sociale*, V, 1933, der in einer Reihe von Untersuchungen über das Edelmetall steht, die sich mit Hilfe des Index der *Annales* leicht ausfindig machen lassen.

[9] Oslo und Paris 1931, seitdem in Neuauflagen.

[10] Vgl. *Annales* . . ., II, 1930.

[11] 2 Bde., Paris 1939 und 1940; dt. als *Die Feudalgesellschaft*, Berlin 1982.

[12] Unter dem Titel »The Rise of Dependent Cultivation and Seignorial Institutions« lieferte Bloch einen Beitrag zum ersten Band der *Cambridge Economic History*.

[13] Der vollständige Titel lautet *L'Étrange Défaite. Témoignage écrit en 1940*, mit einem Vorwort von G. Altman, Paris 1946. Am Schluß des Buches nannte Marc Bloch Ort und Zeit der Niederschrift: Guézet-Fougères, Juli-September 1940. Einige Monate später las er meinem Sohn einzelne Abschnitte daraus vor.

[14] Zu unserer zeitweiligen Meinungsverschiedenheit zu jener Zeit – Bloch war dafür, die Zeitschrift einzustellen, während ich sie um jeden Preis fortbestehen lassen wollte – vgl. die Auszüge aus unserem Briefwechsel, die ich im Band VII, 1945 der *Annales d'histoire sociale* (S. 25 der separat erschienenen *Hommages à Marc Bloch)* veröffentlicht habe.

[15] Dt. als *Apologie der Geschichte oder Der Beruf des Historikers*, Stuttgart 1974. Das frz. Original erschien 1949 in Paris. (Anm. d. Ü.)

[16] In seiner Rede bei der Gedenkfeier in der Sorbonne fand Georges Altman Worte für diese Würde, die ihn tief beeindruckt hatte.

[17] Vgl. auch dazu die Auszüge aus unserem Briefwechsel, *loc. cit.*

[18] Der vollständige Text von Blochs *Testament spirituel* findet sich ebenfalls in den *Hommages à Marc Bloch, a.a.*O.

ULRICH RAULFF

Der streitbare Prälat
Lucien Febvre (1878-1956)

Qui, plus que nous, historiens,
est dans le grand monde . . .?
LUCIEN FEBVRE, 1948

Aus der Franche-Comté

Lucien Paul Victor Febvre wurde am 22. Juli 1878 in Nancy geboren, und dort, in der Hauptstadt Lothringens, verbrachte er die ersten achtzehn Jahre seines Lebens. Als seine wahre Heimat aber empfand er die Franche-Comté, die alte Freigrafschaft Burgund, die erst seit der Annexion durch Ludwig XIV. zu einem Teil Frankreichs geworden war. Oft genug hat Febvre in späteren Jahren der Freude Wort gegeben, mit der er jedesmal das Tal der Doubs und die Höhen des Jura wiedersah. Nahe Saint-Amour, im Süden der Freigrafschaft, lag das Haus seiner Familie, »Le Souget«. Dort ist er am 26. September 1956 gestorben.

Nous ne sommes point, Comtois, des conformistes, schrieb er und stellte sich so in die Reihe der großen Landeskinder, Proudhon, Courbet, Pasteur ... Das tat er nicht, um seine provinzielle Herkunft geistesgeschichtlich aufzuwerten. Als Intellektueller war Febvre vollkommen urban, ein Europäer und Weltbürger. Doch wie so viele Franzosen, die ihre Karriere in Paris machen und ihren Verstand im Quartier Latin wetzen, blieb er mit dem Herzen der Region seiner Herkunft treu. Und unter all den Provinzlern, die je die Hauptstadt eroberten, war Febvre einer der selbstbewußtesten. Mochte Marc Bloch später die vergleichende Agrargeschichte begründen, der wirkliche Bauer von beiden war Lucien Febvre. So daß die Trias komplett war, denn die beiden anderen großen Kulturfunktionen, die des Kriegers wie die priesterliche, verkörperte Febvre ebenfalls in ganz markanter Weise.

Nach zweijähriger Vorbereitung auf dem Lycée Louis-le-Grand in Paris gelang Febvre 1898 die Aufnahme in die École Normale Supérieure. Unterbrochen von einer knapp einjährigen Militärzeit, studierte er hier bis zum September 1902 Geschichte und Geographie. ›Normaliens‹ waren sowohl sein Vater Paul, Gymnasiallehrer in Nancy, als auch sein späterer

Schwiegervater, Paul Dognon, Professor in Toulouse, gewesen. Mit dem Eintritt in die ›Normale‹ wurde Lucien Febvre selber Teil eines kunstvollen, dichten Gewebes (mit offensichtlich dynastischen Einschlägen) von Ideen, Institutionen, Politik und Pädagogik. Die berühmte, aus der Französischen Revolution hervorgegangene Schule stand damals auf dem Höhepunkt ihrer Macht (aber auch an deren Wendepunkt: 1903 hob der Erziehungsminister ihre Autonomie auf und verfügte ihre Eingliederung in die Universität Paris). Unter der Leitung von Fustel de Coulanges (seit 1880) und inspiriert von Historikern wie Gabriel Monod, dem Begründer der *Revue historique*, Ernest Lavisse und dem jungen Charles Seignobos war die ›Normale‹ zur führenden Ausbildungsstätte angehender Historiker geworden. Getränkt mit den Lehren der an Ranke und der deutschen kritischen Schule orientierten *école méthodique* und dem patriotischen und republikanischen Geist der Dritten Republik, besetzten die jungen ›normaliens‹ rasch die Schlüsselpositionen des französischen Erziehungswesens. Doch die Schule in der rue d'Ulm war in den letzten Jahren des Jahrhunderts nicht nur zum Zentrum der wissenschaftlich betriebenen und auf Professionalisierung gerichteten Geschichte geworden, sondern auch zur Hochburg des intellektuellen *dreyfusisme*. Von hier, von der Bibliothek der École Normale aus dirigierte Lucien Herr die studentischen Truppen der Dreyfusards. Als eifriger Benutzer der Bibliothek scheint auch Febvre bald in den Bannkreis des Sozialisten Herr geraten zu sein. Zwar kam er zu spät, um noch aktiv für den Hauptmann Dreyfus zu kämpfen. Doch das starke sozialistische Kraftfeld (um Herr, Lanson, Blum, Andler, Bouglé) existierte noch und tat seine Wirkung. Jaurès' *Histoire socialiste* wurde für Febvre zu einem prägenden Bildungserlebnis; in ihr fand er die kühne Vorzeichnung der Art von Geschichte, die ihm vorschwebte. Noch ein weiterer Zug der ›Normale‹, ihre ausgeprägte Antiklerikalität, kam dem jungen Febvre entgegen. Der spätere einfühlsame Historiker des neuzeitlichen Religionenkonflikts stand selber zeitlebens dem Glauben gleichgültig, wenn nicht feindlich gegenüber.

Febvre verließ die École Normale als engagierter Sozialist und schrieb in den folgenden Jahren eine Reihe von Artikeln, auch Leitartikel für sozialistische Wochen- und Monatsblätter wie den *Socialiste comtois*. Allerdings stand sein Sozialismus eher in der Tradition Proudhons und Allemanes als in der von Marx. Von Marx, den er besser als viele seiner Zunftgenossen kannte und den er als Historiker schätzte, trennten ihn sein liberaler Humanismus und seine tiefeingewurzelte Feindschaft gegen apriorische Konstruktion und jede Art von Geschichtsphilosophie: *jener Marx, der in einer Reihe von deutschen Philosophen steht ... Wir sind keine Philosophiehistoriker. Auch sind wir keine Dogmatiker oder Doktrinäre.* Er gab ohne weiteres zu, daß niemand anderer als Karl Marx *das* grundsätzliche Problem der neuzeitlichen Geschichte formuliert hatte, als er den Zusammenhang von Kapitalentwicklung und Reformation konstatierte. Als Historiker der religiösen und sozialen Bewegungen des 16. Jahrhunderts sah sich Febvre selbst in der Filiation Marx-Weber-Troeltsch. Doch er korrigierte die Marxsche Lösung des Problems in Richtung auf die historischen Individuen: nicht um deren Heroisierung willen, wohl aber um der ›Lebensnähe‹ der Geschichte willen individualisierte Febvre das Problem des kapitalistischen Geistes, indem er die »fortschrittlichsten« Individuen des 16. Jahrhunderts, die Händler und Finanziers, und ihre spirituellen Bedürfnisse in den Vordergrund rückte. Gegenüber der materialistischen Basis-Überbau-Vulgata, die seit den dreißiger Jahren auch in Frankreich um sich griff, favorisierte Febvre weichere und vor allem umfassendere Konzepte wie »Interdependenz der Phänomene«, »Klima« oder »Milieu«: *Je ne parle pas de primat, je parle d'interférences. Si l'on veut, de climat.*

Nach der *agrégation* in Paris folgten die üblichen Jahre in der Provinz, Lehrerstellen in Bar-le-Duc und Besançon; dazwischen lagen drei Jahre als Stipendiat der Fondation Thiers. 1911 schloß Febvre seine große Dissertation über Philipp II. und die Franche-Comté ab; von 1912 an lehrte er Geschichte und Kunstgeschichte Burgunds an der Philosophischen Fakultät von Dijon. Ursprünglich hatte sich Febvre ganz der Kunstgeschichte verschreiben wollen, hatte nach Abschluß der ›Normale‹ mit seinem Freund Henri Wallon gemeinsam Italien per Fahrrad bereist, doch ein leichtes konstitutionelles Augenleiden (Rot-Grün-Blindheit) zwang ihn, seine Pläne zu ändern. Sein Interesse an Kunstobjekten, an der Erforschung ihres zeitgenössischen Sinnkontexts und ihrer historischen Aussagefähigkeit blieb davon unberührt und ließ ihn später zu einem der Pioniere einer mit ikonographischen Quellen arbeitenden Sozial- und Geistesgeschichte (bzw. Mentalitätengeschichte) werden.

Anders als für viele Absolventen der Pariser Schulen hatte der lange Marsch durch die Lyzeen und Fakultäten der Provinz für Febvre nichts Bedrückendes oder Demütigendes. Er bot ihm Gelegenheit zu intensiven Archivstudien in Dijon und Besançon (wo er die Familienarchive der Granvelle erschloß) und gab ihm dadurch jene traumhafte Sicherheit, mit der er später auf Epochen der burgundischen Geschichte zurückgreifen konnte, um Hypothesen zu überprüfen, Behauptungen zu widerlegen oder methodische Innovationen vorzuführen. Er für sein Teil habe, sagte er 1942, *immer nur ein einziges Mittel gekannt, um die große Geschichte richtig zu erfassen und richtig zu verstehen. Es besteht darin, zuallererst, von Grund auf und ihrer gesamten Entwicklung nach über die Geschichte einer Region, einer Provinz zu verfügen.*

Hand in Hand mit dem landesgeschichtlichen Interesse ging bei Febvre das an der »Menschengeographie« einer Region, d. h. an der durch menschliches, geschichtliches Einwirken geformten, verwandelten und symbolisch besetzten Erde – ein »kulturalistischer« Zugang zur Geographie, der sich in signifikantem Gegensatz zur politischen Anthropogeographie deutscher Provenienz (Friedrich Ratzel) entwickelte. Hauptvertreter der *géographie humaine* war Vidal de la Blache, einer von Febvres Lehrern, vielleicht sein wichtigster, an der École Normale. Auch die enge Verbindung von Geschichte und Geographie, die Febvres ersten Monographien zugrunde lag und später in den *Annales* Schule machen sollte, entsprach französischer Tradition. *L'histoire est d'abord toute géographie,* postulierte Michelet und löste dieses Programm mit einem großartigen *Tableau de la France* (zu Beginn des zweiten Bandes seiner französischen Geschichte von 1833) ein.

Aufsätze und Besprechungen zur Regionalgeschichte, Humangeographie und Sprachgeographie (Dialektologie) waren es auch, mit denen Febvre ab 1906 in der *Revue de synthèse historique* debütierte. Die im Jahr 1900 von Henri Berr gegründete Zeitschrift verfocht gegenüber der herrschenden Geschichtsauffassung der *école méthodique* eine umfassendere, humanwissenschaftlich und soziologisch erweiterte Sicht, suchte aber andererseits dem Imperialismus der Durkheimschen Soziologie zu wehren, indem sie an der Notwendigkeit historischer Erklärung festhielt. Bereits 1903 erschien hier der Aufsatz eines jungen Soziologen, François Simiand, »Méthode historique et science sociale«, der sich mit Charles Seignobos' 1901 erschienener Methodenlehre, *La Méthode historique appliquée aux sciences sociales,* auseinandersetzte. Auf die Baconsche Idolenlehre anspielend, warf Simiand den Historikern seiner Zeit Idolatrie in dreifacher Hinsicht vor: Vergötzung der politischen Geschichte, der historischen Individuen und der Chronologie. Zu Recht hat man deshalb in Simiands Aufsatz von 1903 die theoretische Matrix nicht nur der *Annales* von 1929, sondern auch der Febvreschen Inauguralvorlesung von 1933 gesehen. Nicht zu unterschätzen ist wohl auch der noch wenig erforschte Einfluß deutscher Sozial- und Kulturhistoriker, namentlich derjenige Karl Lamprechts auf Febvre und durch ihn auf die »Nouvelle Histoire« in Frankreich. Nicht nur war man dort spätestens seit 1897 durch Henri Pirennes Artikel in der *Revue historique* über den sogenannten »Methodenstreit« in der deutschen Geschichtswissenschaft informiert. Gerade die *Revue de synthèse* trug durch die Artikel sowohl Lamprechts als auch seiner Gegner (wie D. Xenopol) zur Verbreitung und Internationalisierung der im »Methodenstreit« involvierten Positionen bei. Henri Berrs Wort von 1911 – *L'histoire, en somme, c'est la psychologie même: c'est la naissance et c'est le développement de la psyche* – klang wie ein französisches Echo auf Karl Lamprecht und klingt wie die Vorwegnahme so mancher Haupt- und Nebensätze Lucien Febvres. Beides, Simiands Attacke ebenso wie Lamprechts Präsenz, sollte man berücksichtigen, wenn man die

Gründungsakte der »Nouvelle Histoire« datiert und evaluiert. Es schmälert nicht die Leistung Blochs und Febvres, aber es lüftet ein wenig den um die frühen *Annales* wogenden Gründungsmythos und läßt den »epistemologischen Bruch« etwas weniger dramatisch erscheinen.

Ein Grundtext, ein *livre-programme*, war schließlich auch schon Febvres These von 1911, *Philippe II et la Franche-Comté*. Zwar blieb die Argumentation prima vista politikgeschichtlich, immerhin hieß Febvres Doktorvater Gabriel Monod. Doch die politische Geschichte war eingebettet in die Geschichte der sozialen Bewegungen und Konflikte Burgunds: *Hier herrscht der Kampf, der erbitterte Kampf zweier gesellschaftlicher Klassen: Adel und Bürgertum. Ein Kampf um Macht, um Einfluß, um die politische Herrschaft.* Das Werk begann mit der historischen Geographie der Franche-Comté, beschrieb sodann die sozialen und wirtschaftlichen Spannungsfelder, die Lebensstile und Weltbilder der beteiligten Gruppen und endete, wie später Braudels Mittelmeerbuch, mit der Darstellung der politischen Ereignisse. Ein Paradigma war vorgezeichnet.

Straßburg

Am 3. August 1914 wurde Lucien Febvre mobilisiert und diente mehr als vier Jahre lang in einer Maschinengewehreinheit des 54. Infanterieregiments, anfangs als Sergeant, gegen Ende des Krieges als Hauptmann. Er erlitt zwei schwere Verwundungen; Verdun allerdings blieb ihm erspart. Mehrfach ausgezeichnet, wurde er am 9. Februar 1919 entlassen.

Zu diesem Zeitpunkt war er bereits von seinem Lehrer, dem Historiker Charles Pfister, an die jetzt wieder französische Universität Straßburg berufen; am 4. Dezember desselben Jahres hielt er seine Antrittsvorlesung. War Straßburg schon während der deutschen Zeit eine renommierte Universität gewesen, so sollte diese jetzt nach dem Willen der neuen Herren ein Schaufenster französischen Geistes und avancierter Wissenschaft werden. Eine leuchtende Metapher fand Raymond Poincaré bei der Eröffnung: *L'Université Française de Strasbourg ... deviendra ainsi, à la frontière de l'Est, le phare intellectuel de la France.* Dem entsprach die Besetzung; neben Pfister und Febvre lehrten Marc Bloch, Maurice Halbwachs, Lucien Levy-Bruhl, Charles Blondel, Henri Wallon, Albert Demangeon, Georges Lefebvre und Charles-Edmond Perrin an der neuen Universität. Doch nach dem geräuschvollen Auftakt sollte Straßburg in mancher Hinsicht bald auf das Niveau einer französischen Provinzuniversität zurückfallen. Seine brillanten Professoren begannen wieder, nach Paris zu streben, und 1925 bemerkte Charles Pfister, man müsse sich wohl damit abfinden, *l'antichambre de la Sorbonne* zu sein.

Auch aus Febvres Antrittsvorlesung klingt patriotischer Behauptungswille. Doch der im nationalen Interesse politisierten Wissenschaft der Deutschen vor 1918 sollte kein chauvinistisches Gegenspiel geliefert werden: *Geschichte, die dient, ist knechtische Geschichte. Als Lehrer der Französischen Universität Straßburg sind wir nicht die frischgebackenen Missionare eines offiziellen Nationalevangeliums ... Die Geschichte ist eine Wissenschaft. Sie ist keine Winkeladvokatur.* Febvre zielt direkt auf die Legitimation seines Metiers, auf *das moralische Recht, Geschichte zu treiben.* Schon der Titel der Vorlesung wirft die Frage auf nach dem Platz, den die Geschichte in einer zerstörten Welt einnehmen kann und darf. Was der Titel nicht und der Vortrag nur indirekt sagt, ist dies: die Geschichte, so wie sie bislang betrieben wurde, trägt ihren Teil an Schuld daran, daß diese Welt zerstört ist (und daß so viele junge Talente verloren sind: Febvres Abschlußjahrgang von der École Normale war 1918 zur Hälfte ausgelöscht). Die Geschichte, auch die französische, hat sich in den Dienst nationaler Eigeninteressen stellen lassen und damit den Anspruch auf Wahrheit, universale Wahrheit, verspielt. Ob die Geschichte künftig Wissenschaft heißen darf oder nicht, wird erst in zweiter Linie davon abhängen, ob es ihr gelingt, Gesetze zu formulieren. Zunächst einmal muß sie ein anderes Ethos ausbilden. Sie muß aufhören, Sprachrohr der Politik zu sein, um Wissenschaft vom Menschen zu werden. Dies ist eines der Motive, die – neben anderen, intellektuellen und professionellen Motiven, von denen noch zu sprechen sein wird – dem jahrelangen Streit der ›neuen‹ gegen die ›alte‹ Geschichte in Frankreich zugrunde liegen: die neue, humanistische Geschichte, die sich jetzt formiert und zehn Jahre später, 1929, mit der Gründung der *Annales,* erste institutionelle Formen erhält, wirft der ›alten‹ Geschichte vor, sie habe durch ihre Konzentration auf nationale, politische und militärische Belange den Kriegswillen gefördert, statt ihn zu dämpfen.

Wenn es in diesen Jahren um 1920 einen »Geist von Straßburg« gab, so war es ein europäischer, erasmischer Geist – derselbe, der die von Gide, Curtius, du Bos ins Leben gerufenen *Dekaden von Pontigny* beseelte. Bei Febvre äußerte er sich in einem Buch, das auf den ersten Blick ganz anders gelagert schien: *La Terre et l'évolution humaine* (1922). Offenkundig handelte es sich um ein Werk, das aus der Schule Vidals hervorging. Seine Hauptthese lautete, daß die Lebensweisen menschlicher Gemeinschaften kreative Anpassungen an die natürliche Umwelt und nicht determinierte Reaktionen auf sie darstellten. Gegenüber dem Determinismus Ratzels und seiner Schüler vertrat Febvre mit Vidal einen ›Possibilismus‹: die natürlichen, geographischen Bedingungen sind ein Angebot von Möglichkeiten, unter denen der Mensch wählt. Genau wie gegenüber den ökonomischen Determinationen, die der vulgäre Materialismus behauptete, betonte Febvre auch hier, gegenüber den angeblichen Zwängen der natürlichen Umwelt, den Spielraum der Freiheit, den der denkende, imaginierende Mensch besitzt. Die bei allem apolitischen Affekt politische Dimension dieses Denkansatzes trat zutage, als sich Febvre dem Problem der »natürlichen Grenzen« zuwandte und auf den Fluß als Grenze, genauer gesagt auf den Rhein als Grenze zu sprechen kam. Wieviel Wahrheit lag denn in Cäsars berühmtem Wort, der Rhein trenne Gallien und Germanien, und wieviel politische Legenden hatten sich darum gerankt? Wieviele Stämme hatten seit grauer Vorzeit stromübergreifend auf beiden Ufern gesiedelt, und wieviele Zivilisationen hatte der Fluß eher verbunden als geschieden? *Es bleibt nichts, was die Natur dem Menschen ›fertig‹ gegeben, was die Geographie der Politik aufgenötigt hätte.* Gegen den politischen Mythos vom Rhein als der »natürlichen Grenze« zweier Nationen (dessen Virulenz in den zwanziger Jahren – Stichwort Rheinlandbesetzung – man nicht betonen muß) stellte Febvre in mehreren Schriften das Bild des völkerverbindenden europäischen Stroms.

In dieser Option für Europa und die Aussöhnung mit Deutschland lag eines, wenn auch nicht unbedingt das stärkste der Motive dafür, daß die *Revue de synthèse historique* nicht das Hauptorgan der neuen Art von Geschichtsschreibung wurde – was ja immerhin denkbar gewesen wäre –, sondern durch die noch in Straßburg konzipierten und gegründeten *Annales* abgelöst und überholt wurde. Als Folge des Krieges hatte Henri Berr nationalistische und germanophobe Töne angeschlagen. Mochte er auch in einem Artikel von 1921 den »Geist der Synthese« feiern, der an der Universität Straßburg herrschte – *Unter den Mitgliedern der Fakultät sind viele alte Freunde und Mitarbeiter der ›Revue de synthèse‹ ..., und durch sie hat der Geist der Zeitschrift ins Elsaß Einzug gehalten* –, Febvre und sein Umkreis strebten bereits nach einem präziseren und ihren Absichten angemesseneren Instrument, als es die methodisch diffuse, philosophisch überfrachtete und durch Berrs sprunghafte Engagements belastete *Revue de synthèse* sein konnte. Ein erster Plan zu einer neuen historischen Zeitschrift im europäischen Rahmen, vom Völkerbund getragen, von Henri Pirenne herausgegeben und von Lucien Febvre redigiert, war an Genfer Schwierigkeiten gescheitert. Die Verbindung Febvre–Pirenne und bald darauf Febvre–Bloch–Pirenne hatte Bestand, und als es 1929 zur Gründung der *Annales* kam, fungierte Pirenne (nicht zuletzt gegenüber dem noch zögernden Verleger) als Pate und Garant des neuen Unternehmens.

In Straßburg entwickelte sich nicht nur die enge, freundschaftliche Zusammenarbeit der Dioskuren Lucien Febvre und Marc Bloch, sondern auch das weitere personelle Umfeld, der *cluster* von Intellektuellen, aus dem die *Annales* hervorgingen: Halbwachs, Blondel, Demangeon, Siegfried, Lefebvre, Piganiol etc. Eine Gruppe von Historikern, Soziologen, Ökonomen und Geographen, die sich weitgehend aus ehemaligen ›Normaliens‹

rekrutierte (und auf diese Weise etwas vom *esprit de corps* der ›Normale‹ erbte) und bei ihren ›Samstagstreffen‹ allmählich ihre Gemeinsamkeiten in der Sache, ihren Intentionen und Referenzen klärte. Im Zentrum dieser Gruppe standen eindeutig die Historiker. Mit der Gründung der Zeitschrift reagierten sie nicht nur auf die Legitimationskrise der Geschichte nach dem Ersten Weltkrieg, sondern auch auf jene Krise ihres Standes in der Zwischenkriegszeit, die mittlerweile eingehend untersucht und mit Zahlen belegt ist (O. Dumoulin, *Profession historien*). Sie bestand in erster Linie in einem Stellenengpaß, der dieser Nachfolgegeneration von Historikern wenig Chancen beim Aufstieg in der Hochschulhierarchie und speziell im Pariser Schulestablishment (mit der Sorbonne und dem Collège de France an der Spitze) bot. So ist der Kampf der ›neuen‹ gegen die ›alte‹ Geschichte nicht nur ein ideologischer, geistesgeschichtlich relevanter Streit, sondern auch ein Kampf um Stellen, ein Kampf der Jungen gegen die Generation der erfolgreichen Alten, ein Kampf gegen und um Paris.

Vor diesem Hintergrund von dezidierten Gegnerschaften politischer und ethischer Art sowie professionell und institutionell bedingten Kampagnen ist das Unternehmen der *Annales* ab 1929 zu sehen. Es beruhte auf drei konsequent verfolgten Strategien, die wiederum jeweils eine Doppelfunktion hatten; nach außen dienten sie der Demonstration von Kompetenz, nach innen festigten sie Identität und Zusammenhalt der Gruppe.

Die erste und spektakulärste dieser Strategien hieß Polemik. Lucien Febvre war ihr unbestrittener Meister. Wenn die *Annales* in ihrer ersten heroischen Phase einen kriegerischen Anstrich hatten, ging das aufs Konto dieses angriffslustigen, kämpferischen Mannes. Insbesondere das Mittel der Rezension, der bisweilen unbarmherzig kritischen Besprechung von ›gegnerischen‹ Produktionen, wußten Bloch und Febvre zu nutzen, und Febvre schlug die schärfste Klinge. Eine von Ch. Seignobos u. a. verfaßte *Histoire de la Russie* (1932) schlachtete er förmlich ab: *Ich schlage die ›Geschichte Rußlands‹ auf. Welch ein Schauspiel. Schwächliche Zaren, wie aus ›Ubu Roi‹ entsprungen, Palasttragödien, korrupte Minister, Papageien der Bürokratie, Ukas und Prikazy ganz nach Laune ... Bloß die Geschichte, die Geschichte finde ich in dieser ›Geschichte Rußlands‹ nicht, und deshalb handelt es sich um eine Totgeburt.* Mit Hilfe solcher und anderer, im Ton gemäßigter, aber in der Sache unnachgiebiger Rezensionen sagten Febvre und Bloch wieder und wieder, worum es ihnen ging und was sie ablehnten, was »unsere« Geschichte war und was die der anderen. »Unsere« Geschichte war lebendig, umfassend, analytisch, originell und – das wurde in den ersten Jahren gern herausgestrichen – undogmatisch, ja geradezu heroisch-marginal; die der anderen war positivistisch, akademisch, unwirklich und gespensterhaft; sie dozierte wohl, aber erklärte nicht. 1928 hatte Febvre sein Buch über Luther veröffentlicht. Jetzt kämpfte er seinen eigenen Reformatorenkampf gegen die alte Kirche der politischen Ereignisgeschichte.

Die zweite, erfolgreiche Strategie der *Annales* bestand darin, Bündnisse zu schließen – eine Strategie des *rassemblement.* Wie ehedem die Schule der Soziologen um Durkheim, so betrieben jetzt die *Annales* einen wissenschaftlichen Imperialismus, der alle anderen Disziplinen in ihren Kompetenzbereich zu ziehen suchte. Doch anders als die »Durkheimiens« operierten die »Annaliens« nicht mit zwingender Verpflichtung auf eine Methode, sondern mit einer weichen Interdisziplinarität, die ihre Nachbardisziplinen einzig und allein auf ein gemeinsames Objekt, *den wirklichen Menschen,* einschwor – und nicht auf Theorien oder die gefürchtete *méthodologie abstraite à l'allemande.* Neuartig und aktuell zu jener Zeit – der Zeit der Wirtschaftskrise und des aufkommenden Keynesianismus – war die Tatsache, daß sich das *rassemblement* der *Annales* nicht nur auf humanwissenschaftliche Nachbardisziplinen erstreckte, sondern darüber hinaus die technokratische und finanzpolitische Intelligenz einbezog, denn in den frühen *Annales* schrieben auch eine Reihe von Bankiers und Finanzfachleuten. Neben den historischen Artikeln über Geldumlauf und Edelmetall in Mittelalter und Neuzeit standen Berichte über zeitgenössische Geldpolitik und staatliche Steuerungstechniken. Der Geist der Gesetze war, wie Marc Ferro unlängst schrieb, durch die Gesetze der Statistik abgelöst. Daneben firmierten allerdings auch unverhohlen apologetische Aufsätze über die Wirtschaftspolitik der Sowjetunion – Zeichen der Toleranz, aber auch der politischen Indifferenz der *Annales* in den dreißiger Jahren.

Innovation auf nahezu allen Feldern historischer Forschung hieß die dritte Strategie der *Annales.* Das bezog sich zum einen auf die Quellen, die durch die Gewichtsverschiebung vom Politischen auf das Wirtschafts- und Gesellschaftsleben und die Geschichte der Techniken eine erhebliche Erweiterung erfuhren. Und zwar sowohl in quantitativem als auch in qualitativem Sinne, weil von nun an die Geschichte nicht mehr nur von geschriebenen Texten, sondern zunehmend auch von Realien ausging, denen bislang allenfalls ›hilfswissenschaftliche‹ Aufmerksamkeit zuteil geworden war. Wichtiger als die Innovation seitens der Objekte der Geschichte war die auf Seiten ihrer Methoden. Anregungen Max Webers, Durkheims und vor allem Pirennes aufgreifend, stellten Bloch und Febvre ins Zentrum der *Annales* die *vergleichende Geschichte,* die statt von chronologischen Abläufen von *Problemen* ausging. Eines dieser Probleme, für Febvre vielleicht das zentrale, war das der Ursprünge der Reformation. Waren die Historiker bisher von einer einzigen Reformation ausgegangen, die ihren Ursprung in Deutschland und ihre Ursache in kirchlichen Mißständen hatte, so zeigte Febvre, daß es eine Vielzahl reformatorischer Bewegungen gab, die in engem Zusammenhang mit den spirituellen Bedürfnissen des aufkommenden Bürgertums standen, sich aber nicht aufeinander reduzieren ließen und einander oftmals durchkreuzten, bisweilen sogar in ein und demselben Leben. In einer scharfen Auseinandersetzung mit Spengler und Toynbee machte Febvre deutlich, mit welcher Absicht er vergleichende Geschichte trieb: *Vergleichen wir, aber nicht, um mit allen möglichen, bunt durcheinandergewürfelten chinesischen, indischen, russischen und römischen Fakten am Ende irgendwelche abstrakten Begriffsgebilde von ökumenischer Kirche, universalem Staat oder Barbareneinfall zu fabrizieren. Vergleichen wir, um aus der Kenntnis der Sache heraus Plurale an die Stelle solcher Singulare zu setzen. Damit wir beispielsweise künftig statt von* ›der Reformation‹ *von* ›den Reformationen‹ *des 16. Jahrhunderts sprechen können ...*

Gestützt auf diese drei Strategien – Polemik, Integration und Innovation – traten die *Annales* zum Kampf an gegen die nach wie vor ideologisch und institutionell herrschende Geschichte der Jahrhundertwende.

Paris

Ende der zwanziger Jahre war Lucien Febvre kein Unbekannter mehr. Er hatte drei große Bücher (*Philipp II, La Terre* und *Luther*) geschrieben, Quellentexte (zu Reformation und Inquisition in der Franche-Comté) veröffentlicht, rege publizistische Aktivität entfaltet. Neben seiner Professur in Straßburg gehörte er dem *Centre d'études germaniques* in Mainz* an und absolvierte in den zwanziger Jahren jährlich eine Mission ins Rheinland; von 1925-1928 war er der École Normale als Prüfer im Fach Geschichte verbunden. Die Gründung der *Annales,* die in Konkurrenz zu den zahlreichen im Ausland entstehenden Zeitschriften für Sozial- und Wirtschaftsgeschichte traten, machte ihn über Frankreich hinaus bekannt. Die Rückkehr nach Paris schien einfach.

Sie war es nicht. Die Geschichte der Kandidaturen Blochs und Febvres am Collège de France ist lang und aufschlußreich. Um es kurz zu machen: Bloch unternahm zwei Versuche (1929 und 1934) und scheiterte; im Jahre 1936 wurde er endlich als Nachfolger von Henri Hauser auf den Lehrstuhl für Wirtschaftsgeschichte an der Sorbonne, den damals einzigen seiner Art

* Das *Centre d'études germaniques* wurde im Jahre 1921 der bereits im Mai 1920 gegründeten *École de droit* in Mainz angegliedert. Beide Institute wurden von dem Straßburger Rechtslehrer Prof. Brouillet geleitet und von Straßburger Professoren, darunter Febvre und Halbwachs, betreut. Was in französischer Sicht der vertieften gegenseitigen Kenntnis und der kulturellen Durchdringung der beiden Nationen diente, erschien mißtrauischen deutschen Beobachtern wie Hermann Oncken als Keimzelle einer gegnerischen Frontuniversität und Speerspitze der französischen Kulturpropaganda, die darauf zielte, das Rheinland seiner (deutschen) geistigen und moralischen Wurzeln zu berauben.

in Frankreich, berufen. Auch Febvre, der sich 1926 vergeblich an der Sorbonne beworben hatte, reichte zweimal seine Kandidatur für das Collège ein und wurde zweimal abgelehnt, im Januar 1929 und im März 1932. Erst bei einer dritten Abstimmung im November 1932 erhielt er die erforderlichen Stimmen. Anders als Bloch, der das Innovatorische seines Lehrangebots in den Vordergrund gestellt hatte (beim ersten Versuch die vergleichende Geschichte, beim zweiten die Wirtschaftsgeschichte), setzte Febvre, vorsichtiger, auf die Karte der Wiederherstellung – und zwar der Wiederherstellung einer Lehre und eines Lehrstuhls, den ehedem Michelet innegehabt hatte, und der vor vierzig Jahren, 1892, abgeschafft worden war, des Lehrstuhls für Allgemeine Geschichte und Methodenlehre. Um denselben Lehrstuhl hatte sich Henri Berr bereits 1903 ein erstes und 1911 ein zweites Mal erfolglos beworben. Erst 1933 wurde er wieder eingerichtet, und zwar für Febvre. Mochte der sich zuvor bedeckt gehalten haben, in seiner Inauguralvorlesung wurde er deutlich: dies war eine Kampfansage.

In knappen Zügen entwarf Febvre das Bild einer siegreichen und selbstgenügsamen Geschichte, die ihre Texte ehrte und ihre Fakten sammelte und aus ihren Seminaren junge Greise entließ: die *école méthodique.* Dann kam die eigentliche Attacke. Sie richtete sich auf den wichtigsten Glaubensartikel dieser alten Kirche, ihr Beharren auf der Macht der *Tatsachen.* Der an-sich-seienden, schlechthin gegebenen Tatsachen. Gegeben? fragte Febvre und ließ gleich die Antwort folgen: *Nein, vom Historiker gemacht, und weiß Gott wie oft umgemodelt. Erfunden und erzeugt, mit Hilfe von Hypothesen und Vermutungen, in einer heiklen und spannenden Arbeit. (...) Der Mensch erinnert sich nicht der Geschichte, er rekonstruiert sie.* Mit anderen Worten, die ›Tatsachen‹, *facta bruta,* in denen sich das objektive entrückte Sein der Vergangenheit gleichsam von selbst verdichten sollte, existierten nicht – jedenfalls nicht in dieser Weise. ›Tatsachen‹ waren Resultate von Zugriffen auf das historische Material, ordnenden Eingriffen und *Wahlen,* die der Historiker traf. Mit einem Schlage war der Historiker involviert in den Prozeß der Konstitution von Geschichte – und damit war klar, daß er, wie Philippe Ariès später sagte, nicht nur wie alle anderen Menschen die Unruhe seiner Zeit verspürte, sondern diese Unruhe auf der Suche nach Antworten auch in die Geschichte trug. An die Stelle einer künstlichen, gleichsam vitrifizierten Objektivität trat der intensive Austausch mit der Geschichte: *Geschichte als Wissenschaft vom Menschen, Wissenschaft von der menschlichen Vergangenheit. Und nicht Wissenschaft von den Sachen oder den Begriffen ... Geschichte als Wissenschaft vom Menschen, und nun die* ›Tatsachen‹, *gewiß – aber es sind menschliche Tatsachen.*

Ausgangspunkt der Rekonstruktion von Geschichte sollte also der Mensch sein, der zugleich universale und konkrete, lebendige Mensch. Dies war, wenn man so will, der neue Glaubensartikel, den Febvre seiner

Lehre voranstellte. Anders als Bloch, der die Durkheimsche Soziologie für die Geschichte methodisch fruchtbar zu machen wußte, hatte Febvre von Durkheim vor allem dessen *Religion des Menschen* übernommen. Die brauchte er nun nicht mehr als kleiner Provinzapostel zu predigen. Vom Collège de France aus sprach er ex cathedra: *Maß der Geschichte ist der Mensch. Ihr einziges Maß. Mehr noch: ihr einziger Seinsgrund. In unseren alten Häusern in der Franche-Comté hingen in meiner Jugend in den Alkoven der Alten die schwarzgerahmten Bilder von GOTT ALLEIN. Die* Annales *stehen bereit, den Historikern jede gewünschte Menge von Bildern zu liefern, die da heißen MENSCH ALLEIN ...*

Mit Blick auf die *Annales* Mitte der dreißiger Jahre hat man auch von einem *esprit Front populaire* gesprochen, was zwar plakativ, aber nicht ganz falsch ist. Man mag dabei an die friedliche, ja freundschaftliche Koexistenz mit überzeugten Marxisten wie Georges Friedmann denken, der die *Annales* den Rahmen boten, aber auch an die politischen Sympathien der Herausgeber, die Anhänger der Volksfront und Gegner des Münchner Abkommens waren. Was das Verhältnis zur Politik angeht, kommt bei Febvre noch etwas anderes hinzu. Seit der École Normale und in den darauffolgenden Jahren hatte er gute Beziehungen zu führenden Sozialisten wie Albert Thomas unterhalten. Mit seinem Aufstieg in die Spitze des französischen Bildungswesens begann er selbst, zumindest indirekt, eine politische Rolle zu spielen. Sein Gespür für die Macht, das darf man wohl sagen, war nicht unentwickelt. Das zeigte sich, als 1932/33, kaum daß Febvre seinen neuen Lehrstuhl bezogen hatte, der damalige Erziehungsminister Anatole de Monzie (der Febvres Kandidatur am Collège unterstützt hatte) mit dem Projekt einer *Encyclopédie Française* an ihn herantrat. Die neue Enzyklopädie, die Febvre konzipieren und dirigieren sollte, war dazu bestimmt, der Welt, nicht zuletzt der amerikanischen Welt, die kulturelle und wissenschaftliche Kompetenz der (ökonomisch schwer angeschlagenen) Grande Nation zu demonstrieren. Obwohl Febvre nach wie vor in engem Kontakt mit Henri Berr stand und in dessen unermüdliche Aktivitäten (wozu unglücklicherweise auch ein enzyklopädisches Vorhaben gehörte) verwickelt war, ging er schließlich auf die Vorschläge de Monzies ein – und riskierte dafür den Bruch mit Berr ebenso wie Spannungen mit Bloch, dem de Monzie schlichtweg zuwider war. Darüber hinaus lehnte Bloch den undifferenzierten Pazifismus und Humanismus, der dem Projekt zugrunde lag und sich in der Vorstellung eines gemeinsamen kulturellen Erbes und eines gemeinsamen geistigen Rüstzeugs ausdrückte, als politisch naiv und gefährlich ab. Febvre hatte eher den Werbeeffekt im Auge, den ein Großunternehmen wie das der *Encyclopédie Française* – bei dem er immerhin über mehrere hundert wissenschaftliche Mitarbeiter gebot – für die neue Wissenschafts- und Geschichtsauffassung der *Annales* bedeuten würde. Tatsächlich spiegelt diese Enzyklopädie in ihrem Aufbau, ihrer konsequenten Problemorientierung und nicht zuletzt in ihrem Mitarbeiterstamm her ziemlich getreu den intellektuellen Kosmos der *Annales* und ihres *patron* wider. So leistete die *Encyclopédie Française* ein Doppeltes, sie mehrte Frankreichs Ruhm und propagierte Febvres Ideen. Der hatte sich einmal mehr als geschickter Stratege und Popularisator erwiesen. Die Kehrseite seines Erfolges war eine so heillose Arbeitsverstrickung – daneben stand ja noch der ebenfalls enorm arbeitsintensive Betrieb der *Annales* –, daß Febvre jahrelang als Buchautor nicht mehr in Erscheinung trat. Erst der Krieg änderte diese Situation.

Die *Annales*, die nach zehnjährigem Bestehen bereits vor dem Krieg ihren Titel und ihre Erscheinungsweise geändert hatten, erschienen seit 1942 nur noch in unregelmäßiger Folge als *Mélanges d'histoire sociale.* Vor allem aber hatte den faschistischen Rassegesetzen entsprechend der Name Marc Blochs von ihrem Titel verschwinden müssen – was zum Konflikt zwischen Bloch und Febvre geführt hatte, denn während dieser dafür war, die Zeitschrift unter allen Umständen fortzuführen, hatte Bloch darauf gedrungen, sie einzustellen. Febvre setzte sich durch, auf dem Titel erschien fortan neben seinem Namen der Paul Leuilliots, und Bloch schrieb weiter unter dem Namen Marc Fougères. Nach der Besetzung des französischen Südens durch die Deutschen schloß sich Marc Bloch der Résistance an. Im Frühjahr 1944 wurde er ein Opfer der Gestapo.

Für Febvre, der zu alt war, um noch mit der Waffe in der Hand zu kämpfen, bedeutete der Krieg eine Zwangspause; für ihn drehten sich die Räder langsamer. Er setzte seine Vorlesungen und Seminare am Collège de France fort, ansonsten aber hielt er sich zumeist im Jura auf und übte sich in Geduld; an Braudel schrieb er, er folge der Maxime seines alten Freundes Granvelle: *Durate.* Und er schrieb, vollendete in kurzer Frist große Studien, an denen er zum Teil schon seit Jahren arbeitete, darunter den *Rabelais,* über den er seit 1936 am Collège gelesen hatte, und das Buch über Margarete von Navarra, der er 1940 und 1941 Seminare und Vorlesungen (unter dem Titel *Les origines morales du monde moderne*) gewidmet hatte. Beiden Schriften lag die Orientierung auf ein Problem zugrunde; bei Rabelais war es ein intellektuelles und theoretisches Problem, bei Margarete ein existentieller und moralischer Konflikt. Aber war es wirklich ein Konflikt? War Margarete von Angoulème, Schwester von König Franz I. und Gemahlin des Königs von Navarra, die große Dame, an deren Hof die Welt sich drängte, und die sich andererseits der geistigen Führung eines Guillaume Briçonnet anvertraute, um tiefer in die Evangelien, die paulinischen Schriften, die Lehren der Reformation einzudringen – war Margarete, die den *Miroir de l'Ame Pêcheresse* und fromme christliche Gedichte schrieb, aber auch das Boccaccios *Decamerone* verwandte *Heptaméron,* wirklich eine gespaltene, zerrissene Seele? Für Febvre ging es darum, Margaretes Vorstellungen und Empfindungen verstehbar zu machen – *nicht dadurch, daß wir sie auf die unseren zurückführen ..., sondern indem wir im Gegenteil hinter der ungetreuen Übersetzung, die dadurch entsteht, daß wir Wörter in einem Sinne gebrauchen, den sie ehedem nicht hatten, bloß weil sie ihrer äußeren Form nach noch dieselben sind ... die wirklichen Vorstellungen und die wirklichen Empfindungen Margaretes entdecken.*

Um historische Anachronismen, vor allem *psychologische Anachronismen, die schlimmsten von allen,* zu vermeiden, praktizierte Febvre, so weit das eben ging, historische Semantik. Besondere Bedeutung erhielt sie in seinem Buch über Rabelais, *Le problème de l'incroyance au XVIe siècle. La religion de Rabelais* (1942). Stein des Anstoßes für Febvre und Ausgangspunkt für sein Buch war die in der früheren Forschung vertretene These, Rabelais sei der erste konsequente Atheist, ein Libertin lange vor der Zeit gewesen. Febvre vernimmt zunächst die Zeitgenossen über Rabelais und weist die Widersprüche in ihren Urteilen auf. Dann zeigt er, wie Rabelais anfangs mit der Lutherschen Reformation sympathisiert, vor der Calvinschen Wendung aber zurückschreckt und sich schließlich in wichtigen Punkten Erasmus annähert. Dann kommt, im dritten Teil der Abhandlung, die Fragestellung, die das Buch berühmt gemacht hat, die Frage nach den historischen Voraussetzungen für eine bestimmte Geisteshaltung: wie ist es denn im 16. Jahrhundert *möglich* gewesen, Atheist zu sein? Originell ist die Art und Weise, in der Febvre seine Frage zu beantworten sucht: er geht daran, die lexikalischen, syntaktischen, temporalen, also die sprachlichen Mittel zu untersuchen, die jener Zeit zur Verfügung standen, um eine bestimmte Position, in diesem Fall den Unglauben, die Areligiosität, zum Ausdruck zu bringen. Um die Denkmöglichkeiten, die mentalen Möglichkeiten des 16. Jahrhunderts zu erfassen, beschreibt Febvre ihre diskursiven Mittel: der *outillage mental,* das geistige Rüstzeug der Epoche wird weitgehend mit ihrem *outillage discursif* identifiziert.

Eine eigentümliche Lösung. Während Febvre etwa an Blochs *Feudalgesellschaft* das Fehlen der Individuen beanstandet hatte, nahm er selbst immer wieder signifikante Einschränkungen der individuellen Autonomie vor. *Das Individuum ist stets nur das, was ihm seine Epoche und sein gesellschaftliches Milieu zu sein erlauben,* hatte er in der *Encyclopédie Française* geschrieben. Jetzt, in der Studie über Rabelais, fügte er – implizit – noch hinzu: »... und was ihm seine Ausdrucksmittel zu denken erlauben.« Man hat des öfteren und ganz richtig bemerkt, daß zwischen Febvres *Rabelais* und Foucaults *Ordnung der Dinge* eine gewisse Verwandtschaft besteht. Zwar liefert Foucaults Buch just die Abrechnung (in ›archäologischer‹ Form) mit jenem Humanismus, jenem Anthropozentrismus des modernen Denkens, auf dem Febvres sämtliche Schriften gründen. Unter der Oberfläche aber bestehen Gemeinsamkeiten der Machart und Herangehensweise. Beide Autoren gehen, der eine, um die geistige Welt des 16. Jahrhunderts, der andere um die *episteme* des klassischen Zeitalters zu beschreiben, von den jeweiligen diskursiven Möglichkeiten als dem *historischen Apriori* (Foucault) der Epoche aus; beide unterstellen nicht eine Fülle von denkbaren und sagbaren Dingen, sondern eher eine begrenzte Menge (*Knappheit der Aussagen,* wird es bei Foucault heißen); beide begreifen die sprachlichen Mittel einer Zeit im Sinne eines *Werkzeugs* oder *Rüstzeugs,* d. h. in einem technischen Sinne – was freilich so neu nicht ist, sondern sich bis zu Rousseau zurückverfolgen läßt.

Auch wenn damit nicht gesagt sein soll, Febvre sei ein früher ›Strukturalist‹ gewesen – ähnlich wie den Ausdruck ›Mentalität‹ lehnte er den Begriff ›Struktur‹ bald ab, bald gebrauchte er ihn wieder –, unterstreichen solche Affinitäten auf eher praktischer Ebene doch die Leistung Febvres im Bereich der neueren Geistes- oder Ideengeschichte. Seine Methode im *Rabelais* mag insgesamt in eine Sackgasse weisen – als Versuch, einen Denker, Rabelais, und seine Ideen im Zusammenhang ihrer Zeit zu sehen, war diese Studie eine entscheidende Pioniertat. Zwar leidet das Werk an einer eigentümlichen ›Abwesenheit der Unterschichten‹ (G. G. Iggers), die man vor allem seit Bachtins Rabelaisbuch deutlicher spürt, anders gesagt, Febvre versetzt Rabelais nicht so sehr in das soziale Umfeld und die Volkskultur seiner Zeit, wie es möglich gewesen wäre und dem Programm der *Annales* vielleicht mehr entsprochen hätte. Doch wie kaum eine andere ideengeschichtliche Studie vorher und wenige nachher demonstrierte Febvre die Notwendigkeit *kontextueller* Erhellung. Der Preis, den er für seine Rekonstruktion einer vergangenen Geisteswelt entrichtete, war derselbe, den auch Foucault später für seine Ausgrabung der klassischen *episteme* zu zahlen hatte: die konsequent historistisch rekonstruierte Epoche – hier das theologische Denken des 16. Jahrhunderts, dort das klassische Tableau der Wissenschaften –, die nun in faszinierender Absolutheit dastand, wies keine erkennbaren Übergänge zur nächsten Epoche mehr auf. An die Stelle der relativ bequemen Evolutionsschemata traten theoretisch heikle Diskontinuitäten.

Die Welt

Mit dem Ende des Krieges mehrten sich für Febvre wieder die gesellschaftlichen und politischen Pflichten. Er wurde Mitglied und Vizepräsident der Kommission Langevin-Wallon zur Reform des Bildungswesens (allerdings entfernte ihn der Ärger über das Ausbleiben grundlegender Reformen von de Gaulle, dessen Anhänger er zunächst gewesen war). Er vertrat Frankreich bei den verschiedenen Kongressen der UNESCO zwischen 1945 und 1950 und begab sich als Siebzigjähriger auf Weltreisen. Auf Betreiben seines Freundes und Mitarbeiters Charles Morazé hin wurde 1948 die École Pratique des Hautes Études um eine historische und sozialwissenschaftliche Abteilung, die *Sixième Section,* erweitert, deren Leitung Febvre übernahm. Bis 1949 lehrte er weiter am Collège de France; seine ersten Veranstaltungen nach der Befreiung befaßten sich mit Themen wie der Geschichte des Europagedankens, dem Motiv der Freiheit bei Michelet und dem Ehrgefühl als einer der Quellen des französischen Nationalgefühls. (Seine Aufzeichnungen für ein geplantes Buch über *Honneur et Patrie* sind leider verschollen.) Er hatte Dumézils Kandidatur am Collège de France unterstützt, er förderte Koyrés Pläne zur Etablierung der Wissenschaftsgeschichte in Frankreich, verhalf durch Rezensionen in den *Annales* Lévi-Strauss' ersten Schriften zu Publizität. Da ihm nun wieder die Zeit zu umfangreichen Studien fehlte, übte er seine Funktion als unermüdlicher Anreger und Entdecker mit Hilfe von Artikeln und Vorworten aus und brachte seine Ideenskizzen in Besprechungen unter. Auf diese Weise gab er entscheidende Anstöße zum Studium des Hexenwesens in der frühen Neuzeit, zur Erforschung von Küche und Ernährungsverhalten der Franzosen, zur Geschichte der Krankheiten und des Ökosystems. Der Mentalitätengeschichte erschloß er mit der Bearbeitung von Nachlässen und mit der historischen Buch- und Leserforschung zwei ihrer bis heute fruchtbarsten Quellengebiete.

Seine Streitlust wurde von keiner Altersmilde gedämpft, doch mußte sie sich jetzt mit der Oberhirten- und Würdenträgerrolle in seine Äußerungen teilen. In einem Brief an Paul Leuilliot von 1950 beschrieb er sich, wie er in ›Le Souget‹ als Gärtner fungierte, der wachsam darauf bedacht war, Schädlinge fernzuhalten und Mißwuchs zu unterbinden. Ähnlich amtierte er auch in Paris. Er war der große alte Mann der neuen Geschichte, von den einen als *prince de l'histoire* hofiert, von den anderen als eine Art *Père Ubu* gefürchtet. Vom kämpferischen Außenseiter, vom revoltierenden Sohn war er selbst zum streitbaren Chef einer erfolgreichen Schule und – bedenkt man, wie bereitwillig sich in der Dritten Republik sowohl die Soziologie als auch die Geschichte als Religionsersatz angeboten hatten – zum Fürsten einer erneuerten Kirche aufgestiegen. Trügt der Eindruck, oder enthält die Zeichnung eines französischen Bischofs zwischen den Strömungen der Reformation *(Der Fall Briçonnet)* tatsächlich Züge eines Selbstportraits?

Gegen Ende seines Aufsatzes über Veränderungen im mentalen Klima einer Stadt *(Amiens: Von der Renaissance zur Gegenreformation)* spricht Febvre vom *Stil,* den die Geschichte haben sollte. Für seine Geschichte, soweit er sie geschrieben hat, konnte das nie einem Zweifel unterliegen: die hatte ihren Stil. Es war ein betont jugendlicher, mitreißender Stil, unorthodox, anregend und kämpferisch: Sätze von geradezu frecher Kürze, Lakonismen, die die nächste Ironie, die nächste Schärfe vorbereiten, jähe Tempowechsel und Fragen, immer wieder Fragen. Und Bilder, Metaphern, die bis an die Grenze dessen gehen, was wissenschaftlicher Prosa zuträglich ist. Wenn nötig auch darüber hinaus. Über Febvres Schriften liegt bis zuletzt, bis in die Gärtner- oder Patriarchenphase, ein Hauch von Amateurgeist, den der Autor sorgsam kultivierte. Bis in seine Prosa, ja bis in den Satzbau hinein gerierte sich Febvre als Geißel der Zunft und der Stubengelehrsamkeit.

Charakteristisch für Febvre war weiterhin, und das fügte sich gut zu diesem antischolastischen Gestus, seine Bereitschaft, aber auch seine enorme Fähigkeit, komplizierte Sachverhalte einfach und populär, mehr noch: spannend darzustellen. Was die bewunderten Bischöfe Briçonnet und Giberti ihren Pfarrern abverlangten, das ließ sich auch Febvre angelegen sein: eine verständliche Predigt in der Sprache des Volkes. Was ja eine Tugend des Historikers ist. Leider verband sie sich bei Febvre zuweilen mit einer naheliegenden Untugend, nämlich der Vagheit, der Unschärfe in zentralen Begriffen (»Klima«, »Rhythmus«, »Mentalität«, »Struktur« etc.), wenn man bös will, der Kaschierung theoretischer Schwächen. Mag sein, daß Febvres stilistische Fulguranz und sein wissenschaftliches Streben nicht immer so ganz zusammenkamen, wie Hughes moniert. Doch zwischen seinem lebhaften, pulsierenden Stil und seinem zentralen Impetus, die Geschichte zur Menschenwissenschaft zu machen, bestand vollkommene Kongruenz. Wenn Febvre irgendwo Bergsonianer war, dann hier, in seinem eigentümlichen, energetischen Stil: da wurde tatsächlich der *elan vital* der Menschengeschichte geradezu körperlich spürbar.

Febvres Geschichte hatte Schwung. Und hierin berührten sich bei ihm ästhetische Momente mit ethischen. Er wollte nicht die Nachgeborenen unters Joch der Vergangenheit zwingen; *la terre et les morts*, das war ihm gänzlich undenkbar. Die Menschen der Vergangenheit erschienen ihm als ebendies, Menschen der Vergangenheit. Sie waren keine *Toten*. Und die Geschichte galt ihm, wie er 1949 schrieb, als *ein Mittel, die Vergangenheit zu organisieren, damit sie den Menschen nicht zu schwer auf den Schultern liegt*. Das hieß nun keineswegs, die Vergangenheit zur beliebigen Verfügungsmasse der Gegenwart zu machen. Die starke Gegenwartsorientierung der *Annales* bedeutete keine Absage an den Historismus, sondern eher dessen Zuspitzung. Nicht die Gegenwart sollte zum Maß aller vergangenen Zeiten werden, sondern umgekehrt sollte aus dem kontextuellen Verständnis der jeweiligen Vergangenheit ein kritisches Licht auf die Gegenwart fallen. Die Geschichte sollte eine Schule sein im Umgang mit Komplexität und Kontingenz. *Der Historiker ist kein Richter*, schrieb Febvre. Doch wenn die Geschichte kein Gericht war, so sollte sie auch keine Kapelle sein. Ihren lebensweltlichen Interessen, ihrer mundanen Orientierung getreu, sollte sie danach streben, eine Macht in der Welt zu werden. So riet ihr Febvre – noch einmal im Gewand des Bischofs Briçonnet. Den Rat, so scheint es, hat man angenommen.

Mein Aufsatz stützt sich auf folgende
LITERATUR ZU LUCIEN FEBVRE
und der Geschichte der ›Annales‹:

- Luciano Allegra und Angelo Torre, *La nascita della storia sociale in Francia. Dalla Comune alle »Annales«*, Turin 1977.
- Philippe Ariès, *Le temps de l'histoire*, 2. Aufl. Paris 1986; hier bes. Kap. VII, »L'histoire existentielle«.
- Henri Baulig, »Lucien Febvre à Strasbourg«, in *Bulletin de la Faculté des lettres de Strasbourg*, 36. Jg., 1/1957.
- Maurice Baumont, *Notice sur la vie et les travaux de Lucien Febvre (1878-1956)*, Institut de France, Académie des Sciences Morales et Politiques, Paris 1959.
- Fernand Braudel, »Présence de Lucien Febvre«, in *Éventail de l'histoire vivante. Hommage à Lucien Febvre*, Paris 1953.
- André Burguière, »Der Begriff der ›Mentalitäten‹ bei Marc Bloch und Lucien Febvre: zwei Auffassungen, zwei Wege«, in Ulrich Raulff (Hrsg.), *Mentalitäten-Geschichte*, Berlin 1987.
- Peter Burke, »Introduction: the development of Lucien Febvre«, in *A New Kind of History. From the Writings of Febvre*, hrsg. von Peter Burke, London 1973.
- Charles-Olivier Carbonell und Georges Livet (Hrsg.), *Au berceau des »Annales«. Le milieu strasbourgeois*, Toulouse 1983.
- Christophe Charle und Christine Delangle, »La campagne électorale de Lucien Febvre au Collège de France, 1929-1932. Lettres à Edmond Faral«, in *Histoire de l'éducation*, Nr. 34, Mai 1987.
- Roger Chartier und Jacques Revel, »Lucien Febvre et les sciences sociales«, in *Historiens et géographes* 272, 1979.
- Terry Nichols Clark, *Prophets and Patrons: The French University and the Emergence of the Social Sciences*, Cambridge/Mass. 1973.
- Ernst Robert Curtius, *Die französische Kultur*, 2. Aufl. Bern 1975; hier bes. Kap. 2, »Natürliche Grundlagen«.
- Catherine Devulder, »Karl Lamprecht, Kulturgeschichte et histoire totale«, in *Revue d'Allemagne*, Bd. XVII, 4/1985.
- François Dosse, *L'histoire en miettes. Des »Annales« à la »nouvelle histoire«*, Paris 1987.
- Olivier A. Dumoulin, *›Profession historien‹. 1919-1939: un ›métier‹ en crise?*, thèse du 3ème cycle (dir. par A. Burguière), EHESS, Paris 1983.
- Marc Ferro, *L'histoire sous surveillance*, Paris 1985.
- Giuliana Gemelli, »La VI Sezione dell' ›École Pratique des Hautes Études‹ e l'unificazione delle scienze economico-sociali in Francia«, in *Inchiesta*, XIV, 63-64/1984.
- Giuliana Gemelli, »*L'Encyclopédie Française* e l'organizzazione della cultura nella Francia degli anni Trenta«, in *Passato e Presente* 11, 1986.
- Giuliana Gemelli, »Communauté intellectuelle et stratégies institutionelles. Henri Berr et la fondation du Centre International de Synthèse«, in *Revue de synthèse*, Ser. IV, 2/1987.
- Claudia Honegger, »Geschichte im Entstehen. Notizen zum Werdegang der *Annales*«, in M. Bloch u. a., *Schrift und Materie der Geschichte. Vorschläge zur systematischen Aneignung historischer Prozesse*, hrsg. von Claudia Honegger, Frankfurt/M. 1977.
- H. Stuart Hughes, *The Obstructed Path. French Social Thought in the Years of Desperation 1930-1960*, New York 1966; hier bes. Kap. 2, »The Historians and the Social Order«.
- Georg G. Iggers, *New Directions in European Historiography*, Middletown 1975; hier besonders Kap. II, »The *Annales* Tradition«. Eine damit weitgehend identische Fassung erschien in deutscher Übers. in der *HZ* Nr. 219, 1974 (»Die ›Annales‹ und ihre Kritiker. Probleme moderner französischer Sozialgeschichte«).
- Jaroslav Kudrna, »Zu einigen Fragen des Methodenstreits in der französischen Historiographie um 1900«, in *Storia della Storiografia* 3, 1983.
- Paul Leuilliot, »Lucien Febvre: un tempérament d'historien«, in *Bulletin de la Faculté des lettres de Strasbourg*, 36. Jg. 1/1957.
- Paul Leuilliot, »Aux origines des ›Annales d'histoire économique et sociale‹ (1928). Contribution à l'historiographie française«, in *Mélanges en l'honneur de Fernand Braudel*, Bd. 2, Toulouse 1973.
- Hans-Dieter Mann, *Lucien Febvre. La pensée vivante d'un historien*, Paris 1971.
- Jacques Revel, »Les paradigmes des *Annales*«, in *Annales* E.S.C., 6/1979.

- Martin Siegel, »Henri Berr et la *Revue de Synthèse historique*«, in Ch.-O. Carbonell und G. Livet (Hrsg.), *Au berceau des »Annales«* . . .
- Martin Siegel, »Clio at the École Normale Supérieure: Historical Studies at an Elite Institution in France, 1870-1904«, in *Storia della Storiografia* 8, 1985.
- Robert J. Smith, »L'atmosphère politique à l'École Normale Supérieure (fin du XIXe siècle)«, in *Revue d'histoire moderne et contemporaine*, XX, April-Juni 1973.
- P. A. Throop, »Lucien Febvre«, in S. W. Halperin (Hrsg.), *Some Twentieth Century Historians*, Chicago 1961.

Weitere Angaben zur Sekundärliteratur bieten Allegra u. Torre, Dosse, Honegger und Mann.

Eingang in den obigen Aufsatz fanden des weiteren Informationen aus Gesprächen mit Henri Febvre, aus dem Jahrbuch des Collège de France (1933-1950), dem noch unveröffentlichten prosopographischen Artikel »Febvre (Lucien, Paul Victor)«, den mir Christophe Charle freundlicherweise zur Einsicht überließ, sowie dem kleinen Katalog der Ausstellung zum 100. Geburtstag Lucien Febvres in der Bibliothèque Nationale, Paris, von 1978.

AUSWAHLBIBLIOGRAPHIE
Lucien Febvre

La Franche-Comté, Paris 1905 (»Les régions de la France. Publications de la *Revue de synthèse historique«*).

Philippe II et la Franche-Comté, étude d'histoire politique, religieuse et sociale, Paris 1912 (Phil. Diss. von 1911).

Notes et documents sur la Réforme et l'inquisition en Franche-Comté, Paris 1912.

Histoire de Franche-Comté, Paris 1912.

La terre et l'évolution humaine, introduction géographique à l'histoire, Paris 1922 (unter Mitarbeit von Lionel Bataillon).

Un destin, Martin Luther, Paris 1928. Dt. als *Martin Luther. Religion als Schicksal*, Berlin/Wien 1976.

Le problème historique du Rhin, Paris 1931.

Le Rhin, problèmes d'histoire et d'économie, Paris 1935 (in Zusammenarbeit mit Albert Demangeon).

Origène et des Périers ou l'énigme du Cymbalum mundi, Paris 1942.

Le problème de l'incroyance au XVIe siècle, la religion de Rabelais, Paris 1942.

Autour de l'Heptaméron, amour sacré, amour profane, Paris 1944.

Michelet, Genf und Paris 1946.

L'apparition du livre, Paris 1957 (in Zusammenarbeit mit H.-J. Martin).

Lucien Febvre hat neben den *Annales* drei weitere Zeitschriften, zwei Buchreihen und die *Encyclopédie Française* herausgegeben. Er war regelmäßiger Mitarbeiter von ca. zwanzig wissenschaftlichen, kulturkritischen und politischen Periodika und hat um die fünfzig Einleitungen, Vorworte und Beiträge zu Sammelbänden und Festschriften verfaßt. Seine Beiträge zu den *Annales* belaufen sich auf rund 1400; das ist etwa ein Viertel der Gesamtproduktion der Zeitschrift bis zu Febvres Tod. Seine wichtigsten Aufsätze sind in drei umfangreichen Bänden gesammelt:

Combats pour l'histoire, Paris 1953.

Au cœur religieux du XVIe siècle, Paris 1957.

Pour une histoire à part entière, Paris 1962.

Weitere bibliographische Angaben finden sich in den *Combats* (von Febvre selbst zusammengestellt), bei H.-D. Mann, *Lucien Febvre. La pensée vivante d'un historien*, Paris 1971, sowie vereinzelt in der Sekundärliteratur. Eine vollständige Bibliographie der Schriften Febvres existiert nicht. Die Publikation seines Briefwechsels mit Marc Bloch ist in Vorbereitung. Auf Deutsch erschienen sind außer dem Lutherbuch bislang nur zwei Aufsätze, der über »Sensibilität und Geschichte« (in dem von Claudia Honegger herausgegebenen Sammelband), und der gemeinsam mit François Crouzet verfaßte Essay »Der internationale Ursprung einer Kultur. Grundgedanken zu einer Geschichte Frankreichs«, in *Internationales Jahrbuch für Geschichtsunterricht*, 2/1953.

QUELLEN

EIN HISTORIKER PRÜFT SEIN GEWISSEN

Antrittsvorlesung am Collège de France 1933
Examen de conscience d'une histoire et d'un historien, in *Combats pour l'histoire,* Paris 1953, S. 3-17.

DIE WÖRTER UND DIE DINGE IN DER WIRTSCHAFTSGESCHICHTE

Les mots et les choses en histoire économique, in *Annales d'histoire économique et sociale,* II, 1930, S. 231-235.

FRONTIÈRE – DAS WORT UND DIE VORSTELLUNG

Frontière: Le mot et la notion, in *Pour une histoire à part entière,* Paris 1962, S. 11-24; zuerst erschienen in *Bulletin du Centre International de Synthèse,* im Anhang zur *Révue de Synthèse historique,* XLV, Juni 1928, S. 31-44.

CIVILISATION: ENTWICKLUNG EINES WORTES UND EINER REIHE VON VORSTELLUNGEN

Civilisation: évolution d'un mot et d'un groupe d'idées, in *Pour une histoire . . .,* S. 481-528; zuerst erschienen als Civilisation, le mot, l'idée, in *Ier Semaine Internationale de synthèse,* 2e fasc., Paris 1930, S. 1-55.

GESCHICHTE UND PSYCHOLOGIE

Histoire et Psychologie, in *Combats . . .,* S. 207-220; zuerst erschienen als La Psychologie et l'histoire, in *Encyclopédie Française,* Bd. VIII, Paris 1938.

SENSIBILITÄT UND GESCHICHTE

La sensibilité et l'histoire, in *Combats . . .,* S. 221-238; zuerst erschienen in *Annales d'histoire sociale,* III, 1941. Die hier vorliegende Übersetzung entspricht im wesentlichen derjenigen in: M. Bloch, L. Febvre u. a., Schrift und Materie der Geschichte. Vorschläge zur systematischen Aneignung historischer Prozesse. Herausgegeben von Claudia Honegger, Frankfurt 1977, S. 313-334.

DER NATIONALSOZIALISMUS – EINE DOKTRIN?

Sur la doctrine Nationale-Socialiste, in *Annales d'histoire sociale,* I, 1939, S. 426 ff.

ZUR GESCHICHTE EINES GEFÜHLS: DAS BEDÜRFNIS NACH SICHERHEIT

Pour une histoire d'un sentiment: le besoin de sécurité, in *Pour une histoire . . .,* S. 849-853; zuerst erschienen in *Annales E.S.C.,* 1953, S. 244-247.

KAPITALISMUS UND REFORMATION

Capitalisme et Réforme, in *Pour une histoire . . .*, S. 350-366; zuerst erschienen in *Foi et vie*, LVII (1934), S. 119-138.

DER FALL BRIÇONNET

Idée d'une recherche d'histoire comparée: Le cas Briçonnet, in *Au coeur religieux du XVI*e *siècle*, Paris 1957, S. 145-161; zuerst erschienen in *L'annuaire de l'École des Hautes Études*, Section des Sciences religieuses 1945-1946 und 1946-1947, Paris 1946.

DIE EXKOMMUNIKATION WEGEN SCHULDEN IN DER FRANCHE-COMTÉ

Un »abus« et son climat social: L'excommunication pour dettes en Franche-Comté, in *Au coeur . . .*, S. 225-251; gekürzte Fassung des Artikels L'application du Concile de Trente et l'excommunication pour dettes en Franche-Comté, in *Revue historique*, CIII und CIV.

AMIENS: VON DER RENAISSANCE ZUR GEGENREFORMATION

Changement de climat: A Amiens: de la Renaissance à la Contre-Réforme, in *Au coeur . . .*, S. 274-290; zuerst erschienen in *Annales d'histoire sociale*, III, 1941, S. 41-55.

HEXEREI – UNFUG ODER UMBRUCH DER MENTALITÄTEN?

Sorcellerie, sottise ou révolution mentale?, in *Au coeur . . .*, S. 301-309; gekürzte Fassung eines Artikels in *Annales*, III, 1948.

ZWISCHEN UNGEFÄHR UND STRENGEM WISSEN LIEGT DAS HÖREN-SAGEN

De l'à peu près à la précision en passant par oui-dire, in *Au coeur . . .*, S. 293-300; gekürzte Fassung eines Artikels in *Annales*, V, 1950, S. 25-31.

SPRACHE, GRUNDSTOFF DER GESCHICHTE

Parole, matière première de l'histoire, in *Mélanges d'histoire sociale*, IV, 1943, S. 89-91.

WIE JULES MICHELET DIE RENAISSANCE ERFAND

Comment Jules Michelet inventa la Renaissance, in *Pour une histoire . . .*, S. 717-729; zuerst erschienen in *Studi in onore di Gino Luzzatto*, Mailand 1950.

MARC BLOCH

Marc Bloch, in Joseph T. Lambie (Hrsg.), *Architects and Craftsmen in History. Festschrift für Abbot Payson Usher*, Tübingen 1956, S. 75-84.